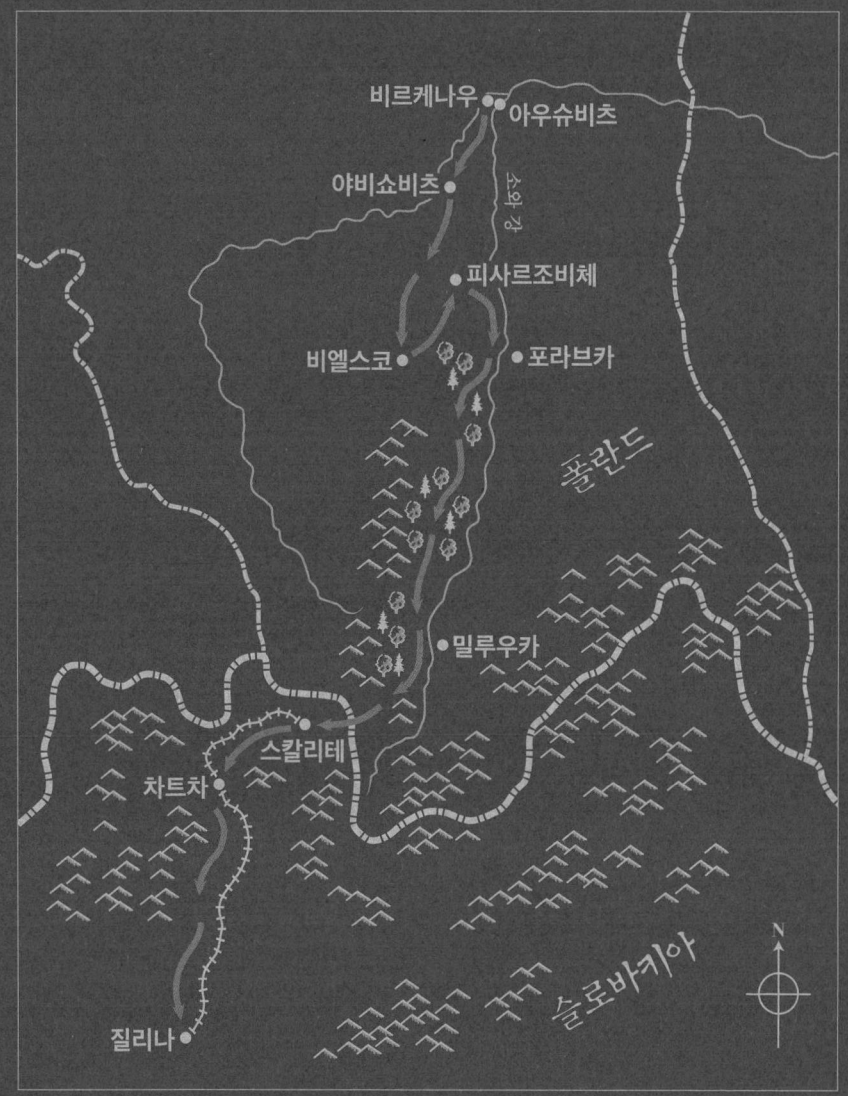

**발터 로젠베르크의 탈출 경로**

1944년 4월 7일, 발터 로젠베르크와 알프레드 베츨러는 아우슈비츠의 어느 작은 구덩이로 들어가 사흘간 숨 죽여 지낸 뒤 마침내 수용소 경계를 벗어나는 데 성공했다. 그때까지 수용소를 온전히 탈출하는 데 성공한 유대인은 단 한 명도 없었다. 폴란드에는 아는 사람이 없었던 둘은 자신들이 나고 자란 남쪽의 슬로바키아로 향했다. 지도도 나침반도 없었다. 그저 발터가 아동용 지도책에서 수집한 몇몇 지명만을 머릿속에 담고 있을 뿐이었다. 둘은 낮에는 숲에서 은신하고 있다가 밤이 되면 소와 강의 경로를 따라 남쪽으로 향했다. 지도로 볼 때는 쉬워 보이는 경로였지만 두 사람은 계속 길을 잃고 헤맸다. 끝날 것 같지 않던 길고 험난한 여정은 마침내 4월 21일에 국경을 넘음으로써 큰 고비를 넘겼다.

#### ◀ 루돌프 브르바

1924년 9월 11일, 슬로바키아 토폴차니의 유대교 집안에서 태어났다. 아우슈비츠 탈출 이전까지 그의 이름은 발터 로젠베르크였다. 발터는 나치에 협력하고 있던 요제프 티소 정권의 유대인 말살 정책에 따라 열일곱 살 일 때인 1942년에 폴란드의 아우슈비츠-비르케나우 강제수용소로 추방되었다. 그는 날마다 수많은 유대인들이 죽어 가는 수용소의 참상을 목도하면서도 좌절하는 대신 오직 탈출만을 생각했다. 마침내 열아홉 살 때인 1944년 4월 7일, 수용소의 시체 안치소에서 일하고 있던 알프레드 베츨러와 함께 탈출을 감행하여 성공한 그는 죽음으로 향해 가는 유대인들의 추가적인 행렬을 막기 위해 그동안 자신이 보고 들은 것을 세상에 알리고자 보고서를 작성했다. 그것이 바로 '브르바-베츨러 보고서'다. 이 보고서로 인해 아우슈비츠의 현실이 비로소 세상에 처음으로 알려지게 되었다. 그전까지 전 세계의 대중은 '아우슈비츠'라는 단어조차 거의 들어보지 못했다. 아울러 보고서의 영향으로 헝가리 유대인 20만 명의 희생도 막을 수 있었다. 그러나 보고서가 세상에 알려지기까지의 과정에서 확인한 연합국의 무능함과 유대인 지도부의 미온적 태도는 그를 크게 실망시켰다. 전쟁이 끝난 후 브르바는 체코 프라하, 이스라엘, 영국 런던, 캐나다 밴쿠버로 옮겨 다니며 과학자로서 살다가 2006년 3월 27일에 사망했다.

#### ▲ 학창 시절의 발터 로젠베르크

맨 앞줄 왼쪽에서 네 번째가 발터 로젠베르크다. 네 살 때 아버지를 여읜 뒤 발터는 가장 역할을 해야 하는 어머니 대신 조부모님 밑에서 자라다가 할머니가 돌아가신 뒤 브라티슬라바에 있는 어느 유대인 보육원으로 보내졌다. 어릴 때부터 언어 공부와 독서를 가장 좋아하는 등 학구열이 빛났던 발터는 선생님의 권유로 브라티슬라바의 한 엘리트 고등학교에 들어갔다. 이 사진은 바로 그 무렵 학급 동무들과 찍은 것으로, 한쪽으로 시원하게 가르마를 탄 흑발에 짙은 눈썹이 인상적이다.

**발터 로젠베르크 모자가 유대인 박해를 피해 옮겨 간 트르나바**

1938년 체코를 나치 독일에 양도한다는 것을 골자로 하는 뮌헨협정이 체결된 뒤, 독일 주변국들의 상황도 급격히 변화했다. 1939년, 슬로바키아는 자주독립을 내세우며 공화국을 선포했지만 실상은 이름만 슬로바키아일 뿐 나치 독일의 위성국가에 불과했다. 이에 따라 슬로바키아에서도 유대인들에 대한 만행이 본격화되었다. 발터 역시 유대인이라는 이유로 더 이상 학교에 갈 수 없었다. 그리하여 발터와 그의 어머니는 유대인 박해를 피해 브라티슬라바에서 동쪽으로 30마일 떨어진 트르나바로 옮겨 갔다. 그러나 유대인 문제를 해결하겠다는 정부의 의지는 회당이 고작 두 개뿐인 이 작은 마을에까지 닿았다.

**아돌프 히틀러와 요제프 티소**

나치 독일의 영향 아래 슬로바키아에서는 가톨릭 사제 출신인 요제프 티소를 수장으로 하는 새로운 정부가 들어섰다. 그러나 슬로바키아 전역의 유대인들은 자국의 국교가 유대교도 가톨릭교도 아닌 나치즘임을 깨닫기 시작했다. 반유대주의적 시각을 가지고 있던 티소 정권은 나치의 정책에 발맞추어 유대인 축출에 적극적으로 나섰다. 티소 정권은 1945년 4월에 소련이 슬로바키아를 점령하면서 권력을 잃었다. 제2차 세계대전이 끝난 뒤 티소는 나치 독일에 협력하여 슬로바키아 국민 봉기를 무자비하게 진압한 혐의로 유죄 판결을 받고 처형되었다.

**유대인들은 슬로바키아에서 떠나라고 명령하는 정부 선전 포스터**

발터 로젠베르크가 열일곱 살 때인 1941년, 티소 정권은 슬로바키아의 뉘른베르크법이라 할 수 있는 유대인법을 시행했다. 이 법에 따르면 유대인은 부동산, 사치품을 소유할 수도 없었고, 공직이나 민간 업종에서도 배제되었으며, 스포츠와 문화 행사에도 참여할 수 없었고, 중등학교와 대학교에도 갈 수 없으며, 사람들 앞에서는 다윗의 별이 그려진 옷을 입어야 했다. 사실상 게토(유대인 강제 거주 지역)의 시작이었다. 슬로바키아인이 유대인 축출에 어찌나 적극적이었는지 심지어 대신 수고를 해 주는 독일인들에게 유대인 한 명당 500라이히스마르크를 건네기도 했다.

**마이다네크 강제수용소**

1942년 여름, 발터 로젠베르크는 폴란드 루블린 부근에 있는 마이다네크에 끌려간 1만 3000명의 슬로바키아 유대인 중 한 명이 되었다. 이곳에 오는 동안 기차에 실린 유대인들은 어디로 가는지 모르지만 그들 앞에 새로운 삶의 터전이 기다리고 있을 것이라고 기대했다. 그러나 그들을 기다리고 있는 것은 수천 명의 죄수들이 시커먼 줄무늬의 죄수복을 입고 음식을 배급받고 있는 풍경이었다. 그곳은 바로 마이다네크 강제수용소였다.

이곳은 본래 소련군 포로수용소로 지어졌으나, 1942년 말에 유대인 절멸을 목표로 하는 수용소로 개조되었다. 1944년 7월 소련군에 의해 해방될 때까지 이곳에서는 약 8만 명 이상이 학살되었다고 한다. 현재 이곳은 아우슈비츠-비르케나우 강제수용소와 함께 원형이 가장 잘 보존된 수용소로 꼽힌다. 믿기 어려운 일이지만 이곳에서 발터 로젠베르크는 형 새미를 만났다. 둘은 멀리서 보고 손을 들어 인사만 해야 했다. 그 후로 발터는 형을 다시는 만나지 못했다.

## 아우슈비츠-비르케나우 강제수용소

마이다네크에 끌려온 이래 발터 로젠베르크는 탈출에 대한 생각을 한순간도 멈추지 않았다. 어느 날 카포(수용소 경찰)가 농장 일을 할 자원자 400명을 구한다며 돌아다녔다. 발터는 주저하지 않고 지원했고, 그리하여 1942년 6월 30일에 폴란드 오시비엥침에 위치한 아우슈비츠-비르케나우에 입성했다. 나치 독일 최대 규모의 강제수용소인 이곳은 1940년에 제1수용소인 아우슈비츠가, 1941년에 제2수용소인 비르케나우가 개소함으로써 '아우슈비츠-비르케나우 강제수용소'로 불리게 되었다. 발터의 수용 번호는 44070번으로, 왼쪽 팔뚝

위에 그대로 문신으로 찍혔다. 이곳에서 발터는 전쟁 물자 원료를 생산하는 부나 노역장을 비롯하여 자갈 채석장, 스키 제작소를 거쳐 새로 도착한 유대인들에게서 빼앗은 물품들을 분류하고 청소하는 곳인 카나다와 곧 죽을 운명인 유대인들이 기차에서 내리는 동안 그들의 짐을 옮기고 화물칸을 정리하는 하차장 등에서 일하면서 탈출할 기회를 노렸다. 이곳에서 독가스와 수용소 특유의 질병, 허기, 폭력에 시달리다 죽은 이들은 110만~150만 명으로 추정되고 있다. 오늘날 이곳은 유네스코세계문화유산에 등재되어 있다.

**아우슈비츠 희생자들의 신발**

발터 로젠베르크는 유대인들에게서 빼앗은 물품들이 모이는 카나다에서 쪼그만 신발이 무더기로 쌓인 모습을 보고 나서야 아우슈비츠에서 무슨 일이 일어나고 있는지 알아차리기 시작했다. 진실이 점점 그 존재감을

또렷이 드러내고 있었다. 자신이 거대한 학살 현장의 수용자라는 사실, 나치가 말살하려는 이들이 바로 자기가 속한 민족이라는 사실을 더는 부정하지 못하고 받아들이기 시작했을 때, 발터의 나이는 고작 열여덟 살이었다.

**아우슈비츠의 가스실**

발터 로젠베르크가 아우슈비츠에서 탈출한 뒤 작성한 브르바-베츨러 보고서에 따르면 1942년 4월에서 1944년 4월까지 아우슈비츠 가스실에서 살해당한 유대인은 약 176만 5000명이다. 죽음 공장, 그러니까 24시간 내내 오로지 인간을 살육할 목적으로만 설계되고 작동하는 시설이 존재한다는 사실은 분명 인간의 경험을 넘어서는, 어쩌면 인간의 상상까지 넘어서는 기괴한 발명품이다.

of August 1942. After these girls had been removed to BIRKENAU the wall between the second and third row of houses was removed. The camp entry road cuts across the row of houses while over the entrance gate, which is of course always heavily guarded, stands the ironic inscription : "Work brings freedom".

At a radius of some 2,000 meters the whole camp is encircled by a second line called "The big or outer chain of sentry posts" also with watch-towers every 150 meters. Between the inner and outer chain of sentry posts are the factories and other workshops. The towers of the inner chain are only manned at night when the high-tension current is switched into the double row of wires. During day-time the garrison of the inner chain of sentry posts is withdrawn, and the men take up duty in the outer chain. Escape through these sentry posts - and many attempts have been made - is practically impossible. Getting through the inner circle of posts at night is completely impossible, and the towers of the outer chain are so close to one another (one every 150 meters, i.e. giving each tower a sector with a 75 meters radius to watch), that approaching unnoticed is out of the question. The guards shoot without warning. The garrison of the outer chain is withdrawn at twilight, but only after it has been ascertained that all the prisoners are within the inner circle. If the rollcall reveals that a prisoner is missing, sirens immediately sound the alarm.

ROUGH GROUND PLAN OF AUSCHWITZ

## 브르바-베츨러 보고서의 일부

아우슈비츠에서 탈출한 이후 루돌프 브르바라는 이름으로 다시 태어난 발터 로젠베르크는 아직까지 아우슈비츠행 열차에 올라타지 않은 유대인들에게 임박한 위험을 알리기 위해 자신이 보고 들었던 것을 보고서로 작성했다. 그는 아우슈비츠 바깥의 유대인들이 아우슈비츠의 진실을 알게 되면 이송 열차에 타기를 거부할 것이며, 그 거부로 인해 나치의 죽음 기계도 멈추게 될 것이라고 확신했다. 브르바는 놀라운 기억력과 암기력을 바탕으로 습득한 나치의 죽음 시스템의 실상과 수용자의 삶을 보고서에 담았다. 그리고 수용소의 사령관은 루돌프 회스라고 명시했다. 보고서는 화려한 수사 없이 간결하고 건조하며, 감정보다는 사실에 중점을 두었다. 탈출 이후 국제 체포 영장이 발부된 상태였던 브르바와 베츨러에게 보고서 작성은 목숨을 건 거대한 과업이었으며, 그 보고서가 알맞은 사람에게 전달되게 하는 것도 쉬운 일은 아니었다. 보고서는 우여곡절을 겪으며 자신의 여정을 시작했고, 그 결과 아우슈비츠의 참상이 비로소 세상에 알려지기 시작했다.

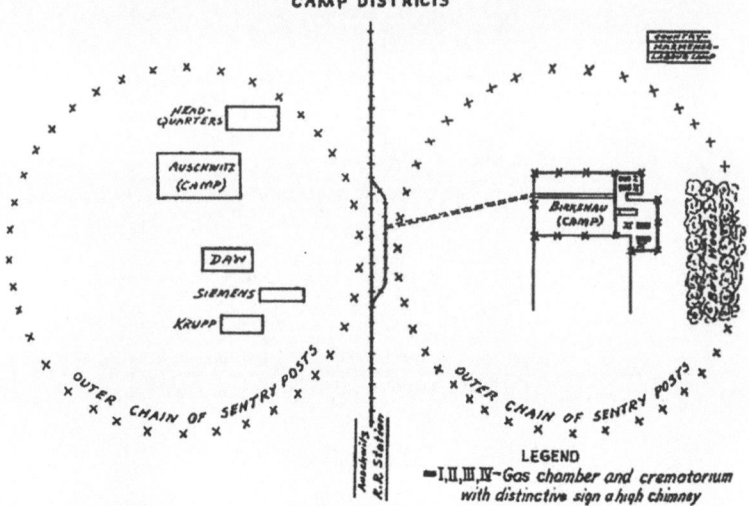

**브르바-베츨러 보고서에 담긴 도면**

처음에 슬로바키아어로 작성한 브르바-베츨러 보고서는 32페이지에 달했으며, 여기에는 아우슈비츠-비르케나우 수용소의 평면도와 화장터 건물의 기본 배치를 보여 주는 전문 도면도 포함되어 있었다. 이 도면은 브르바와 베츨러의 증언과 대략적인 스케치를 바탕으로 건축가가 그린 것이다. 위 도면에서 왼쪽은 제1수용소의 DAW(독일군을 위한 물자를 만드는 곳), 지멘스와 크루프 공장을 보여 주고, 오른쪽은 제2수용소의 가스실과 화장터를 보여 준다.

**1944년, 아우슈비츠 수용소에 도착하는 헝가리 유대인들**

발터 로젠베르크는 아우슈비츠-비르케나우 수용소의 하차장에서 일하면서 프랑스, 벨기에, 네덜란드, 폴란드, 체코, 슬로바키아, 이탈리아, 독일, 그리스 출신의 유대인들을 보았다. 그때까지 아우슈비츠의 지옥불 속으로 끌려오지 않은 이들은 헝가리 유대인들뿐이었다. 그러나 헝가리 유대인 100만 명에 대한 학살도 눈앞에 임박했다. 발터는 수용소로 이송된 유대인들이 가스실 문턱을 넘어서고 나서야 뒤늦게 진실을 깨닫는 것을 목도했다. 그는 헝가리 유대인들만큼은 아직 비교적 자유로울 때 자신들의 운명을 알아차리기를 염원했다. 이는 발터가 수용소를 탈출해야겠다는 결심에 긴박감을 더했다. 탈출 후 발터는 보고서 작성을 통해 우선 헝가리 유대인들에게 곧 닥칠 재난을 알리고자 분투했지만, 그들을 태운 이송 열차는 1944년 5월 15일부터 본격적으로 헝가리를 떠나기 시작했다.

**뢰제 카스트너**

언론인 출신으로 30대의 나이에 헝가리 유대인 지도부의 핵심 인물로 떠오른 뢰제 카스트너는 브르바-베츨러 보고서를 전달받고도 유대인 공동체에 진실을 알려 각자 스스로를 지키게 하는 데 반대했다. 불과 1년 전만 해도 유대인 난민들을 구출하는 데 헌신적이었던 그는 동포 앞에 닥친 죽음을 비밀로 했다. 대신 그는 나치와 협상하는 쪽을 택했다. 협상 내용의 핵심은 나치에게 막대한 현금이나 물품을 주고 그 대가로 유대인들의 생명을 살리는 것이었다. 만약 브르바-베츨러 보고서가 대중에게 공개된다면 협상은 무산될 것이었다. 그러나 나치는 헝가리의 모든 유대인들을 살려 주겠다는 제안 대신 훨씬 작은 보상을 내걸었다. 바로 600명의 유대인에 대한 출국 허가였다. 이후 몇백 명이 더 추가되어 그 숫자는 1700명에 이르렀고, 그들을 태운 기차는 스위스 등의 안전한 지역으로 향했다. 이 기차는 "카스트너의 기차"로 불렸다. 헝가리 유대인들은 브르바와 베츨러가 그렇게나 알리려고 애쓴 경고를 듣지 못했기 때문에 고분고분하게 이송 열차에 올라타게 되었다.

아우슈비츠는 멀리 있지 않다

**The Escape Artist**

Copyright © 2022 Jonathan Freedland
Korean Translation Copyright © 2025 by ACANET
Korean edition is published by arrangement with
Curtis Brown UK through Duran Kim Agency.

이 책의 한국어판 저작권은 듀란킴에이전시를 통한
Curtis Brown UK와의 독점 계약으로 아카넷에 있습니다.
저작권법에 의하여 한국 내에서 보호를 받는 저작물이므로
무단 전재와 무단 복제를 금합니다.

진실의 연약함과 위대함을 세상에 보여 준
한 남자에 대하여

The Escape Artist
The Man Who Broke
Out of Auschwitz
to Warn the World

아우슈비츠는 멀리 있지 않다

조너선 프리드랜드 지음 ― 김재경 옮김

아카넷

**일러두기**

- 이 책은 Jonathan Freedland, *The Escape Artist: The Man Who Broke Out of Auschwitz to Warn the World*(London: John Murray, 2022)를 옮긴 것이다.
- 외래어 표기는 국립국어원 외래어표기법을 따랐으나, 관습적으로 굳은 표기는 그대로 허용했다.
- 단행본, 잡지 등 책으로 간주할 수 있는 것은 겹낫표(『 』)로, 책의 일부나 단편소설, 신문 등은 홑낫표(「 」)로, 미술·음악·연극 등 책이 아닌 작품명은 홑화살괄호(〈 〉)로 표시했다.
- 옮긴이가 단 주는 본문에서 대괄호([ ])로 표시했다.
- 본문 시작 전에 있는 화보는 원서에는 없는 것으로, 한국어판 편집자가 정리해서 넣은 것이다.

나의 아버지 마이클 프리드랜드(1934~2018)에게 이 책을 바칩니다.
아버지가 남겨 주신 추억은 제게 축복과도 같습니다.

차례

| 작가의 말 | 9 |
| 프롤로그 | 13 |

## 1 준비

| 1장 | 별 | 27 |
| 2장 | 500라이히스마르크 | 45 |
| 3장 | 추방 | 57 |
| 4장 | 마이다네크 | 68 |

## 2 수용소

| 5장 | 우리는 노예 | 87 |
| 6장 | 카나다 | 109 |
| 7장 | 최종 해결책 | 120 |
| 8장 | 큰 사업 | 136 |
| 9장 | 하차장 | 152 |
| 10장 | 기억하는 자 | 171 |
| 11장 | 비르케나우 | 183 |
| 12장 | 그동안 좋았어요 | 200 |

## 3 탈출

| | | |
|---|---|---|
| 13장 | 탈출은 미친 짓 | 219 |
| 14장 | 러시아인의 가르침 | 229 |
| 15장 | 은신처 | 240 |
| 16장 | 내 백성을 보내 주거라 | 250 |
| 17장 | 지하 | 262 |
| 18장 | 도망 | 269 |
| 19장 | 19장 국경 너머로 | 283 |

## 4 보고서

| | | |
|---|---|---|
| 20장 | 명명백백 | 303 |
| 21장 | 성직자 | 320 |
| 22장 | 제가 무엇을 할 수 있을까요? | 328 |
| 23장 | 런던이 정보를 얻다 | 340 |
| 24장 | 헝가리식 살라미 | 356 |

## 5 그림자

| | | |
|---|---|---|
| 25장 | 총과 함께하는 결혼식 | 379 |
| 26장 | 새로운 나라 새로운 잉글랜드 | 397 |
| 27장 | 캐나다 | 414 |
| 28장 | 빠져나갈 길을 알아요 | 429 |
| 29장 | 공허에 핀 꽃 | 445 |
| 30장 | 셀 수 없을 만큼 많은 사람 | 453 |

| | |
|---|---|
| 후기 | 473 |
| 감사의 말 | 487 |
| 옮긴이의 말 | 491 |
| 참고 문헌 | 496 |

## 작가의 말

　열아홉 살 때였다. 런던 메이페어의 커즌 영화관에 가서 무려 아홉 시간에 달하는 다큐멘터리 대작 〈쇼아Shoah〉를 봤다. 평소에 영화를 관람하던 것과는 느낌이 달랐다. 상영 시간이 굉장히 긴 탓도 있었지만, 한편으로는 관객들 때문이었다. 극장 안에는 홀로코스트 생존자들이 와 있었다. 감히 팝콘을 챙겨 오는 실수를 저지르고 만 내 친구는 얼마 못 가 대가를 치렀다. 팝콘을 우적우적 씹는 순간 옆에 앉은 여성이 친구 쪽으로 몸을 기울이고는 허벅지를 찰싹 내리친 것이다. 그는 제2차 세계대전 이전의 유럽을 연상시키는 억양으로 이렇게 말했다. "예의 좀 지켜요."
　정말 인상 깊은 영화였다. 그중에서도 가장 기억에 남는 것은 한 인터뷰 참가자인 루돌프 브르바Rudolf Vrba였다. 루돌프는 자신이 직접 보고 들으며 겪어 낸 인류 역사상 최악의 참상을 스크린 너머로 쏟아 냈다. 그가 증언하는 와중에 특이한 사실 하나가 잠깐 스치듯 지나갔다. 그리고 바로 그 사실이 루돌프를 여러 홀로코스트 생존자 가운데서도 특별한 존재로 만들었다. 그 사실이란, 루돌프가 영화를 보던 나랑 같은 나이인 열아홉 살에 아우슈비츠를 탈출했다는 점이었다.

놀랍게도 지난 수십 년 동안 루돌프 브르바에 관해 들어 봤다는 사람을 거의 만나 보지 못했다. 그럼에도 나는 단 한순간도 루돌프의 이름이나 얼굴을 잊어 본 적이 없다. 처음 영화를 봤던 1986년의 어느 날 밤부터 30여 년이 지난 후에도 거듭 루돌프 브르바를 떠올렸다. 진실 자체가 위협을 받는 탈진실과 가짜 뉴스의 시대를 살고 있다 보니, 거짓 아래 파묻힌 끔찍한 진실을 세상에 알리기 위해 기꺼이 모든 것을 내걸고 나선 인물을 떠올리지 않을 수 없었다.

루돌프 브르바의 삶을 더 자세히 알아보기 시작한 뒤로 나는 루돌프를 알고 지냈거나 그와 같이 일했거나 그를 사랑했던 사람 중 아직 살아 있는 이들을 찾아냈다. 알고 보니 루돌프의 10대 시절 연인이자 첫 부인이었던 게르타가 런던 북부의 머스웰 힐에서 아흔셋의 나이로 혼자 살아가고 있었다. 팬데믹이 판치던 2020년의 여름, 오후 시간에 맞춰 예닐곱 번 게르타네 집을 찾아갔다. 우리는 집 정원에 앉아 한때 발터 로젠베르크Walter Rosenberg라는 이름으로 불리던 루돌프에 관해, 게르타와 루돌프가 살아가던 세상에 관해 이야기를 나눴다. 게르타가 앞에 꺼내 놓은 빨간 캐리어에는 루디(루돌프의 애칭)가 보낸 편지가 잔뜩 들어 있었다. 그중 몇몇에는 눈 뜨고 보기 힘들 만큼 고통스러운 내용이 담겨 있었다. 게르타를 마지막으로 만난 날 나는 이야기의 전말을 들었다. 그로부터 며칠 뒤 게르타의 가족에게서 전화가 왔다. 게르타가 영면에 들었다는 소식이었다.

루디의 두 번째 아내인 로빈은 뉴욕에 살고 있었다. 로빈과도 몇 시간이고 거듭해 대화를 나눴다. 로빈이 겪은 루돌프는 어떤 사람이었는지, 그가 로빈에게 어떤 추억을 남겼는지, 둘이 어떤 사랑을 나눴는지 이야기를 들은 덕분에 지금까지 정리한 내용에 살을 붙일 수 있었다. 책의 근거 자료를 수집하기 위해 지인들과 이야기를 나누고 공식 문서, 증언, 회고록, 편지, 당대 기사, 역사 기록 등을 조사하다 보니 이내 한 가지 사실이 분명해졌다. 루돌프 브르바의 이야기가 단지 진기한 탈출기에 불과한 게 아니라는 점이었다. 그의 이야기는 역사가 한 사람의 인생을, 심지어 여러 세대의 인생을 뒤바꿀 수 있음을, 진실과 거짓을 가르는 선이 곧 삶과 죽음을 가르는 선이 될 수 있음을, 인간이 코앞까지 다가온 파멸을 보고도 그것을 못 본 체할 수 있음을 보여 줬다. 이러한 개념들은 1940년대 유럽을 배경으로 그 모습을 뚜렷하고 생생하게 드러냈다. 그런데 끔찍하게도 바로 우리 시대에 그와 비슷한 일이 다시 벌어지는 조짐이 보인다.

루돌프의 이야기를 통해 다른 한편으로는 인간이 극한의 경계까지 내몰리고도 어떤 식으로든 버텨 낼 수 있음을, 파다한 죽음을 목격하고도 살려는 힘과 열망을 지켜 낼 수 있음을, 한 사람의 행동이, 심지어 10대 소년의 행동이 역사의 방향을 정의롭게 바꾸지는 못할지언정 희망적이게 바꿀 수는 있음을 깨달았다.

그날 영화관을 나서면서 루돌프 브르바의 이름이 〈쇼아〉를 대표하는 인물로서 안네 프랑크, 오스카 쉰들러, 프리모 레비의 이름 곁에 당당히 올라가 있어야 한다고 확신했다. 그러한 날이 영영 오지 않을지도 모른다. 하지만 어쩌면 이 책이 루돌프로 하여금 마지막으로 다시 한번 탈출에 성공하도록 도울 수 있을지 모른다. 바로 망각이라는 수용소에서 탈출해 우리 기억 속에 영원히 남는 것이다.

# 프롤로그

**1944년 4월 7일**

무려 2년 전부터 인간이라는 존재가 얼마나 깊은 심연에 다다를 수 있는지 목격했다. 몇 달 전부터 다른 수용자들이 탈출을 시도하다 실패하는 모습을 거듭 지켜보았다. 몇 주 전부터 강박적으로 탈출을 준비했다. 며칠 전부터 적기를 기다려 참고 또 참았다. 그렇게 때가 도래했다. 탈출할 때가.

탈출을 공모한 수용자 둘은 이미 약속 장소에 도착했다. 둘은 말없이 고개만 끄덕였다. **지금이 기회**라는 뜻이었다. 둘, 그러니까 발터와 프레드는 머뭇거리지 않았다. 그들은 나뭇더미 위로 올라가 틈새를 찾고는 차례차례 안으로 들어갔다. 곧바로 다른 동료들이 판자를 움직여 머리 위의 공간을 막았다. 동료 중 하나는 "행운을 비네" 하고 속삭였다. 뒤이어 사방이 깜깜해지고 조용해졌다.

발터는 지체 없이 작업을 시작했다. 우선 예전부터 익히 들어온 싸구려 소련제 담배 **마초르카**를 꺼냈다. 전수받은 대로 휘발유에 담갔다가 말리는 식으로 살담배 한 뭉치를 준비해 뒀다. 발터는 판자 사이의 틈마다 담뱃잎을 천천히 밀어 넣었다. 빈틈을 가득 채울 수 있도록 이따금 숨도 조심스레 불어 넣었다. 비법을 전해 준 전쟁 포로 출신 소련군의 말이 맞기를, 담배 향이 개를 쫓아 버리기를 바라고 또 바랐다. 물론 발터에게 모든 일을 맡긴 것은 아니었다. 이들은 SS〔나치 친위대 슈츠슈타펠을 가리키는 약어〕군견이 은신처 근처에 얼씬대지 않도록 진작 휘발유 처리를 한 담뱃잎을 잔뜩 흩뿌려 놓았다. 소련군에게 넘겨받은 정보가 신뢰할 만한 것이라면 발터와 프레드는 딱 필요한 기간만큼, 즉 사흘 밤낮 동안 나뭇더미 아래 구덩이 속에 조용히 몸을 웅크린 채 버틸 수 있을 것이다.

발터는 바늘이 야광으로 된 손목시계를 쳐다보았다. 시간이 엉금엉금 기어갔다. 일어나서 몸을 쭉 펴고 싶었지만 그럴 수 없었다. 팔이랑 다리에 쥐가 났지만 견뎌야 했다. 그것도 숨죽인 채로. 입을 열기에는 위험 부담이 너무 컸다. 한번은 열아홉 발터보다 여섯 살 많은 프레드가 발터의 손을 찾아 꼭 붙잡기도 했다.

그때 누구일까, 발걸음 소리가 점차 가까워졌다. 탈출 계획을 시작한 지 얼마나 됐다고 발터와 프레드의 운명이 벌써 끝장나려는 걸까? 둘은 반사적으로 면도날을 향해 손을 뻗었다. 그 용도는 분명했다. 친위대에게 붙잡히더라도 심문을 허락할 생각은 없었다. 그냥 이 땅굴 속에서 목숨을 끊을 생각이었다. 은신처가 일순간 무덤이 되는 셈이다.

그렇다고 SS가 시신을 여기 그대로 둘 리는 없었다. 그들은 시신을 끄집어내다가 수용소로 다시 옮길 것이다. 그러고는 여태껏 탈출을 시도하다 발각된 수용자들 시신에 그랬던 것처럼 경고 문구를 목에 건 채 시신을 삽에 기대어 놓거나 교수대에 매달아 놓을 것이다. 마치 트로피처럼 전시할 것이다.

1초가 지날 때마다 발터의 신경도 잔뜩 조였다. 구덩이가 좁아 온몸이 뭉쳤다. 그러다 아마 발걸음 소리였을 그 소리가 점점 희미해졌다.

그렇게 금요일 저녁 6시, 사이렌이 허공을 날카롭게 갈랐다. 늑대 수백 마리가 한데 모여 절규하는 소리처럼 살을 떨리게 하고 피를 서늘하게 했다. 질릴 만큼 듣고 또 들은 소리였다. 그때마다 소리가 어찌나 맹렬한지 SS조차 손가락으로 귀를 틀어막고는 했다. 소리 자체는 오싹했지만 사실 수용자들은 사이렌을 반겼다. 누군가가 저녁 점호 시간에 빠졌다는 뜻이기 때문이다. 어쩌면 그가 아우슈비츠를 탈출하는 데 성공했을지도 몰랐다.

발터와 프레드에게는 이게 신호였다. 둘은 네 사람이 들어갈 법한 중심 공간에서 몸을 틀어 가장자리로 비집고 들어갔다. 그곳은 일종의 통로로, 딱 두 사람이 들어갈 공간만 있었다. 은신처 속에 은신처를 마련함으로써 방벽을 이중으로 강화한 셈이다. 둘은 안으로 몸을 구겨 넣고는 나란히 죽은 듯 누워 있었다. 발터는 안도감 비슷한 것을 느꼈다. 기다림은 끝났고 이제 스스로와의 싸움에 돌입할 차례였다. 둘은 각자 천을 꺼내 입에 동여맸다. 행여나 기침이 나와 스스로는 물론 곁의 동료를 곤경에 빠뜨리지 않기 위해서였다. 은신처 속에서 움직이는 거라고는 은은한 빛을 발하는 시곗바늘뿐이었다.

직접 보지는 못하겠지만 사이렌에 뒤이어 무슨 일이 벌어질지는 잘 알고 있었다. 얼마 뒤에는 귀로도 확인할 수 있을 것이다. 바로 수색 작업이었다. 족히 2000명은 될 수색대가 군홧발로 저벅저벅 땅을 밟으며 지나다닐 것이고, 상관들은 차례로 욕을 섞어 가며 호통을 치듯 명령을 내릴 것이다. 그도 그럴 것이 지난 며칠간 벌어진 사태를 고려할 때 누군가 또 탈출을 감행했다는 사실은 SS에게 모욕이나 다름없었다. 오로지 수색 목적으로 길러진 군견 200마리는 침을 질질 흘리며 어디 숨어서 벌벌 떨고 있는 유약한 인간의 흔적이 없나 찾아다닐 것이다. SS는 솟은 곳이든 꺼진 곳이든 빠짐없이 뒤질 것이다. 수풀, 도랑, 참호 할 것 없이 아우슈비츠라는 죽음의 본산을 샅샅이 파헤칠 것이다. 사이렌과 함께 바로 그 작업이 시작됐고, 앞으로 사흘 내내 경계가 느슨해지지 않을 것이다.

그 점을 확신할 수 있는 이유는 나치가 보안 프로토콜을 어긴 적이 단 한 번도 없었기 때문이다. 수용자를 노예처럼 굴리던 수용소 외곽에는 노역 시간인 낮에만 경비가 삼엄했다. 밤에는 수용자 모두가 전기가 흐르는 이중 철책을 지나 수용소 내측으로 돌아가기 때문에 따로 경비를 볼 필요가 없었다. 유일한 예외는 사라진 수용자가 탈출을 시도한 것으로 보일 때였다. 그러면

SS는 외곽 구역의 경계를 풀지 않은 채 감시탑마다 기관총을 든 보초를 세웠다.

그 상태를 72시간 유지하면서 수색 작업을 펼치는 게 정해진 규칙이었다. 그동안 색출에 실패하면 수용자가 수용소를 빠져나갔다는 판단하에 수용소 밖 넓은 지역을 담당하는 게슈타포에게 수색 작업을 넘겼다. 그러고 나면 경계선을 다시 안쪽으로 물려서 외곽 보초를 전부 불러들였다. 나치 보안 체계에 결함이 있었다는 뜻이다. 결함보다는 허점이 맞겠다. 따라서 탈출을 시도하는 수용자 입장에서는 사이렌이 울린 뒤 사흘 동안 외곽 구역에 몸을 숨긴 채 친위대와 탐지견의 색출 작업을 피할 수만 있다면 나흘째 되는 날 밖으로 나와 감시 없이 활보할 수 있었다. 다시 말해, 탈출할 수 있었다.

그때 익숙한 목소리가 들렸다. 피에 취한 살인마, 하급 분대 지도자Unterscharführer 분트로크였다. 분트로크는 하필 그의 눈에 띈 부하들에게 명령을 내렸다. "저기 판자 너머도 뒤져 봐. 머리를 좀 쓰라고!"

발터와 프레드는 스스로를 다잡았다. 친위대가 은신처 쪽으로 점점 다가왔다. 머리 바로 위 판자에 군화가 닿는 소리가 들렸다. 판자 아래로 먼지가 스르르 떨어졌다. 수색대가 코앞에 있었다. 그들의 무거운 숨소리마저 들릴 정도였다.

다음으로는 탐지견이 등장했다. 녀석들은 이 판자에서 저 판자로 옮겨 다니면서 코를 킁킁거리고 나무를 박박 긁었다. 숨을 헐떡이는 소리가 벽 너머로 들렸다. 그 소련군이 일러준 비법이 효과가 없었던 걸까? 아니면 발터가 뭔가를 착각한 걸까? 대체 왜 개들이 담배 냄새를 맡고도 물러나지 않는 걸까?

발터는 면도날 대신 진짜 칼에 손을 뻗었다. 본인 목숨을 끊는 것으로 끝낼 수 있는 상황이 아닌 것 같았다. 심장이 마구 뛰었다.

기적처럼 위기의 순간이 무사히 지나갔다. 친위대와 탐지견이 은신처에서 멀어지는 게 느껴졌다. 관 두 짝을 나란히 눕힌 것 같은 공간 속에서 발터와 프레드는 안도의 미소를 지었다.

하지만 오래가지는 못했다. 수색대가 계속 같은 위치로 돌아왔기 때문에 첫날 저녁부터 밤까지 군홧발 소리와 개 짖는 소리가 가까워졌다 멀어졌다, 커졌다 작아졌다를 반복했다. 발터는 같은 장소를 몇 번이고 수색하는 SS 병사들의 목소리에 불만이 가득 담겨 있기를 바랐다. 실제로 수색대는 이미 두 차례나 샅샅이 뒤진 곳을 재차 찾아와 나뭇더미니 천장이니 두 차례, 세 차례 샅샅이 들쑤시고는 욕지거리를 내뱉었다.

발터와 프레드는 몸을 굽히든 펴든 조금이라도 움직이고 싶었지만 엄두조차 내지 못했다. 특히 발터는 얼음장처럼 차가워진 손과 발을 녹이고 싶었으나 조금만 움직여도 온몸에 쥐가 찌릿 치밀었다. 한 명이 졸음에 빠지면 다른 한 명은 긴장을 팽팽하게 유지하면서 혹시 옆 사람이 잠결에 몸을 뒤척이지는 않는지 귀를 기울였다. 잠이 든다고 편히 쉴 수 있는 것도 아니었다. 지옥 같은 땅 밑 궤짝 속에 갇힌 채 저 위는 더 지옥 같다는 생각을 곱씹으며 끝나지 않는 악몽을 꿀 뿐이었다.

어느덧 친숙한 강제 노역 소리가 들렸다. 오전 근무가 시작된 모양이었다. 은신처가 작업장에 숨겨져 있었기에 이내 나무 찧는 소리, 금속 부딪히는 소리, 개 짖는 소리, SS와 그 앞잡이가 고함치는 소리가 곳곳으로 메아리쳤다. 발터와 프레드가 몸을 숨긴 곳은 아직 사용처가 정해지지 않은 목재로 뒤덮여 있었기에 노역 중에 발각될 가능성은 극히 낮았다. 그럼에도 안심하기는 어려웠다. 아마 10시간쯤 지났을까? 그제야 소음이 잦아들고 작업반도 막사로 돌아갔다.

그때까지 둘은 가만히 있었다. 수용소 안쪽에서는 SS가 막사, 저장고, 세면장, 변소, 창고 등 온 수용소 건물을 탈탈 뒤졌으리라. 일반적으로 수색 과정에는 나름의 시스템이 있었다. 탐지견을 끼고 큰 원을 그린 채 추적 대상을 찾을 때까지 점차 원을 좁혀 가는 방식이었다. 그렇게 원의 중심부까지 수색 범위를 좁히고 나면 다시 처음의 큰 원으로 돌아가 수색을 되풀이했다.

나치가 은신처 바로 곁에서도 여러 차례 수색을 벌였기에 발터는 자신들이 진작 몇 시간 전에 발각되지 않은 게 신기하다고 생각했다. 프레드의 시각은 달랐다. 그는 침묵을 깨도 되는 상황이 되자 "멍청한 새끼들!" 하고 내뱉었다. 어쩌면 허세였을지도 모르겠다. 꼬박 24시간 동안 아무것도 먹지도 마시지도 못한 것은 프레드도 발터와 마찬가지였다. 좁은 공간이지만 식량은 이미 준비되어 있는 상태였다. 빵도 소분해서 몇 파운드 챙겨 뒀고 마가린은 물론 차가운 커피가 든 병도 있었다. 단지 둘 중 누구도 손을 뻗어 음식을 집을 배짱이 없을 뿐이었다.

엉금엉금 기어가는 시간을 어떻게든 버티다 보니 토요일이 지나고 일요일이 됐다. 발터와 프레드는 지금이 적기라고 판단했다. 사이렌이 울린 뒤 처음으로 둘은 은신처 가장자리 공간에서 나와 그나마 넓은 중심 공간으로 움직였다. 발터가 담뱃잎으로 벽이나 천장 사이의 틈을 최대한 메운 상태였지만 틈이 전부 막혀 있지는 않았다. 그 사이로 싸늘한 아침 이슬이 스며들었다.

가만히 누워만 있다 보니 둘 다 몸이 돌처럼 굳었다. 프레드가 오른팔을 움직이려 했지만, 꿈쩍도 하지 않았고 손가락에도 아무 감각이 없었다. 피가 돌도록 발터가 프레드의 어깨를 주물러 주었다. 넓은 공간에 너무 오래 머물러서는 안 됐다.

이른 오후 SS가 수색을 재개했다. 독일인 둘의 목소리가 들리자 프레드와 발터는 그대로 얼어붙었다. 기껏해야 몇 야드 거리에 있는 게 분명했다. 대화 내용이 빠짐없이 들릴 정도였으니까.

한 녀석이 말했다. "빠져나갔을 리가 없어. 분명 수용소 어딘가에 있을 거야."

두 독일인은 발터와 프레드가 숨었을 법한 곳을 추측하기 시작했다. 그러다 한 명이 어딘가를 가리키는 듯했다. "저기 나뭇더미는 봤어?"

발터와 프레드는 꿈쩍도 하지 않았다.

다른 녀석이 답했다. "저기 아래에 숨어 있을 거라고? 구덩이라도 팠다는 말이야?"

그럴 리는 없다고 생각하는 듯했다. 처음 입을 연 녀석이 큰 소리로 또렷이 중얼거렸다. "개들이 저기를 열댓 번은 훑은 거

같은데." 사라진 유대인들이 탐지견에게서 냄새를 숨기는 기발한 방법을 찾아낸 게 아닌 이상 가능성은 적어 보였다.

이내 독일인들은 "밑져야 본전"이라는 말을 주고받더니 무언가를 결심한 듯 은신처 근처로 총총 다가왔다.

이번에도 발터는 칼을 쥐었다. 프레드도 마찬가지였다.

두 독일인은 나뭇더미 위로 오르더니 판자를 뜯어내기 시작했다. 맨 바깥 층, 두 번째 층, 그리고 좀 더 낑낑대더니 세 번째와 네 번째 층도 뜯었다.

10초만 늦었더라도 전부 끝이었다. 뜻밖의 행운이 이번에도 발터의 목숨을 구했다. 아마 이게 여덟 번째 혹은 아홉 번째 행운은 될 것이다. 특히 이번에는 가장 완벽한 타이밍에 행운이 따랐다.

저 멀리서부터 난데없이 소란이 일더니 잔뜩 흥분한 목소리가 들려온 것이다. 그러자 판자를 뜯던 독일인들이 하던 일을 멈췄다. 무슨 일인지 귀를 기울이는 중인 듯했다. 잠깐 또 잠깐 정적이 흘렀다. 마침내 한 녀석이 입을 열었다. "놈들을 잡았대! 가자, 얼른." 그렇게 프레드와 발터에게는 점점 멀어져 가는 발소리가 들렸다.

일요일 밤이 지나고 월요일 아침이 왔다. 이제부터 초 세기에 들어가는 거다. 월터는 시곗바늘을 빤히 바라보았다. 이제 조금만 더 버티면 된다.

오전 근무가 시작되자 늘 그랬듯 사람들이 일하는 소리며 개들이 짖는 소리로 소란스러워졌다. 그렇게 일분일초가 고통스러울 만큼 더디게 흐르는 가운데 10시간이 또 지났다.

비로소 작업반이 막사로 돌아갔다. 사흘이 다 차기 직전이었다.

저녁 6시 30분이 되자 발터와 프레드가 그토록 염원하던 소리가 크게 들려왔다. "**포스텐케테 압치언! 포스텐케테 압치언!**" **그로세 포스텐케테**, 즉 외곽 보초선을 물리라는 명령이었다. 외침은 첫 감시탑에서 시작해 이웃 감시탑에 전해지는 식으로 꼬리에 꼬리를 물고 이어졌다. 소리는 작업장 근처로 다가오면서 커졌다가 작업장에서 멀어지면서 다시 작아졌다. 그렇게 보초선 한 바퀴를 꼬박 돌았다. 발터와 프레드 입장에서는 그들을 노예로 부리고 동족을 수십만 명이나 살육한 자들이 발하는 외침이었음에도 감미로운 음악 소리처럼 들렸다. 사실상 SS가 탈주한 수용자 둘을 붙잡는 데 실패했음을 인정한 것이나 다름없었다.

SS 프로토콜대로 외곽 감시탑에서 경비대가 철수했다. 비상 경계선은 수용소 중심부까지 물렸다. 발터는 SS 경비대가 중앙 쪽 초소로 돌아가는 소리를 들었다. 이 지점이 아우슈비츠 보안 시스템의 가장 큰 허점이었다. 오래전부터 발터와 프레드는 바로 그 빈틈을 뚫고 탈출을 감행할 계획이었다.

둘은 서둘러 움직이고 싶어 몸이 뒤틀렸지만 간신히 참았다. 우선은 가장자리 틈새에서 빠져나와야 했다. 발터는 찔끔만 움직여도 팔, 다리, 몸, 목에 찌릿 통증이 이는 것을 느꼈다. 근육이 얼음처럼 굳어 버려서 첫 몸짓부터 서투르게 뚝딱거렸다. 마치 기본 동작을 처음부터 다시 배워야 하는 느낌이었다. 시간이 약간 걸렸지만 결국 둘은 은신처 중앙에 닿는 데 성공했다. 둘은 손목과 발목을 돌리면서 몸을 쪼그렸다 폈다를 반복했다. 그리고 어둠 속에서 서로를 부둥켜안았다.

둘은 심호흡을 한 다음 손바닥에 힘을 줘 천장을 밀었다. 맨 아래 깔린 판자를 들어내고 싶었다. 하지만 판자는 움직이지 않았다. 둘은 다른 지점에 손을 대고 밀어 보았다. 역시 꿈쩍도 하지 않았다. 계획에 치명적인 오류가 있었던 걸까? 의도치 않게 스스로를 관 속에 가두어 버린 걸까? 판자를 어떻게 밀어낼 것인지는 연습은커녕 고민조차 해 보지 않았다. 판자를 쌓을 수 있으면 당연히 들어낼 수도 있을 거라 지레짐작했다. 하지만 위에서 판자를 하나씩 들어 올리는 것은 쉬울지 몰라도 여러 겹의 판자가 한 번에 아래를 짓누르는데 밑에서 판자를 밀어 올리는 것은 너무나 버거운 일이었다.

둘은 이를 악물고 동시에 힘을 줘 판자를 밀었다. 겨우 1인치 남짓 들렸지만 받침점으로 활용하기에는 충분했다. 둘은 빈틈으로 손을 넣어 판자를 잡고는 옆쪽으로 밀었다. 프레드가 발터를 돌아보고는 미소를 지었다. 그는 독일 녀석들이 여기를 발견할 뻔한 게 천만다행이라며 이렇게 속삭였다. "걔네들이 판자를 옮기지 않았더라면 꼼짝없이 갇혔을 거야."

예상보다 시간이 오래 걸리기는 했지만 어쨌든 금요일부터 지붕 역할을 해 준 판자 사이로 빈틈이 보였다. 그 사이로 달빛이 슬며시 비쳤다.

둘은 다시 힘을 내 판자를 치웠다. 마침내 온몸이 부서질 것 같은 고통을 견디며 몸을 일으켜 세웠다. 그래, 해냈다! 드디어 구덩이 밖으로 나온 것이다.

하지만 아직 수용소를 벗어난 것은 아니었다. 아우슈비츠를 탈출해 영영 도망치는 데 성공한 최초의 유대인이 되려면 아직도 갈 길이 멀었다. 그럼에도 10대 청소년인 발터 로젠베르크 입장에서는 들뜬 기분을 감출 수 없었다. 사실 이런 기분을 느낀 게 처음은 아니었다. 이번이 첫 탈출은 아니었기 때문이다. 물론 마지막이 되지도 않을 것이다.

# 1 준비

The Escape Artist
The Man Who Broke Out of Auschwitz to Warn the World

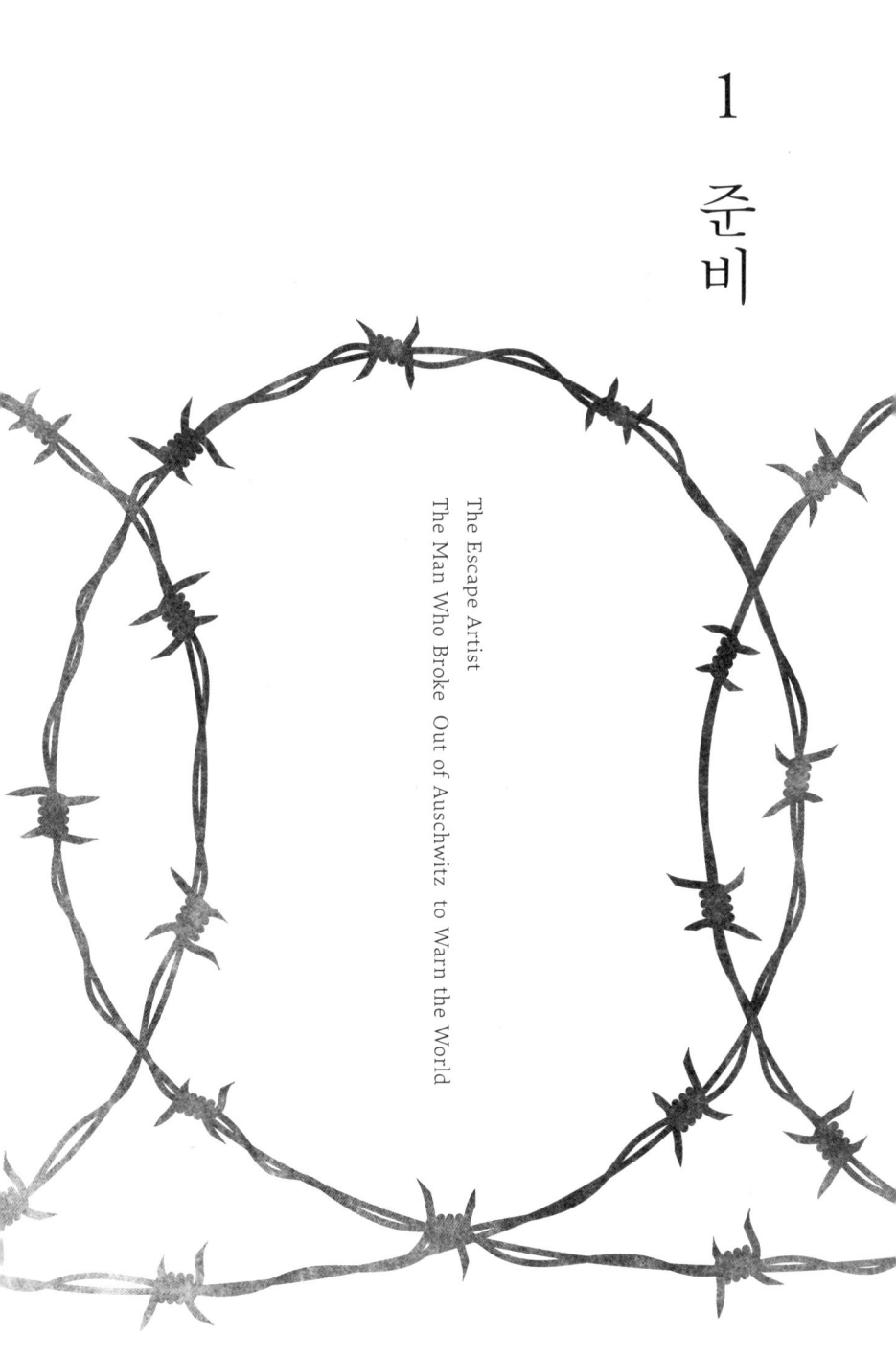

# 1장

# 별

　남자는 일찍이 자신이 특별하다는 것을 알았다. 아직은 루돌프 브르바라는 이름을 얻기 전이었다. 남자의 이름은 발터 로젠베르크였다. 발터는 처음 엄마의 두 눈을 들여다보았을 때부터 자신이 하나뿐인 보물임을 알아차렸다. 그의 어머니 일로나 로젠베르크는 발터가 세상에 나오기만을 얼마나 간절히 기다렸는지 모른다. 남편인 엘리아스가 전처 사이에서 낳은 자식 셋을 데려왔기 때문에 이미 엄마이기는 했다. 그래도 본인 배로 낳은 아이를 품에 안는 데 비할 바는 아니었다. 일로나는 무려 10년 동안 자식을 갖고 싶어 했다. 의사들은 기대를 버리라고 말했다. 1924년 9월 11일, 그런 일로나에게 발터가 태어났으니 기적을 맞이한 것처럼 기쁠 수밖에 없었다.

　일로나는 발터를 너무나도 아꼈다. 열 살 넘게 위인 이복형들과 이복누나도 마찬가지였다. 특히 새미와 판치는 형이랑 누나라기보다는 삼촌과 고모에 가까웠다. 보통 외동에게만 기울일 법한 관심을 독차지한 발터는 지적으로도 조숙했다. 한 번은 발터가 네다섯 살쯤 됐을 때 판치가 남자 친구를 만나러 가느라 발터를 자기 친구가 교사로 일하는 교실에 맡겨 둔 적이 있었다. 네다섯 살이면 교실 구석에 앉아 크레용이나 만지작거릴 나이였다. 하지만 판치가 돌아와서 보면 친구는 발터보다 나이가 곱절은 많은 아이들에게 발터를 보고 배우라며 추켜세우고 있었다.

친구는 이렇게 말했다. "발터가 제 할 일을 얼마나 열심히 하나 봐." 발터가 몇 살 더 먹고 나서는 집에서 조용히 신문을 넘기는 모습도 심심찮게 볼 수 있었다.

발터는 토폴차니에서 태어났다. 토폴차니는 슬로바키아 서쪽에 있지만 사실 딱 6년 전에 수립된 체코슬로바키아 본토에 더 가까웠다. 얼마 뒤 발터네 가족은 집을 정리하고 슬로바키아 동쪽 끝, 거의 우크라이나에 맞닿아 있는 야클로브체로 이사했다. 지도로 보면 작은 반점 수준의 눈에 띄지 않는 동네라 기차도 그냥 지나가고는 했다. 엄밀히는 설 수가 없었다. 기차역은커녕 승강장도 없었으니까. 그래서 동네 목재소를 운영하던 엘리아스는 승강장 겸 대합실을 만들어야겠다고 결심했다. 발터가 이 공간을 참 좋아했는데, 유대인이 임시 천막에서 식사를 하며 신께 찬양을 드리는 가을 초막절이 되면 바로 이곳을 천막인 **수카**로 활용했기 때문이다.

어린 발터는 시골 생활을 좋아했다. 발터네 가족은 닭을 길렀는데, 특히 알을 낳는 암탉에게는 가장 좋은 자리를 내줬다. 한 번은 달걀이 다 사라져서 부모님이 판치에게 닭장을 털어 가는 여우라도 있는지 망을 보라고 시켰다. 어느 날 아침 판치가 드디어 범인을 잡았는데 전혀 의외의 인물이었다. 어린 발터가 닭장에 몰래 들어가 달걀을 훔치고는 날로 먹어 버린 것이다.

토폴차니 생활이 오래가지는 않았다. 발터가 네 살일 때 엘리아스가 세상을 떠났기 때문이다. 어머니인 일로나는 가족의 터전이었던 서쪽으로 다시 돌아갔다. 이제 본인이 가장으로서 생계를 책임져야 했다. 일로나는 집집을 다니면서 직접 만든 속옷을 팔거나 다른 물품으로 바꿨다. 어린아이를 기르기에 이상적인 여건은 아니었다. 한번은 "첩살이"를 한다는 친구에게 발터를 봐 달라고 맡긴 적이 있었다. 자신을 버린 남자에게 잔뜩 화가 났던 친구는 발터를 꼬드겨 사생아 역할을 해 달라고 부탁하고는 발터를 데리고 동네방네 다니면서 그 악랄한 작자가 자신은 물론 이렇게 어여쁜 자식을 내다 버렸다고 하소연을 늘어놓았다. 그 덕에 발터는 보상으로 빵집에 가서 먹고 싶은 빵을 마음껏 먹을 수 있었다.

이 사건 이후로 일로나는 발터가 니트라에 계신 할머니와 할아버지랑 사는 게 좋겠다고 판단했다. 결과는 꽤 좋았다. 발터는 할아버지랑 금세 친밀해졌고, 할아버지는 발터를 엄격한 정통 유대교 관습에 따라 길렀다. 이따금 발터는 동네에서 가장 명망 높은 랍비네 집에 심부름을 가기도 하고 금요일이면 할아버지를 따라 **미크바**(유대인들이 안식일 전에 몸을 깨끗이 씻기 위해 사용하는 목욕장)로 쓰이는 강가에 가서 마을 남자들이 물에 몸을 담그는 모습도 보았다.

발터는 유대교 전통도 조부모님도 모두 좋았다. 화창한 나날이었다. 유일한 먹구름이 있다면 빈에서 온 사촌 형 막스였다. 발터는 자기보다 두세 살 더 많은 사촌에게 형제간의 경쟁의식 비슷한 것을 느꼈다. 물론 할아버지가 학교 성적이 훌륭한 자신을 자랑스러워하신다는 것을 알고 있었지만 왠지 막스를 더 총애하시는 듯했다.

할머니가 쓰러지신 뒤로 할아버지는 혼자서는 어린 발터를 기를 수 없다고 판단했다. 결국 발터는 브라티슬라바에 있는 어느 유대인 보육원으로 보내졌다. 보육원에서도 발터의 학구열은 빛이 났다. 선생님들이 취미가 뭐냐고 묻자 발터는 실제로는 공놀이도 좋아했지만 언어 공부와 독서라고 답했다. 원장은 일로나에게 발터를 브라티슬라바의 어느 엘리트 고등학교에 등록하도록 권했다. 그러려면 브라티슬라바에 정착해야 하는 것은 물론이고 자신이 방문판매를 다니는 동안 발터의 보호자 역할을 해 줄 젊은 여성도 고용해야 했다. 하지만 소중한 아들에게 최선의 기회를 쥐여 줄 수만 있다면 일로나는 거칠 게 없었다.

1935년 가을, 학급 사진을 촬영하는 날이 왔다. 바로 이때부터 우리의 주인공 발터의 얼굴을 확인할 수 있다. 고작 열한 살인 발터는 살짝 긴장한 것 같지만 벌써 존재감이 남다르다. 한쪽으로 시원하게 가르마를 탄 흑발에 평생을 함께할 짙은 눈썹이 돋보이는 꼬마는 몸을 꼿꼿이 세워 앉아 카메라 렌즈를 강렬히 바라보고 있다. 다른 아이들은 전부 시키는 대로 따라서 팔짱을 낀 자세를 취했지만 발터만은 달랐다.

발터는 여기서도 독실한 유대인 남성이 주로 입는 술이 달린 전통 조끼 **치치트** 차림이다. 하지만 일로나가 술을 숨길 수 있도록 허리띠를 만들어 입혔다. 발터가 니트라 시절부터 길렀을 **페이오트**, 즉 유대인 특유의 귀밑머리도 사라지고 없다. 난생처음 발터는 할아버지나 보육원의 영향 없이 스스로 종교적인 결정을 내릴 자유를 얻었다. 어느 날 오후, 점심을 사 먹으려고 브라티슬라바 거리를 거닐던 그는 하느님을 시험해 보기로 결심했다. 그래서 어느 식당에 들어가 돼지고기를 주문했다. 돼지고기 한입을 베어 물고 심판의 벼락이라도 내리치나 기다렸는데 아무 일도 일어나지 않았다. 그 순간 발터는 신앙을 내려놓기로 마음을 굳혔다.

김나지움 학생들은 천주교, 기독교, 유대교, 무교 중 어떤 종교 지침을 따를지 선택할 수 있었다. 발터의 선택은 무교였다. 그는 인적 사항 일람표의 국적 칸에 "유대인" 대신 "체코슬로바키아인"이라고 기입했다. 학교에서는 구어체 독일어뿐만 아니라 고지 독일어(독일어권의 중부와 남부에서 사용되는 독일어)도 배웠다(어느 망명자 학생과는 언어 교환 계약을 맺기도 했다. 서로가 서로에게 자기 말로 고등 학문을 가르쳐 주는 식이었다). 1936년도 학급 사진을 보면 발터의 눈빛은 자신감이 넘치다 못해 발칙하게 느껴질 정도다. 그 시선은 정면을 뚫고 나가 미래를 향하고 있다.

하지만 1938~1939년도 학급 사진에서 열네 살의 발터 로젠베르크는 온데간데없이 사라졌다. 나라 상황을 비롯해 모든 것이 변했기 때문이다. 1938년 뮌헨협정 이후 아돌프 히틀러는 동맹국인 헝가리와 함께 체코를 뭉텅이로 분할해 나눠 가졌고, 1939년 봄에는 남은 지역마저 멋대로 쪼갰다. 슬로바키아는 자주독립을 내세우며 공화국 선언을 했다. 하지만 실상은 베를린의 수호와 보호를 바라는 제3제국의 산물일 뿐이었다. 광적인 민족주의자 안드레이 흘린카Andrej Hlinka가 이끌던 슬로바키아 국민당의 정신을 승계하는 모양새였다. 바로 다음 날 나치는 남은 체코 영토를 침공해 합병하고 보헤미아와 모라비아의 보호국을 자처했다. 그러는 동안 헝가리 역시 한몫을 단단히 챙겼다. 병합이 끝나자 한때 체코슬로바키아였던 곳에 살던 사람들의 운명은 히틀러의 손아귀에 놓였다.

슬로바키아에서 10대 시절을 보내던 발터 로젠베르크는 변화를 즉각 느꼈다. 주변 사람들 말에 따르면 발터가 어떤 종교 수업을 듣기로 선택하든 혹은 어떤 단어를 국적 칸에 기입하든 법적으로 유대인이며 13세를 넘었다는 사실에는 변함이 없었다. 따라서 발터는 더 이상 브라티슬라바 고등학교에 다닐 수 없었다. 교육을 받을 기회는 여기서 끝이었다.

발터를 비롯해 슬로바키아 전역의 유대인들은 새로운 정부의 수장이 가톨릭 사제인 요제프 티소Jozef Tiso 신부라 한들 이름만 슬로바키아일 뿐인 자국의 국교가 나치즘임을 깨닫기 시작했다. 반유대주의자들이 내세우는 주장에 따르면 유대인은 결코 이방인의 기질을 버리지 못하는 신뢰할 수 없는 자들이며 요사스러운 능력을 타고나서 그 인구수에 비례해 사회와 경제에 막대한 영향력을 행사한다. 자연스레 브라티슬라바의 높으신 분들은 소중한 영토를 헝가리에 빼앗긴 일 등 슬로바키아가 맞이한 불운한 운명이 슬로바키아 내의 작디작은 유대인 공동체(전체 인구 250만 명 중 불과 8만 9000명) 때문이라는 섣부른 결론을 내렸다. 선동 포스터가 등장해 벽마다 덕지덕지 붙었다. 한 포스터에는 까만 흘린카 의용군 복장을 한 씩씩한 슬로바키아 청년이 매부리코에 귀밑머리를 한 유대인의 엉덩이를 발로 뻥 차자 유대인이 몸에 지닌 동전 자루가 떨어지는 장면이 그려져 있다. 티소 역시 새로이 수립된 슬로바키아 공화국의 지도자로서 첫 라디오 연설을 하면서 단 하나의 공약만을 확고히 밝혔다. 바로 "유대인 문제를 해결하는 것"이었다.

발터가 학교에서 쫓겨나자 일로나는 방문판매원 일을 관둔 뒤 아들을 데리고 브라티슬라바에서 동쪽으로 30마일 가면 나오는 작은 마을 트르나바로 떠났다. 수도 생활에 비하면 너무도 낯설었다. 사실상 모든 사람과 골목이 성 삼위일체의 이름을 딴 중앙광장으로 통했다. 광장을 관할하는 교단도 둘이나 있었다. 여름이 되면 온 마을이 열기를 품은 채 먼지로 자욱했고, 시장에는 거름, 건초, 땀 냄새가 진동했다. 근처에는 설탕 공장이 있어서 비트를 가공할 때 풍기는 악취가 사방을 잠식했다. 그나마 자전거를 타고 옥수수밭이 펼쳐진 시외로 탈출하면 신선한 산들바람을 쐬며 안식을 찾을 수 있었다.

하지만 피난처를 찾으려던 로젠베르크 모자에게 트르나바는 썩 적합한 장소가 아니었다. 유대인 문제를 해결하겠다는 정부의 의지가 회당이 고작 둘뿐이고 유대인도 3000명이 채 되지 않는 작은 마을 트르나바까지 닿은 것이다. 순진한 마을 사람들에게는 딱히 선동이 필요하지도 않았다. 그들은 슬로바키아가 자치권을 얻은 지 불과 몇 주 뒤인 1938년 12월에 두 회당을 모두 불태웠다.

얼마 뒤 발터는 자신처럼 교육 현장에서 쫓겨난 10대 유대인 아이들과 무리를 이뤘다. 학교에서는 학기 첫날부터 정문에 유대인과 체코인은 거부한다는 표지판을 걸었고, 한때 친구였던 학생들은 "유대인은 나가라! 체코인은 나가라!" 하고 연호를 외쳤다. 발터를 비롯한 트르나바의 8학년 이상 학생들은 들을 수업도 갈 곳도 없이 마을 여기저기를 방황했다. 새로 공표된 법령에 따르면 심지어 독학도 금지였다. 발터는 친구 에르빈 아이슬러Erwin Eisler와 지방의회 건물로 가서 교과서를 제출했다. 유대인 아이들이 집에서 공부할 가능성을 막기 위해 도입한 지침에 따르기 위함이었다. 발터는 명령에 순순히 따라 교과서를 포기했다. 그런데 에르빈이 깜짝 놀랄 반응을 보였다. 평소 같으면 여자 이야기만 나와도 얼굴을 붉히고 아이들이 동네 카페에 가는 길에 부르면 뿌리치고 도망가던 친구였다. 하지만 이날은 뜻밖의 결단을 보였다.

에르빈이 속삭였다. "걱정하지 마. 나 아직 화학책 가지고 있어."

에르빈은 체코 과학자 에밀 보토체크Emil Votoček가 쓴 무기 및 유기 화학 교과서 두 권 중 한 권을 아직 들고 있었다. 그때 이후로 발터와 에르빈은 그 교과서 한 권을 뚫어져라 보면서 국가가 허락하지 않은 지식을 몰래 나눴다.

트르나바의 유대인 10대들이 모여 하는 자습도 반복됐다. 때로는 이전에 연못이었던 목초지에 둘러앉아 거꾸로 뒤집힌 것만 같은 세상을 이해하려 애썼다. 이내 그중에서도 똑똑한 발터가 돋보였다. 특히 열세 살 소녀 게르타 시도노바Gerta Sidonová가 발터에게 점점 반해 말 한 마디 한 마디에 귀 기울였다. 결국 게르타의 부모님은 발터를 과외 선생으로 고용했다. 물론 게르타는 수업에 집중하지 못했다. 그저 발터가 자신을 여자 친구로 생각해 주기를 기대했지만 발터의 태도는 애매했다. 한 번은 둘이 데이트 약속을 잡았는데 발터가 바람을 맞혔다. 게르타는 어떻게 된 거냐고 따져 물었다. 발터는 변명하기를, 약속 장소에 나가기는 나갔는데 게르타가 방울 장식이 있는 털모자를 쓴 것을 봤다고 했다. 발터는 그 모습을 보자마자 그대로 돌아서서 정반대 방향으로 가 버렸다. 아홉 살짜리 꼬마처럼 보였기 때문이었다. 당시 발터는 열다섯이었다. 어린애랑 다니는 남자로 보이고 싶지는 않았다.

하지만 트르나바의 유대인 10대 청소년들에게 서로를 제외하고는 별다른 선택지가 없었다. 유대인들은 그들에게 보금자리가 되어야 할 마을의 일상으로부터 줄곧 배격을 당했다. 슬로바키아 어디를 가든 마찬가지였다. 티소 정권은 유대인의 경제적 기반을 무너뜨리고 유대인을 사회로부터 고립시키기 위해 유대인이 정부 관료 자리에 오르지 못하도록 막았고, 직업마다 유대인 수에 정원을 두었다. 나중에는 자가용, 라디오, 스포츠 장비도 금했다. 새로운 법령이 떨어질 때마다 그 내용이 마을 중심에 있는 게시판에 붙었다. 유대인들은 매일 게시판을 통해 오늘은 어떤 치욕적인 처사가 기다리고 있을지 확인했다.

발터와 일로나에게는 애초부터 재산이라고 할 만한 것이 없었지만, 혹시라도 재산을 가진 유대인은 가진 것을 하나둘 빼앗겼다. 땅은 물론이고 사업체마저 몰수당했다. 당국에서는 그 과정을 **아리아인화**Aryanisation라고 불렀다. 게르타네 정육점에는 영리하게도 진작 흘린카당(슬로바키아 제1공파국의 독재 정당이던 슬로바키아인민당을 가리킨다)에 가입을 한 점원이 있어서 게르타의 아버지는 그 점원에게 소유권을 넘기는 방식으로 가게를 지키려 했다. 유대인이 소유한 사업체의 지분 51퍼센트 이상을 "자격을 갖춘 기독교인 지원자"에게 넘겨주는 "자발적 아리아인화" 전략이었다. 물론 이 용어에는 어폐가 있는데, 나치는 슬로바키아인 역시 아리아인에 속한다기보다는 슬라브인에 속한다고 보았기 때문이다. 따라서 슬로바키아의 기독교인 역시 의심의 여지 없는 **운터멘슈**Untermensch, 즉 열등 인간이었다. 그래도 유대인보다는 우월한 민족으로 여겨졌기에 유대인 입장에서는 재산을 지키려면 그들에게 기대는 수밖에 없었다.

구타 행위가 점점 흔해졌다. 주로 유대인이 표적이었지만 때로는 유대인 이웃을 괴롭히는 데 적극적이지 않은 비유대인이 표적이 되기도 했다. 국가사회주의 단체들은 트르나바를 비롯한 슬로바키아 마을 및 도시에 압박을 가해 유대인을 따돌리고 유대인 사업체를 보이콧하게 만들었다.

박해를 피해 숨을 곳은 없었다. 문을 걸어 잠그고 집에만 틀어박혀 있어도 소용없었다. 1940년 이후 런던에 밤마다 공습이 가해지던 무렵부터는 슬로바키아 헌병들이 더욱 직접적이고 노골적인 방식으로 유대인의 재산을 수탈하기 시작했다. 그들이 유대인 가정집에 쳐들어와 물건을 빼앗아 가는 동안 아이들은 가만히 서서 지켜보는 수밖에 없었다. 헌병들은 테니스 라켓, 코트, 카메라, 집안 가보는 물론 대형 피아노까지 몰수했다. 때로는 마을 밖으로까지 원정을 나가 유대인 소유의 농장을 찾아서 가축까지 압수했다. 완전 노다지판이었다. 유대인이 가진 것이라면 슬로바키아인이 마음대로 빼앗을 수 있었다.

하지만 새 공화국의 만행은 이제 시작이었다. 1941년 9월 발터가 열일곱이 될 무렵 티소 정권은 슬로바키아의 뉘른베르크 법이라 할 수 있는 유대인 법령Jewish Codex을 시행했다. 이때부터 유대인은 어떤 종류의 공적 행사와 사회적 조직에도 참여할 수 없었다. 정해진 시간 내에만 외출을 하거나 물품을 구매할 수 있었다. 정해진 거리 내에서만 이동할 수 있었다. 부동산을 구입하려면 유대인세 20퍼센트를 추가로 내야 했다. 거주 지역도 일부 거리 내로 제한됐다. 사실상 게토[유대인 강제 거주 지역]의 시발점이었다. 친정부 언론에서는 파시스트 국가들이 벌이는 암묵적인 유대인 말살 경쟁 속에서도 "슬로바키아 법만큼 유대인을 가장 잘 억압하는 법이 없다"라며 떠벌렸다.

특히 발터 입장에서 가장 눈에 띄고 피부에 와닿는, 지극히 노골적인 변화가 하나 있었다. 슬로바키아에 사는 유대인이라면 누구든 여섯 살 이후부터 6인치 너비의 노란색 다윗의 별 배지를 겉옷에 달아야 했다. 발터가 다른 유대인 아이들이랑 트르나바의 스케이트장이나 영화관에 가면 바로 그 노란색 별 때문에 출입이 막혔다. 예전에 알고 지내던 친구들은 시내에서 늦게까지 노는데 유대인 아이들은 통금에 걸렸다. 저녁 9시부터는 사람들 눈에 띄면 안 됐다.

발터는 이러한 규칙들에 저항하지는 않았다. 딱히 충격을 받지도 않았다. 아마도 압박이 오랜 시간에 걸쳐 서서히 가해지다 보니 당장 새로운 규제가 생겨도 직전의 규제에 비하면 그리 과하게 느껴지지 않았던 것 같다. 이유가 무엇이든 발터는 순순히 노란색 별 문양을 달고 다녔다. 더는 교육을 받지 못하니 일감을 얻어야 한다는 사실도 쉽게 수긍했다. 그래서 막노동 일을 찾아다녔지만 고용주들은 마땅히 쓸 사람이 없을 때에만 유대인을 고용했다. 혹시 운 좋게 하루 일감을 구하더라도 낮은 임금을 받았다. 유대인과 비유대인에게 적용되는 임금표가 따로 있었기 때문이다.

발터 로젠베르크의 10대 시절은 이런 식이었다. 집에서는 좁아터진 부엌에 앉아 엄마랑 같이 비너슈니첼과 튀긴 감자를 먹었다. 이미 독일어, 체코어, 슬로바키아어는 물론 기초적인 헝가리어도 할 줄 알았지만 너덜거리는 책을 구해다 새로운 언어를 배우려 애썼다. 친구들이랑 풀밭에 모여 당대의 사조를 논하면서 자신들의 운명을 구제할 사상이 사회주의일지 공산주의일지 자유주의일지 시온주의일지 토론했다. 한편으로는 유대인의 자부심과 잠재력을 강조하는 시온주의의 메시지가 매일같이 모욕과 따돌림을 겪는 유대인 아이들에게 위로가 되었다. 하지만 다른 한편으로는 시온주의 역시 또 하나의 국가주의 이념으로서 파멸로 이어질 게 분명하다는 생각이 뒤따랐다. 세상을 치유할 수 있는 것은 국제적인 형제애밖에 없지 않을까? 게다가 나치 이념과의 전쟁을 선두에서 이끌고 있는 것이 결국 사회주의자들이 아닌가? 아이들이 가슴팍에 노란 별을 단 채 둘러앉아 몇 시간이고 이런 논쟁을 벌이고 있으면 동네 사람들은 그 옆으로 거리를 둔 채 슬금슬금 지나갔다.

물론 이래 봬도 다들 10대 청소년들이었다. 아이들은 웃고 떠들며 서로 새롱거리기도 했다. 남자애들은 여자애들은 쫓아다니고 여자애들은 남자애들을 쫓아다녔다. 그러다 서로의 마음에 상처를 남기기도 했다. 발터는 키가 큰 편은 아니었다. 기껏해야 168센티미터 정도였다. 그럼에도 마치 덩치가 큰 사람처럼 행동했다. 짙은 눈썹, 빽빽한 머리숱, 능글맞은 미소까지. 관심을 피하려야 피할 수가 없었다.

하지만 1942년 2월의 어느 날 바로 그 편지가 도착하고 말았다. 법원 소환장 내지는 입영 통지서처럼 생긴 서신에 따르면 발터는 금붙이를 제외한 최대 25킬로그램 한도 내에서 짐을 싼 다음 지정된 시간에 지정된 장소로 출두해야 했다. 의도는 분명해 보였다. 슬로바키아 정부는 유대인을 일자리도 기회도 없는 비좁은 울타리 속으로 밀어 넣는 것만으로는 만족하지 못했다. 유대인을 아예 나라 밖으로 추방하고 싶었다. 이제 유대인들은 시민권을 박탈당한 채 국경 너머 폴란드로 쫓겨나 마치 미국에서 인디언들이 정부가 울타리 친 구역 내에서 살아가야 하는 것처럼 "정부 지정 거류지"에서 살아가야 할 운명이었다.

물론 서신 내용은 부드러운 어조, 심지어 고상하기까지 한 어조로 쓰여 있었다. 내용만 보면 유대인들은 축출은커녕 **추방**을 당하는 것도 아니었다. 단지 **이주**를 하는 것일 뿐이었다. 게다가 모든 유대인에게 적용되는 명령도 아니었다. 오직 열여섯 살에서 서른 살 사이의 신체가 성한 남성만이 이주 대상이었다. 소란을 일으키지 않고 자발적으로 명령에 순응한다면 고향에 머무르다 나중에 뒤따라 올 가족에게는 아무 해도 없을 것이었다. 금붙이를 챙겨 갈 수 없다는 조항이 붙은 이유는 명확했다. 유대인이 고된 노동으로 금을 모았을 리는 없고 부정과 편법을 이용했을 테니 유대인이 소유한 금은 응당 슬로바키아 국고에 속한다는 논리였다. 게다가 그들이 이곳에서 태어나 이곳 국민으로 살아왔다 한들 이제 국민의 지위도 빼앗겼으니 말이다.

이 모든 과정은 2년 전 베를린에서 브라티슬라바로 파견된 최고 돌격대 지도자 Hauptsturmführer 디터 비슬리체니 Dieter Wisliceny 의 승인 아래 구상된 계략의 일환이었다. 전략은 단순했다. 우선 집을 몰수하고 재산을 압류하며 직업을 얻을 권리를 제재함으로써 유대인의 재정적 기반을 무너뜨린다. 그다음 슬로바키아가 고된 노동에도 오래도록 신음해 온 까닭이 바로 그 유대인이라는 재정적 짐 덩어리 때문임을 고발한다. 재산이 있을 때도 기생충으로 몰아가는 것이 그리 어렵지 않았는데 이제 재산마저 없으니 그렇게 하는 게 얼마나 쉬울까? 국가사회주의라는 기치 아래 나치 독일과 든든한 형제 관계를 맺은 흘린카 정부는 일단 유대인을 빈털터리로만 만들기만 한다면 슬로바키아 민중도 그들을 국경 밖으로 쫓아내는 것을 기꺼이 반길 것이라고 예상했다. 물론 시작은 발터 같은 젊은 남성이었다. 슬로바키아에서 유대인이라는 소수집단을 완전히 축출하려면 잠재적 저항 세력의 중심인 건장한 남성부터 제거하는 게 먼저였으니까.

발터는 문간에 놓인 편지를 들고 언제 어디로 오라는 지시를 뚫어져라 봤다. 1942년 겨울 끝자락에 발터가 딱 하나 확실히 느낀 것이 있다면 그것은 바로 절대 고국에서 쫓겨나지 않겠다는 마음이었다. 정말 말도 안 되는 지시가 아닌가. 기차에 실려 알지도 못하는 곳으로 끌려가는 일은 절대 없을 것이다. 암, 없고말고. 발터는 슬로바키아에서 태어났고 슬로바키아어를 모국어로 사용하는 슬로바키아 사람이다. 근데 어째서 쓰레기처럼 내다 버려져야 한다는 말인가. 대책 없이 혼자 남을 어머니는 어떻고? 일로나가 늘 그렇듯 비너슈니첼과 아펠슈트루델을 저녁으로 차리는 동안 발터가 자기 결심을 꺼내 놓았다.

"잉글랜드로 가야겠어요. 거기서 망명 중인 체코슬로바키아 군에 들어갈래요."

일로나는 아들이 정신이 나갔나 하고 쳐다보았다. 부엌의 엄마와 옆방의 아들이 거의 한 시간 정도 언쟁을 벌였다. 중간중간 엄마는 쨍그랑거리는 냄비 소리 너머로 아들의 생각에 조롱을 표했다.

"그냥 달로 날아가서 푸르뎅뎅한 치즈라도 한 조각 썰어 오지 그러니? 꼭 저녁 시간은 맞춰 오고!"

물론 일로나 입장에서는 아들이 이런 말도 안 되는 아이디어를 내놓은 것이 한두 번이 아니었다. 영어랑 러시아어를 독학으로 익히겠다는 어이없는 생각도 그랬다.

"**러시아어라니!** 너도 그냥 다른 애들처럼 좀 정착해서 평범한 기술로 먹고살면 안 되겠니?"

당시 일로나는 남자를 만나는 중이었고 마침 그 남자는 자물쇠 수리공이었다. 물론 일로나는 절대 남부끄럽지 않은 직업이라고 말했다. 하지만 발터의 고집을 꺾을 수는 없었다.

"대체 널 어디서 주워 왔나 모르겠다. 일단 외가 쪽 피는 물려받지 않은 게 확실해."

게다가 잉글랜드로 어떻게 갈 것인지도 문제였다.

발터가 답했다. "헝가리를 지나서요." 틀린 말은 아니었다. 헝가리 정부가 나치를 등에 업은 정부이기는 하지만 적어도 유대인을 헝가리 밖으로 쫓아내고 있지는 않았다. "그다음에는 유고슬라비아를 지나는 거죠."

나치가 점령한 유럽을 육지로든 바다로든 어떻게 가로지를 것인지, 최종적으로 잉글랜드에는 어떻게 도달할 것인지 정확히 설명하지는 못했기 때문에 또 한바탕 언쟁이 이어졌다. 하지만 설령 유고슬라비아 너머로 빠져나가지 못하더라도 발터에게는 대안이 있었다. 요시프 티토 Josip Tito가 이끄는 유격대에 들어가 저항군으로 싸우는 것이었다.

　냄비 부딪히는 소리가 또 요란하게 울렸다. 언쟁은 끊임없이 이어졌다. 일로나는 발터의 계획이 별에 가겠다는 프로젝트만큼이나 얼토당토않은 미친 짓이라고, 틀림없이 실패할 것이라고 설득했다. 하지만 발터는 물러서지 않았다. 마지막으로 발터는 엄마의 얼굴을 마주 보고는 차분하고 안정된 목소리로 말했다. "엄마, 도살장에 끌려가는 소처럼 쫓겨나지는 않을 거예요."

　냄비가 덜그럭대는 소리도 고함도 멈췄다. 일로나는 아들이 마음을 굳혔다는 사실을 받아들였다.

　그날 이후로 일로나는 오히려 공모자가 되었다. 일로나는 아들에게 필요할 옷가지를 모으고 주머니를 탈탈 털어 얼마 되지 않지만 돈을 마련했다. 그러고는 발터가 당장 직면한 문제를 해결할 방법을 궁리했다. 그 문제란 트르나바를 빠져나가 세레티에 다다를 방법을 찾는 것이었다. 세레티는 5년 전만 해도 슬로바키아 영토 깊숙이 있었지만 이제는 헝가리 국경을 맞대고 있는 마을이었다.

　일로나가 말했다. "택시를 타야겠어."

　말도 안 되는 소리에 이번에는 발터가 성을 냈다. 택시를 불러 잡고 자유를 찾아 떠난다니 들어본 적이나 있나?

　그러나 이내 다른 선택지가 없음을 알아차렸다. 다행히 알고 지내는 운전사가 하나 있었다. 유대인을 그토록 멀리까지 태워 주는 일은 엄격히 금지되었기에 위험부담이 컸지만 그럼에도 도움을 베풀어 줄 만한 사람이었다. 트르나바에도 여전히 과

거의 이웃을 잊지 않은 사람들, 우정의 무게를 기억하는 사람들이 몇몇 남아 있었다.

그렇게 1942년 3월 초의 어느 밤, 어린 발터 로젠베르크는 마차가 훨씬 흔한 마을인 트르나바의 몇 안 되는 자동차 중 하나에 올라타 해진 가죽 시트 위에 쭈그려 앉은 채 헝가리 국경을 향해 나아갔다. 뒤는 돌아보지 않았다. 과거를 되돌아볼 생각도 미래를 내다볼 생각도 없었다. 그저 현재, 지금 당장 눈앞에 놓인 일에 집중해야겠다는 생각뿐이었다.

발터는 가슴팍을 내려다보고는 겉옷에서 노란색 별 문양을 떼어 냈다.

## 2장
# 500라이히스마르크

1942년 3월 트르나바를 떠난 날 밤, 발터의 눈앞에 놓인 미래라고는 슬로바키아와 헝가리를 나누는 국경과 자기 자신 사이를 가득 채운 암흑뿐이었다. 30분쯤 지났을까, 택시 운전사가 발터를 내려 주었다. 국경에 더 다가가는 것은 위험했다. 나머지는 발터가 직접 걸어가야 했다. 발터는 주머니를 확인했다. 지도, 나침반, 성냥갑, 그리고 돈 몇 푼이 들었다. 트르나바에 두고 온 엄마가 쥐여 준 200크라운이 다였다.

발터는 좁은 길을 따라 걷기도 하고 평평한 들판을 가로지르기도 하면서 어둠을 헤치고 나아갔다. 흥분이 살짝 샘솟았다. 파시스트 국가를 떠나 또 다른 파시스트 국가로 향하는 중이었다. 물론 조금 걷는 것으로 자유에 닿을 수 있을 리는 만무했다. 그래도 첫걸음을 내디뎠다. 게다가 적어도 헝가리에서는 유대인을 기차에 실어 아무도 모를 곳으로 보내고 있지는 않았다.

부드럽게 느껴지던 눈발이 앞으로 나아갈수록 점점 더 거세졌다. 계속 발걸음을 옮기기는 했지만 추위가 뼈를 에는 듯했다. 처음에는 아드레날린 덕에 추운 줄도 몰랐지만 눈 속에 너무 오래 있었다. 10대 소년의 객기도 서서히 사그라졌다. 외로움과 두려움이 몰아쳤다. 어둠 속에 홀로 갇힌 기분이었다.

막 쌓인 눈을 뽀드득뽀드득 밟는 소리에 맞춰 밤이 지나고 또 지났다. 새벽 다섯 시쯤 해가 뜨기 약 한 시간 전, 발터 눈에 환한 빛이 무리 지어 있는 모습이 보였다. 세레티보다 빛이 더 적은 것을 보니 그보다 살짝 더 작은 마을인 갈란타가 분명했다. 그제야 발터는 자신이 해냈다는 것을 깨달았다. 눈에 보이는 경계선도 보초가 지키는 울타리도 없었지만 국경을 건넌 것이 분명했다. 이제 헝가리였다.

다음으로는 동창에게 건네받은 친척 집 주소를 찾아갔다. 새벽에 웬 남학생 하나가 옷에 진흙을 덕지덕지 묻힌 채 문간에 서 있으니 그분들도 놀란 기색이었다. 하지만 어쨌든 발터를 집으로 들여 목욕물을 데워 주고 아침밥도 차려 줬다. 그러고는 지금 당장 떠나야 한다고 말했다. 헝가리 사람이 슬로바키아 난민을 돕다가 적발되면 스파이를 숨겨 준 사람이 받는 것과 동일한 징역형을 받았기 때문이다.

친구네 친척 분들은 발터를 역으로 데려가 표 한 장과 누가 봐도 국가주의 및 반유대주의 사상을 담은 것으로 보이는 신문을 하나 쥐여 줬다. 만전에 만전을 가하기 위함이었다. 발터는 부다페스트행 기차에 올라탔다. 이번에도 찾아갈 주소가 있었다. 트르나바에서 사귄 친구들 중 저항 정신을 가진 친구들이 가르쳐 준 주소였다. 그곳을 찾아가니 헝가리의 사회주의 지하 단체의 일원과 접선할 수 있었다. 발터는 그와 함께 지내면서 일자리를 얻기 위해 위조문서를 구하려 했지만 실패했다. 서류를 지어내지 못한다면 부다페스트에 오래 머무를 수는 없었다. 결국 누군가가 알아채 경찰에 신고할 게 분명했다.

열흘 후에 지하 단체 단원들은 믿기 힘든 결정을 내렸다. 최선의 수는 발터가 왔던 길을 다시 밟아 트르나바로 돌아가는 것이라는 판단이었다. 그곳에 가면 연락원들이 아리아인임을 증명하는 위조문서를 준비한 채 기다릴 것이다. 서류를 넘겨받는 대로 발터는 다시 원래의 탈출 계획을 재개하면 됐다.

그래서 발터는 지금까지의 탈출 과정을 거꾸로 재연했다. 하지만 이번에는 국경을 지나 슬로바키아로 넘어가려는 찰나 헝가리 국경 경비대 군인 둘이 소총을 겨눈 채 발터를 불러 세웠다. 처음에는 본능이 시키는 대로 냅다 뛰었다. 그러나 이내 탕탕 총포가 울리자 또 다른 본능이 시키는 대로 그 자리에 멈췄다.

군인들이 다가와 한 명은 개머리판으로 발터의 무릎을 후려치고 다른 한 명은 가랑이를 세게 찼다. 둘은 발터의 양팔을 틀어쥐고는 근처 경계초소로 끌고 갔다. 얼굴에 주먹을 맞은 발터는 구석에 처박혔다. 이내 하사관 하나가 함께 즐길 생각에 신이 나 와서 권총으로 발터를 마구 구타했다.

헝가리 군인들은 주먹질이나 발길질을 곁들이면서 발터에게 스파이가 아니냐고 집요하게 물었다. 발터는 부인했다. 이웃 나라 슬로바키아에서 국경을 넘어 부다페스트에 피난처를 찾으러 온 유대인일 뿐이라고 말했다. 부다페스트에서 오는 길이 아니라 부다페스트로 가는 길이라고 답한 셈이다. 하지만 발터는 군인들이 자신의 주머니에서 어떤 종이를 찾아낼지 상상도 못 했다. 그를 숨겨 준 연락책의 이름이나 주소가 적혀 있는 것은 아니었다. 그쯤은 머릿속으로 기억해 뒀다. 그렇다고 돈이 나온 것도 아니었다. 헝가리에서 지낼 때 얻은 지폐는 어느 여성 속옷 전문 제작자의 아들이 발터의 바지 앞섶 속에 잘 숨겨 꿰매 놓았다. 군인들이 발견한 물건은 그보다 가치는 적었지만 의심은 훨씬 크게 불러일으켰다. 바로 전철 탑승권이었다. 출발지가 부다페스트로 찍힌.

상관으로 보이는 자는 발터가 거짓말한 것을 확인하고는 분명 스파이일 것이라고 확신했다. 그래서 누구를 위해 일하는지 추궁하기 시작했다.

탁자에서 시작된 심문은 세 시간 동안 혹독하게 이어졌다. 하지만 열일곱의 발터는 입을 열지 않았다. 그래서인지 결국 하사관은 발터가 그저 피난처를 찾는 유대인 난민에 불과하다는 결론을 내렸다. 그러고는 두 군인을 시켜 발터를 내보내라고 시켰다.

군인들이 발터를 황무지로 끌어내는 동안 발터는 자신이 이곳에서 죽임을 당해 묻히리라고 예상했다. 숨겨 둔 돈을 꺼내 그들에게 줬지만 달라지는 것은 없었다. 그들은 발터를 죽이려는 듯 계속 끌고 갔다. 그런데 돌연 둘이 당황했다. 사고를 쳤다는 것을 깨달은 것이다. 둘은 무심코 국경을 넘고 말았다. 이제 이곳은 슬로바키아였다. 여기서 총살을 감행했다가는 슬로바키아 국경 경비대의 주의를 끌고 말 것이었다. 그러면 녀석들이 기관총을 챙겨서 군견들과 함께 쫓아올 게 뻔했다. 둘은 잠깐 총검으로 발터의 목을 그으려는 시늉을 했다가 결국 겁이 났는지 발터를 풀어 줬다.

발터는 전속력을 다해 뛰었지만 몸이 만신창이였기에 얼마 가지 못했다. 결국 땅바닥에 고꾸라졌다. 이곳을 너무나도 탈출하고 싶었지만 지금으로서는 전부 끝이었다. 발터의 의식이 희미해졌다.

그렇게 시간이 지나고, 누군가의 말소리에 발터가 의식을 차렸다. 낯선 목소리지만 언어는 친숙했다. "이런, 아직 살아 있잖아." 슬로바키아어였다.

헝가리 군인들의 생각이 맞았다. 그들은 국경을 넘어 슬로바키아로 건너오고 말았다. 지금 발터의 얼굴에 횃불을 비추고 있는 남자들은 자기들 앞에 놓인 게 시체인 줄로만 알았던 슬로바키아 국경 경비대 군인들이었다.

그들은 발터를 여관으로 데려갔다. 발터는 브랜디를 받아 마신 뒤 피를 닦고 상처를 씻었다. 하지만 한숨 돌릴 처지가 아니었다. 발터는 자신이 태어난 나라로, 자신의 국적이 속한 유일한 나라로 다시 돌아오고 말았다. 자신이 도망치려 했던 나라, 유대인을 잘 괴롭히는 것을 자랑으로 생각하는 파시스트들이 다스리는 나라로 다시 돌아왔다는 뜻이기도 했다.

그러니 필연적으로 발터의 귀국 환영회는 발터가 경찰서에 끌려가는 것으로 이어질 수밖에 없었다. 경찰들은 발터가 여느 유대인처럼 나태해서 이주 명령을 회피하려 했다며 발터를 "더러운 유대 놈"이라고 낙인찍었다. 그러고는 발터를 철창 안에 밀어 넣고 밤새 가둬 놨다.

다음 날 아침, 간수들이 발터를 약 96킬로미터 떨어진 곳에 있는 소도시 노바키의 수용소로 보냈다. 발터는 적어도 국외 추방은 면했다고 스스로를 위로했다. 아직 슬로바키아 안이기는 했으니까. 그러나 발터는 이제 죄수였다. 런던이든 자유든 이보다 더 멀게 느껴질 수 없었다.

발터는 다른 수백 명의 남자와 함께 커다란 막사 안으로 떠밀려 들어왔다. 얼마 지나지 않아 무슨 상황인지를 파악했다. 알아본 바에 따르면 이곳은 크게 두 가지 기능을 수행했다. 하나는 임시 수용소로서 유대인들을 기차에 태워 미지의 땅으로 보내 버리기 전에 잠시 억류하는 장소였다. 일단은 발터처럼 이주 소환장을 받은 젊은 독신 남녀를 수용했고, 나중에는 근처 산지나 마을의 유대인 가족을 전부 수용할 계획이었다. 이들을 수용소에 데려온 자들은 독일 친위대가 아니었다. 슬로바키아인들이 직접 발 벗고 나서 이웃 유대인들을 은신처에서 끌어내 데려온 것이었다. 슬로바키아 사람들은 유대인을 축출하는 데 어찌나 적극적이었던지 심지어 대신 수고를 해 주는 독일인들에게 돈까지 두둑이 지불했다. 유대인을 추방시켜 주는 대가로 슬로바키아 정부는 독일 정부에 의식주 및 재교육 비용 명목으로 유대인 한 명당 500라이히스마르크를 건넸다. 이송까지 요청하려면 독일 국영 철도 측에 추가 비용을 지불해야 했다. 500라이히스마르크가 적은 돈은 아니었지만 나치에게 추방을 맡기면 해당 유대인은 고향으로 절대 돌아오지 못했다. 게다가 나치는 축출한 유대인에게서 몰수한 재산을 전부 슬로바키아 측에 넘겨주기까지 했다. 로젠베르크든 시도노바든 추방당한 유대인이 남기고 간 집이 마음에 들면 그 이웃이 집을 가질 수 있었다.

노바키의 임시 수용소 사업은 호황을 이뤘다. 1942년 3월 25일부터 발터가 들어온 같은 해 10월 20일까지 노바키를 거쳐 강제 추방을 당한 유대인이 정확히 5만 7628명이었다. 물론 이런 수용소는 슬로바키아에 산재해 있었다. 추방당한 유대인의 종착지는 폴란드의 루블린 지역 혹은 국경 근처의 마을인 오시비엥침 옆에 지어진 수용소였다.

노바키에는 다른 기능도 있었다. 바로 노동 수용소였다. 이곳에서 1200명 이상의 유대인이 억류된 채 노예처럼 일했다. 오래지 않아 발터는 그들을 노예처럼 부리는 게 독일이 아니라 한때 고국이었던 슬로바키아임을 깨달았다. 노바키에서 노역을 하는 유대인 중 약 350명은 재단, 재봉, 자수 기술로 슬로바키아 경찰 제복 등을 만드는 일을 했다. 그들이 만든 제품은 인건비가 들지 않으니 엄청나게 싼 가격으로 슬로바키아 국내 시장에 공급됐다.

노역은 강제 노역이었으며 수용자들은 철조망 밖으로 나갈 수 없었다. 그래도 일 자체는 실내에서 이루어졌으며 죽을 만큼 힘든 강도는 아니었다. 빵과 잼, 땅콩 수프, 감자 등 기본적인 음식만 나왔지만 어쨌든 식사가 제공됐다. 보육원, 유치원, 초등학교는 물론 도서관도 있었다. 이따금 연주회나 공연도 열렸다. 막사마다 토끼장처럼 공간이 나뉘어 있어서 가족끼리 한데 모여 살 수도 있었다.

발터를 비롯해 임시 수용소에 갇혀 있던 사람들은 노동 수용소를 선망의 눈길로 바라봤다. 그들은 며칠 내내 막사에 틀어박힌 채 서로 답할 수도 없는 질문을 주고받으며 루머와 근거 없는 추측만을 퍼뜨릴 뿐이었다. 특히 이송 날짜가 주된 관심사였는데, 그들을 태우고 갈 기차가 오늘 올지 내일 올지 영영 오지 않을지 궁금해했다. 노동 수용소에 자리를 꿰차는 데 실패한 사람들은 흘린카 의용군 둘이 입구를 감시하고 있는 막사에 갇힌 채 끔찍한 운명이 도래하기만을 기다렸다.

하지만 운명을 기다리는 것은 발터의 직성에 맞지 않았다. 어느 날 발터는 수용자들의 대화에 은근슬쩍 끼어들어 처음 이곳에 온 순간부터 거슬렸던 의문 하나를 제기했다.

"저기…… 이곳을 나갈 확률이 얼마나 될까요?"

주변이 조용해졌다. 이내 수용자 하나가 불쌍한 꼬마를 쳐다보듯 안쓰러운 웃음을 터뜨렸다. "이 친구가 집에 가고 싶답니다!"

다른 이가 이어받았다. "아이고, 누군들 안 그러겠니? 이 골통아!"

그 이후로 발터는 자기 계획을 입 밖에 내지 않았다. 그렇다고 포기한 것은 아니었다. 국경을 넘다 실패해서 이곳에 막 끌려온 신참이기는 하지만 발터는 여전히 이곳 사람들이 엄두조차 내지 못한 것으로 보이는 위업을 해낼 자신이 있었다. 자신이 탈출할 수 있으리라 확신했다.

가진 것 없는 열일곱 외톨이라서 다행인 점도 있었다. 그중 하나는 막사 입구에 서 있는 홀린카 의용군이 노동 수용소에서 음식을 가져올 일손을 구할 때마다 발터가 늘 뽑혔다는 것이다. 발터는 젊고 건강했으며, 심술궂은 수용자들조차 아무도 돌봐주는 사람 없는 발터에게 바람 쐴 시간이 필요하다는 사실은 인정했다.

발터는 처음 노동 수용소 쪽으로 넘어갈 기회가 생겼을 때 주변을 정찰하는 데 집중했다. 의외로 노동 수용소는 탁 트인 개활지로 햇볕이 잘 들뿐더러 주변 밀밭도 한눈에 들어왔다. 발터는 노동 수용소의 경계를 가르는 철조망이 적어도 10대 소년의 눈으로 보기에는 한심할 만큼 형편없다는 사실 역시 첫눈에 알아봤다. 더군다나 순찰을 도는 경비도 한 명밖에 보이지 않았다. 1000야드나 되는 경계를 고작 한 명이 지키고 있었다는 말이다. 노바키가 워낙 밀폐된 세계이다 보니 그 이유도 납득이 갔다. 모두가 임시 수용소를 벗어나 가려는 곳이 고작 노동 수용소인 곳이니까. 노동 수용소에 입성하는 데 성공한 사람이 굳이 탈출하고 싶은 마음이 생길까?

발터는 지금 당장 필사적으로 도망가고 싶은 마음이 들었다. 실제로 불가능한 일은 아니었다. 게다가 지체할 시간도 없는 처지였다. 몇 날 몇 시에 이송 열차로 실려 갈지 모르는 일이었으니까. 그럼에도 지난 탈출 시도를 실패하면서 얻은 교훈이 있다면 준비가 핵심이라는 점이었다. 이번에는 계획이 필요했다. 믿을 만한 동지도.

사람들이 꽉꽉 들어차 비좁기만 한 임시 수용소에서 발터는 자신의 출생지 토폴차니에서 온 청년 요제프 크나프Josef Knapp을 만났다. 그 역시 발터처럼 영국에서 자유를 얻기를 꿈꿨고, 헝가리를 통해 탈출하려고 시도하다가 실패했다. 키도 크고 잘생긴 요제프는 토폴차니에 두고 온 여자 친구 때문에 가슴앓이하고 있었다. 어느 날은 같이 대화를 나누다가 요제프가 자기한테 돈이 있다는 사실을 고백했다. 노바키에 처음 온 날 몸수색을 속여 넘기고 현금을 숨겨 두는 데 성공했던 것이다. 발터가 보기에는 이만한 공모자가 없었다.

그때부터 계획이 서서히 모양을 잡아 갔다. 우선 발터는 새로 들어온 물량 때문에 식품 나르는 일에 일손이 하나 더 필요하다고 경비를 설득할 것이다. 경비는 자신에게 제일 중요한 것, 즉 매일 부엌에 들러서 자기 몫을 챙기는 것에는 아무 지장이 없으리라 생각하고 제안에 응할 것이다. 그러면 발터와 요제프는 아무 방해 없이 노동 수용소 쪽으로 수월하게 넘어갈 수 있을 것이다.

계획을 성사시킨 뒤에는 탄탄대로였다. 아무리 둘러봐도 노동 수용소 경계를 지키던 단 한 명의 경비마저 보이지 않았다. 철조망 아래를 기어서 지나간 다음 있는 힘껏 달리기만 하면 됐다는 뜻이다. 3분쯤 달렸을까, 신선한 물이 숲에서부터 흘러 내려오는 개울이 하나 나왔다. 둘은 기슭을 따라 내려가 개울을 건넌 다음 다시 달렸다. 10분도 채 되지 않아 둘은 숲속 깊숙이 파고드는 데 성공했다. 우거진 나무 사이로 햇볕이 드문드문 보였고 귀에 들리는 소리라고는 서로의 웃음소리뿐이었다. 결국 해낸 것이다. 수용소를 탈출했다.

둘은 계속 걸었다. 충분히 이동한 후에는 계획대로 서로 갈라졌다. 요제프는 자신을 숨겨 줄 친구들이 있는 마을로 갈 계획이었다. 반면 발터는 기차를 타고 토폴차니로 가서 요제프의 여자 친구인 주즈카를 찾을 계획이었다. 감히 요제프가 직접 갈 수는 없었다. 누군가 그를 알아보고는 신고할 게 뻔했다. 발터가 토폴차니에 몸을 숨긴 채 때를 기다리면 오래지 않아 요제프가 편지와 돈을 보내 줄 것이다. 그 돈이면 발터는 몇 주 전에 시도하다 실패한 여정을 완수할 수 있을 것이다. 즉, 트르나바로 돌아가 부다페스트의 사회주의 단원들이 마련해 준 가짜 신분증명서를 챙길 수 있을 것이다.

발터는 요제프가 부탁한 대로 주즈카의 집을 찾아 문을 두드렸다. 얼마 뒤 주즈카는 남자 친구를 보러 가겠다며 집을 나섰다. 그동안 발터는 주즈카네 부모님의 선의를 믿고 기다리는 수밖에 없었다. 두 분 다 비유대인이었기에 발터를 숨겨 준다는 것은 엄청난 위험부담을 지는 일이었다.

발터는 기다리고 또 기다렸다. 하지만 요제프는 편지도 돈도 보내지 않았다. 발터는 배신당한 것을 깨달았다. 그래서 주즈카네 부모님께 작별 인사를 드리고 은신처에서 나와 자기 몸은 자기가 지키기로 결심했다. 어쨌든 본인이 태어난 마을이 아닌가.

그렇게 몇 시간 버텼을까, 발터는 큰 실수를 저지르고 말았다. 목을 축이러 우유 가게에 들르고 만 것이다. 하필 슬로바키아 경찰관이 거기에 있었다. 발터는 몰래 자리를 뜨려고 했지만 소용없었다. 경찰관이 그를 따라나섰고 신분증을 보여 달라고 요구했다.

발터는 그길로 도망쳤다. 하지만 불공평한 게임이었다. 경찰에게는 오토바이가 있어서 금방 발터를 붙잡아 서로 끌고 갔다. 경찰은 발터를 인계하기 전에 왜 덜미를 잡힌 것인지 아느냐고 물어보았다. 발터가 고개를 저었다. 듣고 보니 후끈한 여름날에 양말을 두 겹이나 껴입은 게 화근이었다. 탈주자 신세가 아니라면 누가 그런 짓을 할까?

경찰서 사람들 전부가 발터를 알아보는 듯했다. 탈주범 발터 로젠베르크의 신상을 상세히 담은 체포 영장이 나와 있었던 탓이다. 영장은 발터가 노바키 철조망 틈새를 빠져나간 순간 전국에 발부됐다. 탈출 시도와 함께 발터는 지명수배자가 되었다.

그날 밤 경찰들은 발터를 유치장에 가둔 뒤 경비도 세워 두지 않은 채 경찰서만 잠그고 떠났다. 떠나기 전에는 담배 몇 개비를 쥐어 준 다음 괜히 목숨을 끊지나 말라고 경고했다.

다음 날 발터는 흘린카 의용군 측에 넘겨졌다. 이송은 금방이었다. 발터와 요제프가 몇 시간이 걸려 도망쳤던 길을 기차는 몇 분 만에 되돌렸다. 기발한 탈출 계획에도 불구하고 발터는 다시 노바키의 철조망 뒤에 갇힌 신세가 되었다. 또다시 수용자였다.

## 3장
## 추방

　발터는 자신이 큰일을 벌이긴 했구나 싶었다. 노바키로 돌아오자마자 흘린카 의용군 대원들이 맞춤식 구타를 선사해 줬기 때문이다. 그들은 발터의 탈주로 명예가 실추된 것을 치욕스럽게 생각하고 있었다. 그래서 돌아가면서 주먹질과 발길질을 가하고 개머리판으로 찍기도 했다. 혹시라도 심한 구타 때문에 수용자가 사망하는 사고가 일어날까 봐 노심초사한 부대장이 도착하고 나서야 상황이 종료됐다. 수용자가 살해당했다는 소문이 노바키에, 특히 임시 수용소에 수감된 죄수들에게 퍼졌다가는 소요가 일지도 몰랐다. 나중에 발터가 직접 두 눈으로 목격하게 되겠지만 그런 소요는 추방 사업을 감독하는 자들이 최대한 피하고 싶은 일이었다. 어쨌든 구타가 끝나고 발터는 다른 수용자 한 명과 특별 감방에 갇혔다. 바로 다음 이송 때 보내질 예정이었다.

다음 이송 목록에 발터의 이름이 올라가 있는 것은 당연한 일이었다. 발터를 억류한 자들은 다시는 모욕을 겪고 싶지 않았다. 기차역에서도 다른 유대인들이 줄을 서서 서류를 검사받는 동안 발터에게는 기관단총을 든 별도의 흘린카 의용군이 배정되어 집중 감시를 했다. 기차가 출발할 시간이 되자 의용군들은 마지막으로 발터를 겨냥한 경고를 건넸다.

"탈출하려는 놈이 또 있으면 진짜 끝장날 줄 알아." 이번에도 발터는 자신에게 이만큼 주목이 쏠리는 게 칭찬이라 받아들이기로 했다.

노바키의 유대인들을 기차에 "탑승하는 승객"이라고 부르기에는 어폐가 있었다. 그들은 짐짝처럼 실렸다. 애초에 객실 대신 화물칸에 들어갔다. 숫자에 밝은 발터가 어림잡은 바로는 한 칸에 대략 80명 정도가 짐까지 포함해 욱여넣어졌다. 다들 온몸이 구겨진 채 착 달라붙어 있었다.

발터 주변에는 발터보다 나이가 훨씬 많거나 적은 사람들이 보였다. 아이들, 부모들, 노인들로만 가득했다. 발터 또래의 유대인들은 이미 처음 이송 때 대부분 추방당했다. 발터는 마침 탈출을 시도했던 덕분에 이송을 면했던 것이다. 아이들이 있으면 평소와는 상황이 다르다. 군인들은 그저 역에서 어른 하나를 골라잡아 때리기만 하면 됐다. 그 후로는 쭉 침묵이 이어졌다. 주먹질을 한 번 보는 것만으로도 아이들이 워낙 두려워했기 때문에 어른들은 다들 무슨 지시가 떨어지든 차분한 척 스스로를 억누르면서 고분고분 따라야겠다고 직감했다. 역에서 일어난 일은 어쩌다 벌어진 일일 뿐 다시는 그러한 일이 없을 것이라고 아이들을 안심시켜야 했다.

처음에는 다들 새로운 상황에 적응하려 애썼다. 협력하면서 동지애까지 느끼는 듯했다. 서로 자기가 가진 식량을 공유했고, 발터 역시 지난 밤 감방 동료가 건네준 살라미를 나눠 줬다. 심지어 막 결혼한 부부를 위해 결혼 축사를 하려는 사람들도 있었다. 이 시기에 웬 신혼부부냐고 묻는다면, 티소가 강제 추방으로 이산가족이 생기는 일은 없을 거라고 공약을 내건 탓에 급히 결혼한 젊은이들이 많았기 때문이다. 기차가 몇 시간이고 덜컹이며 가는 동안 이 인간 화물들은 최대한 인간 존엄성을 지키려고 애썼다. 변소용 양동이 하나를 돌아가며 쓰는 동안에는 서로의 존엄을 지켜 주는 시늉이라도 보이기 위해 고개를 다른 곳으로 돌리기로 암묵적인 합의를 보았다.

발터는 자신이 그토록 힘써 달아나려고 했던 운명이 바로 이 것임을 깨달았다. 국경을 넘고 물을 건너고 숲을 지나며 달렸던 이유는 다 상자에 담겨 물건처럼 운반되는 송아지 신세를 면하기 위해서였다. 그럼에도 결국 이 자리에 오게 되었지만.

출발하고 처음 몇 시간 동안은 대화가 오갔다. 대개는 앞에 놓인 새로운 삶이 어떨지에 관한 이야기였다. 정확히 어디로 가는 것일까? 새로운 터전은 어떤 모습일까? 아이들은 부모에게 그곳에 학교와 놀이터가 있냐고 물어봤다. 자신들의 종착지가 생각만큼 나쁘지 않은 노동 수용소나 게토일지도 모른다고 예상하는 사람들도 있었다. 그렇다면 힘든 삶이기는 하겠지만 못

견딜 정도는 아닐 것이다. 게다가 이번 이주 정책도 전쟁 때문에 어쩔 수 없이 시행하는 일시적인 마련이지 전쟁이 끝나고 나면 다시 고향으로 돌아갈 수 있을 것이다.

옆에서 누가 말하는 건지 돌아볼 수도 없을 만큼 일렬로 빽빽이 선 채 몇 시간이고 가면서도 이런 희망을 품을 수 있었던 핵심적인 이유는 먼저 추방된 사람들이 집으로 보낸 편지였다. 열차에 탄 유대인 중에는 앞서 추방된 아들, 딸, 사촌, 조카로부터 다 잘살고 있다는 소식을 들은 자가 여럿 있었다. 편지 내용은 줄곧 긍정적이었다. 먹어야 하는 음식도 배정받은 숙소도 훌륭하니 난민 생활이 나쁠까 봐 그리 걱정할 필요는 없다고 슬로바키아에 남은 식구들을 안심시키는 내용이었다.

하지만 이러한 편지들에는 쾌활한 위로 말고도 반복되는 요소가 하나 더 있었다. 물론 모든 편지가 그렇지는 않았지만 다수의 편지에 말이 안 되는 이상한 세부 내용이 포함되어 있었던 것이다. 일례로 한 여성이 사촌한테 받은 편지는 자기 어머니의 안부를 전한다는 쾌활한 인사말로 끝이 났다. 그런데 그 사촌의 어머니는 이미 3년 전에 작고한 상태였다. 또 다른 여성도 오랜 이웃이 새로운 터전에서 정말 잘살고 있다는 내용을 보고는 당황했는데, 편지 발신인도 수신인도 그 이웃이 이미 몇 년 전에 땅에 묻혔다는 사실을 알고 있었기 때문이다.

발터도 듣고 있었지만 딱히 덧붙일 말이 없었다. 이상한 내용은 둘째 치고 애초에 편지 자체를 받은 적이 없기 때문이었다. 게다가 발터의 초점은 창밖으로 지나가는 탁 트인 풍경에 맞춰

져 있었다. 그러면서 나중에 돌아갈 때를 대비해 지나온 길을 기억하려 애썼다. 늘 그랬듯 탈출만을 생각한 것이다. 생각은 여정 내내 머릿속을 떠나지 않았다. 그러다 마침내 오후 5시에 이를 무렵 기차가 슬로바키아와 폴란드의 국경에 위치한 즈바르동에 멈췄다. 군인들은 기차에서 유대인들을 내리게 한 다음 줄을 세워 머릿수를 확인했다. 이제 흘린카 의용군 대신 나치의 독일군이 기차를 인도받아 운전대를 잡았다. 심지어 이 순간에도 발터는 빠져나갈 궁리를 하고 있었다.

문제는 그 시점부터 기차가 어느 노선을 밟는 것인지 전혀 감이 잡히지 않았다는 점이다. 기차는 천천히 움직이다가 마치 허허벌판 위에서 길을 잃기라도 한 것처럼 이따금 오래 멈춰 섰다. 화물칸은 닫힌 상태라 주변을 둘러볼 수도 없었다. 크라쿠프에 온 것일까? 아니면 카토비체에 온 것일까? 어쩌면 둘 다 아니고 쳉스트호바에 온 것일지도 모른다. 정답은 알 수 없었다. 기차는 길고도 구불구불한 노선을 에둘러 가는 것 같았다. 심지어 왔던 길로 다시 돌아가는 것도 같았다. 발터는 이 상황을 논리적으로 이해하려 애썼지만 마땅한 논리가 떠오르지 않았다.

시간이 늘어지는 듯했다. 하지만 놀랍게도 손목시계를 보니 기차에 쑤셔 넣어진 채 장장 24시간이 지났다. 발터를 포함해 대부분의 추방자들이 음식은 가져와서 잘 먹었지만 물을 충분히 챙겨 와야겠다고 생각하지는 못했다. 그러한 상황에 화물칸에서 하루 종일을 지내고 나니 아이들이 목마르다고 떼를 썼다. 입술이 말랐고 어지러움을 느끼는 아이들도 있었다. 오래지 않아 갈증이 절박한 수준에 이르렀다. 아이들은 죽어라 물을 찾았다. 화물칸 틈새로 강물이나 맥주 광고판이 흘긋 보이기만 해도 고통스러울 지경이었다.

결혼 축배를 들고 음식을 나누어 먹던 처음 몇 시간 동안의 동지애는 진작 사라지고 없었다. 이제 오물이 넘쳐흐를 지경이 된 물동이를 자기가 쓰겠다고 서로 싸우는 일도 생겼다. 노바키를 떠날 때 지니고 있던 예의와 선심은 갈증이 고조될수록 한 겹씩 벗겨졌다. 물이 아예 공급되지 않자 서로를 향한 비난과 욕설이 늘어났다.

이 시점에도 발터는 기차가 대체 어디를 향해 가는 것인지 이해하려 애썼다. 분명 동쪽으로 달리는 줄 알았는데 어느 순간 흘긋 보면 이미 지나친 역의 표지판이 눈에 들어왔다. 다시 서쪽으로 달리고 있었다는 뜻이다. 이따금 기차가 측선으로 빠져서 길을 비켜 주기도 했는데 아마 군용 기차가 더 우선하기 때문인 듯했다. 측선에서 대기하는 시간은 얼마나 될지 알 수 없었다. 짧으면 20분에서 길면 16시간까지도 지속됐다. 어쨌든 그때마다 물은 없었다. 설령 근처에 수원이 있더라도 물을 길어 올 방법이 없었다. 애초에 화물칸이 계속 닫혀 있어서 아무도 내리지 못했기 때문이다.

한 번은 기차가 멈추기에 발터가 판자 틈새를 내다보니 옆에 기관차 한 대가 서 있었다. 마침 기관차는 물탱크를 다시 채우는 중이었다. 호스에서는 물이 몇 갤런씩 뿜어져 나와 일부는 열차 엔진을 식히는 데 쓰이고 나머지는 기찻길 위에 마구 뿌려졌다.

그 광경을 보고 있자니 감질나 미칠 것 같았다. 발터는 머그잔을 든 채 틈새로 팔을 쑥 내밀어 기관차 운전사에게 물을 조금만 달라고 부탁했다.

운전사가 무시하자 발터가 한 번 더 요청했다. 운전사는 눈 한 번 마주치지 않고 답했다. "내가 너희 개자식들을 살리려다 총이라도 맞을 일 있냐?"

기차에 탄 지 최소 24시간에서 48시간은 된 시점이었던 그때가 아마 발터 입장에서 가장 참담한 순간이었을 것이다. 화물칸의 유대인들은 서로가 서로의 앞에서 품위를 잃기도 했지만, 바깥세상으로부터도 거부당하는 처지였다. 아이들이 제발 물을 달라고 구걸하는 모습과 소리가 분명 운전사의 눈과 귀에도 보이고 들렸을 것이다. 하지만 그는 이쪽으로 눈길조차 주지 않았다. 그는 딴 곳을 응시하면서 유대인을 개자식이라 불렀다.

발터는 이기적이고 무정한 새끼라고 욕을 갈겼다. 하지만 시간이 지나고 나서야 당시 누구든 유대인 추방자를 도와주다 걸리는 사람은 현장에서 총살당할 것이라는 나치의 칙령이 있었음을 깨달았다. 이번 기차가 폴란드 시골길을 따라 지나가기 전에 이미 몇 차례 다른 기차들이 지나갔다는 사실도 뒤늦게 생각해 냈다. 어쩌면 지난번에는 누군가 이송 중인 유대인들에게 물을 건넸을지도 모른다. 그러다 나치 친위대의 기관총에 일가족 모두가 몰살당했을지도 모른다. 발터가 맞닥뜨린 운전사가 그와 같은 즉결처분 현장을 목격했다면 화물칸 사이로 삐져나온 사람 손을 못 본 척하고 갈증 때문에 헐떡거리는 아이들의 울음소리를 못 들은 척하는 게 목숨을 부지하는 최선의 방법이라고 결론 내린 것도 수긍이 갔다.

기차는 사흘 동안을 갈증과 악취 속에서 달리다 멈췄다 반복하며 여정을 이어 나갔다. 어쩌면 사흘보다 더 됐을지도 모르겠다. 그러다 보니 마침내 기차가 정차하고 화물칸 문이 내려가자 그 안에 가득 들어차 있던 사람들은 안도를, 이상한 말이지만 감사를 느꼈다. 그들은 최악의 시련이 끝났다고 확신했다. 그들이 도착한 곳이 어디든 지금까지 견딘 것보다는 나을 것이라 확신했다.

기대를 품는 동안 기차는 루블린 중앙 정차장을 서서히 지나 덜컹거리며 멈췄다. 그리고 화물칸 문이 내려가고 환영 인파가 등장하는 순간 그 기대는 삽시간에 사라졌다. 역에는 SS 대원들이 소총, 기관총, 막대기, 채찍을 든 채 우르르 모여 있었다.

뒤이어 명령이 떨어졌다.

"열다섯 살에서 쉰 살 사이의 건장한 남성은 화물칸에서 나온다. 아이들과 노인들은 그대로 남도록."

SS 장교들은 기차 머리부터 꼬리까지 왔다 갔다 하면서 독일어로 지시를 내렸다. 더 간결하게 외칠 때도 있었다.

"열다섯 살에서 쉰 살 사이 남자! 다 나와!"

아니? 말도 안 된다. 가족이 떨어지는 일은 없을 거라고 몇 번이고 들었다. 분명 새로운 마을에 **함께** 정착할 것이라고 그랬다. 슬로바키아의 대통령인 티소 신부가 약속했다. 그래서 그 신혼부부도 결혼을 서두른 것 아니던가.

어쩌면 실제로 가족이 떨어지는 것은 아닐지도 몰랐다. 단지 절차의 일환일지도 몰랐다. 열다섯 살에서 쉰 살 사이의 남성이 기차에서 먼저 내리고 그다음 여성과 아이들과 노인이 뒤따르는 것이다. 그런 것 아닐까?

답은 금방 확인할 수 있었다. 젊은 남성들이 뻣뻣하게 굳은 다리를 절뚝거리며 겨우 화물칸에서 내려와 지시대로 철로 옆에 줄을 서자마자 화물칸 문이 닫혔다. 주위를 살펴보니 눈에 띄는 제복 차림에 자동화기를 무장한 리투아니아 군인들이 역을 둘러싸고 있었다.

화물칸에 남겨진 사람들은 반사적으로 화물칸의 나무 뼈대 사이로 손을 뻗어 남편, 아들, 형을 붙잡으려 했다. 작별이라기보다는 애원의 손길에 가까웠다. 살이라도 닿아 위안이라도 얻기를 간절히 바란 것이다. 그 모습을 본 SS 대원들의 대응은 지극히 효율적이었다. 그들은 막대기와 채찍을 든 채 기차를 따라 움직이면서 밖으로 삐져나온 손들을 후려쳤다. 그것이 상실감에 빠진 할머니의 손이든 어리둥절한 꼬마의 손이든 갓 결혼한 새 신부의 손이든 개의치 않았다. 결국 기차가 끼익 소리를 내며 가까스로 출발했다. 남자들은 기차가 멀리 떠나가는 것을 지켜보았다. 그렇게 가족을 잃었다.

유대인 남자들은 사랑하는 가족이 아마 새 터전으로 이주하러 떠난 것이리라 스스로를 위로했다. 최소한 자신들처럼 SS에게 줄지어 끌려가고 있지는 않지 않은가. SS 대원들은 그들을 막대기로 쿡쿡 찌르고 채찍으로 찰싹 치면서 앞으로 먼 길을 행군하게 될 것이라고 윽박질렀다.

　또 대원들은 행군을 조금이라도 편하게 하고 싶다면 나중에 돌려받을 수 있으니 여행 가방을 화물차에 실으라고 말했다. 많은 이들이 그 제안을 받아들였지만 발터는 아니었다. 애초부터 가볍게 다닐 목적으로 작은 배낭만 멨기 때문이다. 게다가 발터에게는 남들에게 없는 무언가가 있었다. 나이가 가장 어린 축에 속했음에도 그에게는 경험이 있었다. 경험을 통해 발터는 남의 말을 믿는다는 게 바보짓임을 알았다. 특히 노바키를 함께 탈출한 요제프를 믿었다가 큰코다친 뒤로 그 점을 확실히 깨달았다. 발터는 자신이 유일하게 믿을 수 있는 사람에게만 자기 가방을 맡기겠다고 다짐했다. 바로 자신 말이다.

　행군의 방향은 루블린 시였다. 하지만 발터는 SS가 일부러 주 도로를 택하지 않고 있음을 알아차렸다. 그들은 고대 노예 상인들이 그랬듯 포로 행렬을 숨기기라도 하고 싶었는지 뒷길로만 다녔다. 하지만 루블린을 지나 남동쪽으로 향하는 탁 트인 길로 나오자 조심성도 완전히 사라졌다. 어느 SS 대원은 발터의 손목시계를 보고는 발터에게 총구를 겨눈 채 시계를 내놓으라고 요구했다. 발터는 시계를 순순히 내주었다.

　얼마 뒤 의류 공장 하나를 지나치게 됐다. 공장 앞뜰에는 수백 명, 어쩌면 천 명 가까이 되는 죄수가 줄지어 서 있었다. 유대인들이 분명했다. 다들 시꺼먼 줄무늬가 있는 죄수복을 입은 채 음식을 배급받는 중이었다. 그 광경을 지켜보는 발터의 마음이 무겁게 내려앉았다.

행군의 종착지는 본래 전쟁 포로수용소로 지정된 시설이었다. 루블린 교외의 마이단 타타르스키 근처에 세워진 탓에 그 지역에서는 폴란드어로 "작은 마이단"를 뜻하는 **마이다네크**Majdanek라 불렸다. 하지만 이곳의 공식 명칭은 **콘첸트라치온슬라거**Konzentrationslager, 즉 강제수용소였다. 물론 나중에 드러나겠지만 그 정도 명칭으로는 이곳의 악명을 조금도 담을 수 없었다.

# 4장
# 마이다네크

마이다네크가 발터의 눈에 처음 들어온 것은 작은 언덕을 내려갈 때였다. 언덕에서는 감시탑, 막사, 철조망만 보였다. 수용소 앞에 도착해 문이 열리고 나서야 발터를 비롯한 추방자들은 이미 수감된 사람들의 모습을 볼 수 있었다. 그들은 인간보다는 좀비에 가까웠다. 머리는 빡빡 민 상태였고, 뼈가 앙상한 몸에는 흉물스러운 줄무늬 죄수복이 그마저 올이 다 드러난 채로 걸쳐져 있었다. 발은 나막신을 신었거나 맨발인데 누가 봐도 퉁퉁 부었다. 그들이 정확히 누구이고 어떤 일을 겪었는지 짐작조차 가지 않았다.

그들은 발터나 다른 신참과 눈조차 마주치지 않았다. 그래도 말은 걸었다. 한 수용자가 발터에게 곧장 다가와 개인 소지품을 전부 빼앗길 것이라고 경고했다. 나머지 수용자들은 자재를 가져오고 짐을 짊어지고 바닥을 쓸고 땅을 파는 등 계속 일만 했다. 하지만 그와 동시에 입꼬리만 움찔거리면서 "먹을 거 없나요? 주머니에 뭐 없어요?" 하는 말을 반사적으로 내뱉는 것을 보니 숙달된 일상 같았다. 누군가 음식을 감히 직접 건네주지는 못하고 수용자들 쪽으로 조금 던져 주자 마이다네크의 삶을 단번에 짐작게 하는 반응이 나왔다. 수용자들이 얼마 안 되는 음식을 향해 몸을 던져 서로 먹겠다고 싸우는 것이었다. 그들은 굶주린 개처럼 으르렁거렸다. 경비들이 다가와 몽둥이로 등을 마구 후려치는데도 그들은 신경도 쓰지 않고 몸을 구부려 음식 부스러기에 손을 뻗었다. 치즈나 빵 한 톨만 가질 수 있어도 고통은 감수할 만하다고 느끼는 듯했다.

발터를 비롯해 새로 들어온 추방자들도 계속 구경할 처지는 못 됐다. 경비들은 엄격히 나누어진 구획에 따라 신입들을 빠르게 이동시켰다. 수용소는 한쪽은 SS 대원들을 위한 구역, 한쪽은 "행정" 직원들을 위한 구역, 나머지 한쪽은 수용자들을 위한 구역으로 구분돼 있었다. 수용자 구역은 철조망에 의해 다시 다섯 개의 하위 구역, 즉 "작업장"으로 나뉘었다. 발터는 다른 수많은 체코 및 슬로바키아 유대인들과 함께 제2작업장에 배정됐다. 작업장에는 모퉁이마다 감시탑이 세워져 있었고, 전류가 흐르는 철조망이 두 겹이나 온 구역을 감싸고 있었다. 발터는 이 야외 수용소에 칙칙한 목재로 지은 막사 말고 아무것도 없다는 사실을 알아차렸다. 생명체라고는 나무 한 그루도 자라지 않았다. 불이라도 지른 것처럼 누렇게 마른 땅이었다.

죄수 인도가 즉시 이루어졌다. 우선 아무도 믿지 않고 배낭을 지키려 했던 발터의 노력이 수포로 돌아갔다. 발터는 수화물 보관소로 지정된 막사에 배낭을 제출해야 했다. "수화물 보관소"라니. 그게 얼마나 말도 안 되는 이름인지, 그 이름에 얼마나 많은 조소와 조롱이 담겨 있는지는 마이다네크 신참이라도 금방 알아차리게 될 것이었다. 물론 발터가 배낭을 제출하자 영수증을 내주기는 했다. 하지만 그것은 수용소에서 벌어지는 모든 일이 눈 가리고 아웅식 거짓부렁임을 입증하는 또 다른 증거에 불과했다. 이미 손을 떠난 수화물을 다시 찾을 일은 결코 없을 것이었다.

다음으로는 "목욕장"이 있었는데 역시 허울뿐이었다. 물통이 놓여 있고 소독약 냄새가 진동하는 것 빼고는 여느 막사와 다를 바 없었다. SS 대원들은 마치 양 떼를 물에 담그듯 새로 입소한 수용자들로 하여금 옷을 벗고 악취가 나는 물에 몸을 담그라고 명령했다. 주저하는 사람들은 막대기로 때렸다.

다음은 털을 깎는 시간이었다. 일단 수용자들의 머리카락을 몇 초 만에 밀어 버렸다. 그 후 발판 위에 세우고는 겨드랑이털이니 음모니 하는 몸의 털도 전부 깎았다. 표면적인 이유는 이를 없애서 해충 구제를 하겠다는 것이었지만 사실 숨겨진 목적은 수용자에게 일말의 인간성도 남기지 않으려는 것이었다. 마지막으로 수용자들은 옷을 건네받았다. 강제수용소 수용자를 위한 줄무늬 죄수복 상하의, 나막신, 모자였다.

매 단계를 거칠 때 발터도 본연의 모습을 하나둘 잃어버렸다. 화물칸에 실려 몇 시간 전에 도착한 추방자들은 서로는 물론 이미 수감되어 있던 수용자들과도 똑같아 보였다. 신기하게도 발터의 눈에는 신참들이 개성을 잃어 가는 그 순간에 기존 수용자들의 개성은 오히려 도드라져 보였다. 줄무늬가 죽죽 그어진 망령들이 서서히 개별 인격체로 구별되기 시작한 것이다. 누군지 알아볼 수 있는 얼굴도 몇몇 있었다. 이들은 저승에서 올라온 유령들이 아니라 슬로바키아에서 온 유대인 동지들이었다. 발터가 알고 지내던 랍비의 아들은 물론 학교 선생님, 주유소 사장님, 도서관 사서, 모임 때마다 이빨로 동전을 구부리는 재주를 선보이던 대장장이 집 아들까지. 다들 이곳에 와 있었다.

어느 작업장 입구에는 에르빈 아이슬러도 있었다. 규율을 어기고 몰래 화학 교과서를 숨겨 놓았던 트르나바 시절 발터의 공부 친구 말이다. 얼굴이 반쪽이 된 에르빈은 손수레를 밀고 다니면서 어디 음식이 없나 뒤적이는 중이었다.

발터는 수용소 내에 사냥꾼도 사냥감도 아닌 회색 지대에 속하는 수용자가 있음을 파악했다. 이들은 복장도 살짝 달랐다. 상의나 하의에 규정된 줄무늬가 없는 경우도 있었고, 가슴에 초록색 삼각형 문양을 차고 있는 경우도 많았다. 알고 보니 초록색 삼각형은 강제수용소 세계에서 유대인이 아닌 수감자를 상징했다(유대인은 노란색 삼각형을 달았다). 이들은 유대인이라서가 아니라 일반적인 범죄로 유죄 선고를 받아 들어온 죄수들이었다. 정치범은 빨간색, 동성애자는 분홍색, 여호와의 증인은 보라색 삼각형을 달았지만 대부분은 초록색 삼각형을 달았다. 이들의 정체는 **카포**Kapo였다. 카포는 수용자를 감독하는 궂은일을 맡도록 SS에 의해 지정된 죄수들로 동료 수용자들이 조금이라도 거슬리는 짓을 하거나 딱히 아무 짓도 하지 않더라도 폭력적인 징계를 가했다. 발터가 수용소에 막 도착했을 때 바닥에 떨어진 음식 부스러기를 두고 싸우던 수용자들을 몽둥이로 마구 구타하던 자들을 기억하는가? 사실 그들도 카포였다. 발터 생각에는 카포가 나치 계급 체계에 결여된 잔혹성을 채워 주는 듯했다.

마이다네크에는 발터에게 익숙한 얼굴이 마지막으로 하나 더 있었다. 바로 발터의 형 새미였다. 발터가 수용소에 들어온 지 얼마 되지 않아 다른 작업장으로 목재 옮기는 일을 맡은 친구 하나가 새미를 봤다고, 바로 옆 작업장에 새미가 있다고 알려 줬다.

믿기지 않았다. 형들도 자신처럼 추방자로 지명돼 이송될 것임은 알고 있었지만 바로 이곳, 같은 수용소에서 만날 줄은 몰랐다. 발터는 지금 당장 달려가 작업장을 가르는 철조망을 넘어 버리고 싶다는 충동을 억눌러야 했다. 그랬다가는 목숨이 위태롭다는 사실을 이미 잘 배워 알고 있었다. 얼마 전 바로 옆에서 일하던 남자가 절망감에 정신을 놨는지 갑자기 철조망을 향해 달려간 적이 있었다. 겨우 몇 발짝 나갔을까 곧바로 총성이 울렸다. 그러한 일을 몸소 겪을 필요는 없었다. 철조망 근처에 얼씬거렸다가는 바로 총살이라는 사실은 충분히 이해했다. 새미를 만나려면 절차를 따라야 했고 그러려면 참을성을 가져야 했다.

다른 작업장의 수용자와 대화를 나누려면 땅거미가 지고 주변에 카포가 줄어들 때까지 기다려야 했다. 금방 눈에 띌 테니 철조망 주변에 모이는 것은 불가능했다. 대신에 철조망 멀리 시야가 닿지 않는 곳에서 줄을 선 채 자기 차례를 기다려야 했다.

철조망 맞은편 작업장도 같은 방식으로 같은 거리에서 기다렸기에 저 멀리 그늘 속에 사람들 무리가 작게 모여 있는 게 보였다. 순간 약한 불빛이 비치면서 장신인 새미 형의 실루엣이 눈에 띄었다. 서로가 서로를 알아본 듯했다. 둘은 동시에 손을 들어 반가움을 전했다.

하지만 아직 순서가 오지 않았다. 발터와 새미는 다른 두 사람이 몰래 대화를 나누러 철조망을 향해 살금살금 걸어가는 것을 지켜보았다. 발터는 금방이라도 튀어 나갈 용수철처럼 서 있었다. 앞의 둘이 이미 철조망에 도착했기에 발터는 그들의 대화가 끝났다는 신호가 나타나기만을 기다렸다.

마침내 발터 쪽에서 나갔던 사람이 뒤를 돌았다. 발터 차례라는 신호였다. 발터는 앞으로 걸음을 내디디면서 새미 역시 다가오는 것을 보았다. 이제 곧 두 형제는 이야기를 나눌 수 있다. 마이다네크에서 이런 일이 있을 줄 누가 상상이나 했을까?

하지만 바로 그때 황혼 속의 상봉을 가능하게 했던 고요함이 돌연 깨졌다. 카포 한 무리가 몽둥이를 치켜든 채 난데없이 등장한 것이다. 그들은 방금 막 친구랑 이야기를 끝낸 사내를 구타하기 시작했다. 의식을 잃을 때까지 머리를 가격했다. 자기 순서를 기다리던 사람들은 갑작스러운 굉음에 흩어지는 새처럼 어둠 속으로 사라졌다.

다음 날 발터는 새미가 다른 작업장으로 배정됐다는 소식을 들었다. 밤에 몰래 만날 방법도 없어졌다는 뜻이었다. 사실 발터는 그 후로 다시는 형을 만나지 못했다. 하지만 서로를 향해 손을 들며 인사를 전하던 그날 저녁의 기억은 발터와 영원히 함께했다.

열일곱의 발터는 학습이 빨랐다. 지도 기간이 그리 길지 않은 강제수용소에서는 꼭 필요한 능력이었다. 훈련이라고 해 봐야 카포의 우두머리인(그러나 나치 입장에서는 역시 아무것도 아닌) **오베르카포**Oberkapo가 첫날에 윽박지르듯 몇 가지 지시를 내린 것 말고는 전무했다. 오베르카포는 발터를 비롯한 신참들에게 **아펠**Appell, 즉 매일 아침과 저녁에 있는 점호 의식을 가르친 적 있었다. 점호 때면 수용자들은 수용자 구역 중 작업장들로 둘러싸인 중앙 광장에 모여 열 줄로 선다. SS 대원이 다가오면 모자를 벗고 대원이 지나가면 모자를 쓴다. 이 과정을 비가 퍼붓는데도 몇 시간 동안 연습했다. 허락된 동작 외에 조금이라도 움직이면 죽을 각오를 해야 했다. 실수하거나 순서가 틀리면 체벌을 받았다.

정리하자면 발터는 마이다네크에서 사람이 죽어 나가는 여러 방식 중 두 가지를 배운 셈이다. 하나는 총에 맞아 죽는 것, 다른 하나는 맞아 죽는 것이었다. 물론 다른 방식도 있었다. 일단 막사가 워낙 대충 지어져서 지내기가 열악하고 추웠다. 기껏해야 200명 정도 들어갈 법한, 막사라고 부르기도 창피한 공간을 1000명이 쓰는 경우도 있었기에 무척 비좁았고, 환경이 이렇다 보니 병에 걸리기도 쉬웠다. 일부 막사에는 창문에 유리가 없었다. 대부분의 막사에는 침대도 없어서 수용자들이 바닥에서 자야 했다. 침대가 있다 한들 막사 너비만 한 기다란 탁상을 깔고 그 위에 또 까는 게 다였다. 그러한 방식으로 3층 침대가 만들어졌다.

옷과 약도 부족했다. 최소한의 위생도 기대할 수 없었다. 몸이나 옷을 씻을 공간 자체가 없었기 때문이다. 하수 시설도 없었다. 낮에는 가림막도 없는 오물 구덩이가 곧 변소였다. 밤에는 막사마다 나무로 된 커다란 상자를 두고 공동변소처럼 이용했다. 당연히 수용소에는 이질이 돌았다. 이질에 걸린다고 바로 죽는 것은 아니었지만 사실상 사형선고나 다름없었다. 노역을 제대로 할 수 없었기 때문이다. 일을 못 하면 곧 죽음이었다.

그래서 몇몇 사람들은 이질에 걸렸음에도 건강한 척 일터에 나갔다 선 채로 속을 비우기도 했다. 발터는 세레티의 랍비였던 에크슈타인이 이질에 걸렸다 어떤 운명을 맞이했는지 기억한다. 하루는 결국 에크슈타인이 점호 시간에 몇 분 지각하고 말았다. 나치는 화를 참지 않았다. SS 대원들은 담당 장교의 지시에 따라 에크슈타인을 붙잡고는 머리를 변소에 박아 얼굴에 오물을 잔뜩 묻혔다. 그다음 오물을 씻어 주기라도 하려는 것처럼 찬물을 부었다. 마지막으로 SS 장교는 리볼버를 꺼내 에크슈타인을 쏘아 죽였다.

질병이 창궐하는 와중에 먹을 음식이나 마실 물도 거의 없었다. 아침으로는 오전 5, 6시 기상 시간과 점호 시간 사이에 까만 치커리로 내린 커피나 잡초를 우린 차를 마셨다. 저녁으로는 빵 10온스 정도가 마멀레이드나 저질 인공 지방으로 흉내 낸 버터와 함께 나오면 아침에 마시다 남은 차를 곁들여 꿀꺽 삼키는 게 다였다. 일주일에 두 번 정도 말고기로 만든 소시지 한 점이나 비트가 나왔다. 에르빈이 그토록 피골이 상접했던 것도 납득이 갔다.

상황이 이렇다 보니 발터가 오베르카포의 설명에 아침 점호의 중요한 절차 하나가 빠져 있었다는 사실을 깨닫더라도 전혀 놀라지 않을 만했다. 그럼에도 발터는 충격을 받았다. 아침에 수용자들이 지시대로 열 줄로 가지런히 서려고 최선을 다하는 동안 꿈쩍도 하지 않는 수용자들이 있었던 것이다. 바로 시체들이었다. 시체는 산 사람들 뒤편에 무더기로 쌓여 있다가 SS 대원이 기계적으로 수를 세고 나면 화장터로 옮겨져 불태워졌다. 그들은 굶주림이나 구타 때문에, 혹은 살 의지를 잃고 혼이 꺼졌기 때문에 간밤에 죽음을 맞이한 사람들이었다. 발터는 사망자 수를 집계해 머릿속에 기억해 두려 애썼다. 그렇게 하는 게 매일의 습관이 됐다.

점호 후에는 등에 휠 정도로 힘든 노역이 시작됐다. 수용자들에게는 노역이 곧 삶이었다. 그 메시지는 수용소 노래에도 잘 눌러 담겨 있었다. 수용자들은 처음 수용소에 와서 노래를 익힌 뒤로 매일 몇 시간이고 끊임없이 선 채로 노래를 불러야 했다. 심지어 하루 종일 노역에 몸을 갈아 넣고도 멈춰서는 안 됐다.

물리적으로 어마어마하게 힘든 일이었다. 한 번 암기한 가사는 이후 오래도록 발터의 기억을 잠식했다. 도저히 털어 낼 수가 없었다.

**아우스 간츠 오이로파 카멘, 비어 유덴 나흐 루블린.**
**필 아르바이트 깁츠 츄 라이슨, 운트 디스 이스트 데어 베긴.**

**유럽 전역에서 우리 유대인이 루블린으로 모였네.**
**해야 할 일이 많다네. 그리고 이건 시작일 뿐이라네.**

어떤 이들에게는 "해야 할 일"이 카포를 따라 마이다네크를 떠나 근처 산업 현장이나 공장으로 출장 가는 것을 의미했다. 그들이 수용소를 나서는 모습을 지켜보는 발터의 귀에는 노동의 고귀함을 찬양하는 수용소 찬가가 울려 퍼졌다. 동시에 막연한 생각 하나가 머릿속에 싹텄다. 그 생각은 한참 뒤에야 완연한 계획으로 발전하게 됐다.

물론 발터에게는 출역을 나갈 기회가 없었다. 발터는 수용소 내 공사장에서 벽돌과 나무를 나르는 일을 했다. 옆에서는 뛰지 않는 사람을 언제라도 때리려고 카포가 지켜보고 있었.

그렇게 1942년의 어느 여름날 발터 로젠베르크는 강제 노역을 하러 마이다네크에 끌려간 1만 3000명의 슬로바키아 유대인 중 한 명이 되었다. 그들이 무엇을 짓는 것인지는 알지 못했다. 아무도 말해 주지 않았으니까.

물론 발터는 한순간도 탈출 생각을 멈추지 않았다. 오히려 어느 때보다 결의에 차 있었다. 하지만 탈출을 준비하는 데 옳은 방법이 있고 틀린 방법이 있다는 게 명확했다. 철조망을 향해 달린 남자가 맞이한 운명은 탈출 시도 혐의만으로도 중범죄로 여겨질 수 있음을 확실히 보여 줬다. 그 후로 발터는 혹시라도 의심을 받을까 철조망 근처에는 얼씬도 하지 않았다. 그렇다. 마이다네크를 탈출하는 것은 노바키를 탈출하는 것보다 훨씬 독창적인 작전이 필요했다.

기회는 예상보다 일찍 찾아왔다. 카포가 막사를 다니면서 농장 일을 할 자원자 400명을 구한다고 외친 것이다.

발터는 주저하지 않았다. 농장이라면 가능성이 무궁무진했다. 일단 수용소에서 멀리 떨어져 있기에 일꾼들을 기차로 이송할 확률이 높았다. 그만큼 선택지의 폭이 넓었다. 일 역시 경비들이 빽빽이 들어찬 수용소가 아니라 탁 트인 벌판에서 이루어졌다. 탈출할 틈이라도 볼 수 있다는 뜻이었다. 약 1000명이 열성적으로 자원한 가운데 발터가 일찌감치 뽑혔다.

발터는 자기보다 먼저 들어온 수용자에게 말했다. "저 이제 곧 수용소를 떠나요. 기차가 며칠 내로 출발한대요."

정치범으로 들어온 체코인 수용자가 발터를 발로 뻥 찼다. "자네 미쳤어? 그 기차가 어디로 가는 줄은 알아?"

발터가 짐을 내려놓고 답했다. "아뇨."

"아이고, 어리석기는. 내가 다하우에 있어 봐서 아는데 끔찍한 곳으로 끌려가는 거라니까." 체코인의 설명에 따르면 다하우 강제수용소에서도 SS가 누군가를 진심으로 벌주고 싶을 때면 바로 그 새로운 곳으로 보내 버렸다고 한다. 그는 확신했다. 발터가 큰 실수를 범하고 있는 거라고.

"거기 가면 자네는 죽은 목숨이야."

하지만 발터는 결심을 굳힌 상태였다. 사실 목적지는 중요하지 않았다. 마이다네크를 벗어나 탈출할 기회를 잡을 수 있다는 것, 그것이 중요했다. 발터는 선배 수용자에게 이렇게 말했다. "어디든 이 시궁창보다는 나을 겁니다."

자원자들이 떠나는 날이 되자 발터는 체코인 수용자를 찾아 작별 인사를 전했다. 그는 행운을 빌어 주지 않았다. 단지 "후회할 거야"라고 말했을 뿐이다.

발터는 다른 자원자들과 함께 줄을 선 다음 지시대로 기존의 줄무늬 죄수복 대신 평상복을 입었다. 지급받은 바지, 겉옷, 셔츠, 모자는 전부 어울리지도 않고 사이즈도 맞지 않았다. 발터는 옷을 바라보며 이전에는 누가 입었던 것일지 궁금해했다. 어쩌면 수용자들 것이었을지도 모른다. 여기 모인 400명이나 혹은 수용소에 남겨진 다른 수용자들 말이다. 아니면 매일 아침 점호 시간마다 바닥에 쌓여 숫자가 세어지던 죽은 이들의 옷이었을지도 모른다.

발터는 어째서 복장을 갈아입어야 했는지 금방 이해했다. 루블린 거리를 따라 루블린 역으로 돌아가야 했기 때문이다. SS는 자신들이 노예를 다루는 방식을 지역 사람들에게 보이고 싶지 않았을 것이다. 모자도 그래서 필요했다. 밀어 버린 머리를 가려야 했으니까.

그래도 어쨌든 옷은 옷이었다. 발터를 비롯한 자원자들은 옷다운 옷을 입을 수 있다는 사실에 기뻐했다. 확인 절차 때문에 몇 시간을 선 채로 기다려야 했는데, 옷 생각으로 그나마 오랜 기다림을 버틸 만했다. 마침내 자원자들이 일렬로 섰고 양쪽 맨 끝에 SS 대원들이 서서 행군을 이끌었다. 발터는 12일 만에 드디어 마이다네크를 떠나는 것이었다. 6월 말답게 아침부터 화창했다. 발터는 자기 앞에 놓인 기회에 집중했다. 상황을 바꿀 기회, 특히 포로 신세를 탈출할 기회 말이다.

발터의 생각을 읽기라도 한 듯 SS 장교가 루블린 역에 도착하자마자 농장 일 자원자들에게 연설을 늘어놓았다. 일단 식량을 지급할 것인데 여정이 얼마나 길어질지 모르니 아껴 먹으라는 충고로 시작했다.

장교가 뒤이어 말했다. "그리고 잊지 말도록. 탈출 시도는 쓸데없는 짓이란 걸 말이야."

그렇게 말하니 발터는 자연스레 탈출 생각을 더 하게 됐다. 화물칸의 육중한 문이 닫히고 빗장이 걸린 뒤 기차가 출발하자마자 발터는 적의 보안 체계에 빈틈이 없는지 둘러보았다. 진작 포로들이 화물칸에 올라탈 때부터 공모자로 적합한 인물이 없는지도 살펴보았다.

운 좋게도 친숙한 얼굴이 보였다. 노바키 수용소에서 만났던 베테랑 수용자였다. 그의 이름은 요제프 에르델리Josef Erdelyi였는데 사실 요제프와는 수용소 이전부터 연이 닿아 있었다. 요제프의 여자 친구가 발터랑 같은 학교에 다닌 것이다.

사람을 빠르게 평가할 줄 알았던 발터는 이내 요제프가 적임자이며 특히 신뢰할 만한 인물이라는 판단을 내렸다. 또 다른 요제프, 그러니까 토폴차니 출신의 사랑꾼 요제프 덕에 뼈저리게 느꼈지만 신뢰성만큼 필수 불가결한 자질이 없었다. 얼마 뒤 발터는 요제프의 귀에 "탈출"이라는 단어를 흘렸다. 요제프는 제안을 선뜻 받아들였고 그때부터 둘 다 기차를 주의 깊이 조사하기 시작했다. 창문은 막혀 있었지만 바닥은 가망이 있었다. 바닥에 구멍을 하나만 낼 수 있으면 기차 속력이 줄어들 때까지 기다렸다가 구멍으로 빠져나가면 될 것 같았다. 둘은 한밤중이 오기 전까지는 허튼짓을 하지 않기로 합의했다. 어두울 때 도망가는 게 더 쉬울 테니까.

희망이 꺼지기까지 그리 오래 걸리지 않았다. 출발한 지 24시간이 지났을 때쯤 기차가 처음으로 정류장에 멈춰 섰다. 문이 열린 다음 SS 장교가 또 다른 지침을 큰소리로 전달했다. 이번을 포함해 앞으로 정류장을 들를 때마다 인원수 점검이 있을 것이라는 지침이었다. 한 명이라도 빠져 있다면 "같은 칸에 탄 사람 중 열 명을 총으로 쏠 것"이라는 말도 덧붙였다.

그로써 계획이 무산됐다. 본인 목숨은 그래도 걸어 볼 수 있었다. 하지만 다른 열 명의 목숨을 위험에 빠뜨린다고? 안 될 일이었다. 게다가 지난 몇 달 동안 발터가 배운 사실이 하나 있다면 그건 바로 SS가 말뿐인 위협을 하는 게 아니라는 점이었다.

자원자들은 화물칸에 실린 채 36시간을 더 이동했다. 2주 전에 노바키에서 마이다네크로 이송될 때 거친 여정과 패턴이 똑같았다. 처음에 지급한 식량(약간의 빵과 마멀레이드와 살라미)이 바닥났고 얼마 받지도 못한 물도 떨어졌다. 갈증은 전처럼 심각했다. 한 칸에 장정 80명이 서로 부대끼면서 열을 내고 있었으니 어쩌면 전보다도 더 심각했을 것이다. 이번 여정에서도 구제할 길은 없었다. 기차가 역 대신 노천에 섰기 때문에 애초에 물을 채울 기회 자체가 없었다. 기차가 멈춰 설 때마다 발터와 동료 수용자들은 SS 대원들이 차갑고 신선한 물이 가득한 물통에서 물을 받아 마시는 모습을 구경만 해야 했다.

마침내 기차가 종착지를 앞두고 속도를 줄이기 시작했다. 발터는 문틈을 통해 밖을 엿보았다. 우선은 익숙한 형태의 감시탑들이 보였다. 또한 마이다네크의 수준 낮은 판잣집과 달리 벽돌로 만들어진 건물들도 보였다.

화물칸 문이 열리고 SS 대원들이 수용자를 기차에서 몰아내 줄을 지어 서게 했다. 오와 열이 마음에 들 만큼 맞춰지자 행렬이 시작됐다.

이전과 다른 점이 또 있었다. 발터가 걷는 길이 마이다네크의 흙길과 달리 잘 닦인 포장도로였다. 가장 충격적인 점은 덤불과 나무가 보인다는 점이었다. 마이다네크 수용소의 허허벌판에 비하면 너무나 반가운 광경이었다.

그날 저녁, 이 미스터리한 장소를 향해 다가갈수록 희망 비슷한 무언가가 발터의 마음에 차올랐다. 수용소 입구의 탐조등에 한 손에는 총을, 한 손에는 셰퍼드의 목줄을 쥔 SS 대원들이 무더기로 보이는데도 희망은 사라지지 않았다. 깨끗하게 관리된 안뜰과 높디높은 이중문을 보니 계속 그 희망을 붙들고 싶었다. 문에는 세 단어로 이루어진 짤막한 슬로건이 걸려 있었다. **아르바이트 마호트 프라이**. "노동이 너희를 자유롭게 하리라"라는 뜻이다. 이곳이 노동을 위해 지어진 곳이라면 무조건 환영할 일이었다. 발터는 젊고 건강했으니 얼마든지 일할 수 있었다. 여기 오지 말고 마이다네크에 남으라는 조언을 듣지 않아서 얼마나 다행인지 몰랐다. 행운의 여신이 발터를 향해 미소 짓는 듯했다.

지금 시각은 1942년 6월 30일 오후 9시. 발터 로젠베르크가 아우슈비츠에 입성했다.

# 2 수용소

The Escape Artist
The Man Who Broke Out of Auschwitz to Warn the World

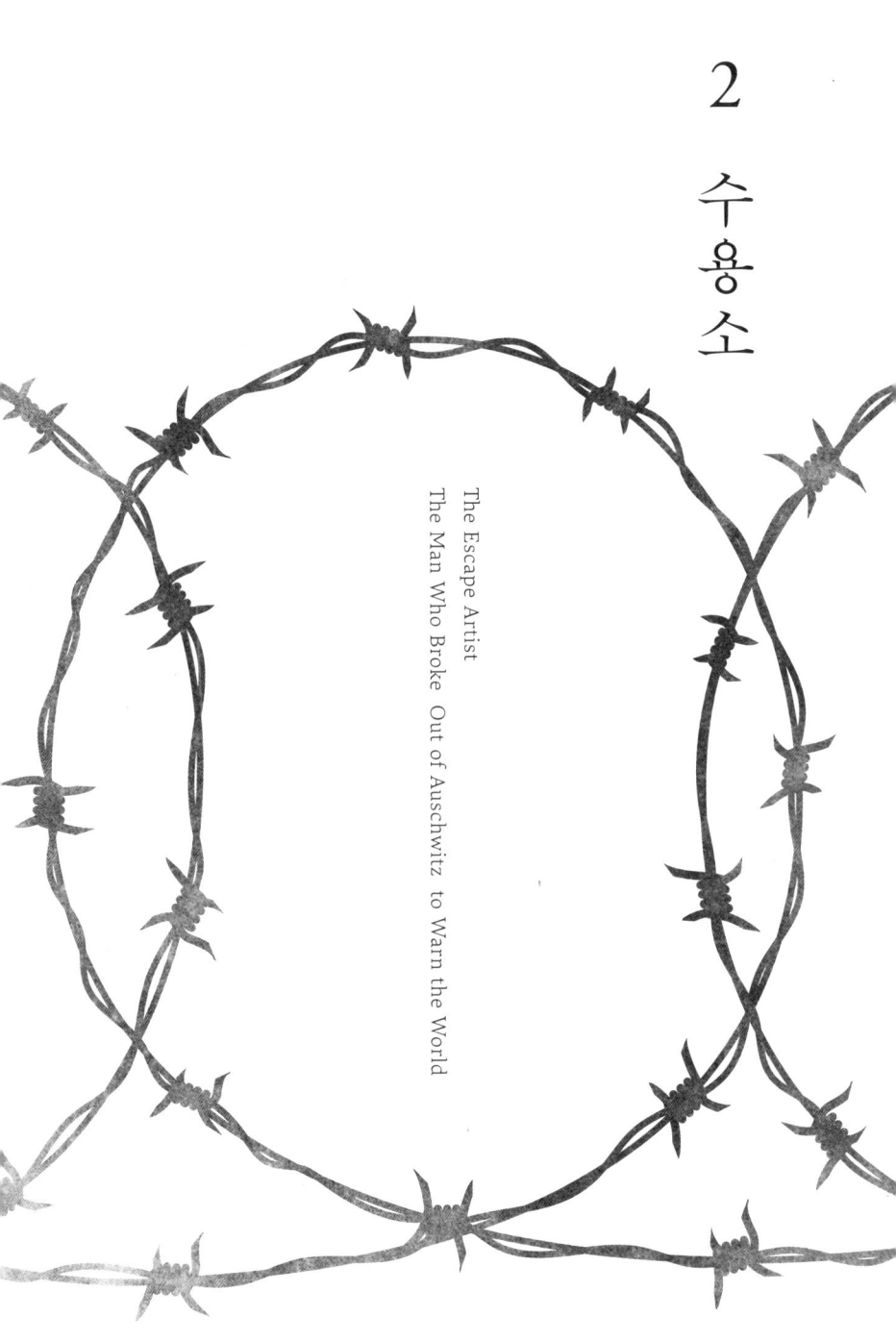

## 5장
# 우리는 노예

발터의 눈에 흰 콘크리트 기둥이 두 겹으로 서 있는 게 보였다. 기둥마다 애자(전선과 지지물 사이를 절연하기 위해 쓰는 기구)가 부착되어 있고 고압 전류가 흐르는 전선이 연결돼 있었다. 수용소 전체를 전기 철조망이 이중으로 감싸고 있는 게 분명했다. 다음으로는 감시탑이 눈에 들어왔다. 감시탑마다 SS 대원이 한 명씩 서서 받침대를 받쳐 둔 기관총에 양손을 올리고 있었다. 탐조등은 끊임없이 수용소의 어둠을 갈랐다. 잘 훈련된 개들이 SS 대원들을 따라다녔다. 발터는 이 모든 것을 주의 깊이 살피면서 대체 여기서 무슨 비밀을 숨기고 있기에 감시가 이 정도로 삼엄할까 의문을 품었다.

첫날 저녁만 하더라도 마이다네크의 추잡함과 혼돈에 비하면 한 단계 나아진 것이라고 믿을 만한 이유가 충분했다. 일단 막사가 벽돌로 튼튼하게 지어졌다. 층도 여러 개였고 중학교 건물만큼 컸다. 심지어 막사마다 표지판과 랜턴에 막사 번호가 찍혀 있었다.

수용소에 도착한 자원자들은 깜깜한 와중에 일렬로 16동을 향해 이동했다. 그런 다음 지하로 내려갔다. 그곳에서 16동 고참, 즉 카포가 브리핑을 했다. 역시 범죄자(이번에는 살인자)를 뜻하는 초록색 삼각형을 달고 있었다. 그는 신참들에게 아무리 목이 말라도 벽에 달린 수도꼭지에서 물을 받아 마시지 말라고 경고했다. 곧바로 이질에 걸릴 테니까 말이다. 발터는 그 조언을 머리에 새겼다. 그리고 바닥에서 잠을 잤다.

다음 날 아침, 5시에 눈을 떠 6시에 아펠을 준비했다. 이미 마이다네크에서 겪었듯 점호는 산 사람과 죽은 사람의 수를 세기 위한 시간이었다. 특히 죽은 사람 가운데에는 죽어 가는 사람도 포함됐다. 인원수를 다 세고 빠진 사람이 없으면 점호가 끝나고 시체를 치웠다. 수용자 한 명이 시체 하나를 등에 업고 가면 생명력이 다한 머리가 수용자의 어깨 위로 축 늘어졌다. 그 상태로 비틀거리며 걷는 모습을 보면 발터 눈에는 마치 수용자와 시체가 한 몸으로 합쳐진 괴물처럼 보였다. 머리 두 개 달린 괴물은 영안실을 향해 느릿느릿 발을 끌며 나아갔다. 양쪽 다 뼈랑 가죽밖에 없었기 때문에 어느 쪽이 살아 있고 어느 쪽이 죽었는지 분간이 가지 않았다.

민간인 복장을 한 채 뒤에 남아 기존 수용자들이 고된 노역을 하러 행군하는 모습을 지켜보자니 기분이 묘했다. 신참들은 수용소 열린 공간을 어슬렁어슬렁 다니면서 이곳이 어떤 곳인지 이해하려 애썼다. 하지만 바로 다음 날 신참들 역시 발터가 2주 전 마이다네크에서 겪었던 신고식 절차를 다시 겪게 되었다.

  우선 강제로 목욕장으로 보내졌다. 카포들은 신참들을 몽둥이로 두들겨 패서 기껏해야 30명이 들어갈 공간에 400명을 몰아넣은 다음 벌거벗긴 채 추운 곳으로 나올 때까지 또 구타를 가했다. 나체로 추위에 떨고 있는 신참들에게 이전과 다른 새로운 절차가 뒤따랐다. 그들을 일렬로 세운 다음 차례로 아우슈비츠 수용 번호를 문신으로 새긴 것이다. 수용자 둘이 서기 역할을 맡아 신참들의 이름과 출생 장소를 장부에 적었다. 발터는 프레스부르크(오스트리아-헝가리 제국 시절 브라티슬라바를 부르던 이름) 출신으로 기록되었다. 직업은 새아버지까지는 아니었으나 늘 어머니 곁에 계셨던 분의 직업을 따 "자물쇠 수리공"이라 답했다. 기록을 마친 뒤에는 표식을 찍는 시간이었다. 예전에는 문신을 찍을 때 수용자를 벽에 기대게 한 다음 숫자가 새겨진 금속 도장을 왼쪽 쇄골 바로 아래 가슴에 찍는 식이었다고 한다. 인정사정 봐 주지 않았기 때문에 실신하는 수용자도 많았다. 하지만 이 날은 선택권이 부여되었다. 발터는 문신을 왼쪽 팔에 할지 오른쪽 팔에 할지, 팔 바깥 면에 할지 안쪽 면에 할지 고를 수 있었다. 발터는 표식이 바로 보이는 왼쪽 팔뚝 위를 선택해서 그대로 문신이 찍혔다. 이후 2년 반 동안 발터는 다시는 자신의 이름을 공적으로 사용하지 못했다. 그날부로 발터는 44070번이었다. 오래지 않아 발터는 아우슈비츠에서 수용 번호가 얼마나 중요한

지 깨닫게 됐다. "오래된 번호", 즉 낮은 번호는 연차가 많이 찼다는 뜻이고 연차가 많이 찰수록 수용소 위계질서 높은 곳에 오를 수 있기 때문이었다. 수용자들은 그러한 고참의 명령과 특권을 엄격히 따랐다.

마지막으로 신참들에게 새 옷이 주어졌다. 입고 온 옷은 영영 빼앗겼으며, 우중충한 청회색과 흰색 줄무늬가 그어진 싸구려 재질의 죄수복을 또다시 입었다. 발터도 여느 수용자들처럼 인간 얼룩말처럼 보일 터였다. 그럼에도 발터는 튜닉인지 셔츠인지 모를 상의를 입었다. 상의에는 정치범을 나타내는 빨간 삼각형에 노란 삼각형이 겹쳐진 별 문양이 달려 있어서 발터가 유대인 수용자임을 드러냈으며 발터의 수용 번호도 박혀 있었다. 발터는 뒤이어 바지를 입고 헐렁한 모자를 쓰고 나막신을 신었다. 그러고 나니 안도감이 들었다. 더 이상 비바람을 맞지 않아도 되기 때문만은 아니었다. 이제 대충 보아서는 다른 수용자들과 구분이 되지 않기 때문이었다. 잘하면 감시자들 눈에 띄지 않게 군중들 사이로 몸을 숨길 수 있을 것이다. 시야에서 사라지는 것도 나름은 탈출의 일환이었다.

하지만 결코 죽음으로부터 달아날 수는 없었다. 점호 직후 100명씩 5열로 정갈하게 서서 노역을 떠나는 광경을 보고 있자면 얼굴들에 죽음이 보였다. 강제 노동자들이 걷는 방식은 어딘가 이상했다. 보조를 맞추느라 움직임이 부자연스럽게 뚝뚝 끊어지는 모습이 인간이라기보다는 꼭두각시 인형에 가까워 보였다. 그리고 그 과정을 한 남자가 주시하고 있었다. 차원이 다른 악랄함으로 발터를 두려움에 떨게 할 SS 상급 분대 지도자 Oberscharführer 야코프 프리스Jakob Fries였다. 프리스는 몸집이 믿기지 않을 만큼 컸고 넙데데한 얼굴에 연민이라고는 흔적도 찾아볼 수 없는 눈이 박혀 있었다. 손에는 본인 덩치만큼이나 큰 몽둥이를 늘 갖고 다녔다. 그가 맡은 역할은 허약해서 일을 할 수 없는 자들을 쳐내는 일이었다. 약체를 판별하기 위해 그는 몽둥이나 군홧발을 애용했다. 몽둥이로 때리거나 발로 차도 버틴다면 계속 일을 해도 되겠다고 판단하는 식이었다. 버티지 못하는 자의 운명은 그것으로 끝이었다.

얼마 뒤 발터는 그처럼 허약한 사람들을 가리키는 용어가 있다는 사실을 발견했다. 푹 파인 눈을 내리깐 채 뼈만 남은 몸을 간신히 끌고 다니는 산송장 같은 자들은 수용소 내에서 **무젤만** Muselmann이라 불렸다. 그들은 살과 근육이 죄다 야위었고 숨을 내쉴 때마다 생명력도 서서히 빠져나가서 금방이라도 죽을 사람처럼 보였다. 인간이지만 인간이 아니었다. 그럼에도 몇몇에게는 여전히 살고자 하는 의지가 희미하게 남아 있었다. SS 대원들이 상태를 점검하러 올 때면 무젤만 둘이 서로의 뺨을 붉어질 때까지 때려서 생기가 도는 척을 하려는 광경을 심심찮게 목격할 수 있었다. 그럼에도 프리스가 부적합 판정을 내린 자들은 비틀거리며 수용소로 돌아갔는데 운이 좋으면 야적장에서 그나마 감당 가능한 일이라도 할 수 있었고, 운이 나쁘면 수용소 내 병원으로 보내졌다. 발터는 그게 사실상 사형선고라는 것을 금세 알아차렸다.

죽음이 사방에 도사렸다. 첫날에 발터는 한 무리의 수용자들이 짐수레 하나에 시체 약 200구를 싣는 광경을 보았다. 마치 도살업자의 짐마차에 사체가 무더기로 쌓여 있는 것 같았다. 마침 근처에 트르나바에서 알고 지내던 얼굴이 둘 보였다.

발터가 시체 쪽으로 손짓하면서 둘 중 한 명에게 물었다. "대체 무슨 일인가요?" 그는 무덤덤하게 대꾸했다.

"오늘의 수확이 끝난 거죠."

그들은 어제저녁에 구타, 굶주림, 질병 등으로 사망한 사람들의 시체를 빤히 바라보았다. 시체들은 화장터로 옮겨져 소각될 것이었다. 이곳에서는 이게 평범한 일상일 것이라는 확신이 들었다.

두 수용자는 발터에게 다른 충격적인 정보도 하나 알려 줬다. 트르나바에서 처음 이송될 때 함께 왔던 남자들의 운명이 어떻게 되었는가에 관한 이야기였다. 애초에 도착했던 인원은 600명이었으나 지금은 살아남은 인원이 여기 있는 둘, 즉 오토와 아리엘을 포함한 열 명뿐이었다. 나머지가 살아남지 못한 이유는 끔찍한 노역 탓이었다. 바로 SS에게 죽임을 당한 소련 출신 전쟁 포로들의 시체를 소각하는 일이었다. 노역을 마칠 때까지 살아남은 사람들은 "너무 많은 걸 안다"라는 이유로 죽임을 당했다.

발터는 이와 같은 일화를 여기저기서 조금씩 주워들은 뒤 퍼즐을 맞추듯 서서히 엮어 나갔다. 아우슈비츠에서 처음 며칠을 보내면서 내린 중요한 결론은 건강을 유지하는 게 필수적이라는 점(보육원에서 공을 차며 보내던 시간에 감사했다)과 노역이 가능해야 생존도 가능하다는 점이었다.

발터는 처음에는 SS 매점에서 일하도록 배정받았으나 그리 오래가지는 않았다. 발터도 요제프도 온갖 종류의 노역에 차출됐다. 그들이 처음 파견된 곳은 부나였다.

부나는 거대한 **인두스트리에콤플렉스**Industriekomplex, 즉 산업 단지 역할을 할 계획이었다. 그 범위는 아우슈비츠 수용소에 그보다 더 큰 비르케나우 수용소(소위 아우슈비츠 제2수용소)를 합친 것보다도 더 컸다. 이곳에서는 전쟁 물자의 원료로 쓰일 합성 고무 제품 "부나Buna"를 생산할 계획이었다. 하지만 그러려면 일단 공장을 세워야 했고, 바로 그 일을 강제 노역자들이 하게 될 것이었다. 발터와 요제프도 이 현장에 투입된 것이다.

새벽 3시에 기상 신호가 울렸다. 점호 치고는 너무 이른 시간이었다. 초록색 삼각형을 단 독일인 카포가 오늘부로 밤에 배급받는 빵을 절반만 먹고 나머지 절반은 다음 날 아침을 위해 남겨야 한다고 충고했다. 식량이 정오에나 나올 테니 그때까지 버틸 분량을 남기라는 것이었다. 그러면서 이렇게 경고했다. "평생 무슨 일을 해 봤든 그보다 빡세게 일해야 할 거다." 노역을 나가기 전에는 괴로운 행군을 마쳐야 했다. 발터와 요제프를 비롯한 수용자들은 이제는 익숙해진 방식으로, 즉 열마다 100명씩 5열 종대로 서서 상급 분대 지도자 프리스의 깐깐한 시선을 지나 관문 밖으로 향했다.

예전에 처음 관문을 통과할 때 발터는 두 번째 방벽이 올라

가는 모습을 보고 잠깐 탈출 생각을 한 적이 있었다. 물론 이런 식으로 수용소 부지를 걸어 나갈 수 있다는 것은 탈출이 이론상으로라도 가능하다는 뜻이기는 했다. 하지만 SS 매점이 있는 건물 높은 층에 올라갈 기회가 생긴 날 그 안도감은 싹 사라졌다. 높은 곳에서 바라보니 아우슈비츠 외곽을 둘러싸고 있는 또 다른 경계선이 눈에 들어왔기 때문이다. 거기에는 수용소 중심부를 감독하는 시스템처럼 감시탑이 쭉 늘어서 있었다. 감시탑은 세 면은 창문으로 막혀 있고 나머지 한 면은 열려 있어서 SS 대원이 열린 곳으로 기관총을 꺼내 놓고 주시 중이었다. 애초부터 아우슈비츠는 외곽 철조망을 넘으려는 자를 망대에서 즉시 발각할 수 있는 구조로 설계된 게 분명했다. 탈출 시도를 했다가는 철조망 근처에 닿기도 전에 총에 맞아 죽을 것이다.

그러다 보니 깜깜한 새벽에 미지의 목적지를 향해 행군하는 발터 일행은 활기를 낼 겨를이 없었다. 나치의 보안 체계에 빈틈을 찾을 수 있으리라는 일말의 희망도 남지 않았기 때문이다. 다들 두려움만을 느꼈다.

그들은 철로에 도착해 기다렸다. 얼마 뒤 70~80칸은 되어 보이는 기다란 화물열차가 다가왔다. SS 대원들은 몽둥이와 개와 총을 가지고 위협을 가해 노역자들을 화물칸으로 밀어 넣었다. 압박감에 숨이 막힐 듯했다. 화물칸은 두 영역으로 나누어졌다. 한쪽에는 약 100명의 수용자가 뭉쳐 있었고, 반대쪽에는 카포와 그의 부하 서너 명이 자리를 차지했다. 지난번에 이런 식으로 화물칸에 쑤셔 넣어졌을 때는 본능적으로 빈틈이나 창구 등 탈출할 만한 곳을 찾았다. 이번에는 그런 생각이 들지 않았다. 생존만이 유일한 목표였다.

여정은 끔찍했다. 수용자를 잔뜩 욱여넣었다 보니 피, 땀, 똥 냄새로 헛구역질이 나왔다. 바로 옆에 어떤 사람은 카포가 부러뜨린 팔을 고치려 애쓰는 중이었고, 또 어떤 사람은 이질을 버티지 못하고 그대로 실례를 범하고 말았다. 당장이라도 기차를 빠져나가고 싶었다.

하지만 기차 밖도 위안이 되지는 못했다. 화물칸 문이 열리자마자 발터는 앞으로 겪을 일에 비하면 지금까지 겪은 일은 아무것도 아니라는 점을 깨달았다. 카포들은 이미 잔뜩 화가 나서 채찍과 몽둥이로 수용자들을 정신없이 후려치면서 "개새끼들아. 더 빨리 움직여!" 하고 외쳤다. 옆에서는 양손에 총과 개 목줄을 쥔 SS 대원들이 똑같이 흥분한 채로 카포들에게 빨리 움직이라고 발길질을 해댔다.

발터 바로 앞의 수용자가 발을 헛디디자 카포가 그를 몽둥이로 내려쳤다. 그 탓에 수용자가 휘청거리면서 열 밖으로 삐져나가고 말았다. 그러자 어느 SS 장교가 총을 발포했다. 하지만 총알이 빗나가 옆의 수용자가 맞고 죽었다. 카포는 발을 헛디딘 수용자에게 시체를 짊어지고 가라고 지시했다.

그러고는 고함을 질렀다. "여기가 무덤인 줄 아나!"

그렇게 기강이 잡혔다. 여름의 뜨거운 태양 아래 굶주린 배와 졸린 눈을 부여잡고 간신히 버티고 있는 수용자들은 가축처럼 채찍질을 맞는 가운데 있지도 않은 힘을 끌어내 더 빨리 움직여야 했다. 몇 마일 정도를 걸었는데 훨씬 더 먼 길을 온 것 같았다. 다섯 시간 전에 일어나 먹지도 마시지도 못한 채 행군한 수용자들은 오전 8시쯤 마침내 건설 현장에 도착했다.

발터는 눈앞에 펼쳐진 지옥도를 관찰했다. 첫눈에는 흔한 공사 현장 같았다. 시멘트 반죽, 철제 대들보, 목재, 콘크리트 기둥, 쇠막대기 등이 반쯤 완성된 구조물 주변에 널려 있었다. 하지만 정말 기이했던 것은 영상을 2~3배속으로 재생하기라도 한 듯 노역자들이 여기저기를 말도 안 되는 속도로 뛰어다니고 있었다는 점이다.

그들은 조금이라도 느슨해지면 막대기나 파이프로 때리거나 발로 차는 카포와 조금이라도 거슬리면 총을 갈기는 SS 대원 사이를 회전문 돌 듯 돌며 끊임없이 괴롭힘을 당했다.

도무지 숨 돌릴 틈이 없었다. 총성이 탕탕 공기를 가르는 소리와 채찍이 착착 피부를 찢는 소리가 계속 이어졌고 수용자들이 쓰러져 죽는데도 카포는 아직 산 자들에게 더 빨리 움직이라고 강요했다.

발터에게는 시멘트 자루를 옮기는 일이 배정됐다. 포대가 등 위에 얹어지면 10~15야드 간격으로 기다리면서 더 빨리 뛰라고 채찍이나 막대기를 휘두르는 카포들의 공격을 피해 전속력으로 달려야 했다. 중간에 쓰러지는 수용자들은 카포가 가차 없이 두개골을 으깨 버렸다. 그러면 발터는 시신에 걸려 넘어지지 않게 더욱 신경을 써야 했다. 그렇게 반죽 기계에 다다라도 멈추면 안 됐다. 속도를 유지하면서 또 다른 포대를 가지러 가야 했다. 그렇게 세 번이 되고 네 번이 됐다. 열기와 먼지 속에서 음식도 물도 쉼도 없이 몇 시간이고 반복해야 했다.

비현실적인 기한을 맞추기 위해 부나의 노역자들은 이런 식으로 이용되고 압제받고 구타당했다. 탈진이나 기아로 혹은 총알이나 몽둥이로 하나둘 쓰러져 갔다.

발터는 고개를 들 여유도 없었다. 그럼에도 그저 잔인하기만 한 참혹상을 비현실적인 수준으로까지 끌어올리는 끔찍한 사실 하나를 놓칠 수 없었다. 이 잔혹극의 등장인물이 포로와 그 포로를 괴롭히는 세력 말고도 또 있었다는 점이다. 그들 사이에는 민간인 역시 드문드문 섞여 있었다. 꼭 잘 나가는 건축가들이 오피스 빌딩이나 콘서트홀 건축 현장을 시찰 나오기라도 한 것처럼 정장을 빼입은 남자들이 공책이랑 자를 들고 다녔다. 이들은 강제 노역 현장을 투과해서 볼 수 있기라도 한 것인지 노역자를 본 체도 하지 않았다. 심지어 시체가 여기저기 지뢰처럼 깔려 있는 길을 요리조리 피해 다니면서도 전혀 개의치 않았다. 이들은 SS 장교나 카포가 아니었다. 부지 소유주인 독일 대기업 이게파르벤이 고용한 기술자 및 관리자였다.

네 시간 뒤에야 호루라기가 울리고 일을 멈출 수 있었다. 근처에 요제프가 땅바닥에 주저앉은 채 고개를 무릎 사이로 떨궜다. 정오 식사 시간이었다. 여느 날처럼 감자나 순무가 든 수프 비슷한 게 나왔다. 그마저도 다섯 사람이 1리터쯤 되는 그릇에 담아 나눠 먹었다. 숟가락도 없었다. 그러다 보니 수용자들은 일하느라 배가 너무 고프고 열기에 목이 너무 마른데도 자기 몫인

두세 입만 홀짝이고 다음 그릇을 기다리는 수밖에 없었다. 그러고는 그릇에 수프를 한 번 더 담아 또 똑같이 다섯이서 나눠먹고 차 비스름한 것도 마셨다.

아침부터 쌓인 갈증은 어마어마했다. 수도꼭지가 있었지만 역시나 오염된 물이라는 경고가 있었다. 거기서 물을 마셨다가는 죽은 목숨이었다. 그럼에도 갈증을 도저히 참지 못한 자는 오염된 물을 마셨고 얼마 지나지 않아 죽었다.

오후 1시가 되자 호루라기가 다시 울렸다. 어디서든 어떻게든 다시 일할 힘을 찾아내야만 했다. 그러지 못하는 사람들도 있었다. 몇몇이 땅바닥에 뻗어 있으면 카포들은 탈진한 척을 하는 것은 아닌지 발로 차거나 몽둥이로 때렸다. 대부분은 탈진 때문에 뻗어 있는 것이 아니었다. 이미 죽었기 때문에 움직임이 없는 것이었다.

발터와 요제프는 운이 좋았다. 어느 프랑스 민간인이 그들을 데려다 덜 힘든 일을 시켰다. 콘크리트에 집어넣을 철근의 모양을 잡는 일이었다. 프랑스인은 본인 구역이 40제곱야드 정도 되는데 그 안에서만큼은 자신이 통제권을 쥐고 있다고 설명했다. 하지만 발터나 요제프가 그 구역을 벗어나면 카포나 SS가 무슨 짓을 하든 그도 해 줄 수 있는 게 없다고 했다.

발터는 그 말을 믿었다. 부나 공사 현장이 10제곱야드 단위로 잘게 쪼개져 영역마다 SS 무장대원 한 명이 지키고 있다는 사실을 이미 파악했기 때문이다. 노역 시간에 자기 영역에서 한 발짝이라도 나가면 "탈출 시도"를 했다는 명목으로 경고 없이 총살했다. SS 장교나 카포에게는 이 사실이 일종의 유흥거리였던 것 같다. 한 번은 카포가 어느 수용자의 모자를 집어 10야드 경계선 밖으로 던지고는 "빨리 가서 주워와"라고 시켰다. 수용자가 거부하면 카포들이 감히 명령에 불복종했다며 몽둥이찜질을 가했다. 그렇다고 명령에 따라 경계선을 넘었다가는 SS 대원에게 총을 맞았다.

프랑스인 덕분에 발터와 요제프는 그러한 처우에서 벗어날 수 있었다. 해 질 녘에 하루의 끝을 알리는 호루라기가 울리면 둘은 돌아가는 노역자 무리의 상태를 보면서 그들의 운을 짐작하는 수밖에 없었다. 그 시간에는 산 자가 죽은 자나 죽어 가는 자와 어깨를 맞대고 있었기 때문이다. 아우슈비츠 규율에 따르면 100명씩 무리를 지어 수용소를 떠난 작업반은 돌아올 때도 100명이어야 했다. 따라서 부나 노역장에서 하루를 버텨 낸 사람들은 그렇지 못한 사람들 역시 데리고 돌아와야 했다. 두 사람이 서로의 어깨 사이에 융단을 짊어지듯 시체를 짊어지고 오는 식이었다. 그래서 머릿수를 세는 게 습관이 됐다. 마침 발터가 셈이 빨랐다. 발터의 계산에 따르면 100명으로 이루어진 작업반마다 5~10구의 시신이 나왔다.

하루 노역이 끝난 뒤에도 저녁 점호에 반드시 참석해야 했다. 서서 인원 체크를 받을 수 없는 몸뚱이들은 바닥에 10구씩 쌓아 올렸다. 쌓는 데도 나름의 방식이 있었다. 우선 맨 아래 놓이는 시신은 다리를 양쪽으로 벌린 채로 바닥에 둔다. 다음 시신은 머리가 첫 시신의 다리 사이에 들어가게 반대 방향으로 포개서 쌓는다. 두 번째 시신의 다리도 양쪽으로 벌린 뒤 세 번째 시신의 머리가 그 사이에 들어가게 첫 번째 시신과 같은 방향으로 포개서 쌓는다. 이런 식으로 시체를 쌓으면 한쪽에 머리 다섯 개가 보이고 반대쪽이 또 머리 다섯 개가 보이니 각 더미마다 머릿수를 확인하기가 쉬웠다. 이 방식 덕분에 SS는 인원 확인 절차를 상당히 손쉽게 처리할 수 있었다. 그저 한 더미 당 열 명으로 치면 됐으니까. 산 사람도 비슷한 방식을 따랐다. SS 장교가 인원수를 빠르게 확인할 수 있도록 열 명씩 줄을 지어 섰던 것이다. 이런 방식으로는 가령 953명이 지내는 막사의 인원 체크를 하는 데도 1분이면 충분했다. 산 사람은 열 명씩 아흔두 줄에 마지막 줄에만 세 명이 서 있고 죽은 사람은 세 더미가 쌓여 있다는 것만 확인하면 끝이었다.

이 과정이 끝나면 아무도 움직여서는 안 된다는 신호로 징이 울렸다. 움직였다가는 그대로 총살이었다. 온 수용소가 완벽히 고요해지면 다음 SS 팀이 막사별 인원수를 전달받은 후에 부엌 바로 옆 중앙 테이블에 앉아 있는 수용소 사령관에게 수치를 보고했다. 그러면 기록 담당 팀이 수치를 합산해 현재 수용소에 총 몇 명의 수용자가 있는지 발표했다. 정확히 몇 명이 죽었고 몇 명이 살았는지는 명시하지 않았다. 매일 아침과 저녁마다 이 과정이 반복됐다.

어쩌면 아직 젊었기 때문에, 어쩌면 프랑스 보호자 덕분에 다른 이들보다 노동 강도가 낮았기 때문에 발터와 요제프는 거의 모두를 집어삼킨 지옥 구덩이 같은 노역장에서 한 달이 넘도록 버텼다. 확인해 보니 처음 부나로 행군해 온 날 1열에 속했던 100명 중 오직 둘만 살아남은 듯했다.

발터와 요제프는 부나를 왕복하는 열차 운행이 일시 중단된 시기도 버텨 냈다. 기차가 멈춘 까닭은 여성 수용소에서 시작된 것으로 추정되는 티푸스가 온 수용소에 기승을 부린 탓에 매일 공사 현장으로 노역자가 오고 가는 일 역시 중단됐기 때문이었다. 허리가 휘는 노역도 채워지지 않는 굶주림도 카포의 잔혹한 폭력도 어떻게든 견딘 수용자들이 이제 질병 앞에 굴복해야 했다. 안 그래도 높았던 부나 노역장의 사망률은 한층 더 솟구쳤다. 수용소 당국자들도 이게파르벤의 민간인 직원이 병에 걸릴까 두려워할 수밖에 없었다. 결국 발터와 요제프를 비롯한 노역자들은 일터를 다시 배정받았다. 다음 노역장은 자갈 채취장이었다.

수용소 경계 바로 바깥쪽에 있는 자갈 채취장은 자갈이 깊이까지 묻혀 있는 천연 채석장이었다. 아우슈비츠 관계자들은 자갈이 수용소의 콘크리트 초소를 제작하는 데 요긴하게 쓰이리라 판단했다. 자갈 채굴은 쉽지 않은 일이었지만 그들에게는 유대인 노예들이 있었다. 그리고 발터도 그중 하나였다.

채석장의 구덩이는 엄청나게 깊어서 안에 들어가서 선 채로 있어도 수용자의 머리가 지면보다 낮게 위치했다. 수용자들은 그 속에서 자갈을 파내 구덩이 가장자리에 있는 마차에 실어야 했다. 과정 하나하나가 고됐다. 다들 굶주림으로 허약해진 상태였기에 삽으로 자갈을 퍼 올리는 것만 해도 고역이었다. 정말로 무거웠다. 그런데 삽으로 자갈을 퍼낸다고 끝이 아니었다. 자갈을 수레 바닥에 실으려면 그 삽을 머리보다 위로 들어 올려야 했다. 문제는 자갈이 물을 머금고 있었다는 점이다. 그래서 무게는 한층 더 무거웠고 삽을 들 때마다 쏟아지는 물에 몸도 흠뻑 젖었다. 물은 목에서 시작해 어깨를 지나 발가락까지 줄줄 흘렀다. 피부가 퉁퉁 불었다. 나막신 말고는 발을 감쌀 수단이 없었기에 특히 발이 빠르게 부어올랐다. 젊고 건장한 발터도 예외는 아니었다. 발이 붓자 제대로 움직이기도 힘들었다.

문제가 크게 번지자 감독관들도 "의료단"으로 하여금 검사를 하도록 지시했다. 그 검사에서 노역에 부적합하다는 판정을 받으면 무슨 일이 벌어질지는 굳이 말하지 않아도 훤했다.

발터는 자기 차례가 되자 같은 순번인 사람들과 일렬로 서서 판정을 받을 준비를 했다. 그러고는 온 힘을 다해 고개를 들고 등을 쭉 펴서 곧은 자세를 유지했다. 어떻게든 스스로를 다잡아 표정에 감정이 드러나지 않게 했다. 고통이 심해서 소리를 지르고 싶었으나 어차피 이 인간들은 부어오른 발이나 극심한 고통 따위 알아주지 않을 게 뻔했다.

검사를 통과하지 못한 수용자는 200명이나 됐다. 그들은 즉시 근처의 비르케나우 수용소로 이감됐다. 발터는 거기에 포함되지 않았다. 고통을 억누르며 선보인 연기가 먹혔다. 발터는 이번에도 살아남았다.

과연 채석장 구덩이에서 하루라도 더 버틸 수 있었을까? 다행히 실제로 확인해 볼 필요는 없었다. 운 좋게 또 새로운 일터로 발령이 났기 때문이다. 이번 노역은 DAW(도이체아우스뤼스퉁스베어커Deutsche Ausrüstungswerke), 즉 독일 장비 제작소에서 이루어졌다. DAW는 SS가 보유한 사업체로, 아우슈비츠 주 수용소 바로 옆에 수용소 여덟 배 크기의 광활한 부지를 차지하고 있었다.

DAW는 군화, 제복, 군사 장비 등 독일군을 위한 물자를 제작하는 데 특화돼 있었다. 근로자들이 생산하는 제품 중에는 독일군이 한겨울에 동부전선에서 사용할 것으로 보이는 스키도 있었다. 발터는 바로 그 스키를 페인트칠하는 일을 맡았다. 부나 노역장이나 자갈 채취장에서 겪었던 일에 비하면 휴가나 다름없어 보였다. 실내에서 일하는 데다 스키를 색칠하는 게 힘들어 봐야 얼마나 힘들까?

하지만 이번 일도 만만하지는 않았다. 노역자 교대 시간 내에 한 사람이 칠해야 하는 최소한의 스키 개수가 무려 110개였다. 할당량을 채우지 못하면, 채우더라도 제대로 칠하지 못하면 흠씬 두들겨 맞았다. 결국 이전보다 노역이 완화되지는 않았다는 뜻이었다.

발터는 동료 DAW 작업반이 목표 생산량을 채우지 못하거나 표준 미달의 결과물을 생산할 때 어떤 결과를 맞이하는지 두 눈으로 직접 확인할 수 있었다. 한 번은 옆의 어느 작업반이 한 타임에 탄약통을 1만 5000개 만들어야 했다. 그런데 생산을 완료하고 나서야 검수 과정에서 탄약통이 아주 살짝 작다는 사실이 밝혀졌다. SS는 이것이 고의라고 판단해 유대인 여러 명을 태업 혐의로 총살했다.

이들이 직면한 위협은 또 있었다. 8월의 어느 저녁이었다. 수용자들이 노역을 마치고 돌아왔는데 수용소가 소란스러웠다. 평소처럼 탐조등이 켜 있었지만 등에 전지 팩을 맨 SS 대원들이 휴대용 조명도 비췄다. 주간 근무자든 야간 근무자든 전부 일어나 중앙 광장에 모여 있는 듯했다. 특별 점호라 열을 맞춰 서 있지는 않았다. 그 대신 발터의 귀에 나무랑 바위가 부대끼는 소리가 들렸다. 나막신이 광적인 박자로 땅바닥에 타닥타닥 부딪히는 소리였다. 수용자들이 달밤에 체조라도 하는지 이쪽으로 뛰었다 저쪽으로 뛰었다 반복했다.

도대체 무슨 일인지 이해하기까지 한참이 필요했다. 막 돌아온 수용자들은 침묵 속에 몇 시간을 서 있었다. 자정이 지날 때까지 기다리고 또 기다려 새벽 3시가 되어서야 발터는 탐조등 불빛을 통해 거대한 실루엣 하나를 스치듯 보았다. 그것은 바로 야코프 프리스가 몽둥이를 휘두르며 죽음의 야간 올림픽을 주도하는 광경이었다.

경쟁권에 들어갈 만한 선수를 판별하기라도 하는 듯 프리스는 수용자가 하나씩 자기 앞을 지나가게 했다. 수용자가 프리스 바로 앞에 서면 프리스는 그의 다리를 관찰했다. 다리가 부어 있으면 프리스는 엄지를 들어 왼쪽으로 가라고 지시했다. 다리가 부어 있지 않으면 전속력으로 20야드를 달렸다가 돌아오라고 지시했다. 잘 달린 사람은 오른쪽으로 보냈다. 달리면서 다리를 절거나 몸이 휘청거린 사람은 부적격자가 모여 있는 왼쪽에 더해졌다.

하나둘 프리스 앞을 거쳐 갔다. "**뛰어**. 넌 왼쪽으로. **뛰어**. 넌 오른쪽으로. **뛰어**. 넌 왼쪽. 왼쪽. 너도 왼쪽. **뛰어**. 넌 오른쪽으로······."

발터는 왼쪽 무리를 내다보았다. 새 구성원이 들어와 자리를 차지하는 만큼 진작 분류된 자들은 어디론가 끌려갔다. 아우슈비츠에 온 지도 꽤 지났고 여태까지 워낙 많은 소문을 들었기에 프리스의 체력 검사를 통과하지 못한 사람들에게 무슨 일이 일어나는지는 잘 알고 있었다. 검사 줄이 점점 줄어들었다. 피곤에 전 발터는 힘이 하나도 없었다. 오래 기다리느라 선 채로 잠에 빠졌을 정도였다. 이제 발터 차례였다. 피로와 허기에도 불구하고 목숨을 걸고 뛰어야만 했다. 몸속 깊이 어딘가 묻혀 있는 한 줌의 힘이라도 파내서 써먹어야 했다. 발터가 발을 내디뎠다.

발터는 발을 쾅쾅 구르며 있는 힘껏 달려 나갔다. 돌아오는 구간에는 몽둥이를 든 채 서 있는 우람한 프리스가 눈에 들어왔다.

이제 판결이 내려질 시간이었다.

프리스는 엄지를 치켜든 손을 내밀었다. 그러고는 열일곱의 팔팔함에 자부심을 가진 발터 로젠베르크를 슥 훑었다. 이내 판결이 나왔다. 오른쪽이 아니라 왼쪽이었다.

발터는 기진맥진하고 숨도 찼지만 그럼에도 두려움이 차오르는 것을 느낄 수 있었다. 이번에는 친구 요제프가 비틀거리며 뛰고 있었다. 프리스는 요제프 역시 발터를 비롯해 40여 명이 모여 있는 왼쪽으로 보냈다. 그것으로 분명해졌다. 발터와 요제프는 시험을 통과하지 못한 것이다. 퇴짜를 맞은 수용자들을 자세히 보니 지금 이게 무슨 상황인지 마침내 이해가 됐다. 그들은 떨고 있었다. 추위 때문이 아니었다. 몸에서 열이 나기 때문이었다. 증상을 설명할 길은 하나밖에 없었다. 티푸스였다.

나치가 수용자들의 다리를 검사한 이유도 그 때문이었다. 티푸스의 초기 증상인 까만 발진, 관절통, 근육통이 나타나는지 확인한 것이다. 이제야 퍼즐이 맞춰졌다. 아우슈비츠의 지휘관들은 수용소에 티푸스가 또 돌까 봐 걱정하고 있었다. 3월에 여성 수용소에서 티푸스가 창궐했을 때는 감염자를 라이솔 소독제에 담그는 식으로 대처했으나 오히려 감염 속도를 높여 상황을 악화시켰다. 매달 500명이 티푸스로 목숨을 잃었다. 물론 수용자의 목숨만 위험했다면 SS도 걱정하지 않았을 것이다. 수용자들이야 쓰다 버리는 물건이었으니까. 하지만 티푸스 앞에서는 나치도 벌벌 떨었다. 티푸스를 옮기는 이는 사람의 신분이나 인종 따위 신경도 쓰지 않았으니까. 유대인의 감염된 피가 이를 통해 금세 아리아인에게 옮길 수 있었다. 더군다나 잘 먹는 사람들이 굶주리는 사람보다 티푸스에서 회복될 가능성이 더 낮았다. 결국 이를 박멸하려면 이가 옮은 모두를 박멸하는 수밖에 없었다. 다시 말해 SS는 감염자를 치료할 생각이 없었다. 감염자는 모두 죽일 셈이었다.

그러니 그날 밤 야코프 프리스의 달리기 테스트를 통과하지 못한 자들도 죽을 운명이었다. 실제로 1942년 8월 29일 도합 746명의 수용자가 죽임을 당했다. 종일 먹지도 자지도 못하고 일하느라 다리가 후들거리는 발터와 요제프 역시 바로 그 사형수들 사이에 서 있었다. 죽음을 선고받은 것이다.

20야드가 채 안 되는 거리에 프리스로부터 오른쪽 판결을 받아낸 자들이 서 있었다. 발터는 두 무리 사이의 거리를 눈대중으로 재면서 혹시나 저기까지 뛰어갈 방법이 없을까 궁리했다. 하지만 사방에 SS 대원들이 무장한 채로 주시 중이었다. 가능할 리가 없었다.

실격을 당한 무리의 수가 불어났다. 셈이 빠르고 정확한 발터가 어림잡아 보니 80명 정도가 모인 듯했다. 앞서 본 바로는 100명이 채워지면 대원들이 다른 곳으로 끌고 갔다. 더 기다리다가는 발터도 끌려가서 죽임을 당할 게 확실했다. 그렇다고 달아나 봤자 결과가 다를 리 없었다. 본인의 운명을 짐작한 동료 수용자들 역시 같은 결론이었으리라. 허약하고 병든 자신이 무장한 SS 대원에게 둘러싸인 채로 할 수 있는 건 아무것도 없다고. 발터와 요제프는 서로의 귀에 절망에 찬 말을 속삭였다.

바로 그 순간 발터에게 또 다시 행운이, 예기치 못한 친절이 찾아왔다. 누군가 발터와 요제프의 어깨를 휙 내리치며 말했다.

"이 새끼들! 너희 대체 여기서 뭐해?"

카포였다. 발터보다는 오히려 요제프가 얼굴을 아는 자였다. 그는 둘이 엉뚱한 곳에 서 있다며 명령을 따르지 않을 거냐고 꾸짖었다. 그러고는 둘을 죽음을 앞둔 자들의 무리에서 빼내 살아남은 자들의 무리 속으로 요란스레 밀어붙였다. 그렇게 오른쪽 무리에 안착하자 비로소 카포는 연기를 관두고는 불과 몇 초 전까지만 해도 발터와 요제프가 속했던 왼쪽 무리를 가리키며 말했다. "너희는 운 좋은 줄 알아." 사실이었다. 그들은 화장터로 끌려갔다.

살아남은 자들은 남성 수용소와 여성 수용소를 가르는 철조망 쪽으로 끌려갔다. 철조망 중간에는 구멍이 하나 있었다. 발터는 그곳에 모여 있던 여성 수용자들을 흘긋 보았다. 전혀 여자 같아 보이지 않았다. 다들 굶주렸고, 낡은 적군 제복을 걸쳤으며, 맨발이거나 나막신을 신었다. 머리도 깎인 상태였다.

발터네 무리는 옷을 벗고 구멍을 지나 넘어가라는 지시를 받았다. 다만 그전에 카포 두 명이 마지막으로 수용자들의 다리를 검사하고는 살균제에 적신 천으로 수용자들의 몸을 닦았다. 그러고 나서야 수용자들은 여성 수용소 쪽으로 넘어갈 수 있었다. 여성 수용소는 텅 빈 상태였다. 기존 수용자 중 절반은 증상이 심각해 생명을 빼앗겼고 나머지 절반은 비르케나우 여성 수용소로 재배치를 받았기 때문이다.

선별의 밤이었다. 아우슈비츠 비밀 정보망에 따르면 수용자 중 절반이 살육을 당했다고 했다. 그래도 티푸스 문제는 해결되지 않았다. 감염자 선별 작업은 10월 중순, 1월, 2월에도 있었다.

발터를 비롯한 살아남은 자들은 처음부터 다시 시작이었다. 또다시 그들은 머리가 깎이고 몸이 씻기고 새로운 죄수복을 받았다. 이전 여성 수용소가 그들의 새 숙소가 됐다. 사람이 많이 줄어든 탓에 공간은 더 넓어졌다. 작업반도 새롭게 조직됐다. 발터는 더 이상 부나 노역장이나 자갈 채석장이나 스키 제작소로 나가지 않았다. 그의 새로운 일터는 캐나다였다.

# 6장

# 카나다

캐나다는 완전 딴 나라 이야기 같았다. 사람들 말로는 먹을 것이 넘치고 와인이 달콤하며 이국적인 먹거리가 나오는 풍족한 곳이라고 했다. 바삭거리는 시트, 비단결 같은 양말, 보드라운 털이 짜릿한 감각을 선사하는 곳이며, 금은보화가 가득한 곳이라고도 했다. 소문만 들어 보면 유럽에서 가장 풍요롭고 호화로운 장소 같았다. 그런데 이 캐나다는 아우슈비츠에 있었다.

발터도 K로 시작하는 캐나다, 그러니까 독일식으로는 카나다Kanada에 관해 들어본 적 있었다. 아우슈비츠의 엘도라도라 불리는 카나다에서는 아무도 굶주리지 않고 도리어 어떤 진미를 먼저 즐길지 고민한다고 했다. 극도의 행운을 가진 자들만이 카나다에 입성할 수 있었는데, 발터가 바로 그 행운에 당첨됐다. 티푸스 정화 작업 직후의 일이었다. 살균제가 피부에 번들거리는 채로 벌거벗고 서 있는데 선별 후 살아남은 사람들 사이에서 슬로바키아어가 들렸다. 발터는 본능적으로 다가갔다. 목소리의 주인공은 트르나바에서 그리 멀지 않은 마을에서 끌려온 치과 의사 라코 피셔Laco Fischer였다. 벌써 다섯 달 동안 수용소 생활을 한 피셔는 강단 있는 베테랑이었다. 그는 슬로바키아 동포 유대인인 발터와 요제프를 만나 무척 신나 보였다.

피셔는 이전에 카나다의 지상낙원에 발을 들인 적이 있다며 꼭 다시 돌아갈 생각이라고 말했다. 게다가 마침 카나다에서 새 인원을 모집 중인데 자기가 아직도 그곳 카포들과 알고 지내는 사이라고 했다. 그래서 연줄을 활용해 자신은 물론 발터와 요제프까지 추천해 줬다. 둘은 젊고 힘이 세고 비교적 건강했기에 정예반 후보로도 적합했다. 피셔의 추천과 짧막한 신체검사(이번에도 뜀박질) 후에 카포들이 허가를 내렸다. 그렇게 발터와 요제프는 카나다에 합류했다.

아우슈비츠에서의 처음 몇 주간은 매일 반쯤 미친 상태로 생존만을 위해 안간힘을 기울였다. 마침내 땀과 고난의 시기가 끝나고 드디어 모든 게 전보다 나아졌다. 발터와 요제프는 4동 지하로 숙소를 옮겼다. 그곳에서는 심히 차갑거나 뜨겁지 않은 물로 제대로 된 샤워를 할 수 있었다. 개인용 침대와 이불도 주어졌다. 카나다 밖에서는 극악무도하기만 한 SS 대원과 카포가 이곳 안에서만큼은 고함을 치지도 이를 갈지도 않고 평범한 목소리로 말했다. 무엇보다도 구타가 없었다. 이러한 행운을 차지하다니 믿기지 않았다.

아침 아펠 시간이 되자 얼마나 많은 게 변했는지 분명해졌다. 일단 이전보다 두 배 되는 공간에 수용자가 절반만 있었다. 더 이상 무젤만은 없었다. 고개를 들고 어깨를 펼 힘이 있는 수용자들만 모였다. 발터 입장에서는 아우슈비츠가 이제야 병든 팔다리를 잘라 낸 몸 수준은 되는 것 같았다. 이런 기분이 들다니 부끄러웠지만 새로운 광경을 보니 거의 신이 날 지경이었다.

바로 그때 **아우프로이뭉스코만도**Aufraumungskommando, 즉 청소 부대로 하여금 일하러 출발하라는 명령이 떨어졌다. 사실상 카나다 작업반을 가리키는 표현이었다. 발터는 자신이 그 구성원이라는 사실에 자부심을 느꼈다.

청소 부대의 일터는 발터의 지난 일터인 DAW 근처였다. 거기에는 큰 막사가 여섯 채 있었다. 다섯 채는 목재로 지어졌고 커다란 마구간 크기였다. 반면 벽돌로 지어진 여섯 번째 막사는 베란다가 있어서 SS 책임자가 나와 작업이 이루어지는 널따란 뜰을 지켜볼 수 있었다. 뜰의 크기는 족히 2에이커는 돼 보였다. 작업장 둘레에는 철조망이 둘렸고 모퉁이마다 감시탑이 있어서 기관총으로 무장한 보초가 서 있었다. 특히 발터를 놀라게 한 것은 뜰 중앙에 우뚝 선 산이었다. 그 산은 사실 여행 가방, 배낭, 트렁크, 보따리, 잡낭 등 온갖 수화물이 쌓여서 만들어진 거대한 언덕이었다. 근처에는 이불만 수천 개가 쌓여서 만들어진 그와 비슷한 언덕이 있었다. 또 근처에는 냄비나 프라이팬 등 닳은 철제 용기가 쌓여서 만들어진 언덕이 있었다.

그렇다. 이곳은 공식적으로 **에펙텐라거**Effektenlager라 알려진 물품 저장소였다. 아우슈비츠에 새로 도착한 사람들이 곧바로 빼앗긴 물품은 모두 이곳에 모였다. 청소 부대가 맡은 일은 바로 이 가방들을 일일이 까서 쓸 수 있는 물건과 버려야 하는 물건을 구분하는 일이었다.

대체 눈앞에 보이는 게 무엇인지 이해할 틈도 주어지지 않은 채 발터는 현장으로 투입됐다. 수용자들은 최대한 빨리 수화물 언덕에 달려들어 가방을 최대한 많이(이상적으로는 한 손에 하나씩) 집어 든 다음 마구간 크기의 저장실로 달려가 바닥에 깔린 거대한 담요 위에 가방을 내려놓았다. 그다음에는 바닥에 놓인 가방을 덮쳐 홱 열어젖힌 다음 분류가 가능하도록 내용물을 탈탈 털어 냈다. 그들은 빛의 속도로 물건을 쌓아 올렸다. 남성 의류, 여성 의류, 아동 의류 등 더미가 쌓이면 여성 수용자들이 이를 가져가 더 세세한 분류 작업을 진행했다. 이 과정에서 해야 할 일이 크게 세 가지 있었다. 첫째는 손상되거나 망가진 물건을 쓸 만한 물건 사이에서 골라내는 일이었다. 둘째는 쓸 만한 물건들에서 유대인 소유임이 드러나는 표식을 전부 제거하는 일이었다. 주로는 재킷이나 코트에서 노란 별 문양을 뜯어냈지만, 유대인 이름이 적힌 이름표를 떼야 하는 일도 있었다. 가장 중요한 셋째는 숨겨진 귀중품을 찾아내는 일이었다. 숨겨진 보석이나 돈을 찾아내려면 손가락으로 옷의 솔기를 처음부터 끝까지 세심하게 더듬어야 했다.

처음 도착했을 때 어느 저장실 옆에서 굉장히 의아스러운 작업이 이루어지는 것을 봤다. 그곳에는 여성 스무 명 정도가 각자

양동이를 낀 채 벤치에 일렬로 걸터앉아 있었다. 한쪽에는 양동이마다 치약 통이 가득 들어 있었다. 트렁크나 여행 가방에서 빼낸 물건인 듯했다. 그런데 여성 노역자들이 그 치약통에서 치약을 쭉 짜낸 다음 버리고 있었다. 웬 시간 낭비인가 싶었다. 하지만 누군가 설명해 주기를 아우슈비츠로 추방된 사람들의 치약통에서는 종종 다이아몬드가 나온다고 했다. 만약을 대비해 준비한 보험인 모양이었다. 때로는 보석 대신 동전이나 말린 수표가 나오기도 했다.

바로 이 치약 짜는 작업에서 카나다라는 이름이 유래했다는 설이 있다. 청소 부대 중 독일어를 할 줄 아는 노역자는 물건을 분류하는 도중에 종종 이렇게 물었다. **칸 에어 다 니히트 바스 드린 하벤?** 혹시 그 안에 귀중품이 있지는 않은지 의문을 표하는 질문이었다. 바로 이 **칸 에어 다**가 **카나다**가 되었다는 주장이다. 또 다른 가설은 전쟁 직전 여러 해 동안 수많은 슬로바키아인과 폴란드인이 캐나다로 이주를 간 데서 유래했다는 설이다. 당시 사람들 사이에는 고국에서 생계조차 유지 못하던 소작농이 캐나다에 가서 땅을 얻고 팔자가 폈다는 소문이 돌았다. 그때부터 중부 유럽 사람들 머릿속에는 캐나다가 말로 다 할 수 없을 만큼 부가 풍족한 신비로운 곳이라는 이미지가 새겨졌다.

하지만 이곳이 얼마나 신비로운지 생각할 여유 따위 없었다. 어차피 발터는 이곳에서 일하는 노새가 될 운명이었기 때문이다. 일에 박차를 가하도록 주먹질과 발길질로 압박을 가하는 자들이 카나다에도 둘 있었다. 둘의 이름은 영원히 잊지 못한다.

바로 SS 하급 분대 지도자 오토 그라프Otto Graf와 한스 쾨니히Hans König다. 특히 쾨니히는 **데르 쾨니히 폰 카나다**, 즉 "카나다의 왕"이라는 별명으로도 유명했다. 이 둘은 아우슈비츠에 들어오기 전 빈에서 배우로 활동한 이력이 있었다. 이곳에 오고 나서는 일단 캐릭터에 빙의하고 나면 몰입을 깰 필요가 없었다. 그저 본인들 앞에 놓인 인간 노새들을 잔인하고도 즉각적인 폭력을 통해 끊임없이 괴롭히고 다그치면 됐다. 겨우 몇 분이나 일했을까. 발터는 쾨니히가 어느 수용자를 죽을 때까지 패는 광경을 목격했다. 더미를 뒤지다 나온 사과와 빵 한 조각을 몰래 빼돌렸다가 걸린 탓이었다.

얼마 지나지 않아 발터는 그 수용자가 정확히 무슨 실수를 범한 것인지 이해했다. 발터가 수화물 더미와 저장실 사이를 왔다 갔다 하며 짐을 옮기던 와중에 가방 하나가 활짝 열려 버렸다. 가방에서 쏟아진 신발과 옷가지 사이에는 샌드위치와 살라미도 있었다. 발터는 음식을 보고는 멈칫했다. 지난 이틀 동안 제대로 먹지 못했기 때문이기도 하지만 문득 카나다 베테랑의 가르침이 떠올랐기 때문이었다. 그는 카나다에 가더라도 음식을 적당히만 먹으라고 조언했다. 처음 하루 이틀 정도는 마른 빵만 먹는 게 최선이라고 했다. 아우슈비츠식 배급량 때문에 두 달 동안 주린 배는 지나치게 많은 음식을 감당하지 못할 것이기 때문이었다. 그래서 발터는 가방에서 쏟아진 음식을 집어 들지 않았다. 집어 들고 싶었다 한들 그럴 틈도 없었다. 가방이 펑 열리는 순간 쾨니히와 그라프가 발터를 주시하면서 계속 움직이라고 윽박질렀기 때문이다. 그런데 하급 분대 지도자들의 주의가 산만해진 바로 그 순간 발터 뒤에 있던 수용자가 발걸음 하나 흐트러지지 않은 채 몸을 스윽 숙여 살라미를 집어 들고는 꿀꺽 삼켰다. 바로 이게 카나다의 수용자들이 식욕을 만족시키는 방법이었다. 발터는 교훈을 제대로 배웠다. 그때 이후로 그는 하급 분대 지도자들이 다른 수용자를 구타하는 순간을 예측하고 대비하고 고대했다. 그러한 순간을 노려야 음식을 빼돌려 먹으며 살아남을 수 있을 테니까 말이다.

카나다에서는 음식이 곳곳에 널려 있었다. 먹을 때와 방법만 잘 알면 됐다. 어째서 카나다의 여성 수용자들이 얼마 전 막사에서 내보내진 여성 무젤만들과 달리 진짜 인간 여성처럼 보였는지도 확실히 납득이 갔다. 그들은 피부가 밝았고 몸에 온기가 돌았으며 젊고 강건했다. 팔팔한 발터 입장에서는 눈길이 갈 수밖에 없었다. 여성 수용자 역시 여성 카포의 감시를 받고 있었다. 그들도 피부에 혈색이 돌았고 이상하리만큼 우아해 보였다.

발터는 이 기이한 상황에 마음이 심란했지만 최대한 서둘러 움직이면서 시키는 일에 집중하려고 애썼다. SS 장교들의 군홧발과 몽둥이가 바로 뒤에 도사리고 있었기 때문이다. 하지만 점차 발터도 이곳 일에 익숙해졌고 배에도 음식이 충분히 들어갔다. 그러자 배고픔과 물리적 생존 이외의 것을 생각할 여유가 생겼다. 마침내 발터는 자신이 카나다에서 찾으려고 했던 게 사실 무엇이었는지를 알아차리기 시작했다.

가방이나 배낭에서 툭 하면 나오는 가족사진 때문이었을까?

무더기처럼 쌓인 아이들 신발 때문이었을까? 아니면 아기 유모차가 저가, 고가, 신상, 중고 할 것 없이 종류별로 수백 대는 들어찬 공간을 보았기 때문이었을까? 계기가 무엇이었든 발터는 여정을 출발할 때부터 명확히 알고 있었던 결론에 다시 도달할 수밖에 없었다.

발터가 처음 화물칸에 실려 아우슈비츠에 끌려올 때만 해도 주변에는 강제 노역을 할 만큼 건강하다고 여겨지는 사람들밖에 없었다. 수용소에서도 그러한 부류의 사람들만 마주쳤다. 고된 노역을 강요받는 남성 수용자와 여성 수용자 말이다. 물론 그들 중 대부분이 맞아 죽거나 굶어 죽었다. 혹시 의무실에 가더라도 죽어서 나와 화장터로 보내졌다. 그럼에도 어쨌든 그러한 운명을 피한 이들에게 아우슈비츠는 노동 수용소였다. 잔인하고 악랄하지만 어쨌든 노동 수용소였다. 아니, 실은 스스로 세뇌한 것일까? 이제 그보다 훨씬 더 어두운 진실을 마주해야 했기 때문이다.

물론 모호하게나마 의심은 했다. 주변에 증거가 이렇게나 많은데 어떻게 의심도 안 했겠는가? 하지만 솔직히 말하자면 발터는 그러한 의심을 억누르려 애썼다. 그러나 이제 카나다에 들어와 실상을 확인한 이상 더는 억누를 수 없었다.

아우슈비츠로 보내지는 게 발터처럼 건강하고 유능한 사람만은 아님이 명확해졌다. 눈앞에 높이 쌓인 옷들을 보라. 할머니들의 드레스와 할아버지들의 바지가 아닌가? 작디작은 꼬까신들은 어떻고? 저 유모차들은 또 어떻고?

발터는 깨달았다. 레몬, 정어리 통조림, 초콜릿, 숄, 셔츠, 가죽 신발, 어린이용 장난감, 사과, 무화과, 샌드위치, 겨울 외투, 코냑, 속옷, 손목시계, 빛바랜 가족사진 등 이 모든 것들은 불안에 빠진 어머니들 혹은 걱정에 잠긴 할아버지들이 새로운 삶을 위해 이주한다고 기대하거나 희망하면서 챙긴 물건이었다. 공간이 모자랐으니 얼마나 신경 써서 골랐을까. 특히 비좁고 더러운 화물칸에 잔뜩 올라탈 때는 그중에서도 가져갈 수 있는 물건만 골라 꼭 붙들고 있었을 것이다. 냄비랑 프라이팬이 두둑이 쌓여 있던 것도 그 때문이었다. 그들은 자신이 새집으로 이사한다고 생각한 것이다. 노인들과 아이들도 같이 왔으니 그럴 만도 했다. 조금 더 회의적인 시각을 가진 사람들도 있었다. 그들은 다이아몬드를 옷단 사이에 넣어 꿰매고 여행 가방 안감에 현금을 숨기고 달러 지폐를 콘돔에 싸 치약 통에 쑤셔 넣는 등 대비책을 강구했다. 혹시라도 일이 잘 풀리면 직접 쓰고 일이 절망적으로 꼬이면 뇌물로 쓰려고 비상금을 준비했을 것이다.

이들은 발터에게 익숙한 아우슈비츠, 즉 아침 점호와 함께 갖가지 노역이 시작되는 **아르바이트 마흐트 프라이**의 아우슈비츠에는 발을 들인 적이 없었다. 하지만 아우슈비츠 단지 내로 들어온 것은 확실했다. 증거가 코앞에 있었으니까. 그렇지만 그들은 밤의 어둠에 집어삼켜지기라도 한 듯 난데없이 사라졌다. 그들의 존재를 암시하는 증거가 카나다 곳곳에 있었지만 SS는 증거를 인멸하려고 갖은 노력을 다하는 중이었다. 저장실에서 여행 가방이나 배낭을 탈탈 털어 속을 비우고 나면 다른 수용자

무리가 서둘러 가방과 신원이 드러나는 서류를 챙겨서 태우러 갔다. 나치는 이곳에 끌려온 사람들은 물론 에펙텐라거에 쌓여 있는 그들의 소중한 물건들까지 아무런 흔적을 남기지 않기를 바라는 듯했다. 이러한 결론이 나오기까지는 시간이 걸렸다. 엄청나게 거대한 음모였기 때문에, 상식에 완전히 어긋났기 때문에, 과학과 진보와 문명의 힘을 믿고 싶었기 때문에 판단을 미뤘던 것 같다. 하지만 이제는 확신할 수 있었다. 발터는 강제수용소의 수감자, 노동 수용소의 노역자일 뿐만 아니라 이제껏 없었던 공장, 즉 죽음 공장의 일원이라는 사실을. 아우슈비츠에는 쓸모없다고 분류되는 사람들, 더 엄밀히는 존재 자체로 독일 국가와 아리아 인종의 안녕에 위협이 된다고 여겨지는 사람들을 남녀 할 것 없이 살육하는 공간이 존재했다. 그들은 나이든 부모와 함께, 어린 자녀와 함께, 갓난아기와 함께 죽어 나갔다. 발터는 쌓여 있는 신발 더미를 제 눈으로 똑똑히 보았다. 현실을 부정할 길은 없었다. 나치는 유대인을 박멸하는 일에 진심이었고 그 일을 바로 이곳 아우슈비츠에서 자행하고 있었다.

지금까지 발터는 주 수용소 화장터에서 피어오르는 연기가 부나 노역장에서 실신한 사람들, 자갈 채취장에서 돌아오는 길에 쓰러진 사람들, 굶주림으로 말라 죽은 사람들, 카포의 일격에 굴복한 사람들, 프리스의 티푸스 검사를 통과하지 못한 사람들, 막사에서 잠들었다가 영영 깨나지 못한 사람들을 태워서 나오는 연기라고만 되뇌었다. 자신이 계산한 머릿수도 충분히 암울한 수치였지만 사실 화장터에서는 그보다도 더 많은 시체가 불

타고 있었다는 사실은 어째서 알아차리지 못한 것일까? 눈앞에 2 더하기 2가 쓰여 있는데도 4라고 답하는데 실패한 것일까? 고통과 굶주림과 그럼에도 살아남아야겠다는 욕구에 정신이 팔렸기 때문에? 아니면 단지 어떤 진실은 받아들이기가 너무나 어렵기 때문에?

죽음 공장, 그러니까 24시간 내내 인간을 살육할 목적으로만 설계되고 작동하는 시설이 존재한다니 분명 믿기 어려웠을 것이다. 지금껏 그러한 곳은 존재한 적이 없었으니까. 그것은 분명 인간의 경험을 넘어서는, 어쩌면 인간의 상상까지 넘어서는 발명품이었다.

고작 열여덟인 발터의 정신은 영민하고 적응력이 빨랐다. 하지만 그러한 그에게도 생각조차 못 할 일이 눈앞에 닥치고 있었다.

# 7장
# 최종 해결책

이것은 발터가 알지도 못했고 상상할 수도 없던 이야기다.

아우슈비츠가 본래부터 살육과 죽음의 대명사였던 것은 아니다. 1942년 여름 발터 로젠베르크가 끌려오기 몇 달 전만 하더라도 아우슈비츠의 주된 용도는 다른 데 있었다. 아우슈비츠 프로젝트의 대략적인 윤곽은 발터도 마이다네크 시절부터 진작 짐작하고 있었다.

1939년 말 독일이 폴란드를 침공했을 때 상부 실레지아 오시비엥침 외곽에는 폴란드 군대가 주둔할 목적으로 세워진 막사들이 텅 빈 채 남겨진 부지가 있었다. 발터가 처음 아우슈비츠에 왔을 때 인상 깊게 본 튼튼한 벽돌 건물도 바로 그 막사였다. 한 SS 경찰 간부는 당시 점령한 폴란드의 반동분자들을 바로 그곳에 가둔 채 겁박하면 좋겠다고 판단했다. 물론 스무 채의 2층 건물과 나무로 지은 마구간과 한때 담배 보관실로 쓰던 공간은 이미 기능을 멈춘 채 먼지가 앉아 있었고 부지 주변은 늪지대였으며 상하수도 시설 역시 별 볼일 없었다. 그러나 이러한 단점을 상쇄하는 확실한 이점이 하나 있었다. 철도망에 가까웠다는 점이다. 특히 크라쿠프와 카토비체를 잇는 본선 교차로가 부지 근처에 위치했다. 의도된 기능을 수행하기에 최적의 조건이었다. 오시비엥침에서 끌고 온 유대인 300명의 노역 덕분에 순식간에 부지 정리도 끝났다.

나치 간부들에 의해 이름을 얻은 아우슈비츠는 1940년 초에 문을 열어 폴란드 정치범을 수용했다. 당시 수용소 사령관 루돌프 회스Rudolf Höss는 기존 연병장 부지 등에 새로운 구조물을 짓고 기존 건물들 역시 새로운 용도에 맞게 고쳤다. 특히 탄약고를 서둘러 개조해 급히 필요한 시설로 뒤바꿨다. 바로 영안실이었다. 포로들이 수용소에서 점점 더 많이 죽어 나가자 영안실은 보수를 한 번 더 거쳤다. 수용자 시신을 현장에서 바로 소각하기 위해 용광로를 설치한 것이다. 회스는 그 덕분에 시신을 지역 화장터로 옮기는 데 드는 수고와 비용을 아낄 수 있었다.

독일이 폴란드를 점령한 지 1년 지났을 무렵 나치는 아우슈비츠의 잠재력을 최대로 활용하지 못하고 있다는 결론을 내렸다. 고작 폴란드 반동분자들을 감금시키는 정도로는 아깝다고 생각한 것이다. 아우슈비츠를 잘만 활용하면 수익을 내는 게 가능했다.

강제수용소는 WVHA(비어트샤프츠-페어발퉁스하우프트암트

Wirtschafts-Verwaltungshauptamt), 즉 SS의 경제 행정 관리 본부 관할하에 있었다. 여기서 핵심은 "경제"였다. SS의 수장 하인리히 힘러 Heinrich Himmler는 제3제국의 경제력을 군사력만큼이나 끌어올리려는 야심이 있었다. 그래서 폴란드 남동부를 거점으로 일종의 산업 제국을 구축하려 애썼다. 이 산업 제국은 중요한 경제적 강점을 지니고 있었다. 역사 속의 대제국 역시 누렸던 강점, 바로 노예 노동이었다. 수만 명에 이르는 강제 노동 근로자들이 공장과 산업체를 세워 올린 덕분에 나치 독일은 별다른 비용을 지불하지 않고도 폴란드 점령지를 국가 산업 동력원으로 탈바꿈했다. 발터는 마이다네크에서 카포가 수용자들을 여러 작업반으로 조직해 루블린 주변의 각종 공장 및 작업장으로 끌고 갔을 때부터 이미 나치의 웅대한 계획을 눈치챈 상태였다. 하지만 1940년 10월에 힘러가 이 산업 프로젝트의 핵심 엔진으로 선택한 것은 바로 아우슈비츠였다. 아우슈비츠는 수송망이 뛰어날뿐더러 실레지아의 탄광과도 가까웠기에 피지배층의 강제 노역을 연료 삼아 신흥 나치 제국의 경제적 발전기 역할을 톡톡히 해냈다. 노예의 노동력이 전부였다. 그렇기에 슬로건 역시 다하우 강제수용소에서 그대로 따온 **아르바이트 마흐트 프라이**였다.

힘러는 아우슈비츠 수용소를 대규모로 확장할 것을 지시했다. 그 결과 근처 마을인 브제진카 역시 수용소 부지로 흡수되었다. 물론 독일 소유가 된 브제진카는 "자작나무 골목"을 뜻하는 비르케나우로 이름이 바뀌었다. 1942년 1월, 힘러는 유대인 남성 10만 명과 유대인 여성 5만 명을 아우슈비츠-비르케나우 수용소로 보내 강제 노역을 시킬 것을 명했다.

하지만 그로부터 몇 달 뒤 아우슈비츠는 새로운 역할을 얻었다. 1942년 7월, 하필 발터가 들어왔을 때에 우연히 맞물려 아우슈비츠가 소위 "유대인 문제에 대한 최종 해결책"을 뒷받침하게 된 것이다. 최종 해결책은 6개월 전인 1942년 1월 20일에 가로수가 울창한 베를린 근교 지역 반제에서 공식적으로 채택되어 법령으로 확정되었다. 당시 반제 호수 옆 호화 저택에 모인 여러 독일 정부 기관 수장들은 의장 라인하르트 하이드리히Reinhard Heydrich의 주재하에 유대인을 어떻게 처리할지 논의했다. 논의 결과 그들은 이 조그만 민족 유대인과의 전쟁에서 최종전에 돌입하기로 결정했다. 유대인을 절멸하겠다는 뜻이었다.

사실 유대인을 절멸하려는 노력은 발터가 아우슈비츠로 끌려오기 1년 전부터, 그러니까 나치가 1941년 6월 바르바로사 작전을 통해 소련을 침공한 이후 거의 1년 동안 진행 중이었다. 리투아니아와 폴란드의 숲속, 벨라루스의 들판, 키이우 외곽의 산골짜기 바빈야르 등지에서는 나치의 민간인 학살 전문 부대 아인자츠그루펜Einsatzgruppen이 유대인을 수백 명씩 모아다가 뒤로 돌게 하고는 지척에서 머리나 목을 총으로 쏘아 죽였다. 그러면 시신은 도랑이나 구덩이로 굴러떨어졌다. 1941년 말까지 새로 점령한 동쪽 지방에서만 약 60만 명의 유대인이 그런 식으로 살육을 당했다.

그와 같은 대규모 학살은 쉬지 않고 이어졌다. 나치가 소련을 점령한 동안 학살은 더욱 격렬하게 자행됐다. SS는 게토마다 찾아다니며 거주민을 싹 쓸어버렸다. 그러다 반제회의 이후 유대인을 말살하려는 계획은 더 순조롭고 능률적인 방향으로 전개되었다. 유대인 자녀, 부모, 조부모를 폴란드 점령지에 위치한 살육 전문 시설로 보내기로 계획한 것이다. 그곳에서 유대인들은 곧바로 처형을 당하거나 "노역에 의한 말살"을 겪었다. 다시 말해 죽도록 일하다 정말로 죽었다.

그렇게 설립된 최초의 살육 시설이 헝가리 서부의 헤움노 수용소였다. 일본의 진주만 공습으로 마침내 미국이 참전을 선언한 지 하루 뒤인 1941년 12월 8일부터 나치는 이곳에서 유대인을 학살하기 시작했다. 그들은 희생양들을 화물차에 실은 뒤 문을 전부 잠그고는 뒤로 배기관을 차 안쪽으로 집어넣어 안의 사람을 모두 독살했다. 그렇게 고작 4개월 만에 5만 명이 사망했다. 대부분은 나치가 우치(독일식으로는 로즈)에 조성한 게토에서 끌려온 유대인들이었다.

나치는 바퀴 달린 가스실로 만족하지 않았다. 오직 그 목적을 위해 설립된 수용소를 원했다. 그래서 1942년으로 넘어갈 즈음 나치는 벨첵 수용소, 소비보르 수용소, 트레블링카 수용소를 차례로 세워 더욱 정교하게 가스실에 의한 살육을 자행했다. 발터가 마이다네크를 거쳐 갈 무렵에는 마이다네크 역시 그러한 노력에 동참했다. 특히 벨첵 수용소로 말할 것 같으면 노바키발 열차가 노인들과 여성들(남편을 향해 간절히 손을 뻗던 어린 신부까지)을 잔뜩 실은 채 향했던 곳이다. 그들은 그곳에서 죽임을 당했다.

아우슈비츠는 오로지 유대인 말살을 위해 설립된 세 수용소와는 달랐다. 처음부터 줄곧 여러 기능을 수행했으며 유대인을 살육하는 기능은 비교적 늦게 더해졌다. 더해지는 과정 역시 점진적이면서도 변칙적으로 이루어졌다. 산업가라면 친숙한 이야기겠지만, 늘어나는 수요에 부응하기 위해 수용력을 높이다 보니 자연스레 기능도 점진적으로 확장되었다.

1941년 8월에 몇 차례 소규모 테스트를 거친 뒤 바로 다음 달에 나치는 아우슈비츠 주 수용소 11동 지하에서 처음으로 대량 학살 실험을 벌였다. 정확한 날짜는 1941년 9월 4일로, 의무실에서 끌려온 병든 폴란드 수용자 250명, 소련 출신 전쟁 포로 600명, 그 외 10명이 독가스로 살해당했다. 살육은 성공적이었으나 장소가 문제였다. 지하까지 오려면 미로처럼 이어진 복도를 지나야 했기 때문에 시체를 옮기기도 가스를 환기시키기도 번거로웠다. 게다가 충분히 은밀하지도 않았다. 11동은 수용소 경계 내에 존재했기 때문에 주변에는 다른 수용자들이 있었다. 하지만 아우슈비츠 간부들은 운 좋게도 지하실을 대체할 눈에 띄지 않는 장소를 찾아냈다.

그곳은 처음에는 "구식 화장터"로 알려졌다가 나중에 "제1화장터"라는 정식 명칭이 붙었다. 나치는 1940년 8월부터 이미 그곳에서 시체를 태웠다. 하지만 11동에서 학살 실험을 마친 뒤에는 화장터 건물 내에서도 가장 큰 공간을 새롭게 탈바꿈시켰다. 본래 그 공간은 영안실로 설계된 곳이었다. 그래서 창문이 없을 뿐더러 크기도 길이가 55피트, 너비가 15피트, 높이가 9피트에 달했다. 나치는 이곳을 가스실로 개조했다. 그러기 위해 문을 단

열재로 바꿨고 천장에는 독가스인 치클론B를 투입할 구멍을 여럿 뚫었다. 가스실에는 700~800명이 족히 들어갔고 억지로 밀어 넣으면 1000명도 들어갔다. 이번에도 소련 포로들이 실험용 쥐가 되었다. 대기실에서 옷을 벗으라고 지시하기에 포로들은 영안실에서 이를 잡는 작업을 하겠거니 생각했다. 그래서 순순히 줄을 지어 들어갔다. 그런데 그때 천장 구멍을 통해 치클론B가 살포되었다. 포로들은 "가스다!"라고 외치고는 괴성을 지르며 문을 향해 몸을 던졌다.

얼마 지나지 않아 가스실 문은 유대인에게도 열렸다. 죽음이 예정된 유대인들은 화장터 문 앞까지 트럭에 실려 왔다. 화물열차에 실려 아우슈비츠로 끌려오면 5열 종대로 질서정연하게 줄을 서서 문 앞까지 직접 최후의 행진을 했다. 주된 구성원이 노인인 경우에는 아우슈비츠에 오기까지 겪은 여정과 고난으로 이미 지칠 대로 지친 얼굴을 한 채 느릿느릿 걸음을 내디뎠다. 그들의 닳아 해진 옷 위로 노란 별 문양이 유독 커 보였다.

SS 대원들은 겉으로는 비무장 상태로 보였지만 실제로는 주머니에 권총을 숨겨 둔 상태였다. 그들은 유대인들에게 곧 전공이나 직업에 맞는 일을 배정해 줄 테니 걱정하지 말라며 안심시켰다. 화장터 지붕 위에서는 살육을 맡은 책임자 둘이 아래 모인 유대인들에게 연설했다. 그중 하나가 수용소 정치 부서 수장 막시밀리안 그라브너Maximilian Grabner였다. 그는 따스한 것을 넘어 다정하기까지 한 목소리로 말했다.

"여러분은 이제 목욕을 하고 소독을 받을 겁니다. 수용소에 전염병이 돌면 안 되잖아요. 그다음 막사로 데려갈 테니 거기서 따뜻한 수프를 드시면 됩니다. 여러분의 직업적 자질에 맞춰 일자리가 정해질 거예요. 그러니 이제 옷을 벗어서 앞의 땅바닥에 두시면 됩니다."

유대인 포로들은 기진맥진한 상태였다. 시련이 드디어 끝나는 것이기를 간절히 믿고 싶었다. 그래서 그들은 옆에 딱 달라붙어 있는 자식들을 데리고 발을 내디뎌 한때 영안실이었던 곳으로 들어갔다. 몇몇은 표백제인지 뭔지 강한 세척제 냄새에 신경이 곤두섰다. 어떤 이들은 수도관이나 샤워기를 찾으려 천장을 올려다봤지만 하나도 보이지 않았다. 방에 들어찬 사람들 사이로 두려움이 피어올라 점점 퍼졌다. 점점 더 많은 사람이 방 안으로 간신히 몸을 밀어 넣었다. 그런데도 SS 대원들은 옆에 같이 선 채 포로들을 들여보내면서 수다를 떨거나 어색한 농담을 따먹고 있었다. 그토록 친절해 보이는 SS 대원들이 사실 출구를 예리하게 지켜보면서 신호를 기다리고 있다는 사실은 아무도 알아채지 못했다.

마지막 유대인이 들어오고 방이 꽉 차고 나서야 나치 대원들이 밖으로 빠져나갔다. 뒤이어 즉시 문이 닫혔다. 문가에는 고무 처리가 되어 있어서 안을 완벽히 밀폐 상태로 만들었다. 마지막으로 무거운 빗장이 걸리는 소리가 쾅 울렸다.

덜덜 떠는 수준의 두려움이 극한의 공포로까지 치달았다. 공포는 안에 갇힌 모두를 휩쓸고 지나갔다. 어떤 사람들은 내보내 달라며 문을 두드렸다. 주먹을 망치 삼아 사정없이 두드렸다. 하지만 SS 대원들은 더는 그들을 안심시켜 주지 않았다. 오히려 몇몇은 웃음을 터뜨렸다. 어떤 녀석은 "목욕하다 타 죽지나 말아라!"라며 조롱하기까지 했다.

몇몇 유대인들은 봉인된 문 대신 천장을 올려다봤다. 천장에 있는 여섯 개의 구멍에 덮개가 치워져 있었다. 어쩌면 가장 무서운 광경은 그 구멍 중 한 곳에 보이는 방독면을 쓴 얼굴이었을 것이다. 방독면을 본 사람들은 울음을 터뜨렸다.

얼굴의 주인인 "소독 대원"은 끌과 망치를 가지고 "독가스 주의! 치클론"이라고 쓰인 통을 개봉했다. 깡통 안에는 땅콩 크기의 파란 알갱이가 가득 들어 있었다. 고체화된 시안화수소였다. 이것은 공기에 노출만 돼도 알갱이에서 청산 성분이 나와 독가스로 돌변했다. 소독 대원들은 조금도 가스에 노출되지 않으려고 통을 열자마자 구멍 아래로 알갱이를 쏟아부었다. 통을 비운 후에는 구멍을 다시 덮개로 막았다. 어느 SS 대원의 증언에 따르면 한 번은 옆의 소독 대원이 잠깐 덮개를 들고는 아래로 침을 뱉어 안 그래도 죽을 사람들에게 모욕까지 줬다고 한다.

그라브너는 모든 과정을 주의 깊게 지켜보았다. 치클론이 충분히 뿌려졌다 싶으면 근처에 트럭을 대고 기다리던 운전사에게 신호를 보내 엔진에 시동을 걸라고 시켰다. 운전사가 맡은 역할은 아이들과 노인들의 비명과 울음이 멀리 울려 퍼지지 않게 소음을 일으키는 것이었다.

그라브너의 시선은 손목시계 초침에 꽂혀 있었다. 짐승이 울부짖는 것만 같은 절박한 흐느낌과 격렬히 문을 두드리는 소리가 단 2분이면 고통스러운 신음으로 바뀌었고 거기서 2분이 더 지나면 고요한 침묵이 찾아왔다.

그리고 나면 트럭도 경비대도 물러났다. 다음으로 그라브너의 권고대로 땅바닥에 가지런히 놓인 옷가지를 수거하러 카나다 소속의 청소 부대가 왔다. 가스실 환기가 충분히 완료되었다는 보고가 전해지면 **존더코만도**Sonderkommando, 즉 특수 임무 부대의 수용자들이 가스실로 들어가 시체를 옮겼다. 시체는 대개 문가에 촘촘히 쌓여 있었다. 학살당한 유대인들이 마지막 순간까지 필사적으로 문을 열고 나가려고 한 까닭이었다. 사지는 서로 뒤엉킨 데다 가스 때문에 딱딱하게 굳어 있기까지 했는데 최후의 혼돈과 공포를 그대로 간직한 듯했다. 시체 위에 시체가 기대듯 엎어져 있고 입은 충격에 빠진 사람처럼 떡 벌어진 채 거품을 내보내고 있었다.

초창기에는, 그러니까 아우슈비츠 주 수용소에 급히 만든 가스실 하나만 돌아가고 있었을 때는 그렇게 학살이 이루어졌다. 하지만 점차 상황이 달라졌다. 수용소가 확장돼 비르케나우까지 아우르자 그곳에도 가스실을 설치해야 할 필요성이 대두됐다. 굳이 멀리 떨어진 가스실 하나에 의존하다가는 부담을 못 이겨 삐걱거릴 게 뻔했기 때문이다. 게다가 고려할 점이 한 가지 또 있었다. 학살 현장을 숨기려는 부단한 노력에도 불구하고 제1화장터에서 벌어지는 일이 수용소 경계 밖까지 주의를 끌었다. 너무나 많은 수용자가 안에서 벌어지는 일을 알아차리기 시작했다. 소음을 가리기 위해 트럭 운전사가 엔진 시동을 걸고 오토바이가 주변을 뱅뱅 돌아도 근처 수용자들은 가스가 살포된 뒤 울리는 심한 기침 소리와 구역질 소리를 들을 수 있었다. 비명, 특히 아이들의 비명 역시 귀에 들어갔다. 이 문제를 해결하려던 나치는 비르케나우 수용소의 이름이 유래한 자작나무 숲 근처에 있는 외딴 농가 하나를 발견했다. 집주인은 이미 추방당하고 없었다.

SS는 이 건물을 제1벙커라 불렀다. "작은 빨간 집"이라는 낭만적인 별명도 붙였다. 집을 개조하는 것은 그리 어렵지 않았다. 창문을 벽돌로 막고 문틈을 더 확실히 봉합하고 벽에 치클론B를 집어넣을 구멍을 뚫으면 그만이었다. 죽어 가는 사람들이 흘리는 피나 소변 등의 분비물이 흡수될 수 있도록 바닥에는 대팻밥을 깔았다. 제1벙커는 1942년 5월부터 정상 영업을 시작했다. 한 달 뒤에는 몇백 야드 떨어진 곳에 비슷한 건물이 하나 더 생겼다. 이곳도 외딴 농가를 개조한 건물로 제2벙커 내지는 "작은 하얀 집"이라 불렸다. 운영은 1942년 6월 말에서 7월 초 사이에 시작됐다. 딱 발터가 아우슈비츠가 도착했을 시기였다.

바로 이때부터 최종 해결책 프로젝트에서 아우슈비츠의 비중이 점점 증대됐다. 1942년 중반까지는 가스실을 이용한 학살이 일부 지역 중심으로만 산발적으로 일어났다. 주로는 주변 실레지아 지역에서 불규칙한 간격으로 이송되는 유대인이 표적이었다. 하지만 발터가 부나 노역장으로 끌려가던 한여름부터는 변화가 생겼다.

7월부터는 유럽 전역에서 1000명 정도의 유대인을 매일 한 번씩, 어떤 날은 두 번씩도 보내왔다. 거기에는 발터의 슬로바키아 동포는 물론 크로아티아, 폴란드, 네덜란드, 벨기에, 프랑스에서 끌려온 유대인도 포함됐다. 7월과 8월에만 도합 6만 명에 달했다. 물론 라인하르트 작전하에 초창기 수용소들이 학살한 머릿수에 비하면 비교적 낮은 수치로 보일지 모른다. 벨첵, 소비보르, 트레블링카 수용소는 같은 기간에 약 150만 명을 죽였기 때문이다. 트레블링카에서만 80만 명이 넘게 죽었다. 집시 민족도 일부 껴 있었지만 주로는 유대인이었다. 아우슈비츠에서 학살당한 사람은 1942년을 통틀어도 19만 명으로 150만 명에 비하면 8분에 1에 불과했다. 하지만 발터가 44070이라는 낙인이 찍힐 때쯤 아우슈비츠의 악명을 떨칠 사건이 다가오고 있었다.

발터는 카나다에서 쪼그만 신발이 무더기로 쌓인 모습을 보고 나서야 아우슈비츠에서 무슨 일이 일어나고 있는지 알아차리기 시작했다. 진실이 그 존재감을 너무 또렷이 드러내고 있어서 도저히 외면할 수가 없었다. 물론 발터가 명백히 드러난 사실을 이해하는 데 너무 오랜 시간이 걸린 것, 주변 증거를 받아들이는 데 실패한 것, 분명한 사실을 머릿속 지식으로 정립하지 못한 것을 잘못이라고 하기는 어렵다. SS가 최종 해결책 작전을 숨기려고 어마어마한 노력을 기울였기에 범죄 현장 곁에 살던 사람들조차 알아차리기 어려웠기 때문이다.

첫 학살 현장인 구식 화장터만 하더라도 막사에서 멀리 떨어져 있었다. 더군다나 SS는 나무나 수풀로 건물을 가리려 애썼다. 그래서 한때 무기고로 쓰이던 지하 벙커가 자연 둔덕처럼 보였다. 두 번째와 세 번째 학살 현장인 작은 빨간 집과 작은 하얀 집은 선정부터 심사숙고를 거쳤다. 사람들의 시야 밖에 있는 외딴 농가를 골랐다.

이송 역시 어둠이 내려앉은 밤에 이루어졌다. 게다가 비르케나우 수용소는 나중에야 수용자가 수천수만 명에 달했지만 1942년 여름 기준으로는 수용 인원이 적었다. 따라서 목격자가 거의 없었다.

화장터 굴뚝에서 끊임없이 뿜어져 나와 의심을 확신으로 뒤바꿀 연기구름도 그때는 알아차리기에 미미했다. 이듬해인 1943년 봄과 여름에 오로지 학살만을 목적으로 제2화장터와 제3화장터가 설립되고, 조금 더 뒤에 비교적 규모가 작은 제4화장터와 제5화장터까지 설립되자 비로소 분명해졌다. 제2화장터와 제3화장터가 최대한도로 가동되는 중에는 매일 1440명을 소각할 수 있었다. 제4화장터와 제5화장터는 화물용 승강기로 시체를 옮길 필요를 없애기 위해 가스실과 소각로를 똑같이 1층에 두는 등 효율성을 높이는 방향으로 설계되었으나 보조를 맞추기에는 역부족이었다. 존더코만도의 화부와 용광로 기사에게 얻은 노하우(가연성이 얼마나 높은지에 따라 시체를 분류하는 것, 지방이 많은 시체를 불쏘시개로 활용하는 것 등) 덕을 보기는 했지만 그것으로는 충분하지 않았다. 첨단 화장 기술의 집약체인 용광로와 굴뚝에도 불구하고 아우슈비츠에서 쏟아져 나오는 시체 산출량을 따라잡을 수는 없었다. 그럼에도 SS는 포드사의 생산 라인 같은 빈틈없는 학살 라인을 구축했다는 사실에 자부심을 느꼈다. 오로지 살육만을 위해 환기가 잘 되는 곳에 세심하게 설계한 공간 속에서 유대인을 가스로 독살하고 불로 태우는 과정은 거침없이 착착 진행됐다.

하지만 발터가 아우슈비츠에 수감된 여름에는 살육 양상이 훨씬 조악했다. 가스실에서 나온 시체는 비르케나우 숲에 판 깊은 땅굴 속에 그대로 묻혔다. 땅은 죽은 이를 삼키기를 거부하는 것처럼 보였다. 무더운 열기 속에서 시신이 부패하고 악취를 풍기면서 각종 신체 부위가 흙 위로 삐져나왔다. 시체 썩는 냄새가 온 수용소를 뒤덮었다. 부패하는 시신에서는 시꺼먼 체액이 흘러나와 근처 지하수를 오염시켰다. 주변의 광범위한 지역에 어떤 건강 문제를 일으켰을지는 차치하더라도 일단 나치는 자신들의 만행을 숨기기가 골치 아팠다.

첨단 화장터가 아직 도입되지 않은 데에다가 집단 매장에도 문제가 많으니 대안이 필요했다. 실제로 SS는 오직 이 문제만 전담할 비밀 부대를 조직해 시신을 처리하는 가장 효율적인 수단을 고안해 냈다. 특히 헤움노 수용소에서 추진한 방법이 가장 결과가 좋았다. 우선 구덩이를 깊게 판다. 다음으로 시체를 가득 넣는다. 그러고 나서 시체에 불을 붙인다. 마지막으로 육중한 뼈 분쇄기를 가져와 유골을 가루로 빻은 다음 여기저기 흩뿌려 흔적을 완전히 없앤다.

아우슈비츠 사령관 회스에게도 그 방법이 가장 괜찮아 보였다. 그래서 존더코만도에게 새로운 일을 시켰다. 바로 비르케나우에 묻힌 시체를 다시 파내는 일이었다. 그것은 땅속에서 부패한 시신을 맨손으로 끄집어 내야 한다는 뜻이었다. 옆에서 총구를 들이대고 있으니 그들은 별수 없이 시신을 도랑에 쌓아 노천 상태에서 불을 붙였다. 거기에 대형 분쇄기까지 쓰면 남는 것은 재랑 뼛가루뿐이었다. 노역자들은 삽으로 가루를 퍼서 근처 강이나 늪에 버렸고 그렇게 증거가 인멸됐다. 남은 건 주변의 들이나 밭에 비료로 썼다. 유대인은 재와 가루가 되어서도 나치 독일에 강제로 노동력을 바쳐야 했던 셈이다.

발터는 이 모든 전말을 아주 서서히 조각조각 알아차렸다. 물론 존더코만도로부터 흘러나온 아우슈비츠의 비밀을 전해 들은 극히 소수의 수용자들이 소문을 퍼뜨리기는 했을 것이다. 하지만 그러한 소문은 수용자 중에서도 위계가 높은 고참들 사이에서만 돌았을 가능성이 높다. 따라서 수용소에 들어온 지 몇 달 채 되지 않은 청년이 그 소문에 접근하기는 어려웠을 것이다.

그러다 보니 발터의 지식은 카나다에서 직접 본 사실에 국한되어 있었다. 죽은 자들이 남기고 간 현생 시절의 물건들, 나치가 흔적도 없이 없애 버린 영혼들이 아우슈비츠로 챙겨 온 짐들 말이다. 결국 카나다가 젖과 꿀이 흐르는 땅이 될 수밖에 없는 이유는 그 달콤한 것을 가져온 이들이 모두 죽임을 당했기 때문이라는 결론에 도달했다. 자신이 산업화된 학살 현장의 수용자라는 사실, 나치가 말살하려는 민족이 바로 자기가 속한 민족이라는 사실을 더는 부정하지 못하고 받아들이기 시작했을 때, 발터의 나이는 고작 열여덟 살이었다.

하지만 자신이 받아들인 지식을 온전히 소화하기에는 시간이 부족했다. 곧바로 이해해야 할 또 다른 충격적인 사실이 모습을 드러내고 있었기 때문이다.

## 8장
## 큰 사업

발터가 카나다에서 목격한 것은 하인리히 힘러에게서 비롯된 아우슈비츠의 설립 이념이 꺾이지 않았음을 의미했다. 아우슈비츠가 대량 학살이라는 부수적인 임무를 맡게 되기는 했지만 여전히 나치 간부들은 아우슈비츠가 경제 허브 역할을 잃어버려서는 안 된다고 판단했다. 따라서 학살 임무 역시 수익을 내는 사업으로 전환할 필요가 있었다.

실제로 카나다는 영리 기업이나 마찬가지였다. 망가지지 않은 물건은 몽땅 수집하고 분류해서 저장해 뒀다가 다시 포장해서 독일 본국으로 보냈다. 실제로 어느 달에는 아우슈비츠에서 철도를 통해 독일 본국으로 보낸 화물 컨테이너가 무려 824개에 이르렀다. 직물과 가죽 품목을 옮긴 사례만 계산한 것이 그 정도였다. 발터 역시 평일마다 화물열차가 들어와 훔친 물건을 잔뜩 싣고 사라지는 것을 두 눈으로 직접 확인했다. 월요일에는 고품질 남성 옷을, 화요일에는 모피 코트를, 수요일에는 아이들 옷을 싣고 가는 식이었다. 어떤 물건도 함부로 버려지지 않았다. 심지어 낡은 옷도 1등급, 2등급, 3등급으로 분류해 질이 가장 떨어지는 3등급 옷은 제지 공장으로 보냈다. 그곳에서는 옷을 기초 단계의 섬유로 풀어헤쳐 재활용했다. 가치 있는 것은 한 방울이라도 쥐어짜 냈다. 그렇게 살인과 강도질이 밀접하게 얽혀 나란히 일어났다.

물품 중 일부는 빈터힐프스베어크Winterhilfswerk, 즉 겨울 구호 기금을 통해 독일의 가난한 사람들에게 무상으로 제공됐다. 뒤셀도르프의 어느 독일인 엄마는 남편이 동부전선에 군인으로 참전한 와중에 구호 사업을 통해 두꺼운 외투나 아이들 신발을 받고는 한껏 들떴을지도 모른다. 하지만 그처럼 신날 수 있는 이유는 외투에서 노란 별 문양이 뜯어진 자리를 자세히 들여다보지 않았거나 원래 그 신발을 신었던 아이들이 누구였는지 깊이 생각하지 않았기 때문일 것이다.

독일 본토의 순혈 독일인은 여성용이나 아동용 옷은 물론 발터의 눈을 사로잡았던 어마어마한 물자들, 즉 깃털 침대, 이불, 모포, 숄, 우산, 지팡이, 보온병, 귀마개, 빗, 가죽 벨트, 담뱃대, 선글라스, 거울, 여행 가방, 유모차까지 공급받았다. 카나다에는 유모차가 어찌나 많던지 한 번에 수백 대를 아우슈비츠 식 5열 종대로 세워 화물 조차장으로 옮기려면 족히 한 시간이 걸릴 정도였다. 새로 점령한 지역에 정착한 독일 민족 역시 정부로부터 냄비, 프라이팬, 그릇 등 가구나 집기를 지원받았다. 연합국 측의 공습을 받아 터전을 잃은 피해자 역시 식탁보나 주방 용품 등 카나다의 풍부한 자원을 나눠 쓸 수 있었다. 손목시계, 탁상시계, 연필, 전기면도기, 가위, 지갑, 손전등과 같은 물품은 필요한 경우 수리를 거쳐 전선에 나가 있는 병사들에게 지급했다. 루프트바페Luftwaffe, 즉 독일 공군의 전투기 조종사도 빠질 수 없었다. 그들은 한때 유대인의 말과 생각을 기록했던 만년필을 받았다.

몇몇 품목은 카나다 현장에서 바로 새 주인을 찾아갔다. 편법으로 특혜를 누린 SS 대원들은 아내를 데리고 카나다로 쇼핑을 와서는 보물이 가득 쌓인 창고를 이리저리 뒤져 자신이 쓸 고급 담뱃갑이든 아내에게 선물할 멋진 드레스든 마음에 드는 건 무엇이든 가져갔다. 카나다에는 어떤 취향이든 만족시킬 수 있을 만큼 사치품이 가득했다.

하지만 카나다가 경제적 가치를 얻고 아우슈비츠가 설립 목표대로 큰 수익을 내는 사업장이 된 것은 비단 사치품 때문만이 아니었다. 더 큰 부의 근원은 일렬로 앉아 치약 통을 짜면서 보석이나 지폐를 찾던 유대인 여성들에게 있었다. 그들 덕분에 카나다에서는 고가 물품들의 가치를 가볍게 뛰어넘는 귀금속과 정통 지폐가 물밀듯 쏟아져 나왔다.

발터가 두 눈으로 직접 보았듯 그러한 귀중품은 대개 숨기려는 노력 없이 짐 속에 그대로 파묻혀 있었다. 그중에는 유대인들이 여러 세대를 걸쳐 살아온 고국에서 쫓겨나기 직전 급하게 집이나 사업을 정리해 얻은 경화(미국 달러나 영국 파운드)도 있었다.

돈이나 보석을 찾는 데 특화된 청소 부대 대원들이 따로 있기는 했지만 그들이 사용하는 은어는 카나다 사람들 모두에게 잘 알려져 있었다. "나폴레옹"은 프랑스 황제 나폴레옹의 도상이 담긴 금화를 가리켰다. "돼지"는 볼셰비키 혁명이 일어난 지 20여 년이 지났음에도 니콜라이 2세의 초상이 들어가 있는 금화를 가리켰다. 카나다에는 그 밖에도 세계 각지의 돈이 들어왔다. 프랑과 리라는 물론이고 쿠바의 페소나 스웨덴의 크로나나 이집트의 파운드도 있었다.

발터는 그렇게나 많은 부를 본 적이 없었다. 지폐로든 동전으로든 어마어마한 양의 화폐가 큰 가방에 담겼다. 돈은 물론 금시계, 다이아몬드, 반지 등 귀중품은 전부 그 가방에 담겼다. 교대 시간이 다가올 즈음에는 가방이 닫히지 않을 정도로 볼록했다. 그러면 SS 책임자가 가방 뚜껑을 발로 꽉 눌러 억지로 잠갔다.

이것이 나치 독일이 추진하는 큰 사업이었다. 달에 한 번 이상은 살육당한 유대인들의 소지품으로 가득 찬 여행 가방 스무 개와 각종 귀중품으로 가득 찬 궤짝들이 무장한 대원들의 경호를 받는 화물트럭에 실려 SS 본부로 옮겨졌다. 목적지는 라이히스방크Reichsbank, 즉 제국은행이었다. 착취 사업의 수익은 제국은행의 예금주 막스 하일리거Max Heiliger 앞으로 들어갔다. 막대한 부자 막스 하일리거는 사실 나치가 꾸며 낸 가상의 인물이었다.

존재하지도 않는 하일리거 씨의 배를 채우기 위해 베를린으로 보낸 금은보화가 카나다를 거쳐 들어온 결혼반지, 팔찌, 목걸이만 있었던 것은 아니다. 다른 돈줄도 있었다. 나치는 학살당한 이들의 소지품을 약탈하는 것만으로는 충분하지 않다고 판단했다. 그래서 시체에서도 돈이 될 만한 것을 뽑아내기 시작했다. 존더코만도 대원들은 가스실에서 시체를 처리하는 일 외에도 추가로 해야 할 일이 생겼다. 시체에서 머리카락을 깎아야 했다. 머리카락은 상업적 가치(사람 머리카락으로 만든 옷감이 공장으로 공급됨)뿐만 아니라 군사적 가치(머리카락은 시한폭탄의 기폭장치에 사용될 수 있음)도 지녔다. 특히 남성이나 아동의 머리카락보다는 비교적 두껍고 긴 여성의 머리카락이 적합했다.

시체를 처리하다 발견한 의수나 의족은 해체해 모은 다음에 다시 쓰거나 팔았다. 하지만 가장 수익성이 높은 상품은 대개 몸속에 있었다. 존더코만도 노역자 중 몇몇은 소위 "치과 의사"로서 아직 거품이 나오는 망자의 입을 강제로 열어 금니가 없는지 확인한 뒤 하나라도 발견하면 집게를 가지고 뜯어야 했다. 사이사이 구토가 나와서 일을 잠시 멈춰야 할 정도로 여간 힘든 일이 아니었다. 어쨌든 금니도 사업 수익의 일환으로 쌓여 갔다. 1942년에서 1944년 사이에만 금니에서 추출해 제국은행 금고로 보낸 금이 약 6톤에 달했다. 1943년 2월 초에 편찬된 나치 내부 기밀 문서에 따르면 1942년 한 해에 걸쳐 폴란드 각지의 수용소 군도에서 유대인의 재산을 탈취해 얻은 이익은 무려 3억 2600만 라이히스마르크에 이른다.\* 2020년 초 미국 달러 기준으로 환산

---

\* SS 집단지도자이자 경무관인 오딜로 글로보츠니크가 내놓은 추정치였다. 그는 총 1억 라이히스마르크의 자산이 있다고 밝혔는데, 자산의 50퍼센트에 해당하는 물품이 아직 처리되지 않은 채 창고에 보관 중이므로 5000만 라이히스마르크가 추가로

하면 약 20억 달러에 해당하는 금액이다.

물론 발터가 볼 수 있던 것은 수용소의 한구석에서 이루어지는 분류, 포장, 상하차가 다였다. 육안으로 보기에는 여느 잘나가는 무역소랑 다를 바 없어 보였을 것이다. 하지만 카나다가 나치 독일의 전시 경제에 어떤 영향을 미치는지 온전히 이해하기는 어려웠을지라도 그것이 어떻게 아우슈비츠의 풍경을 기이하게 뒤틀었는지는 금방 드러났다.

발터는 카나다에서 첫날을 보내면서 노새와 다를 바 없는 신세로 나치 감독관의 막대기와 몽둥이를 피해 가방을 왔다 갔다 옮긴 결과 이곳에서 일이 어떤 식으로 돌아가는지 감을 잡기 시작했다. 다른 곳에서처럼 노역자들은 5열 종대로 서서 수용소로 돌아갈 준비를 했다. 단, 몸수색이 먼저였다.

SS 대원들은 노역자 중 열다섯 명을 뽑아 소지품을 철저히 검사했다. 혹시 정어리 통조림이라도 하나 훔친 게 적발되면 마구 때렸다. 레몬 몇 개에 채찍 스무 대, 셔츠 하나에 채찍 스물다섯 대를 때리는 식이었다. 빵 한 덩어리를 훔쳤다 걸리면 그보다는 덜한 주먹질과 발길질을 가했다. 그러고 나면 청소 부대는 수용소를 향해 출발했고 주 수용소 정문에 도착하면 다시 한 번

---

더해진다. 거기에 1300만 라이히스마르크 상당의 직물이 실린 화물열차 1000대가 더 있다. 이를 모두 합하면 총액은 1억 6300만 라이히스마르크에 이른다. 그러나 글로보츠니크는 이런 계산이 "최소 가치"에 의존하였으므로 총액이 지극히 과소평가된 것이라고 주장했다. 따라서 "총 가치는 아마도 두 배에 이를 것"이라 보았다. 그렇다면 3억 2600만 라이히스마르크가 더 신뢰할 만한 수치라는 결론이 나온다.

검사를 받았다. 이번에는 프리스와 부하들이 기다리다가 카나다 노역자들의 몸을 철저히 수색했다. 한번은 누군가 셔츠를 한 벌 훔쳤다 걸렸는데 프리스는 즉시 그를 때려죽였다. 하지만 발각을 당한 것은 그뿐이었다. 나머지는 무사히 4동으로 귀환해 그날 훔친 물건을 평가할 기회를 얻었다.

발터에게는 눈이 탁 뜨이는 놀라운 경험이자 어두운 진실을 깨닫기 시작한 순간이었다. 노역자들은 카나다에서 보내는 시간을 통해 재물을 얻고 있었다. 어떻게 해서인지 그들은 한 번도 아니고 두 번이나 수색을 피해 온갖 종류의 재물을 챙겨 오는 데 성공했다. 누군가는 비누를 또 누군가는 소시지 몇 개를 몸에 숨겨 왔다. 막사에 도착하면 각자의 몸에서 물건이 우르르 쏟아졌다. 어떤 이는 정어리 여섯 캔을 내놓았고 어떤 이는 무화과를 두 줌 내놓았다. 레몬, 살라미, 햄은 물론 아스피린까지 있었다. 게다가 노역자들의 발을 슥 보면 놀랄 일이 또 있었다. 무슨 재량으로 허락된 것인지 거의 모두가 아우슈비츠 수용자에게 기본적으로 지급되는 나막신을 벗어 던진 채 제대로 된 신발을 신고 있는 것이었다. 몇몇은 스웨이드 신발을 신었고 몇몇은 우스꽝스러울 만큼 부자연스러운 악어가죽 신발을 신었다. 얼마 지나지 않아 발터 역시 고참들이 신발을 훔쳐서 신어도 처벌을 받지 않는다는 것을 재차 확인하고는 나막신을 버리게 됐다. 청소 부대의 특혜인 듯했다.

실제로 청소 부대가 일하는 구역 중 한 곳에서는 다른 이들은 꿈도 꾸지 못할 만큼 초현실적인 사치를 누렸다. 예컨대 분류

담당 여성 노역자는 날마다 신발, 옷, 속옷을 새로 갈아입었다. 면 이불 위에 부드러운 잠옷 차림으로 잠을 자기도 했다. 향수랑 스타킹도 구할 수 있었다. 야간 근무를 서는 이들은 오후에 일광욕을 즐기거나 물로 몸을 식히거나 어느 유대인이 가방에 챙겨 왔을 책을 읽었다. 모든 게 살갗이 타는 냄새가 수용소에 진동하는 와중에 벌어진 일이었다.

물론 소매, 바지, 튜닉에 숨겨 온 물건들은 4동 건물에서 주된 쓰임새가 따로 있었다. 카나다의 수용자들이 훔친 물건을 본인의 육체적 쾌락을 위해 사용하지 않았다는 말이다. 아우슈비츠에서 레몬은 그냥 레몬이 아니었다. 일종의 화폐였다. 카나다에서 얻은 전리품 하나하나가 전부 그랬다.

그래서 생긴 용어가 "조달organizing"이었다. 아우슈비츠에서 살아남으려면 물품을 "조달"해야만 했다. 다시 말해 공식적으로는 자기 것이 아닌 물품을 직접 훔쳐서든 훔친 사람에게 구매해서든 자기 것으로 만들어야 했다는 뜻이다. 사고파는 과정에 쓰이는 기본 화폐는 배급받은 식량이었다. 일례로 수프나 빵을 나눠 주는 일을 맡은 수용자들은 음식을 약간 빼돌렸다가 마가린이나 감자를 조금 더 "조달"하는 데 사용했다. 카나다의 존재 덕분에 아우슈비츠 수용소 내의 경제 체계는 그보다 훨씬 정교하게 변모했다.

맛있는 것이나 사치품으로는 무엇이든 필요한 물품을 살 수 있었다. 물론 교환 비율은 엉망이었다. 다이아몬드 반지로 물 한 잔을 구하거나 샴페인 한 병으로 퀴닌 알약을 구하거나 귀금속으로 아프고 굶주린 친구에게 줄 사과 하나를 구하는 식이었다.

현금의 가치도 바깥세상과는 달랐다. 한 번은 발터가 흐로드나에서 이송된 폴란드계 유대인들의 물품을 분류한 적이 있었다. 카나다 기준으로는 질이 낮은 물품들이었다. 프랑스, 네덜란드, 벨기에 등 나치 점령으로 인한 궁핍을 그리 오래 경험하지 않은 나라에서 온 유대인들의 귀중품에 비할 바가 아니었다. 발터가 빵 한 덩이를 손으로 집었는데 순간 무게가 이상하게 느껴졌다. 그래서 빵을 찢었더니 안쪽에 속을 파낸 곳이 있었다. 거기에는 100달러 지폐가 2만 달러 치나 들어 있었다.

발터는 재빨리 판단해야 했다. 절차대로 현금을 금전과 귀중품을 보관하는 상자에 넣을 수도 있었고 아니면 자기가 챙길 수도 있었다. 하지만 그게 무슨 의미가 있을까? 아우슈비츠 수용자에게 필요한 것은 끝이 없었지만, 돈만큼은 별로 쓸모가 없었다.

그럼에도 발터는 위험을 감수하기로 마음먹었다. 그는 지폐 200장을 숨기고 화장실을 갈 수 있는 휴식 시간을 기다렸다. 말도 안 되는 짓이라는 것을 알았다. 현금을 들고 있는 것이 발각되면 그 대가로 죽음을 맞이할 것임을 알았다. 그래도 목숨을 걸었다. 이번에는 말리는 사람도 없었다.

변소에, 정확히는 배설 용도로 마련한 구덩이에 도착한 뒤 발터는 주저하지 않았다. 돈을 꺼내서 구덩이 안으로 던져 버렸다. 일종의 저항 행위였을까? 어느 정도는 그랬다. 발터를 비롯한 수용자들은 이미 20달러 지폐를 화장지로 사용하는 습관이 있었다(물론 그런 용도로는 한쪽 면만 인쇄된 영국 파운드 지폐가 더 선호되었다). 나치가 돈을 손에 넣게 하느니 그러는 편이 나았다. 그러한 의미에서 발터의 행동은 소소한 사보타주 행위였다. 하지만 2만 달러를 못 쓰게 만드는 짓에는 앙심 역시 담겨 있었다. 어차피 발터는 그 돈을 가질 수 없었다. 돈을 줄 사람도 없었다. 그렇다 해도 독일인이 그 돈을 가지는 것은 합당하지 않았다. 나치 제국을 더욱 부유하게 만드느니 돈을 없애 버리는 편이 나았다. 어쨌든 그 돈의 원래 주인이 파괴를 당했으니 돈 역시 파괴를 당하는 게 맞았다. 이것이 발터의 논리였다. 그 돈에 어울리는 장소로는 변소만 한 곳이 없어 보였다.

카나다에서 가치 있는 물품을 찾지 못한 것은 아니었다. 희생자들의 짐 속에서 발견한 물건 중 가장 애절하게 느껴진 것은 교과서와 연습장이었다. 나치가 유대인들로 하여금 "이주 지역"이 아이들 학교가 있는 진정한 공동체가 될 것이라고 믿게 했다는 확실한 증거였다. 물론 종이는 전부 태워야 했지만 어느 날 발터는 어린이용 지도책을 발견했다. 본능적으로 책을 넘기다가 실레지아 지도가 눈에 들어왔다. 문득 까마득한 학창 시절이 떠올랐다. 그때는 독일, 폴란드, 체코슬로바키아 세 나라의 국경이 닿는 곳이 바로 실레지아였다. 발터는 그 페이지를 찢어내 셔츠 속에 숨겼다.

때가 되자 다시 변소로 갔다. 하지만 이번에는 물건을 없애기 전에 잠깐 시간을 가졌다. 가능한 한 체계적으로 지도를 연구하면서 이곳 수용소가 어디에 있는지, 자기가 어디에 있는지를 파악했다. 발터는 자신이 이해한 내용과 그것이 탈출이라는 꿈을 실현하는 데 지니는 의미를 머릿속에 기억한 뒤에야 지도를 버렸다.

물론 카나다에서 대부분의 물품은 그보다 직접적인 가치가 있었다. 다른 무언가를 살 수 있었기 때문이다. 아우슈비츠의 "옛날 번호"를 가진 사람들, 즉 카포나 각 동의 고참 자리를 확보한 자들 사이에서는 꽤나 정교한 암시장이 운영되고 있었다. 그들은 손에 넣을 수 있는 물건들을 가지고 특권과 보호를 얻는 것은 물론 생명을 지킬 수도 있었다. 예컨대 각 동의 대장은 명목상 돌봄이 필요한 수용자에게 지급되는 배급품을 손에 넣을 수 있었다. 주방의 카포는 고기를 얻을 수 있었다. 이들은 그러한 물품을 이용해 자신이나 다른 사람이 우대 처우를 받도록 만들었다.

아우슈비츠의 경제 체계 속에서 카나다는 중앙은행 역할을 했다. 다시 말해 카나다에 부가 쌓였다. 하지만 기이한 모순이 하나 있었다. 카나다에서 일하는 유대인 수용자가 카포 감독관이나 나치 상관보다 더 큰 접근 권한을 가지고 있었다는 점이다. SS 대원이라고 해서 카나다에 무작정 들어가 물건을 둘러보고 마음에 드는 것을 가져갈 수는 없었다. 수용자가 그 물건을 대신 훔쳐서 가져다줘야 했다. 그 대가로 수용자는 카나다를 나서는 길에 몸수색을 피할 수 있었다. 귀중품으로 묵인 행위를 산 것이다. 이는 카나다에 접근 권한을 가진 소수의 아우슈비츠 수용자들과 SS 대원들 사이에 점진적으로 구축된 거래 관계의 기반이 되었다.

자연스레 수용자들 사이에도 계급이 형성됐다. 카나다에 접근할 수 있는 수용자들은 카포와 SS 대원을 뇌물로 매수해 자신은 물론 가족이나 친구를 위해 더 나은 일자리를 얻어다 줄 수 있었다. 동 대장에게서도 막사 내의 좋은 자리를 살 수 있었고, 아플 때 죽도록 버려지는 대신 의무실에서 보호받으며 쉴 기회를 살 수 있었다.

SS는 공식적으로는 그런 식의 부패를 용납하지 않았다. 그래서 막사를 점검하며 도난당한 물건을 찾는 척했다. 하지만 실제로는 동의 고참들에게 카나다의 귀중품을 뇌물로 내놓으라고 요구하는 행위였다. 고참들은 SS 대원들에게 그들이 원하는 것을 내주어야만 했고, 그러다 보니 물건을 "조달"할 수 있는 수용자에게 의존할 수밖에 없었다. 그 대가로 해당 수용자에게는 막사 내의 처우를 개선해 주었다.

이게 죽음의 수용소에 형성된 독특한 정치 경제 문화였다. 죽임을 당한 사람들이 살아생전 속세에서 쌓은 재산은 그대로 빼앗겨 매일 부의 산에 쌓이고 또 쌓였다. 이제 카나다에서 일하게 된 이상 발터가 그 중심에 놓이게 된 것이었다.

발터는 자신이 믿을 만한 일꾼임을 증명했다. 곧 선배 노역자들이 발터를 이름으로 부르기 시작했다. 가방이랑 트렁크를 창고로 나르는 일만 하던 발터는 승진을 해 다음 단계의 일을 시작했다. 옷을 싼 보따리를 동료 슬로바키아 여성들이 일하는 분류장으로 옮기는 일이었다. 여느 카나다 사람들처럼 발터도 거래하는 법을 배웠다. 분류장 소녀들에게 초콜릿 한 조각을 주고 빵이나 치즈, 레모네이드 한 모금, 혹은 미소 한 번을 얻는 식이었다.

발터의 직속상관은 브루노라는 초록 삼각형을 단 카포였는데, 그는 발터를 개인 심부름꾼으로 부려 자기 연인에게 선물을 전달하게 했다. 브루노의 연인은 빈 출신의 아리따운 여인으로 분류장에서 슬로바키아 소녀들을 관리했다. 발터는 둘 사이를 오가며 한 번은 신선한 오렌지를, 또 한 번은 좋은 와인을 날랐다. 카포 커플은 창고 중 한 곳에 담요를 쌓아 밀회용 아지트까지 만들어 뒀다.

그러던 어느 근무 날 브루노가 발터에게 지나치게 무리한 지시를 내렸다. 발터가 웬 백화점 상속녀처럼 보일 때까지 물건을 잔뜩 맡겼다. 샤넬 향수 한 병, 포르투갈산 정어리, 독일산 고급 소시지, 우아하게 포장된 스위스 초콜릿까지 전부 옷 더미 속에 숨겼다. 그때 카나다 책임자인 SS 분대지도자 리하르트 비글렙 Richard Wiegleb*이 발터를 불시에 검사해 짐을 바닥에 내던지라고 명령했다. 결국 물건들이 와르르 쏟아져 비글렙의 눈에 띄었다.

"이거 참 옷들이 특이하게 생겼네." 비글렙은 물품을 하나하나 확인했다.

그러고는 발터에게 누가 시킨 일인지 캐물었다. 브루노가 범인일 것은 짐작했지만 확증을 원했다. 이 어린 유대인을 때려 패

---

* 브르바 회고록 덴마크 번역본을 작업한 예리한 편집자는 브르바가 "비글렙"이라 불렀으며 브르바-베츨러 보고서에 "비클레프"로 등장한 SS 대원이 "수많은 아우슈비츠 SS 인사 명단을 참조할 때 아마도 리처드 비글렙일 것"이라고 추정했다.

서라도 확인할 작정이었다. 비글렙은 발터에게 엎드려뻗치라고 명령했다.

비글렙은 "누가 준 거지?"라고 물어보며 지팡이로 발터의 엉덩이를 내려치기 시작했다. "누가 줬냐니까?" 같은 질문이 반복되며 발터의 살이 점점 갈라졌다. 지팡이가 오르내릴 때마다 발터는 카나다 사람들이 자신을 주시하고 있음을 느낄 수 있었다. 그들은 일을 계속하면서도 흘긋흘긋 지켜보는 중이었다. 그날 비글렙은 발터에게 마흔일곱 대의 매질을 가했다. 몇몇 카나다 고참들은 역대 최고 기록이라 말했다. 발터는 고통으로 의식을 잃고 쓰러졌지만, 그때까지 입을 꾹 다물었다.

정신을 차리자 극심한 고통이 몰아쳤다. 꼼짝할 수조차 없었다. 발터는 자신이 더는 일을 할 수 없는 상태임을 인지했다. 아우슈비츠에서는 사형선고나 다름없었다. 구타로 생긴 상처가 감염됐는데 아우슈비츠의 열악한 영양, 위생, 수면 상태 때문에 발터의 면역 체계는 방어할 능력이 없었다. 발터의 다리와 엉덩이는 풍선처럼 부풀어 올랐다. 왼쪽 엉덩이에는 농양이 생겼다. 고름을 짜내지 않고 내버려 둔다면 발터는 결국 죽은 목숨이었다. 수술이 필요했다.

하지만 아우슈비츠에서 수술이라니 말도 안 되는 일이었다. 수술에는 대규모 "조달"이 필요했다. 의사, 잡역부, 동 대장 등 모두에게 뇌물을 먹여야 했다. 그 정도의 일을 성사시킬 수 있는 사람은 수용소 내에 없다고 봐야 했다. 발터의 운명이 카포 브루노에게 달려 있었다는 뜻이다. 과연 브루노가 자신은 물론 자신의 연인까지 발터에게 생명을 빚졌음을 인정할까? 꼭 인정해야 한다는 법은 없었다. 발터를 죽게 내버려두고 비밀도 함께 묻어 버리는 편이 더 쉬울 터였다. 하지만 그랬다가는 수용자는 물론 다른 카포마저 브루노를 위해 위험을 감수하지 않을 것이었다. 아우슈비츠의 정치 경제 논리가 그랬다. 결국 브루노는 거래를 통해 발터가 치료를 받을 수 있도록 마련한 것은 물론 카나다에서 약, 음식, 음료까지 직접 공수했다. 지금까지 브루노에게 빚진 사람이 충분히 많았기에 가능한 일이었다. 독일군과 소련군이 스탈린그라드 전투에서 치열하게 싸우던 중인 1942년 9월 28일 평생의 트라우마로 남을 수술이 진행됐다.* 발터는 마취가 제대로 되기도 전에 칼날이 살갗을 가르는 것을 느꼈다. 소리치려고 했지만 소리가 나오지 않았다. 결국 충격으로 기절했다.

다행히 수술은 성공적이었다. 발터는 일주일 후 퇴원했다.** 이번에도 쓰러지기는 했지만 결국 다시 일어섰다. 물론 즉각 일

---

\* 아우슈비츠 기록에 따르면 수술을 집도한 의사는 폴란드인 수용자인 브와디스와프 데링 박사다. 그는 1964년에 런던에서 악명 높은 명예훼손 재판의 주인공이 되었는데, 레온 유리스가 베스트셀러 소설 『엑소더스』에서 데링을 아우슈비츠에서 의료 실험을 수행한 여러 의사 중 하나로 언급했기 때문이다. 데링에게 제기된 수많은 혐의 중 법원이 실질적으로 사실이라고 판결한 혐의 하나는 충분한 마취 없이 수술을 진행했다는 주장이었다. 유리스는 이 소송 사건 역시 소설로 극화했다.

\*\* 아우슈비츠의 동 일지 중 아직까지 보존된 일지는 몇 되지 않는데, 그중 하나인 4동 일지는 현재 아우슈비츠박물관에 보관되어 있다. 4동 일지에 따르면 발터 로젠베르크는 1942년 10월 5일에 의무실에서 퇴원했으며 노역에 적합하다는 판정을 받았다.

터로 복귀해야 했다. 문제는 다시 부나 노역장으로 배정됐다는 점이었다. 지금 몸 상태로는 그곳에서 중노동을 하다가는 죽을 게 뻔했다.

하지만 발터가 병원 등록부에 브루노의 이름을 대자 명령이 반려되었다. 발터는 부나 대신 청소 부대로 복귀했다. 하지만 카나다에 직접 모습을 드러내기에는 위험천만했다. 비글렙이 발터를 봤다가는 자신에게 도전한다고 느낄 터였다. 하지만 브루노에게 해결책이 있었다. 발터를 물품 공급원으로 보내는 것이었다. 발터는 하차장에서 일하게 됐다.

## 9장
## 하차장

이곳이 아우슈비츠에서 사용한 최초의 하차장은 아니었다. 첫 하차장은 발터가 잘 알고 있었다. 부나 노역장에서 일하던 시절 발터를 비롯한 노역자들이 첫 하차장에서 열차에 탑승해 화물칸에 실린 채로 왔다 갔다 했었으니까. 그곳을 대체하기 위해 최근에야 사용되기 시작한 곳이 바로 이 하차장이었다. 이곳은 아우슈비츠 제1수용소와 머지않아 더 커질 아우슈비츠 제2수용소, 즉 비르케나우 수용소 사이에 위치한 오시비엥침 마을의 기차역 부지에 있었다. 유대인이 대규모로 이송되어 도착한 곳도 바로 이곳이었다. 사람들은 이곳을 **알테 유덴람페**Alte Judenrampe, 즉 옛 유대인 하차장이라 불렀다.

발터가 맡은 일은 곧 죽을 운명인 유대인들이 기차에서 내리는 동안 그들의 짐을 옮기고 그들이 타고 온 화물칸을 정리하는 것이었다.

    카나다 수용자들은 다들 꺼리는 일이었다. 창고나 분류장에서 일하는 것보다 육체적으로 더 힘들고 위험했기 때문이다. 물론 비글렙과 그 수하들 주변에 있어도 사망률은 이미 높았지만 하차장에서는 더 높았다. 모든 일이 빠르게 처리되기를 원하는 하차장의 SS 대원들은 참을성을 잃고 화를 내는 경우가 많았다. 발터는 하차장에서만 10개월 일했다. 약 300회의 이송 과정에 불려 나가 짐을 옮겼다. 그러는 동안 거의 30만 명에 달하는 사람들, 즉 대륙 전역에서 온 유대인 자녀와 부모, 노인과 청년, 망연자실한 자들과 끝까지 저항하는 자들의 멍한 얼굴과 겁에 질린 얼굴을 보았다. 그들 인생 최후의 순간을 말이다. 하루가 쌓이고 쌓여 주가 되고 달이 되는 동안 발터는 수십만 명의 얼굴을 지나치면서도 자신의 오랜 탈출의 꿈을 잃지 않았다. 하지만 꿈이 변하기는 했다. 이제는 희망을 줄이고 결의를 더해 꿈을 더 단단하고 예리하게 만들었다. 이제 발터는 자신의 안위보다 훨씬 더 큰 꿈을 품게 됐다.

    노역은 이런 식으로 진행됐다. 기차는 보통 밤에 도착했다. 유대인들을 태운 기차가 약 12마일 떨어진 곳에 도착하면 아우슈비츠로 신호가 전달됐고 당직 장교가 호루라기를 불면서 "이송이다!"라고 외쳤다. 그러면 SS 장교, 의사, 카포, 운전사 등 관련자 모두가 자신의 위치로 이동했다. 특히 SS 장교들은 트럭이나 오토바이를 타고 유덴람페로 향했다. 한편 청소 부대 중에서도 약 200명으로 구성된 특수 임무 부대인 **롤코만도**Rollkommando,

즉 기동 부대에게 준비 명령이 떨어졌다. 새벽 4시라도 상관없었다. SS 대원이 4동으로 와서 그들을 깨웠고, 그들은 아우슈비츠 주 수용소의 철조망, 감시탑, 기관총을 지나 대문에서 기다리고 있던 SS 대원들의 감시를 받으며 행군했다.

거기서 하차장까지 도착하는 데 12~13분이 걸렸다. 하차장은 본선에서 갈라져 나온 철로 옆에 지어진 목재 플랫폼이었다. 하차장은 길고 좁았다. 폭은 3~4야드에 불과했지만 길이는 약 500야드로 화물칸이 50개나 되는 기관차도 충분히 수용할 수 있었다. 발터가 속한 롤코만도는 각자의 위치를 잡고 기다렸다.

다음으로 약 100명의 SS 대원들이 와서 자리를 잡았다. 10야드마다 한 명씩 서는 식으로 하차장 둘레를 완전히 감쌌다. 양손에는 소총과 개 목줄을 붙들고 있었다. 그렇게 카나다의 노역자들이 촘촘한 무장 경계선 안에 둘러싸이고 나서야 그들을 데려온 호위대가 철수했다. 전등을 켠 하차장은 정오처럼 밝았다. 아무리 추워도 수용자들은 늘 그렇듯 헤진 줄무늬 죄수복에 5열 종대로 서서 기다렸다.

본선은 불과 20야드 거리에 있었다. 이 선로는 빈과 크라쿠프를 연결하는 중요한 노선이었다. 때로는 그곳으로 일반 여객용 열차가 천천히 지나가서 수용자들이 기차 안에 탄 승객을 들여다볼 수도 있었다. 발터는 식당차를 바라보며 그 안의 신사 숙녀들이 환한 조명을 받아 망령처럼 늘어서 있는 수용자들을 어떻게 생각할지 궁금해했다. 어쩌면 눈을 깜빡하는 사이 지나가서 못 보았을지도 모른다. 아니면 그들은 그냥 보지 않기로 선택했을지도 모른다.

곧이어 새로운 무리가 도착했다. 보초들보다 계급이 더 높은 SS 장교들이었다. 발터는 그들이 엘리트 갱단 같다고 생각했다. 깔끔한 제복과 광이 나는 장화 덕에 계급의 우월함이 돋보이는 장교들은 마피아처럼 보이기도 했다. 제복 단추는 은색이 아니라 금색이었다. 손에도 몽둥이 대신 신사의 지팡이가 들려 있었다. 어떤 장교들은 흰 장갑을 끼고 있었다. 이 무리는 의사를 포함해 12~20명으로 구성됐다. 이송 절차를 주도하는 것도 바로 이들이었다.

마침내 신호와 함께 천천히 기차가 들어왔다. 맨 앞이 기관차였다. 기관실에는 민간인이 들어 있었을 것이다.

하차장을 둘러싼 보초들은 움직이지 않았다. 대신에 열차를 감독한 사령관이 하차장의 책임자에게 서류와 열쇠를 건네주면서 인수가 이루어졌다. 그러면 하차장의 책임자는 부하들에게 열쇠를 나눠 줬고 부하들은 대개 한 명당 두세 개의 화물차를 맡아 그 앞에 섰다. 신호가 주어지면 그들은 앞으로 나아가 화물칸을 열었다. 발터를 비롯한 수용자들이 그 안에 갇혀 있던 사람들을 처음으로 보는 때였다. "전부 나와! 다 나와!"

SS 대원들은 명령에 힘을 싣기 위해 때때로 화물칸에서 처음으로 나오는 사람들을 걷어차거나 지팡이로 때렸다. 근처에는 몽둥이나 막대기를 든 카포들이 있었다. 발터는 막 이곳에 도착한 추방자들이 어떤 상태인지 잘 알고 있었다. 배가 고프고 목이 마른 건 물론이고 좁고 악취 나는 공간에서 며칠 갇혀 있으면서 혼란스럽기도 했으리라. 이제 그들은 눈 부신 불빛에 적응하면서 SS 대원들의 재촉에 따라 빨리 화물칸에서 내려야 했다. **짐 챙기지 마! 전부 두고 내려!**

SS 대원들은 추방자들을 한쪽에는 남성으로 다른 한쪽에는 여성과 아동으로 분리한 다음 5열 종대로 세웠다. 순식간에 남편과 아내, 엄마와 아들 등 가족들이 갈라졌다. 밤하늘은 이별의 곡성으로 울리기 시작했다.

그러는 동안 발터와 동료 수용자들은 몽둥이를 든 카포의 감독하에 화물칸을 청소하는 일에 착수했다. 발터는 화물칸에 서둘러 올라타 악취를 못 맡는 척하며 무거운 가방 두 개를 집어 들고 뛰어 내려와 하차장에 빠르게 쌓여 가는 더미 위로 던졌다. 처음 며칠 동안 발터는 이 일에 필요한 신체적 조건을 갖추고 여기서 무엇을 얻어갈 수 있을지 알아보는 데 집중했다. 카나다 본부의 쉽고 호화로운 생활을 박탈당한 이상 롤코만도의 노역자 200명은 스스로 운을 개척해야만 했다.

습득이 굉장히 빠른 발터는 얼마 지나지 않아 가방이 옷, 식기, 음식 중 무엇으로 가득 찼는지 한눈에 알아볼 수 있었다. 그는 두 개의 가방을 들고 뛰면서 살라미를 한 입 먹고 나머지를 다른 죄수에게 던져 주는 기술까지 익혔다. 모두 눈에 띄지 않게 했다. 새로운 기술을 직접 개발하기도 했다. 통조림을 까서 단 몇 초 만에 내용물을 티도 안 나게 먹어 치우는 능력이었다.

카나다의 일꾼들은 가방에 담긴 식품만 보고도 이번에 이송하는 유대인이 어떤 부류의 유대인인지 알아맞힐 수 있었다. 만약 치즈를 맛볼 수 있다면 네덜란드 출신 유대인들이 들어왔다는 뜻이다. 만약 정어리를 맛볼 수 있다면 프랑스 출신 유대인들이 이송됐다는 뜻이다. 할바와 올리브가 보인다면 살로니카 출신의 그리스 유대인들이 도착했다는 뜻이다. 이들은 특히 발터가 한 번도 본 적 없는 색 옷을 입었고 발터 같은 아슈케나지 유대인 입장에서는 낯선 세파르딕 유대인 방언을 사용했다. 이처럼 발터는 아우슈비츠로 수천 명 단위로 이송되는 온갖 유대인을 모두 보았다.

롤코만도는 가방과 짐을 전부 기차에서 내려 카나다로 옮긴 뒤에야 시체를 치울 수 있었다. 우선순위는 명확했고 순서를 바꿨다가는 곧바로 처벌받았다. 결국 돈을 뽑아내는 게 카나다의 핵심 사업이었기 때문이다. 짐이 먼저고 시체는 그다음이었다.

시체 청소는 예측이 불가능한 일이었다. 한겨울에 동쪽에서 출발해 열흘씩 걸려서 오는 이송에서는 승객의 3분의 1, 즉 약 300명이 시체가 되어 나타났다. 그러나 기차가 겉으로 보기에는 문명화된 이주 절차처럼 보여야 하는 서쪽의 프라하, 빈, 파리 등에서 출발해 이틀 만에 도착한 경우라면 시체는 서너 구밖에 없을 수도 있었다. 각 화물칸에서 죽어 가는 사람 수도 마찬가지였다. 아직 죽지는 않았지만 SS 대원들의 위협에도 일어나 내릴 힘조차 없는 이들도 청소 대상이었다. 물론 처리는 **러프슈리트** Laufschritt, 즉 2배속으로 이루어져야 했다.

그러려면 일단 움직임이 없는 몸뚱이는 전부 집어 들어야 했다. 수용자 두 명이 시체 혹은 시체나 다름없는 몸뚱이 하나를 들었다. 한 명은 두 발목을, 다른 한 명은 두 손목을 잡은 채 카포의 몽둥이와 SS 대원의 지팡이에 쫓기며 하차장 끝까지 달려갔다. 거기에는 트럭들이 대여섯 대 모여 시체를 운반할 준비를 하고 있었다. 트럭은 덤프트럭으로 보통은 적재함 앞쪽을 들어 올려 모래나 자갈을 쏟아 내는 용도로 썼지만, 이곳에서는 적재함을 평평하게 열린 채로 유지했다. 발터와 동료는 트럭 뒤에 달린 계단을 러프슈리트로 뛰어 올라가야 했다. 적재함 위에서는 다른 수용자들이 손을 내밀어 시체를 받았다. 그들이 시체를 받아 쌓아 올리는 동안 발터는 동료랑 다시 돌아서서 빈 기차로 쏜살같이 달려가 결국 살아남지 못한 다른 유대인을 회수했다. 어느 단계에서도 죽은 자와 죽어 가는 자를 구분하지 않았다. 구분할 시간도 힘도 없었기 때문이다. 숨을 쉬든 안 쉬든 몸뚱이는 트럭 위로 던져졌고 트럭은 그대로 화장터로 향했다.

두 줄로 선 추방자들은 그들의 운명을 결정할 엘리트 갱단, 그러니까 심사단을 향해 나아갔다. 정작 본인들은 몰랐겠지만, 그들은 선별을 앞두고 있었다. 오른쪽으로 선별되는 사람들은 먼저 행군해 가서 수용자로 등록되고 잠시라도 일하면서 살 기회를 얻게 될 것이고, 반면 왼쪽으로 보내지는 사람들은 즉각 죽음을 맞이하게 될 것이었다.

선별 과정의 책임자는 대개 당직 의사였으나 때때로 요제프 멩겔레Josef Mengele나 위생과 하사관이 맡는 경우도 있었다. 책임자는 노인, 병약자, 어린아이 등 일을 할 수 없는 자들을 골라냈다. 발터는 외모가 준수한 16~30세 여성들이 생존자로 선별

되어 따로 한 줄로 묶인다는 것을 알아차렸다. 일할 수 있을 만큼 건강하고 강인한 여성일지라도 자녀가 딸려 있다면 SS 책임자의 손가락은 왼쪽을 가리켰다. 나치는 하차장에서 엄마가 자식과 떨어지면서 소동을 일으키는 것을 원치 않았기 때문이다. 훨씬 단순하고 간편한 방법은 그들을 함께 묶어 한 번에 죽이는 것이었다.

모든 절차가 신속하게 진행됐다. 온갖 소음과 다양한 언어의 말소리로 하차장이 혼란스러운 가운데 때때로 선별 책임자는 손가락을 튕기는 대신 지팡이의 굽은 손잡이 부분을 이용해 유대인의 목을 좌나 우로 당겼다. 이는 특히 아빠와 아들이 헤어지지 않게 해 달라고 애원할 때 유용했다. 책임자는 개의치 않고 그들을 물리적으로도 떼어 놓았다.

한편 SS 내부에서는 추방된 유대인 중 얼마만큼을 즉시 죽여야 하고 얼마만큼을 "노역에 의한 말살"을 통해 천천히 죽여야 하는지에 대한 논쟁이 벌어졌다. 몇몇 간부들은 최대한 많은 유대인을 노예로 삼기를 원했다. 노동력을 착취하기도 전에 굳이 죽일 필요가 있냐는 논리였다. 설령 1~2주 이상 일하지 못할 것 같은 유대인일지라도 몇 시간의 노동력이라도 이용하는 게 그냥 버리는 것보다는 낫지 않을까? 하지만 어떤 간부들은 건강하고 강인한 유대인이 아닌 이상 아우슈비츠의 노역을 부담시키는 게 어리석은 판단이라 생각했다. 그럴 바에는 수용소의 자원을 조금이라도 아낄 수 있게 즉시 가스실로 보내는 게 낫다고 보았다.

논쟁이 오가는 동안 유일한 결정권자인 SS의 수장 하인리히 힘러는 확답을 내놓지 못했다. 하지만 이론적으로는 논란이 남아 있었다 한들 실질적으로는 답이 나와 있었다. 아우슈비츠에 도착한 유대인 다섯 명 중 네 명은 즉시 가스실로 보내졌다. 일할 수 없을 만큼 늙거나 어리거나 허약하거나 병든 사람이 거기에 포함됐다. 발터가 하차장에서 일하던 기간 동안 그런 사람들은 커다란 SS 트럭 중 하나에 올라타거나 수용소에서 1.5마일 떨어진 작은 빨간 집이나 작은 하얀 집까지 걸어가 죽음을 맞이했다.

밤마다 벌어지는 이 선별 과정에서 롤코만도는 지켜보는 것 외에 딱히 할 일이 없었다. 부나 노역장이나 자갈 채취장에서 발터는 건장한 청년의 등을 부러뜨릴 만큼 힘든 일을 했다. 그러나 이번에는 마음을 부러뜨리는 일이었다. 눈부신 조명이 비추는 가운데 비명과 울음소리를 들으며 발터는 운명이 다한 사람들의 얼굴을 너무나도 가까이서 너무나도 많이 보았다. 발터는 아직 10대였음에도 엄마와 아들, 아빠와 딸이 죽음을 맞이하기 몇 분 전에 나눈 마지막 작별 인사를 고작 몇 피트 떨어진 곳에서 지켜보고 곱씹어야 했다. 굶주림과 더러움은 물론 고된 노역과 끝없는 폭력도 몸으로 견디는 법을 배웠건만 이번에는 영혼이 타격을 받고 있었다.

카나다의 창고에서 담요와 신발이 무더기로 쌓여 있는 것을 보았을 때 이미 동족의 희생을 짐작했다. 그들의 삶을 상상해 보기도 했다. 하지만 하차장에서는 그들을 두 눈으로 직접 똑똑히 볼 수 있었다. 게다가 새로운 기차가 도착할 때마다 발터는 아우슈비츠에 처음 왔을 때의 공포를, 보통은 한 번밖에 겪지 못할 공포를 재차 경험했다.

그러한 광경을 보고 어떤 사람들은 영혼마저 파괴당했을 것이고 또 어떤 사람들은 정신을 놓아 버렸을 것이다. 어느 쪽이든 아우슈비츠에서는 이상한 반응이 아니었다. 실제로 발터도 크게 절망했다. 다른 수용자들도 눈치챌 정도였다. 아우슈비츠에 도착했을 때만 하더라도 자신감 넘치고 뻔뻔하기까지 했던 10대 소년은 서서히 신경과민과 우울증 징후를 보이기 시작했다. 감정적으로도 불안해 보였다.

그럼에도 발터는 무너지지도 미쳐 버리지도 않았다. 오히려 발터는 금서 한 권으로 화학을 독학했던 조숙한 두뇌를 가지고 자신이 본 광경을 이해하려 애썼다. 어쩌면 그게 발터가 눈앞에서 벌어지는 일로부터 스스로를 의도적으로 분리하는 대응 기제였을지도 모른다. 다만 보통 사람들이 시선을 돌리려 애쓸 때 발터는 객관적 상황을 더욱 예리하게 관찰하는 쪽을 택했다.

발터는 변화에 주목했다. 예컨대 SS 대원들이 어느 날 밤에는 친절하게 행동하다가도 다음 날에는 지팡이나 군홧발을 휘두른다는 사실, 어느 날에는 이송이 한 번만 이루어졌다가도 다음 날에는 다섯 번이나 여섯 번까지 이송이 이루어진다는 사실, 때로는 새로 이송된 유대인 중 75퍼센트가 가스실로 가고 때로는 95퍼센트가 가스실로 간다는 사실을 발견했다. 발터가 배운 과학적 방법론에 따르면 결국 그 속에서 패턴을 발견해야 했다.

그리고 얼마 지나지 않아 실제로 발터는 패턴을 찾아냈다. 한번 패턴을 알아내자 같은 패턴이 계속 눈에 띄었다. 그러자 새로운 결의가 마음속에 가득 차올랐다. 이곳을 탈출하겠다는 긴박하고도 열렬한 결의 말이다.

아직 어린 발터 입장에서는 흡수해야 할 지식이 너무 많았다. 일단 발터는 본인이 대륙 전역에서 벌어지고 있는 학살 산업의 목격자이자 표적이라는 사실, 이 산업 프로젝트가 한 민족을 멸절시킴으로써 살인자들에게 수익을 가져다주는 것을 목표로 한다는 사실을 제대로 이해해야 했다. 그러나 여기서 한발 더 나아가 발터는 이 모든 것을 가능하게 하는 또 다른 차원이 있음을 깨닫기 시작했다. 나치가 거대하고도 파괴적인 속임수에 가담하고 있다는 사실이었다. 발터의 눈앞에 벌어지고 있는 일련의 범죄 행위는 오로지 속임수에 기반을 두고 있었다.

나치는 희생자들이 파멸에 이르기까지 매 순간 거짓말을 했다. 악취 나는 화물칸에서 쏟아져 나온 유대인들은 자신들이 "동쪽의 새 터전"으로 이주한다고 속아서 열차에 탑승했다. 그들은 새 보금자리를 만드는 데 냄비, 프라이팬, 옷, 아이들 장난감이 필요하리라 생각했기 때문에 짐을 챙겨 꼭 붙들고 있었다. 나치가 그렇게 말했기 때문에, 친구나 친지가 보낸 편지에 그렇게 쓰여 있었기 때문에 믿었다. 그 편지가 나치의 총구 앞에서 강제로 작성된 것이라는 사실은 알지 못했다. 마이다네크로 가는 열차 안에서 발터가 들었던 명랑한 편지 내용도 나치가 거짓말을 확실히 하려고 강제로 꾸며 낸 내용이었다.

SS 대원들이 화물칸을 연 직후에도 거짓말은 이어졌다. 물론 하루에 대여섯 번 수송이 있을 예정이라 서둘러야 한다면 평소처럼 잔인하게 행동할 것이다. 하지만 시간적 여유가 있거나 유독 날씨가 좋고 공기가 따스하면 SS 대원들은 색다른 쇼를 펼칠 기회라고 판단했다. 그들은 이송된 사람들이 막 겪은 끔찍한 여정이 흔치 않은 일이라고, 곧 바로잡힐 실수라고 속였다. "하느님, 맙소사! 끔찍한 슬로바키아 사람들 같으니. 어떻게 여러분을 이런 식으로 모실 수 있나요? 정말 비인간적이군요." 특히 파리나 암스테르담에서 온 사람들은 문명화된 독일에 대해 좋은 말만 들어 왔기 때문에 그러한 말을 기꺼이 믿었다. 그래서 곧 독일 장교들이 인수인계를 받고 나면 본인들에게 음식과 음료를 제공하고 짐을 챙겨 주고 질서도 회복시켜 주리라고 안심했다.

속임수는 유대인들이 학살 장소로 향하는 트럭에 올라타는 동안에도 계속됐다. SS 대원들은 흠잡을 데 없는 태도로 아픈 이들을 부축해 트럭에 올려 주기도 했다. 죽음의 가스실로 걸어가는 와중에도 그들은 유대인들에게 고향에서 어떤 직업이나 기술을 가지고 있었는지 물어보는 식으로 재차 안심을 시켰다. 유대인의 능력을 사용할 의도가 없다면 굳이 그런 질문을 할 이유가 없을 테니까 말이다.

누군가가 지금 어디로 가고 있냐고 물어보면 SS 대원들은 "소독하러 가는 중"이라고 답했다. 추방자들이 타고 온 열차가 얼마나 불결했는지 생각해 보면 충분히 납득이 가는 말이었다.

비르케나우 수용소를 지나 들판을 가로질러 가는 동안 입에 발린 위로는 계속됐다. 유대인들 뒤에는 적십자 표시가 선명한 녹색 군용차가 따라오고 있었다. 거기에는 걷지 못하는 사람들이 타고 있었다. 의사도 동행했다. 하지만 의사의 목적이 환자를 치료하거나 생명을 구제하는 것이 아니라는 사실은 알지 못했다. 군용차 안의 의사는 독살을 관장할 SS 소속 의사였으며, 차량의 화물은 치클론B가 담긴 통이었다. 발터는 이 사실을 잘 알았다. 애초에 적십자 차 자체가 카나다에서 출발했으며, 발터의 임무 중 하나가 거기에 치클론 통을 싣는 것이었기 때문이었다.

범죄 현장과 살인 도구도 거짓의 탈을 쓰고 있었다. 희생자들은 주변을 둘러싼 과수원을 보고는 자기네가 외딴곳에 있는 목가적인 농가에 왔다고 안심했다. 단지 그 옆에 나무로 된 탈의실 두 개가 있을 뿐이었다. 제4화장터와 제5화장터 옆에는 꽃밭도 있었다.

학살 장소에 도착한 후에도 속임수는 멈추지 않았다. 유대인들에게는 최후의 순간이 코앞이었지만 나치는 그들이 있지도 않은 미래를 믿도록 독려했다. 예컨대 SS 장교는 이렇게 물었다. "선생님 직업은 무엇인가요? 혹시 구두장이이신가요? 저희는 구두장이가 급히 필요합니다. 구두를 만질 줄 아시는 분은 제게 보고해 주세요!" 희생자들에게 옷을 벗으라고 명령할 때는 이제 목욕을 할 테니 진정하라 말했고 목욕이 끝나면 "커피와 음식"을 제공하겠다고 말했다. 그와 동시에 신발을 한 켤레로 묶으라는 당부가 있었다. "목욕 후에 신발의 짝을 찾느라 시간을 허비하지 않아도 되기 때문"이었다. 여기에는 다분히 실용적인 목적도 들어가 있었다. 살해된 아이들의 신발은 한 켤레로 돌아와야만 다른 가정에서 사용할 수 있었기 때문이다. 유대인들이 마침내 가스실 안으로 밀려들어 간 뒤에도 거짓말은 끊이지 않았다. 가스실 문에는 "목욕탕"이라는 팻말이 붙어 있었다. 이후 설치된 제2화장터의 천장에는 가짜 샤워기도 여기저기 달려 있었다(심지어 가스 자체도 속임수를 머금고 있었다. 치클론B 제조업체는 가스가 풀렸을 때 위험 범위 내에 접근한 사람이 인지할 수 있도록 인공 향료를 첨가한 적이 있었는데 이 시기에 다시 제거했다. 결과적으로 치클론B에는 시안화수소 특유의 희미한 아몬드 냄새만 남았다). 발터는 이 모든 속임수가 그저 잔인하고 정교한 장난질이 아님을 이해했다. 여기에는 명확하고 합리적인 목적이 있었다. 하차장에서 일하는 동안 그 목적이 분명히 드러났다.

발터를 비롯한 카나다 노역자들은 기차에서 내리는 사람들에게 한마디도 하지 말라는 엄중한 명령을 받았다. 어떤 접촉도 허용되지 않았다. 그 규칙이 깨졌을 때 무슨 일이 벌어지는지 발터는 직접 본 적이 있었다.

어느 날 밤, 체코슬로바키아 테레지엔슈타트의 수용소 겸 게토에서 이송이 왔다. 이번 건은 그나마 나치가 외관을 신경 쓰려 애쓰던 서쪽 지역에서 보낸 이송이었고, 화물칸에 실린 사람들 역시 비교적 상태가 좋았다. 하차한 사람 중에는 잘 차려입은 채로 어린 자녀를 둘 데리고 온 어머니도 있었다. 그녀는 마침내 도착했다는 안도감을 느끼며 독일 장교에게 말했다. "여기 도착해서 정말 다행이에요." 그 엄마는 괴테와 칸트를 낳은 나라라면 분명 사태를 바로잡을 것이라 믿었던 추방자들 중 한 명이었다.

그런데 발터의 동료 중 어린 친구 하나가 너무 가혹한 일이라 생각했는지 아이 엄마를 지나치면서 꾸중과 경고를 담아 "당신들 곧 죽을 거예요"라고 속삭였다.

죄수복 차림에 머리를 빡빡 깎고 입에서 악취마저 풍기는 산송장 같은 사람이 뜬금없이 참견하니 여자는 겁을 먹기보다는 모욕감을 느낀 듯했다. 심지어 수용자라면 밖에서 범죄를 저지르고 들어왔다는 뜻 아닌가? 그래서 여자는 마치 불만이 가득 찬 프라하 백화점 고객처럼 씩씩거리며 독일 장교에게 다가갔다. "장교님, 웬 깡패가 저랑 제 아이들이 죽을 거라고 말하네요." 심지어 완벽한 독일어였다. SS 장교는 지극히 온화하고도 신뢰할 만한 미소를 지으며 여자에게 말했다. "부인, 저희는 교양 있는 사람들입니다. 감히 어느 불한당이 그렇게 말했나요? 지목해 주시겠어요?" 그녀는 요구에 응했고 장교는 조용히 수용번호를 적었다. 일이 모두 끝나고 사람들이 전부 떠난 후 장교는 해당 수용자를 찾아내서 객차 뒤로 끌고 간 다음 총살했다. 발터는 다른 동료와 함께 그의 시체를 수용소로 가져가야 했다. 그러는 동안 불평을 표한 여자는 어린 자녀들과 함께 가스실에 들어갔다.

다른 수용자들은 선별 절차가 다가오는 동안 더 부드럽게 경고와 조언을 전해 주려 애썼다. 누군가는 어린 10대에게 "열여섯이라고 말해"라고 속삭였다. 마흔이 넘은 남자에게는 "서른다섯 살이라고 말씀하세요"라고 권했다. "건강하고 힘 있는 척하세요"라고도 충고했다. 다만 엄마들에게만큼은 스쳐 지나가는 찰나에 뭐라고 조언해야 할지 감이 잡히지 않았다. "아이들을 포기하세요. 차라리 노인들에게 맡기세요." 과연 어떤 부모가 그런 지시를 받아들일 수 있었을까? 아이들이 어차피 죽을 테니 자기 목숨이나 부지하라는 전제를 어떻게 이해할 수 있었을까?

하지만 그렇게 경고하다가는 발터가 목격한 소년처럼 총살을 당할 위험이 있었다. 이렇듯 발터는 나치가 희생자들이 어떤 운명을 맞이했는지 숨기기 위해 각고의 노력을 기울였음을 확인했다. 롤코만도 대원들은 기차가 새로 들어오기 몇 시간 전에 이 유대인 하차장에 다른 이들이 있었다는 흔적을 완전히 지워버려야 한다는 명령도 받았다. 또 SS 대원들은 하차장에 줄지어 서 있는 유대인들 사이를 돌아다니며 아무도 말을 하지 말라고 요구하기도 했다. 그들은 이렇게 외쳤다. "전부 조용! 여기는 회당이 아닙니다!" 명령에는 뚜렷한 목적이 있었다. 모두 입을 닫게 함으로써 소문을 퍼뜨리지도 의심이나 추론을 공유하지도 못하게 막는 것이었다. 아무도 나치가 유대인에게 무슨 짓을 할지 물어볼 수 없었다.

SS는 학살 낌새조차 새어 나가지 않기를 바랐다. 그래서 자신들이 벌이는 짓을 완곡하게 묘사할 정교한 은어도 만들었다. 예컨대 하차장에 도착한 유대인은 살육을 당하는 게 아니라 "특수 처리" 혹은 "특별 조치"를 받는 것이었다. 뒤엉킨 시신을 끄집어내 머리카락을 자르고 금니를 뽑아야 하는 사람들은 끔찍함을 잔뜩 덜어 낸 담백한 이름 "특수 임무 부대"의 일원일 뿐이었다. 같은 이유로 SS는 죽어 가는 사람들의 비명을 엔진 소리로 덮으려 했다. 같은 이유로 가스실은 애초부터 외딴곳에 지어졌다. 역시 같은 이유로 학살 장소로 아우슈비츠가 선정되었다. 고립된 위치 때문이었다. 아무도 진실을 알아서는 안 됐다.

열 달 동안 하차장을 오가며 시체나 가방을 옮기면서 발터는 나치가 희생자들의 운명을 숨기려는 이유를 점점 더 분명히 이해하게 되었다. 나치는 학살 공장이 매끄럽게 방해 없이 작동하기를 원했다. 그러려면 희생자들이 최소한 지시를 따를 만큼은 차분함을 유지하도록 만들어야 했다. 다음 이송 열차가 도착할 때까지 시간이 촉박한 상황에서 공황이나 반란 때문에 작업에 지연이 생겨서는 안 됐다. 그래서 이상적으로는 희생자들이 차분하게 내릴 수 있도록 부드럽고 정중하게 하차를 요청했다. 실질적으로 시간이 촉박한 경우에는 지팡이를 휙 휘두르는 게 장내를 조용하게 만드는 데 더 효과적이었다. 하지만 경우가 어떻든 핵심은 기차에서 내리는 유대인들이 자신들의 운명을 모르게 하는 것이었다. 운명을 알아차리기라도 한다면 울음을 터뜨리거나 서로 밀고 당기거나 5열로 맞춰 서라는 지시에 따르지 않거나 철조망 혹은 수용자에게 달려들지도 몰랐다. 물론 결국에는 그들을 압도하고 진정시킬 수는 있었을 것이다. SS 대원들에게는 기관단총이 있었고, 희생자들은 배고픔과 갈증으로 약해진 몸뚱이 외에 가진 게 전혀 없었으니까. 그렇다 해도 하차장에는 때때로 1000명 이상의 유대인이 들어왔고 이는 나치 쪽 머릿수보다 10배는 많은 수치였다. 유대인들이 앞으로 다가올 일을 알았더라면 자신들을 집어삼키려는 학살 기계를 향해 흙이라도 뿌리지 않았을까? 물론 그런다고 기계를 멈출 수는 없겠지만 아무리 약한 강도의 저항일지라도 기계를 느리게 만들 수는 있을 터였다.

발터는 이 사실을 명료하게 깨달았다. 나치가 이 저주받은 장소에 구축한 죽음의 공장은 단 하나의 대원칙에 기반을 두고 있었다. 아우슈비츠에 들어온 자는 자신이 어디로 가는지 혹은 무엇을 위해 가는지 몰라야 한다는 원칙이었다. 이 전제 위에 수용소 시스템 전체가 세워졌다.

그 균형을 깨는 데 전면적인 반란까지는 필요하지 않았다. 죽어 가는 사람들 사이에 공포의 물결만 일더라도 나치의 계획은 불안정해질 수 있었다. 마침내 발터는 이 사실을 분명히 알아차렸다. 매일 밤낮으로 도살장 문턱에 서서 지켜보았기 때문이다. 발터가 바라본 광경은 그를 거의 무너뜨릴 뻔했다. 하차장에서 보낸 열 달 동안 실제로 몇몇 동료들은 발터 로젠베르크가 무너질지도 모른다고 걱정했다. 하지만 발터는 무너져 버릴 것만 같은 순간에 오히려 걷잡을 수 없이 뜨거운 충동에 사로잡혔다. 그는 행동해야만 한다고 느꼈다.

발터는 자신이 무엇을 해야 하는지 금방 깨달았다. 나치의 유대인 말살 계획은 희생자들이 자기 운명을 전혀 모르게 하는 데에 기초해 있었으므로 그 계획을 저지하려면 일단 무지를 깨부숴야 했다. 다시 말해 유대인들에게 나치가 내린 사형선고를 알려야 했다. 그것만이 학살을 멈출 유일한 방법이었다. 누군가는 이곳을 탈출해 아우슈비츠가 죽음의 수용소임을 경고해야 했다. 1942년 9월 열여덟 살이 될 무렵, 발터는 나치가 손가락을 한 번 휘둘러 누가 살고 누가 죽을지 결정하는 모습을 보면서 바로 발터 자신이 수용소를 탈출해 경고해야만 한다고 결론지었다. 첫 번째 기회는 생각보다 훨씬 빨리 찾아왔다.

## 10장
# 기억하는 자

　기회는 우연히 찾아왔다. 하차장에서 야간 근무를 하던 날이었다. 발터는 평소처럼 한 번에 두 개의 가방을 들고 하차장을 이리저리 뛰어다녔다. 옆에서는 SS 장교들이 막 이송 열차에서 도착한 사람들에게 짐은 신경 쓰지 않아도 된다고 안심시키고 있었다. 그들은 직접 짐을 날라야 하는 수고를 덜어 주기 위해 "죄수 부대", 즉 롤코만도 대원들이 짐을 처리할 것이라고 말했다. 또 이들이 극도로 엄격한 규율 아래 있으니 "소지품에 대해 걱정"하지 말고 "그냥 전부 두고 가"라고도 덧붙였다.

　발터는 양손에 가방을 하나씩 들고 등에도 배낭을 메고 뛰던 중 느슨해진 나무판자에 발이 걸려 넘어졌다. 얼굴을 바닥에 대고 있는데 이전에 한 번도 보지 못했던 것이 눈에 들어왔다. 판자 아래 약 3미터 떨어진 곳에 땅이 보였던 것이다. 그 순간 머리가 번뜩였다. 바로 이곳 하차장 아래에 공간이 있었다. 다시 말해 몸을 숨길 장소가 있었다.

교대 근무를 마친 뒤 아이디어가 샘솟았다. 하차장을 매일 무리해서 사용하다 보니 바닥이 닳아 없어지고 있었다. 수백, 때로는 수천 명이 밤마다 판자 위를 밟고 지나가니 놀랄 일도 아니었다. 판자가 느슨해진 곳이 어딘가 또 있을 게 분명했다. 만약 판자 단 하나만이라도 사람들의 시야에서 벗어난 곳에서 들어 올릴 수 있다면 아래로 내려가 숨을 수도 있을 것이다.

문제는 기다리는 일이었다. SS 대원들은 새로 이송이 오면 처음에는 열차 전체를 둘러쌌지만 카나다 특임대가 화물차를 한쪽 끝에서 다른 쪽 끝까지 처리하는 동안 경비 수를 점차 줄이는 관행이 있었다. 이미 비워진 객차를 둘러쌀 필요는 없었기 때문이다. 그렇다면 하차장 아래에서 충분히 기다리다가 아래 공간을 통해 눈에 띄지 않고 열차 끝으로 기어들어 가면 경비조차 없는 텅 빈 열차를 마주할 수 있을 것이다. 보초선 밖으로 나갈 수 있다는 뜻이다.

위치도 완벽했다. 하차장은 아우슈비츠 주 수용소와 비르케나우 수용소 사이 무인 지대에 있었다. 어느 쪽 경계선에도 들어가지 않는 곳이었다. 만약 그날 선별 작업에 따라 유대인들이 수용소나 가스실로 보내지고 마침내 SS 대원들이 막사로 돌아갈 때까지 기다릴 수만 있다면 그다음에 폴란드 시골로 나갈 수 있었다.

바로 다음 날 밤부터 매일같이 발터는 일하는 와중에 하차장을 조사하며 탈출 계획을 세웠다. 카나다에서 빼돌린 음식과 옷도 비축해 뒀다. 발터는 특히 SS가 하차장 끝의 버려진 공간에도 경비를 배치하는지 주의 깊이 살폈다. 만약 경비가 한 명뿐이라면 칼로 조용히 처리할 수도 있을 것이다.

무엇보다도 발터는 하차장의 나무 바닥을 면밀히 살펴 가장 약하고도 비틀기 쉬운 판자를 찾았다. 단 몇 초 내에 들어 올렸다 다시 제자리에 놓을 수 있는 판자여야 했다. 얼마 지나지 않아 발터는 하차장 바닥 전체를 머릿속에 지도로 그려 넣었다. 언제든 움직일 준비를 마쳤다.

그러던 어느 날 롤코만도가 새 이송을 맞이하기 위해 하차장에 출근했는데 상황이 바뀌어 있었다. 틈이 사라진 것이었다. 바닥이 완전히 붕괴할까 봐 염려한 사령관이 하차장 바닥을 콘크리트로 보강하라고 명령한 모양이었다. 보수 작업은 빠르게 이루어졌다. 발터는 즉시 우울한 결론에 도달했다. 하차장 바닥으로 탈출할 방법은 사라졌다.

발터는 계속 하차장에서 일하면서 유대인들이 죽음을 맞이하러 끌려가는 것을 지켜보고 자신이 지켜본 것을 전부 머릿속에 기록하며 자신이 기록한 것을 언젠가 세상에 알릴 준비를 해야 했다. 종래에 발터는 자신에게 부여한 임무가 어떤 식으로든 자신에게도 꼭 필요했다는 사실을 깨닫게 될 것이었다. 그 임무는 발터가 매일 수용소에서 목격하는 일들과 자신의 내면에서 일어나는 일들을 견디는 데 도움이 되었다.

열여덟 살의 발터는 스치듯 보기만 해도 삶을 영영 뒤바꿀 만한 충격적인 사건들을 한두 번이 아니라 매일 목격했다. 발터가 갇힌 아우슈비츠는 진작부터 도덕적 경계가 무너진 모든 폭력이 허용된 곳이었다. 이곳은 한 유대인 여자가 자신을 보호하기 위해 SS 군견을 죽였다는 이유로 멩겔레 박사가 여자의 어린 아들을 개로 만들어 버린 곳이었다. 멩겔레는 채찍을 휘둘러 어린 소년으로 하여금 네 발로 달리면서 끊임없이 짖게 했으며 유대인을 공격하고 물어뜯게 훈련시켰다. 또한 이곳은 어느 수용자가 다른 수용자에게서 빵을 훔친 다음 빵에 대변이 묻어 있어도 개의치 않고 먹어 치운 곳이었다. 이곳은 수용자들이 막 총살형을 당한 따뜻한 시체로 달려들어 몸의 일부를 물어뜯은 곳이었다.

하차장에서도 발터는 나치가 대나무 막대기를 휘둘러 어린 아이들과 마흔 살이 넘는 사람들을 가스실로 몰아넣는 것을 지켜보기만 했다. 막으려는 시도는 하지 못했다. 오히려 제 손으로 치클론B 통을 실었다. 무슨 대가를 치르든 처음 눈에 띄는 SS 대원에게 달려들어 목을 졸라 죽이는 게 도덕적으로 옳은 일 아니었을까? 그게 자신의 의무가 아니었을까?

모른다고 변명할 수는 없었다. 이곳으로 끌려온 유대인 가족들이 25킬로그램 한도 내의 짐을 챙겨 질서정연하게 기차에 탑승하라는 지시를 순순히 따랐던 것과 달리 발터는 진실을 알고 있었다. 속임수가 드리운 장막은 일찍이 걷힌 상태였다.

발터는 행동하고 싶었다. 주위에서 벌어지는 학살극을 보면서도 침묵을 지킨다는 게 수치스러웠다. 더 끔찍한 사실은 하차장에서 하는 일이 사실상 자신을 공범으로 만들었다는 점이었다. 발터는 화물칸을 청소하고 모든 이송 흔적을 제거함으로써 다음 희생자들이 본인의 운명을 모르도록 만드는 데 일조하고 있었다.

그러나 아무것도 할 수 없다는 사실도 잘 알고 있었다. 행동을 취하는 순간 죽을 것이기 때문만은 아니었다. 그 후에 뒤따를 나치의 불 보듯 뻔한 보복 때문이었다. 보복은 발터 본인이 아니라(물론 본인도 죽을 것이다) 남겨진 동료들을 향할 것이다. 저항이 발생하면 나치는 즉각 모진 처벌로 대응했다. 예컨대 발터가 SS 대원 하나를 공격해 죽인다면 나치는 수용자 100명을 죽일 것이다. 그나마 죽임을 당하면 다행이다. 나치가 죽기 전에 가할 고문에 비하면 죽음은 해방처럼 느껴질 것이다. 나치는 고문을 가하는 면에서 독창적이었다. 발터는 수사 구역, 정확히는 고문 구역인 11동에서 벌어지는 지옥 같은 이야기를 익히 들어 알고 있었다. 따라서 유덴람페에서 영웅적인 투신 행위 같은 것은 일어나지 않을 것이다. 일어날 수도 없을 것이다. 누구도 자기 자신만을 희생할 수는 없기 때문이다. 수용자들은 서로가 연대책임으로 묶여 있었다. 그러한 점에서 그들은 단순한 수감자가 아니었다. 서로가 서로의 인질이었다.

그럼에도 발터는 역사상의 수많은 지식인 청년들이 그랬듯 자신의 삶에 특정한 의미를 부여하기를 원했다. 특히나 극악무도한 일을 면전에 두고도 침묵과 방관을 강요받는 자신의 처지에 의미가 있기를 갈망했다. 혹시 발터가 충분히 오래 살아남아 수용소를 탈출한 다음 유대인들이 이 저주받은 곳에서 맞이하게 될 운명에 대해 경고할 수만 있다면 자신이 눈앞에 벌어지는 대량 학살에도 무력하게 서 있었다는 사실을 정당화할 수 있지 않을까? 만약 발터가 이 끔찍한 광경을 목격하는 데에서 그치는 게 아니라 결국 자신이 목격한 바를 세계에 증언할 수만 있다면 자신의 생존을 정당화할 수 있지 있을까? 10대인 발터는 아직 "생존자의 죄책감"이라는 용어를 알지 못했음에도 이를 직감하고 어떻게 그 죄책감을 막을 수 있을지 고민했다.

스스로에게 사명을 부여한 바로 이 시기에 발터는 자신의 밑바닥 생활에 의미를 부여하고 역사의 흐름을 바꿀 만한 과업을 시작했다. 바로 자신이 보고 듣는 바를 기록하는 일이었다. 발터의 기록은 예리한 관찰력이 돋보이는 일기도 아니었고 언젠가 위대한 예술 작품으로 꽃피울 그림이나 메모도 아니었다. 발터는 몰랐겠지만 사실 아우슈비츠에는 그렇게 기록을 남기는 사람들이 더러 있었다. 반면 발터는 수학과 자연과학에 뛰어난 학생이었다. 발터는 숫자와 객관적 사실이라는 언어에 더 익숙했다. 그래서 그는 학살 산업과 관련된 데이터를 수집했다.

그러고 나서는 정보를 암기했다. 기차의 수, 기차 한 대당 객차 수, 기차 한 대당 대략적인 승객 수, 기차의 출발 지점 등 모든 정보를 기억하려 했다. 정보를 어떻게 밖으로 전달할지는 몰랐지만, 사람들에게 효과가 있으려면(즉, **믿음**을 주려면) 정보가 세부적이고 정확해야 한다는 사실은 본능적으로 알고 있었다. 발터는 곧 아이들의 기억력 놀이처럼 매일 자신이 이미 알고 있는 사실을 되뇐 뒤 그날 새로 습득한 정보를 더해갔다. 비결은 머릿속에 산처럼 쌓아둔 지식을 계속 확인하고 매일 한 번씩 그 산을 되오르며 점점 더 익숙해지고 그 위에 새로운 정보를 조금씩만 추가하는 것이었다. 사실 그렇게 하는 데 나치가 구축한 시스템이 유용했다.

나치가 강제한 번호 체계, 즉 선별에서 살아남은 수용자의 피부에 새긴 수용 번호는 과거의 이송을 상기시키는 소중한 기록이었다. 이 번호는 무작위가 아니라 연대순으로 정해졌다. 따라서 최근 이송된 수용자일수록 번호가 높았다.

시간이 흐른 뒤 발터는 이 숫자들에 담긴 정보를 이해했다. 예컨대 27400에서 28600 사이의 번호가 박힌 죄수복을 발견하면 그 사람이 1942년 4월 처음으로 이송된 슬로바키아 유대인 남성임에도 아직까지 생존했다는 뜻이기에 크게 존경했다. 40150에서 43800 사이의 번호에 해당하는 사람이라면 1942년 6월 프랑스에서 세 차례 이송 열차가 왔는데 그 가운데 포함된 사람일 가능성이 높았다. 80000에서 85000 사이의 번호는 기차가 아니라 트럭에 실려 온 사람들 중 노역자로 선정된 몇 안 되는 사람 중 하나임을 나타냈다. 이 트럭들은 한 달 동안 하루도 빠지지 않고 므와바, 마쿠프, 치혜노, 롬자, 그로드노, 비아위스토크의 게토에서 유대인을 아우슈비츠로 실어 날랐다. 그 외의 인원은 수용자들이 "민간인"이라 불렀다. 이들은 노예로 일할 능력이 없는 남녀와 아이들로, 이들이 아우슈비츠에서 접한 것이라고는 하차장과 트럭, 마지막으로는 가스실밖에 없었다.

발터는 각각의 수용 번호 사례를 수용소에서 직접 확인했다. 유덴람페에서 왼쪽이 아니라 오른쪽에 서도록 지시를 받은 사람들이 쓰게 된 번호였다. 사실상 수용 번호는 죽을 운명인 사람들을 가득 태운 채 아우슈비츠에 도착한 열차와 트럭의 존재를 입증하는 살아 있는 기록이었다.

발터는 매일 하차장에서 열차를 청소하는 일을 하면서 굉장히 독특한 관점을 가지게 되었다. 또한 청소 부대의 일원으로 일하면서 아무도 보지 못한 장소들, 본 사람이 죽임을 당한 장소들을 볼 수 있었다. 예를 들어 1942년 11월에 카나다의 몇몇 노역자는 아우슈비츠 주 수용소의 가스실에 남겨진 옷 더미를 치우라는 명령을 받았는데, 발터 역시 그중 하나였다. 발터는 건물 밖에서는 흙이 덮인 지붕을 볼 수 있었고 건물 안에서는 가스실의 차고 형태 문과 두 개의 측면 출입구를 볼 수 있었다. 심지어 가스실 안에도 들어가 캄캄한 어둠 속을 응시할 수 있었다.

물론 수용소에서 벌어지는 일을 보고 기억하며 희생자의 수를 기록하겠다는 발터의 계획은 무모하고도 비현실적이었다. 발터는 언제든 죽임을 당할 수 있었고 그러면 머릿속에 체계적으로 쌓아둔 지식도 함께 사라질 것이었다. 하지만 이런 프로젝트에 나름의 의미가 있다면 계획을 시도하기에 발터 로젠베르크만큼 적격인 사람도 없었다. 발터는 굉장히 많은 것을 볼 수 있었고 자신이 본 것을 전부 기억할 지적 능력도 있었기 때문이다.

발터는 여러 달 동안 더러운 화물칸에 올라 희생자의 귀중품, 애장품, 식품, 유품이 담긴 짐을 옮기면서 자신이 나치를 제대로 이해했음을 확신했다. SS가 원한 것은 순조로운 학살 과정이었고 거기에는 절대적 무지와 완벽한 비밀이 전제되어야 했다. 하차장에서 일어난 한 사건이 발터의 분석을 확증했다.

그 사건은 찰나에 지나가서 마치 현실 밖으로 증발해 버린 것만 같았다. 그럼에도 발터는 그 순간을 결코 잊지 않았다. 1942년 말의 어느 추운 밤, 나치가 희생자들 주변에 씌우려 했던 무지의 거품이 단 몇 초 사이에 펑 터져 버렸다.

때는 자정 무렵이었다. 발터를 비롯한 노역자들은 이송된 프랑스 유대인들을 맞이하는 중이었다. 나치 입장에서 프랑스 유대인들이 들어오는 밤은 대개 편안한 밤이었다. 그들은 최근까지 박해를 겪지 않은 서유럽 사람들로, 비교적 안락한 삶을 살았고 권위 있는 자들이 하는 말을 쉽게 신뢰하는 경향이 있었다. 그날 밤에도 그들은 지시대로 움직였고 선별을 위해 줄을 섰다.

그런데 난데없이 어둠 속에서 트럭 한 대가 등장했다. 기존 수용자들에게는 익숙한 광경이었다. 매일 밤 있는 일이었기 때문이다. 이 트럭은 그날 사망한 수용자의 시신을 소각하기 위해 아우슈비츠 주 수용소에서 비르케나우 수용소로 실어 나르는 역할을 했다. 그러려면 철로를 가로질러야 했는데 그게 딱 하차장 바로 앞에서 이루어졌다.

보통은 차량이 접근하면 신호가 전달돼서 하차장을 비추던 아크등이 2~3초간 꺼졌다. 그때 차량이 지나가면 됐다. 하지만 그날 밤에는 스위치가 고장이 나서 등이 계속 켜져 있었다.

결과적으로 프랑스에서 온 추방자들은 줄을 선 채 대기하다가 트럭이 철로 앞에 다다르는 모습을 똑똑히 보게 되었다. 트럭은 철로를 건너가려 했지만, 적재함이 너무 무거워 전진하지 못했다. 하차장에 모인 사람들은 환한 조명 아래 트럭이 앞으로 나아가려다가 결국 뒤로 밀려나는 모습을 지켜보았다. 전진하려 애쓰는 동안 차량은 마구 요동쳤다. 그러자 트럭 위의 시신들 역시 흔들리기 시작했다. 결국 시신의 팔다리가 생명이 다한 나뭇가지처럼 트럭 옆으로 스르르 흘러내리는 모습이 노출되고 말았다. 팔들이 섬뜩한 작별 인사를 건네는 것만 같았다.

프랑스 유대인들은 겨울 외투를 꽁꽁 싸맨 채 반사적으로 울음을 터뜨렸다. 수십 구의 시체가 쓰레기처럼 쌓여 있는 모습을 본 사람들의 집단적인 흐느낌이었다. 울음소리에는 절망 역시 담겨 있었다. 눈앞에 놓인 참혹한 광경이 자신들의 운명을 예고한다는 사실을 이해했기 때문이다.

잠깐이지만 발터는 지금이 자신이 기다리던 순간일지 모른다고 생각했다. 통제 불능의 혼란을 야기할 집단 히스테리의 현장 말이다. 파리, 마르세유, 니스 등 각지에서 온 유대인들이 혹시 그들을 붙잡아 온 자들에게 대들고 일어나 대체 무슨 일이 벌어지고 있는 거냐고 대답을 요구하지는 않을까? 그중에서도 가장 힘이 센 사람들이 SS에게 달려들어 한 명이라도 압도하고 어쩌면 총을 빼앗을 수 있지는 않을까? 나치가 다시 통제권을 잡으려고 애쓰는 동안 아수라장이 벌어질 텐데 혼란을 틈타 누군가 어둠 속으로 도망칠 수 있지는 않을까? 어쩌면 그 도망자가 방금 막 끌려온 유대인일 수도, 카나다의 노역자일 수도, 발터 자신일 수도 있었다.

하지만 트럭은 또다시 전진을 시도했다. 엔진이 부르릉 소리를 내고 스프링이 삐걱거리며 결국 트럭이 철로를 넘어갔다. 트럭은 조명을 벗어나 밤의 어둠 속으로 사라졌다. 그와 함께 애도와 충격이 담긴 소음도 잦아들었다. 울음소리가 멈추고 다시 고요가 찾아왔다.

고작 3~4초 만에 증발한 순간이었다. 그 짧은 순간에 하차장에 서 있던 유대인들은 심연을 들여다보았다. 발터는 그들을 가만히 관찰했다. 수용소 사람들에게는 일상인 밑바닥 삶을 알지도 못한 채 고단한 여정에 지친 그들은 부단히 스스로를 가다듬었다. 그들은 마치 트럭이 조명 때문에 생긴 눈속임이라고, 자신이 아는 세계에서는 존재할 수도 없는 신기루라고 믿는 것처럼 행동했다. 나치가 아니라 자신의 눈이 거짓을 말하는 것이라고 결론지었다.

그래서 그날 밤은 물론 다른 어느 날의 밤에도 반란은 일어나지 않았다. 그날 기차에서 내린 프랑스 유대인들은 명령대로 줄을 섰다. SS 장교의 손가락이 왼쪽이나 오른쪽으로 가리키면 그대로 움직였다. 왼쪽으로 보내진 사람들은 조용히 가스실로 나아갔고 대부분 한 시간 내에 죽음을 맞이했다.

하지만 그 짧은 흐느낌조차 발터에게는 희망이 되었다. 속임수의 장막을 걷어 내기만 한다면 사람들이 반사적으로라도 반응할 것임을 눈으로 확인했기 때문이다.

발터는 자신이 앞으로 내릴 모든 결정을 뒷받침할 튼튼한 신조를 세우게 되었다. 지식과 무지, 진실과 거짓 사이의 차이가 곧 삶과 죽음을 가르는 차이라는 신념이었다.

이때부터 발터는 분명히 깨달았다. 유대인들이 죽음의 수용소에서 맞이할 운명을 거스르려면 일단 그 운명에 대해 늦기 전에 명확히 알아야만 한다는 사실을. 그러므로 발터는 어떻게든 이곳을 벗어나 세상에 무슨 일이 일어나고 있는지 알려야만 했다. 이때는 미처 몰랐지만 발터는 곧 자신의 사명을 도울 사람들을 만나게 될 것이었다.

## 11장

# 비르케나우

만남을 주선한 것은 이였다. 티푸스를 옮기는 이 말이다. 1942년 8월 말에 선별 작업을 거쳤음에도 티푸스는 잠시 멈췄을 뿐이었다. 불과 몇 주 뒤 티푸스가 다시 돌았다. 야코프 프리스가 매의 눈을 뜨고 지켜보고 있는데도 수용자들이 비틀거리며 간신히 서 있었던 것을 보면 역병이 다시 창궐한 게 분명했다. 하차장에서 특임대로 일하면서 음식을 챙긴 덕분에 영양 상태가 비교적 괜찮았던 발터조차 어지럼증을 느꼈다. 아우슈비츠에 술을 몰래 들여와 마시기라도 한 것처럼 걸음걸이도 불안정했다. 발터와 친구 요제프는 며칠간 숨어 지내야겠다고 판단했다. 일단 선별 테스트를 피해야 의무실에 가지 않을 수 있었기 때문이다. 의무실에서는 SS 의사들이 매주 월요일과 목요일에 별도의 선별 과정을 거쳐 부적합한 자를 가려냈기에 거기에 간다는 것은 이른 죽음을 의미했다.

발터와 요제프는 티푸스가 창궐한 뒤로 수용소 곳곳에 설치된 구급차 정거장 중 한 곳에 자진 신고를 했다. 그곳에서는 노역자에게 하루나 이틀 정도 휴가를 줄 권한이 있었기 때문이다. 둘은 자신들이 나치 시스템을 잘 이용했다고 생각했다.

하지만 둘의 순진한 생각은 어마어마한 위험으로 이어졌다. 사실 발터와 요제프는 자기도 모르는 사이에 호랑이 굴에 발을 들여놓은 것이나 다름없었다. 프리스가 해야 할 일을 대신 해 줬기 때문이다. 다행히 발터의 삶에서 타이밍을 딱딱 맞춰 나타나던 친절의 손길이 이번에도 발터를 도운 덕에 그는 자신의 과오를 알아차릴 수 있었다. 하루 휴무를 얻도록 명부에 등록해 준 폴란드인 잡역부에게 고마움을 표하러 갔는데 거기서 진실을 들은 것이었다. 그의 말에 따르면 이름을 올려놓은 병원에 갔다가는 페놀을 주입받고 죽을 운명이었다. 그는 왜인지 모를 자비를 베풀어 발터의 이름을 명단에서 빼 줬다.

발터는 이 사실을 알려 주기 위해 요제프를 찾아갔다. 하지만 마이다네크부터 부나에 이르기까지 발터의 동료로 지낸 요제프는 오랜 친구의 말을 들을 생각이 없었다. 요제프는 오히려 발터가 속고 있는 거라며 명단에 이름을 올리는 게 더 안전하다고 말했다. 이내 요제프의 판단이 틀렸음이 드러났다. 때가 되자 요제프는 티푸스 보균자라는 낙인이 찍힌 수용자들과 함께 끌려갔다. 나중에 들은 바로 요제프는 의사가 놓은 주사를 맞고 죽지는 않았다고 했다. 최후의 순간에 그는 카포를 격렬히 떼어 낸 다음 철조망을 향해 달려가다 총을 맞고 죽었다. 비참한 결말이었지만 요제프 에르델리는 오래전부터 발터와 함께 이야기했던 꿈에 진심이었다. 그는 탈출을 열망했다.

티푸스 증상이 점점 심해졌기에 발터에게 애도할 여유 따위는 없었다. 그래서 발터는 한동안 4동에서 납작 엎드려 지냈다. 하지만 언제까지나 다른 이들이 자신을 두둔해 주리라 기대할 수는 없었다. 하차장에서 일하기에는 몸이 심히 약해진 상태였지만 카나다에는 눈에 띄지 않게 몸을 숨길 수 있는 장소들이 더러 있었다. 문제는 걷기도 힘든 몸으로 프리스의 감시를 피해 그곳에 왔다 갔다 해야 한다는 점이었다. 하지만 동료 둘이 기꺼이 발터의 팔을 하나씩 붙들고 부축해 카나다까지 데려다줬다. 상급 분대 지도자 근처를 지날 때만 손에 힘을 풀고 발터가 혼자 힘으로 몇 야드를 걷게 했다. 물론 발열에 탈수 증세까지 있어서 열 걸음을 내딛는 것조차 큰 힘이 들었지만 어쨌든 발터는 해냈다.

카나다에 도착하면 동료들은 발터를 옷을 분류하는 창고로 데려갔다. 일전에 발터가 카포 대신 훔친 물건을 비밀 연인에게 배달해 준 장소였다. 그 연인은 발터의 희생을 기억했기에 발터가 그곳에 숨어 지낼 수 있도록 허락해 줬다. 정말 창의적인 은신처였다. 젊은 여성들은 낡은 옷을 높이 쌓은 곳 꼭대기로 발터를 올려 주었다. 옷이 깔려 있다 보니 병원 침대처럼 부드러우면서도 충분히 높아 시야에 들어오지도 않았다. 여성 노역자들은 열을 내려주는 알약과 설탕이 든 레모네이드도 가져다줬다.

발터는 이 임시 치료소를 사흘 동안 왕래했지만 충분하지 않았다. 증상이 호전되지 않았고, 몸무게도 42킬로그램밖에 나가지 않았다. 이번 티푸스는 물론 비글렙에게 두들겨 맞은 뒤 충분한 마취 없이 받았던 수술 때문에 대가를 톡톡히 치르는 중이었다. 청년의 활기는 사라지고 없었다. 이제 발터는 걷는 것은 고사하고 움직이지도 못했다. 죽어 가고 있는 게 확실했다.

지푸라기라도 잡으려면 반드시 의학적 치료가 필요했다. 그러려면 다시 4동 건물로 돌아가 종일 쉬어야 했다. 애초에 발터와 요제프를 카나다에 꽂아 주었던 슬로바키아 출신 치과 의사 라코는 발터의 인간 목발 역할을 해 준 데 더해 알맞은 약도 찾아 줬다. 게다가 의무실에서 일하는 잡역부를 막사로 데려와 그 약을 주사로 놓게 마련해 줬다.

발터나 라코처럼 잡역부도 슬로바키아 출신으로 이름은 요제프 페르버Josef Farber였다. 밤마다 땀을 뻘뻘 흘리고 헛것을 보느라 고생한 발터는 그의 목소리를 듣는 것만으로도 안심이 됐다. 그래서 머리가 희끗희끗해 나이가 들어 보이지만 실은 30대인 페르버가 주사 놓을 준비를 하면서 이런저런 질문을 건네는데도 발터는 딱히 생각을 거르지 않고 대답을 쏟아 냈다. 자신이 수감자 44070번이 될 때까지 겪었던 일들을 마이다네크, 노바키, 부다페스트, 트르나바 이야기까지 다 털어놓았다. 극도로 취약한 상태에 자신을 도와줄 사람을 간절히 찾다 보니 경계심을 완전히 내려놓았다.

그러자 페르버도 자기 이야기를 약간 털어놓았다. 그는 스페인 내전 당시 국제여단 편에 서서 싸웠다고 한다. 게다가 발터가 말한 헝가리 사회주의 단체와도 협력한 적이 있었다.

그때 발터는 티푸스와의 싸움에서 질까 봐 겁이 난다고 고백했다. 카포 대리인은 물론 4동 서기인 에른스트 부르거Ernst Burger의 인내심도 결국은 바닥이 날 터였다. 발터의 뒤를 무한히 봐줄 수는 없었다. 페르버는 발터가 불안해하지 않도록 달래 줬다. 특히 카포 대리인들이 스페인의 반파시스트 전투에 참전한 용사들이라는 말을 덧붙였다. 부르거 역시 "우리 중 하나"라고 말했다.

고열과 통증 때문에 몽롱하다 보니 페르버의 말을 이해하는 데 한참이 걸렸다. 우리라고? "우리"가 누군데? 마침내 이해가 되자 발터는 이 황량한 곳에 도착한 뒤로 한 번도 느끼지 못한 환희를 맛보았다. **우리**라니! 그 말은 아우슈비츠에 지하 조직, 즉 저항 세력이 있다는 뜻이었다. 게다가 페르버는 **우리**라는 짤막한 단어 하나만으로 열여덟의 발터 로젠베르크가 그 세력 안에 들어간다고 방금 막 공언한 셈이 아닌가?

의도를 잘못 읽은 게 아니었다. 발터는 정말로 저항 세력에 초대를 받았다. 비록 나이는 어렸지만 비글렙의 구타에도 침묵을 지킨 일 덕분에 발터는 수용소 내에서 강단 있는 녀석으로 정평이 나 있었다. 피부가 떨어져 나가는데도 입을 열지 않았다면 다른 고문에도 굴하지 않으리라 기대할 수 있었다. 저항 세력의 일원이 될 자격이 있는지 판단하는 데 그만한 신임장은 없었을 것이다.

이때 이후로 발터가 수용소 내에서 차지하는 위치가 달라졌다. 이제 발터는 지하 조직의 보호를 받았다. 물론 수용소 전체를 아우르는 단일한 조직이 존재하는 것은 아니었다. 민족주의 정당의 당원들끼리, 노동조합의 조합원들끼리, 스페인 전쟁에 참전한 같은 부대원끼리, 동료 민주주의자나 공산주의자끼리 비밀리에 갖가지 조직을 형성했다. 아직 어린 발터에게는 그러한 활동 이력이 없었다. 다만 오스트리아 출신 마르크스주의자들은 발터가 빈에서 온 사촌 형 막스랑 연줄이 있는 것을 알고는 관심을 보였다. 니트라 시절 할아버지의 애정을 놓고 발터와 경쟁을 벌였던 막스가 나중에 오스트리아 공산당에 들어가 활동한 적이 있었는데 당원들이 그 막스를 기억해 낸 것이었다. 어쨌든 중요한 사실은 의약품을 카나다에서 빼돌려 관리하는 의료인이 발터를 인정해 준 것은 물론 회복에 도움이 되도록 여분의 식량까지 배급해 줬다는 점이었다. 전부 페르버와 그 동료들이 마련해 준 혜택이었다. 발터의 새로운 지위를 가장 명백히 보여 주는 증표는 4동 건물의 카포 대리인들이 발터를 돌봐 준다는 사실이었다. 만약 발터가 한밤중에 변소를 가고 싶으면 카포 대리인 중 한 명이 침상에서 일어나 발터를 변소까지 데려다 줬다.

합리적이게도 저항 세력은 카나다 부대원들의 보금자리인 4동 건물에 깊이 뿌리를 박고 있었다. 그들만이 지하 조직이 기능하는 데 필요한 자원에 접근할 수 있었기 때문이다. 카나다로 들어오는 수많은 필수품과 사치품은 누군가의 호의를 사거나 상관의 묵인을 이끌어 내는 데 이용할 수 있었다. 비밀 조직망을 구축하려면 반드시 선행되어야 하는 일이었다. 아우슈비츠의 저항 세력이 조직될 수 있었던 이유는 그들이 "조달"을 해낼 수 있었기 때문이었다.

더군다나 카나다 사람들은 카나다의 재물에 현혹되어 찾아온 나치 대원들에게 영향력을 행사할 수도 있었다. SS 대원들이 얼마나 부패에 찌들어 있으며 얼마나 쉽게 돈에 이끌리는지는 발터도 두 눈으로 직접 확인했다. 트렁크 가방에 가득 들어찬 현금이 과연 몽땅 제국은행으로 들어갈까? 그럴 리가 없었다. 그중 일부는 수송을 맡은 독일인들의 주머니 속으로 들어갔다. 그와 같은 소소한 절도 행위를 목격한 저항 세력 일원들은 그 지식을 활용해 나치 상관을 협박하는 법을 깨우쳤다.

따라서 그들은 발터의 건강을 회복시킬 수단은 물론 발터에게 만만한 일자리를 찾아 줄 방법에도 접근할 수 있었다. 누구보다 오래 살아남은 데 더해 체코어와 슬로바키아어를 유창하게 말하고 독일어, 폴란드어, 러시아어도 수준급이며 심지어 헝가리어까지 조금 할 줄 아는 귀한 청년에게 갖은 수단과 방법을 동원하지 않을 이유가 없었다. 그래서 그들은 발터가 안경을 분류하는 일을 배정받도록 도왔다. 교사, 재단사, 제본업자, 시계공, 혁명가, 외톨이, 변호사, 시인, 엄마, 딸 등 수십만 명의 얼굴을 수놓던 안경이 무더기로 들어오면 발터는 그것들을 정리했다. 물론 안경의 주인들은 그곳에서 불과 몇 마일 떨어진 곳에 세워진 가스실에서 죽음을 맞이했다.

발터가 충분히 건강을 회복한 직후에는 카나다에서 의약품을 빼돌리는 일이나 지하 조직 수장의 메시지를 다른 수장에게 전달하는 일이 맡겨졌다. 발터는 기꺼이 맡은 일을 수행했다. 자신이 저항 세력이라는 거대한 기계 속의 작은 톱니바퀴 하나에 지나지 않을지라도 상관없었다. 아무리 사소한 임무일지라도 모이고 또 모인다면 저항 세력의 궁극적인 사명을 완수할 수 있을 것이었다. 그 사명이란 결국 전면적인 봉기를 일으켜 죽음 공장을 무너뜨리는 일이었다.

1942년 가을부터 수개월이 지나 겨울에 접어들었다. 발터는 아우슈비츠로 밀려드는 이송 인파를 계산하고 기억하기 위해 최선을 다했다. 비글렙 때문에 생긴 상처와 티푸스 증상으로부터 온전히 회복한 뒤로는 단지 생존에만 힘쓰는 게 아니라 새로이 결심한 목표, 즉 정보 수집을 위해 힘썼다. 아우슈비츠에서 정보가 가장 소중한 자원이라는 것은 자명해 보였다. SS가 정보를 숨기려고 얼마나 안달이 나 있는지 훤히 보였으니까. 그래서 발터는 본인의 소임을 아우슈비츠 살인 기계의 연구자로 정한 다음 죽음 공장에 대해 더 많은 지식을 쌓기 위해 주어진 기회를 전부 활용했다. 그래서 수용소 측에서 비르케나우에서 일할 자원봉사자를 찾을 때도 기꺼이 자원했다.

발터는 카나다 부대의 일원으로 트럭에 실려 비르케나우로 갔다. 그곳에서 죽은 이들의 옷이 가득 찬 마구간을 정리해야 했다. 문제는 거기까지 가는 경로였다. 그 경로에는 지름 6야드, 길이 6야드, 깊이 6야드의 개방형 화로 구덩이가 여러 군데 있었다. 구덩이들 때문에 겨울에도 공기가 따뜻할 정도였다. 주 수용소에서도 저 멀리 섬광이 올라오는 것은 보였지만 이제는 그 열기가 느껴질 만큼 가까이 다가가야 했다. 구덩이 옆으로 천천히 다가간 발터는 앞으로 영영 잊지 못할 광경을 목격하고 말았다.

인간이 지옥을 생각하면 떠올리는 환상이 물질적 현실로 현현한 것만 같은 광경이었다. 타버린 불구덩이의 바닥에는 사람의 뼈가 있었다. 사이사이에 불에 타지 않고 그을리기만 한 채 남아 있는 아이들 머리도 있었다. 나중에서야 발터는 아이들은 머리에 수분이 너무 많아서 쉽게 타지 않는다는 사실을 알게 되었다. 부모들 시체는 다 타 버렸지만 아이들 시체는 어느 정도 형체가 보존된 채 남아 있었다.

발터는 그 광경을 기억에 새겼다. 언젠가 그 이미지를 세상에 전달하려면 자신의 머릿속에 집어넣고 자물쇠를 채우는 것 말고는 달리 할 수 있는 게 없었다. 무시무시한 참상의 관객이 되어야 한다면 차라리 아예 증인이자 기자가 되겠다는 마음가짐이었다.

크리스마스가 지나가자 SS는 유대인 수용자들에게 독일 전통 크리스마스 캐럴인 〈고요한 밤〉을 배우고 부르게 강요했다. 제대로 부르지 못하는 사람은 죽였다. 비르케나우의 SS는 큰 크리스마스트리를 세웠고 크리스마스이브에는 수용자들을 밖으로 데리고 나왔다. 그들은 수용자들로 하여금 외투에 흙을 담으라는 무의미한 지시를 내렸다. 적게 담는다 싶으면 총으로 쐈다. 그러고 나면 다음 시체를 크리스마스트리 아래 선물처럼 쌓아 올렸다.

새해가 오면서 아우슈비츠의 핵심 인사인 비글렙과 프리스 사이에 알력 다툼이 있었다. 그 결과 카나다 부대가 비르케나우로 이전하기로 결정되었다.

1943년 1월 15일, 발터를 비롯한 수용자들은 새 막사로 행군하는 와중에 전과 다른 점을 바로 알아차렸다. 발터가 바라본 아우슈비츠 주 수용소는 깔끔하고 체계적이었으며 포장된 길과 붉은 벽돌 건물로 이루어져 있었다. 반면 비르케나우는 혼란스러운 난장판이었다. 습지에 세워진 데에다가 날씨에 취약한 목재 구조물로 이루어져 있었다.

당연히 사람이 거주하기에 부적합했다. 실제로도 이곳은 가축을 위해 지어진 곳이었다. 건축 자재는 독일군의 조립식 마구간 키트로, 군용 말의 거처를 마련하기 위해 신속히 조립할 수 있도록 설계되었다. SS는 수용자들을 가축처럼 취급하는 것을 즐기는 듯했다. 때로는 막사 바닥에 짚을 깔아 두기도 했다. 벽에는 가축을 묶어 둘 철제 고리가 달려 있었다. 본래는 한 마구간에 말이 51마리 들어가도록 설계되었지만 SS는 400명 이상의 유대인을 안에 집어넣었다. 천장에는 **정직하라, 질서는 신성하다, 위생이 곧 건강이다**와 같은 슬로건이 적혀 있었다. 특히 마지막 슬로건은 비르케나우의 비위생적인 환경을 고려하면 더 잔혹해 보였다. 원형 구멍이 여러 개 뚫린 긴 콘크리트 조각이 변소였고, 기다란 수로 하나가 세면대였다.

비르케나우의 학살 절차는 구조물만큼이나 주먹구구식이었다. 제2화장터, 제3화장터, 제4화장터, 제5화장터처럼 체계적으로 설계된 시설이 지어지기 전까지 SS는 농가 두 채를 개조해 마련한 임시 가스실에 만족해야 했다. 시신 처리 방법(처음에는 매장, 나중에는 화장)에도 별다른 청사진이 없었다. 트레블링카, 소비보르, 벨제츠 수용소와 달리 아우슈비츠-비르케나우 수용소는 산업 규모의 대량 학살을 위해 설계된 게 아니었기 때문에 나치는 즉흥적으로 계획을 세워야 했다.

그러나 비르케나우가 주 수용소보다 외관상으로는 조잡해 보일지라도 내부적으로는 더 잔인하고 혹독한 곳이었다. "민간인"이 가스실에서 즉각 살해당하는 경우를 빼놓고 수용자가 사망하는 경우만을 고려할 때 비르케나우의 사망률이 아우슈비츠의 사망률보다 훨씬 빠르게 솟구쳤다. 이미 막무가내의 살인 행위에 익숙해진 발터였지만 비르케나우에서는 살인이 거의 스포츠처럼 이루어지는 수준이었다. 실제로 카포들은 무젤만의 머리를 축구공처럼 차기도 했다. 몇몇 카포는 한 대만 때려서 수용자를 죽이는 경쟁을 벌였다. 한 번은 수용자가 너무 아파서 일을 하지 못하자 두 명의 카포가 그를 땅에 눕힌 채 목에 철봉을 올린 다음 하나, 둘, 셋을 세면서 양쪽 끝을 밟아 목을 부러뜨렸다. 수용소 전역에 걸쳐 막사 앞에는 진흙으로 뒤덮인 막대기처럼 보이는 시체들이 쌓여 있었다. 비르케나우에는 시체 썩는 냄새가 진동했다.

그러나 이 진흙 아래에도 지하 조직이 존재했다. 발터는 몇몇 이름을 대는 것에 더해 페르버가 구두로 전한 소개장을 제시했다. 결과적으로 발터는 비르케나우 저항 세력의 실질적 지도자인 다비드 슈물레브스키David Szmulewski를 만났다. 스페인 국제 여단 참전 용사이자 시온주의자이자 급진주의자인 슈물레브스키는 불법 이민자 신분으로 팔레스타인에 갔지만 영국 당국에 의해 쫓겨난 인물이었다. 그는 발터가 저항 운동 지도부 일원들에게 소개할 만한 존재라고 판단했다. 얼마 지나지 않아 발터는 아우슈비츠 안팎 누구도 거의 알지 못하는 세계로 인도되었다.

저항 세력은 그들의 영향력(뇌물과 협박)을 활용해 여태까지 초록 삼각형을 단 전과자 카포에게만 주어졌던 직위를 얻었다. 각 동의 대장과 서기는 점차 빨간 삼각형을 단 정치범으로 채워졌다. 그처럼 운이 좋은 사람들은 약 80퍼센트 정도가 비유대계 폴란드인으로 다른 수용자들에 비해 호화로운 생활환경을 누렸다.

발터가 보기에 이들의 삶은 귀족 같았다. 물론 그들의 방도 좁고 헐벗었지만 적어도 나머지 막사와는 구분되어 있었다. 그들은 일반 수용자들이 먹는 더러운 빵, 가짜 마가린, 묽은 수프 대신 제대로 된 음식을 먹었다. 이들은 공식적으로는 카포였지만 비밀리에는 저항 세력이었기에 작은 침실 중 하나에 모여 저녁 식사로 감자와 마가린 혹은 죽 한 그릇을 즐기면서 수준 높은 대화를 나누곤 했다. 트르나바 출신의 10대 청년 발터 입장에서는 그저 앉아서 대화를 듣는 것만으로도 특권처럼 느껴졌다. 그들은 카나다를 통해 유럽 최고의 진미를 쉽게 구할 수 있었음에도 상대적으로 검소하게 먹는 것처럼 보였기에 그들을 향한 발터의 존경심은 더욱 깊어졌다. 그들은 수용소 내 최고의 음식을 먹을 수 있었지만 지척의 동료 수용자들이 굶주린 가운데 음식 냄새를 맡을 수 있다는 생각에 비교적 소박한 식사를 선택했다.

발터는 보호받는 상태가 마음에 들었다. 지하 조직과 연줄이 있고 경험도 많았기에 초록 삼각형을 단 카포들에게서도 약간의 존중을 받을 수 있었다. 다시 하차장으로 복귀한 뒤에도 일하지 않는 날이면 비교적 자유롭게 수용소를 돌아다닐 수 있었다.

하지만 비르케나우의 엘리트 수용자들 사이에서 보호를 받게 되어 기쁘면서도 마냥 기뻐할 수는 없었다. 보호해 주는 것이 고마웠고 그들이 절제하는 모습도 존경스러웠다. 그러나 그들에 대한 의심의 싹이 튼 뒤 시들지 않았다.

어쩌면 자신이 하는 일 때문이었을지도 모른다. 발터는 나치의 최종 해결책을 대규모로 시행하는 광경을 코앞에서 보고 있었다. 이제 비르케나우에 살게 되면서 그 과정을 더 가까이서 볼 수 있었고 죽은 자들의 데이터를 수집하는 일도 더 쉽게 수행할 수 있었다. 특히 각 동의 서기와 친해지면서 자신이 알고 싶은 수치를 편하게 확인할 수 있었다. 아우슈비츠에서 가장 끔찍한 일을 맡은 특수부대 존더코만도에도 연락망이 있었다. 친구 필립 뮐러Filip Müller가 화장터에서 일하는 인부 중 한 명이었다. 필립은 SS가 소각을 위해 준비한 연료의 양만 보고도 각 교대마다 얼마나 많은 시체를 태워야 하는지 계산할 수 있었다. SS는 늘 연료를 딱 필요한 만큼만 제공했기 때문이다. 발터는 매일매일 숫자 하나하나를 머릿속에 암기했다. 수기로 남기지 않았을 뿐 그의 기억은 죽음 공장의 모든 데이터를 아울렀다.

하지만 학살 현장에 더 가까이 접근하게 된 발터는 세부적인 통계 수치 말고도 새로 접한 게 또 있었다. 막 이송된 사람들의 여정을 더 직접적으로 목격하게 됐다는 점이다. 발터는 그들이 가짜 샤워장으로 몰려가는 것을 지켜보았다. 와중에 자행되는 속임수와 그 효과 역시 두 눈으로 지켜보았다. 엄마들이 자식을 데리고 질서정연하게 줄을 서서 계단을 통해 지하로 내려가는 모습을 지켜보았다. 그러고 나면 다시는 그들의 모습을 볼 수 없었다. 그들은 나치의 거짓말을 믿었기에 예쁘게 줄을 서서 아우슈비츠 도살자를 향해 나아갔다.

진실을 세상에 알리겠다는 발터의 결심은 더 강해졌다. 비르케나우의 참상을 아는 사람은 응당 그 참상을 멈춰야 할 의무가 있었다. 발터는 저항 세력의 목표가 죽음의 공장을 완전히 중지시키는 것이리라 확신했다. 그런데 이제 자신의 확신이 틀릴지도 모른다는 생각이 들었다. 저항 세력의 목표는 발터의 생각과 다를지도 몰랐다.

그가 지켜본 바에 따르면 지하 조직은 일종의 상호 지원 단체로서 구성원의 복지를 향상시키는 데 초점을 맞췄다. 그 목표에 있어서는 분명 성공적이었다. 지하 조직은 뇌물과 협박이라는 수단을 효과적으로 사용해 조직의 보호 아래 있는 이들이 더 나은 물질적 환경은 물론 당국의 관용을 누릴 수 있도록 도왔다. 그러한 점에서 저항 세력은 나치 반대 성향을 지닌 노조 내지는 마피아에 가까워 보였다.

그러나 저항하겠다는 의지는 거의 드러나지 않았다. 학살 공장을 파괴하기 위해 혹은 학살 산업을 방해하기 위해 공격을 가하는 방식의 저항은 아예 나타나지 않았다. 어쩌면 발터가 순진한 것인지도 몰랐다. 발터가 알지 못하는 비밀 계획이 있을지도 몰랐다. 그러나 시간이 지나도 그 징후가 보이지 않았다.

분명 저항 세력은 아우슈비츠 강제수용소(죽음의 수용소는 아닐지라도) 내의 일상생활을 개선해 냈다. 1943년에 그들은 수용자를 겨냥한 일상적인 폭력을 줄이는 데 성공했다. 일상적인 구타, 고문, 살인은 확실히 줄어들었다. 통계학 꿈나무인 발터가 머릿속에 모은 데이터를 살펴봐도 그러한 변화가 뚜렷했다. 발터의 추산에 따르면 1942년 말에서 1943년 초 사이에는 비르케나우에서 매일 약 400명의 수용자가 죽었다. 그러나 1943년 5월까지 사망률은 급격히 감소했다. 지하 조직은 이를 큰 승리로 간주했다. 물론 날씨 변화도 영향이 있었을 것이다. 그래도 어쨌든 저항 세력은 몽둥이를 휘두르는 범죄자 카포의 지위를 위태롭게 만드는 데 성공해 그 자리를 독일 및 오스트리아 출신 정치범으로 대체했다. 이들은 SS로부터 같은 아리아인으로, 즉 인간으로 인정받았으며, 심지어 아우슈비츠의 지옥 속에서도 품위 있게 행동하려는 열망을 가지고 있었다. 그들은 강제수용소를 인간적으로 바꾸려 했고, 그 면에서만 보면 어느 정도 성과를 거뒀다. 하지만 발터가 끝없이 하차장에서 근무를 서며 확인했듯이 그들의 노력은 유럽 전역의 유대인을 조직적으로 말살하려는 나치의 계획을 막거나 늦추는 데에는 아무런 영향을 미치지 못했다.

사실 발터는 지하 조직이 교활하고도 부지런하게 행동하는 과정에서 오히려 나치의 대량 학살 계획을 간접적으로나마 도왔다고 믿기 시작했다. 만약 수용소에서 수용자가 1000명만 죽는다면 새로 이송된 유대인 중 그들을 대신할 사람도 1000명만 선발될 것이다. 바꿔 말해 더 많은 이들이 가스실로 행군하게 될 것이다. 저항 세력의 기지 덕분에 수용자의 삶이 개선되고 수명이 연장되면 그만큼 더 적은 "민간인"이 구제를 받는다는 뜻이었다.

게다가 발터는 SS가 가장 원하는 것이 질서와 평온이라는 사실을 이미 이해한 바 있었다. 학살 공장이 원활하게 운영되려면 질서와 평온이 꼭 필요했다. 그것을 위해 몇 가지 특권을 내주는 일쯤이야 나치에게는 사소한 대가였다. 그처럼 사소한 대가를 지불하고 얻은 질서정연한 강제수용소는 아우슈비츠 학살 사업을 든든하게 뒷받침했다.

발터는 아우슈비츠 수용소가 특별하다는 것을 이해했다. 이곳은 다른 강제수용소, 예컨대 마우트하우젠이나 다하우 수용소와는 달랐다. 왜냐하면 아우슈비츠는 죽음의 수용소 역할도 했기 때문이다. 다른 수용소에서는 정치범의 생존율을 높이려는 저항 세력의 고귀한 정책이 효과적일지 모르나 아우슈비츠 수용소에서만큼은 대량 학살 공장에 기름칠하는 역할만 했을 뿐이다. 물론 지하 조직의 혜택을 받았지만 10대인 발터의 눈으로 보기에도 지하 조직의 승리는 어딘가 암울한 구석이 있는 승리였다. 무엇인가 더 해야만 했다.

그러나 혼자 행동하는 것은 불가능했다. 자신이 살아 있는 것 자체가 오로지 지하 조직 덕분이었으므로 그들 없이는 탈출할 희망도 환상에 불과했다.

## 12장
## 그동안 좋았어요

발터는 한 해 중 가장 좋은 계절을 하차장에서 유대인들이 도착하는 모습을 지켜보며 보냈다. 그중 대부분은 다시는 보지 못할 얼굴이었다. 1943년의 여름, 이 시점의 발터는 아우슈비츠의 내부 사정이 어떻게 돌아가는지 더 자세히 알게 된 상태였다. 또다시 티푸스가 돌면서 비르케나우 지하 조직이 더 좋은 자리를 구해 준 덕분이었다.

티푸스가 다시 급증하면서 수용자들이 여태까지 비어 있던 비르케나우 BII 구역으로 이송되었고, 발터는 그중 D 구역(BIId)에 배정되었다. 각 구역만 해도 굉장히 커서 그 자체로 독립된 수용소처럼 보일 정도였다. 배치가 바뀌고 새로 수용자가 들어올 것이 예상되면서 인원수를 파악하는 서기들에게 보조 인력이 필요해졌다. 최근까지 폴란드인 수용자만 맡을 수 있던 특권

직책을 이제 유대인 수용자도 맡을 수 있게 된 것이다. 발터도 그런 변화의 혜택을 받았다. 그는 시체 안치소 서기인 알프레드 베츨러Alfréd Wetzler 밑에서 보조로 일하게 되었다.

발터는 프레드를 이미 알았다. 둘의 고향인 트르나바에서 그를 본 기억이 있었다. 발터보다 여섯 살 위인 프레드는 자신감 넘치고 자유분방하며 매력적인 인물이었다. 당시에는 여섯 살 차이가 큰 격차처럼 느껴졌기에 젊은 시절의 프레드는 발터를 전혀 눈여겨보지 않았다.

따라서 두 사람이 처음 대화를 나눈 것은 비르케나우의 시체 안치소에서였다. 발터는 지하 조직의 지도자인 슈물레프스키로부터 그가 알아 둬야 할 사람들을 소개받는 중이었다. 베츨러는 발터를 따뜻하게 맞이하며 그들이 떠나온 고향의 기억을 나누기를 원했다.

하지만 발터는 어딘가 불편했다. 대화가 300~400구의 시체가 열 줄로 깔끔하게 정리된 채 쌓여 있는 목제 건물 안에서 이루어졌기 때문이다. 베츨러는 조금도 동요하지 않은 채 시체를 건물 밖으로 옮기는 일을 감독하기 위해 잠시 자리를 비웠다. 그는 네 명의 폴란드인 수용자와 함께 일을 했다. 한 남자가 시체의 팔을 들어 올리고 문신에서 번호를 읽어내면 서기인 베츨러가 그것을 기록했다. 두 번째 남자는 시체의 입을 벌려 금니가 있는지 확인한 뒤 금니가 있으면 집게로 뽑아 캔에 던졌다. 금니가 잇몸에 붙은 채 떨어져 나오면 잇몸 살점이 캔에 들어가기도 했다. 다른 두 남자는 시체의 사지를 잡고 트럭 적재함으로 던졌다. 모든 과정이 서둘러 진행되도록 프레드 베츨러가 주시했다.

첫 만남이 그처럼 끔찍한 배경을 뒤로하고 있었음에도 발터는 자주 그곳을 찾아갔다. 그는 프레드랑 커피를 마시며 고향은 물론 잃어버린 모든 것에 대해 이야기했다. 프레드 역시 존더코만도에서 세 형제를 잃었다. "특수 임무 부대"의 기대 수명은 아우슈비츠 치고도 매우 낮았다. 정보가 새어 나가지 않도록 SS가 주기적으로 수용자들을 처리했기 때문이다. 그처럼 슬픈 이야기를 듣고도 발터는 프레드의 작은 사무실을 자주 찾았다. SS가 시체 안치소 냄새를 싫어했기 때문에 그곳에서는 방해받을 일이 거의 없었고 그곳은 피난처이자 은신처 같은 곳이 되었다.

그러다 보니 발터는 프레드의 보조로 일하게 된 것 또한 매우 기쁘게 여겼다. 마치 승진한 것처럼 좋았다. 발터는 지하 조직이 자신을 그곳에 배치한 이유를 알 것 같다고 생각했다. 이곳에서 귀중한 정보를 더 많이 얻어 상부에 전달하는 게 목적이라고 보았다. 그러나 발터의 새로운 상관인 프레드는 이번 임명을 다른 시각으로 바라보았다. 그는 발터가 하차장에서 수개월 동안 노역을 하다 공포에 사로잡혀 거의 무너질 뻔한 것을 지하 조직도 알아차리고 발터를 최전선에서 빼내기로 결정한 것이라 판단했다.

새로운 배치 결과에 만족한 조직은 6주 만에 발터를 정식 관리인으로 승진시켰다. 이제 발터는 새로운 수용자들이 임시로 격리되는 공간인 BIIa 구역을 맡아 그곳에서 수집한 정보를 전부 저항 세력 측에 공유함으로써 BIId 구역과의 연결고리 역할을 했다. 발터는 두 구역 사이를 오가는 전달자가 됐다.

새로운 임무 덕에 생긴 명확한 이점 하나는 자유로운 이동이 가능했다는 점이다. 발터는 서류를 가지고 다니는 척하며 수용소를 자유롭게 돌아다닐 수 있었다. 이는 그의 지하 활동에 도움이 되었을 뿐만 아니라 그의 삶 자체도 더 견딜 만하게 만들었다. 물론 자유롭게 돌아다니는 곳이라고 해 봐야 학살 현장이었지만 일반 수용자들보다는 나은 처지였다.

발터는 점점 일반 수용자들과 달라 보이기 시작했다. 이제는 굶주릴 일도 없었고 건강도 회복했다. 수용소에 오기 전 늘 외모를 신경 썼던 발터는 이제 옷도 원하는 대로 고를 수 있었다. 줄무늬 바지를 벗고 승마 바지와 반짝이는 검은 부츠를 신을 수 있었다. 머리는 깎였지만 모자를 쓸 수 있었다. 규정상 줄무늬가 그어진 윗옷은 벗을 수 없었지만, 재단사로 일하는 수용자에게 맞춤 제작을 의뢰할 수는 있었다. 발터처럼 특혜를 받는 자들은 더 좋은 옷을 입을 수 있었고 가슴 주머니도 달 수 있었다.

그러나 발터가 새 일을 시작하며 가장 중요하게 생각한 변화는 정보에 더 가까워졌다는 점이었다. 발터는 1943년 6월 8일 이후로 수용소에 새로 들어온 수용자의 얼굴을 하나도 빠짐없이 보았다고 확신했다. 그때가 격리 수용소인 BIIa 구역의 **슈라이버**Schreiber로 배정을 받은 날이었기 때문이다. 비록 발터는 더는 하차장에서 일하지 않았지만 여전히 가스실로 향하는 사람들의 머릿수를 기록하는 게 가능했다. 이는 순전히 위치 덕분이었다. BIIa는 정문과 가장 가까운 구역인 데에다가 BIIa를 구성하는 마구간 키트 중 발터가 머무르는 15번 칸은 정문으로부터 40~50야드밖에 떨어져 있지 않은 두 번째 칸으로 정문까지 시야가 탁 트여 있었다. 유대인들을 제2화장터와 제3화장터로 실어 나르는 트럭 행렬은 바로 그 문을 통과했다. 꽤나 장관이었다. 사이드카에 기관총 사수가 배치된 오토바이 호위대가 행렬을 에스코트했다. 누군가가 트럭에서 뛰어내릴 생각이라도 하면 곧바로 대응하기 위해서였다. 행렬이 제4화장터와 제5화장터로 향하는 경우에도 트럭은 발터의 막사 바로 앞 도로를 지나게 되어 있었다. 낮에는 트럭이 지나갈 때마다 한 대씩 세면서 하차장에서 본 비율(한 대당 100명)로 곱하면 그만이었다. 밤에는 귀를 기울이고 있으면 각 트럭이 덜컹거리며 지나갈 때마다 막사 역시 덜컹 흔들렸다. 그 덜컹이는 횟수만 세면 낮이랑 같은 방식으로 이송된 인원을 계산할 수 있었다.

발터가 맡은 직책은 제한적이나마 수용소를 돌아다니며 조사할 기회를 가져다주었다. 보통은 거의 아무에게도 주어지지 않는 기회 덕에 발터는 수용소 전체 상황을 기억에 새길 수 있었다. 그는 여러 차례 제4화장터와 제5화장터 사이 지역으로 가서 그곳에서 사람들이 가스실로 끌려가는 광경을 지켜보았다. 그는 자신이 확인한 사실을 숫자와 함께 머릿속에 매일 더해 갔다. 이제는 추측에 의존할 필요가 없었다. 애초에 서기로서 매일 보고서를 작성해야 하는 의무가 있었기에 아우슈비츠로 이송된 사람들에 관한 1차 정보를 계속 접할 수 있었다. 여기에는 수석 기록관이 보관한 정보도 포함되어 있었다.

본인은 몰랐겠지만 발터는 일련의 사건들과 행운들 덕분에 아우슈비츠의 작동 방식에 대해 포괄적이고도 전문적인 지식을 습득했다. 발터는 아우슈비츠 주 수용소(제1수용소), 비르케나우 수용소(제2수용소), 부나 노역장(제3수용소)에서 살고 일해 보았다. 또한 자갈 채취장, DAW 단지, 카나다에서도 일했다. 발터는 수십만 명이 조직적으로 학살당하기 전 선발 과정을 가까이서 지켜본 증인이었다. 수많은 저항 세력, 카포와 가까이 지냈다. 수용소의 정확한 구조는 물론이고 얼마나 많은 사람들이 기차를 타고 아우슈비츠에 들어왔고 얼마나 많은 사람들이 굴뚝의 연기가 되어 사라졌는지 그럴싸한 추정치를 내놓을 수 있었다. 발터는 이 모든 지식을 기억에 새겼다.

여태까지 발터는 이 극악무도한 장소와 이 안에서 벌어지는 참상에 관한 지식만이 악을 저지할 유일한 무기라고 확신했다. 사람들이 자신의 운명을 알게 되면 운명을 바꿀 수도 있으리라 믿었다. 하지만 그의 신념은 곧 흔들렸다.

전문가라 할 만한 발터에게도 아우슈비츠-비르케나우 수용소는 여전히 불가사의한 공간이었다. 이곳의 중심에는 아득한 어둠의 블랙홀이 자리 잡은 듯했다. 변소가 부족하고 밤에는 통행이 엄격히 금지됐기에 일반 수용자들은 상처가 감염될 위험이 있더라도 침상에 소변을 보거나 식사용 그릇에 대변을 보아야만 했다. 영아 살해는 일상이었다. 아우슈비츠에서는 출산이 금지되었지만 초기 임신 상태에서 선별 과정을 통과한 여성들도 있었기 때문이다. 일부는 유산을 유도했지만 아이를 만삭까지 품는 이들도 있었다. 하지만 그랬다가는 산모도 태아도 죽은 목숨이었다. 나치의 선발 원칙에 따르면 어린 자녀를 둔 엄마는 사형 대상이었기 때문이다. 출산 후 일주일 내로 엄마와 아기는 가스실로 보내졌다. 의료 담당 수용자들은 엄마의 생명이라도 구하려면 아기의 숨을 끊어야 한다고 판단했다. 실제로 아우슈비츠에서 태어난 아기는 찰나의 삶을 누리다 독살로 생을 마감했다. 기록은 절대 남기지 않았다. 아기는 존재 자체가 지워졌으며, 슬픔에 잠긴 어머니는 다시 노동에 적합한 상태로 출근해야 했다.

하지만 이따금 그와 같은 심오한 어둠을 뚫고 기이한 빛줄기가 비치기도 했다. 1943년 9월에 도착한 이송 열차가 바로 그런 예였다. 열차에서 내린 사람들은 테레지엔슈타트 수용소 겸 게토에서 아우슈비츠로 이송된 5000명의 체코 유대인들로, 발터의 옆 구역인 BIIb에 배정되었다. 그런데 그들은 젊은 사람, 늙은 사람, 아픈 사람을 골라내는 선별 과정을 거치지 않았다. 가족이 엄마, 아빠, 자식 모두 함께 지낼 수 있었다. 심지어 그들은 자기 옷을 그대로 입고 있었고 머리카락도 밀지 않았다. 짐도 빼앗기지 않았다.

여정은 순조로웠고 SS 장교들은 성심껏 그들을 새로운 숙소로 안내했다. 어른들에게는 과일을, 아이들에게는 사탕을 나누어 줬고 인형을 꼭 쥔 아이들의 머리를 쓰다듬었다.

발터를 비롯한 수용자들은 충격에 입을 다물지 못하고 지켜보았다. 아우슈비츠의 물리 법칙이 뒤집히기라도 한 것일까? 죽음의 왕국에 어째서 이렇게나 많은 생명이 들어올 수 있을까?

기존 수용자들 중 더 많은 사람들이 이 사실을 알게 될수록 혼란은 가중됐다. 새로 이송된 사람들을 등록하는 것은 서기의 몫이었기에 발터가 명단을 확인하다 곧바로 이상한 점을 하나 알아차렸다. 발터와 프레드는 아우슈비츠의 번호 체계를 이미 직관적으로 파악했기에 셔츠에 꿰매진 숫자나 팔에 새겨진 숫자만 봐도 죄수의 출신 국가나 입소 날짜를 알 수 있었다. 숫자에는 정해진 규칙이 있었기에 식별 가능한 순서대로 올라갔다. 그러나 소위 **파밀리엔라거**Familienlager, 즉 가족 수용소의 수용자들에게는 그런 규칙과는 전혀 무관한 번호로 문신이 새겨져 있었다. 각 수용자의 등록 기록 곁에는 "6개월 격리 후 특별 처리"라는 문구가 붙어 있었다.

격리는 익숙한 개념이었다. 새로운 수용자들은 수용소 생활에 들어가기 전에 격리되었다. 하지만 "특별 처리"가 의미하는 바는 단 하나였다. SS가 가스실에 보내 학살하는 과정을 돌려 말하는 완곡어였다.

아무것도 말이 되지 않았다. 어째서 가족들을 6개월 동안 살려 두고 나서 죽이려 하는 것일까? 왜 평소의 규칙을 따르지 않고 그들을 부드럽게 대하는 걸까?

물론 SS는 시간이 허락하는 한 가스실로 보낼 사람들이 도착했을 때 친절하게 대하는 척하는 것을 좋아했다. 하지만 이는 첫 만남의 속임수와는 양상이 전혀 달랐기에 혼란이 더 깊어졌다.

5성급 서비스가 날마다, 주마다 이어진 것이다.

  물론 상대적으로 보았을 때 이야기다. 바깥세상의 일상에 비하면 가족 수용소의 환경 역시 혹독했기에 5000명 중 5분의 1이 도착한 지 몇 달 만에 사망했다. 그럼에도 가족 수용소 대장이 초록 삼각형을 찬 카포인 것을 제외하고는 가족 수용소의 모든 관리직(각 동의 대장이나 작업반의 책임자 등)은 유대인, 특히 테레지엔슈타트 수용소 겸 게토 출신 베테랑들이 맡고 있었다. 아우슈비츠의 다른 구역과 달리 BIIb의 유대인들은 자치권을 허락받았다는 뜻이다.

  그래서 발터를 비롯한 기존 수용자들은 BIIb 사람들이 음악회나 연극은 물론 아이들 수업까지 유대인식으로 활기차게 즐기는 광경을 경외감에 사로잡혀 지켜보았다. 철조망을 기준으로 한쪽에는 죄수복 차림을 한 대머리의 야윈 BIIa 수용자들이 멀뚱히 서 있었고, 반대쪽에는 파릇파릇한 청년부 지도자들이 책에서 외운 내용을 가지고 유럽 역사와 문화, 테르모필레 전투와 도스토옙스키의 소설을 가르치고 있었다. 파밀리엔라거에는 아이들에게 〈환희의 송가〉를 가르치는 합창 지휘자까지 있었다. 유대인을 잿더미로 만드는 화장터에서 몇 백 야드도 떨어지지 않은 곳에서 인류애를 찬양하는 노래가 울려 퍼졌다.

  수수께끼 같은 5000명이 도착한 지 나흘 뒤 열아홉 살이 된 발터에게는 학살 현장 한가운데서 느껴지는 생명력의 기이함만 경이로운 것은 아니었다. 그의 관심은 더 세속적인 데 가 있었다. 발터를 비롯한 BIIa의 남자들은 자신들처럼 야윈 몸이 아니라 부드럽고 풍만한 몸을 지닌 젊은 여성들의 모습에 경탄하지 않을 수 없었다. 그들은 단지 철조망 하나만을 사이에 둔 채 지척에 있었다.

그렇게 철조망 너머로의 밀회가 시작되었다. 처음에는 그저 바라볼 수밖에 없었다. 트르나바 시절에는 어린 게르타 시도노바에게 세상을 다 아는 듯이 굴면서 솜털 모자를 쓴 여자애랑 어울리기에 자신은 지나치게 성숙하다고 말했다. 하지만 사실 발터는 아직 소년인 상태로 마을을 떠났고 시간이 지난 지금도 여전히 소년으로 남아 있었다. 아우슈비츠가 발터를 강인하게 만들었고 인간 영혼의 심오함을 가르친 것은 사실이었다. 하지만 그와 동시에 발터를 청소년기에 꽁꽁 가둬 두기도 했다. 발터는 살아남느라 정신이 없었고 병이나 죽음에 시달리지 않을 때는 탈출할 생각에 사로잡혀 있었다. 성이나 로맨스에 대해서는 아는 게 없었다.

그럼에도 발터는 여느 BIIa의 남자들처럼 사랑에 빠졌다. 그녀의 이름은 알리시아 문크 Alicia Munk*로 BIIb의 청년부 지도자 중 한 명이었다. 발터보다 세 살 많은 알리시아는 큰 키부터 까만 머리칼까지 헤아릴 수 없을 만큼 아름다워 보였다.

둘은 천천히 서로를 알아갔다. 알리시아는 프라하 북쪽 마을의 삶에 대해 이야기했고 발터는 자신이 여기에 오기까지 겪은

---

\* 루돌프의 회고록에서는 주로 영어식 이름을 사용하기 때문에 그녀의 이름이 "앨리스"라고 나온다. 실제 이름이 "알리시아"임을 저자에게 알려준 사람은 게르타 브르보바였다.

여정을 이야기했다. 둘은 입맞춤은커녕 손끝조차 닿을 수 없었다. 둘 사이를 철조망이 가로막고 있었기 때문이다. 하지만 철조망을 사이에 둔 채 매일 이어진 대화 속에서 발터는 자신의 마음이 녹아내리는 것을 느꼈다.

발터의 지하 활동은 더욱 활발해졌다. 한 가지 이유는 저항 세력이 아우슈비츠에 들어온 어린아이들에게 귀중한 자원을 돌리기를 원했기 때문이다. 1943년 12월, 이번에도 5000명의 테레지엔슈타트 출신 유대인들이 이송되면서 수요가 더욱 증가했다. 이번에도 아빠, 엄마, 자식이 함께였다.

그러나 이 모든 노력에 그림자를 드리우는 사실이 있었다. 발터 본인도 확인했지만 수용자 명부에 "6개월 격리 후 특별 처리"라는 문구가 적혀 있다는 점이었다. 가족 수용소에는 마감일이 존재했다. 1943년 9월 8일에 도착한 가족들은 1944년 3월 8일에 죽을 예정이었다. 이런 면에서 SS가 약속을 어긴 적은 거의 없었다.

마침내 3월의 마감일이 다가오자 갑작스러운 변화가 생겼다. 일단 나치는 BIIa 구역에서 일반 수용자들을 내보내 발터 같은 영구 직원만 남겼다. 빈자리에는 옆 구역의 가족들이 들어왔다. 이게 무슨 의미를 지니든 발터 입장에서는 기뻐할 수밖에 없었다. 그중에 알리시아 문크도 있었기 때문이다.

지금까지 둘은 각자의 구역을 나누는 철조망을 사이에 두고 구애를 해 왔다. 그러나 이제 그 짧은 간격마저 사라졌다. 발터는 알리시아의 향기를 맡을 수 있을 만큼 가까이 다가갈 수 있었다. 그날 저녁, 둘은 첫 키스를 나누었다. 발터는 자신의 미숙한 키스 실력에 부끄러움을 느꼈지만 그와 동시에 알리시아와 함께 미래를 그리고 싶다는 갈망 역시 느꼈다.

하지만 3월 8일이 다가오고 있었다. 발터는 가족 수용소 내에 반란에 참여할 사람이 얼마나 되는지 조사하라는 요구를 받았다. 여태까지 아우슈비츠에 처음 도착했던 사람들과 달리 가족 수용소 사람들은 이곳에서 유대인들에게 무슨 일이 일어나는지 사전에 알고 있었기 때문에 반란에 동조하는 자가 많으리라 예상됐다. 그들은 굴뚝을 볼 수 있었고 연기 냄새를 맡을 수도 있었다. 그러나 예상과 달리 자원자가 적었다.

핵심 이유는 파밀리엔라거 사람들이 설마 SS가 함께 놀기도 하고 이름도 알고 있는 아이들을 진정으로 학살할 것이라고는 받아들이지 못했기 때문이었다. 이는 발터조차 예상하지 못한 문제였다. 이 유대인들에게는 정보가 있었다. 하지만 그들은 그 정보를 믿지 않았다.

두려운 날짜가 도래하기 바로 전날 밤, 드디어 발터와 알리시아는 마구간 키트로 만들어진 막사들과는 분리된 작은 침실에서 함께 밤을 보냈다. 서기로서 받은 특혜였다. 이번이 첫 경험인 발터가 망설이자 알리시아가 자신감을 북돋아 줬다. 죽음이 끊임없이 찾아오는 곳에서 둘은 서로에게 매달려 삶을 붙들었다.

3월 8일의 해가 뜨자 반란을 조직하려는 노력이 한층 더 절박해졌다. 일단 가족 수용소를 이끌 지도자를 뽑으려는 시도가 있었다. 물론 실패할 확률이 지배적이었지만 그럼에도 살인 기계를 향해 스패너라도 던지듯 봉기를 시작해 몇십 명만이라도 숲속으로 탈출하게 도울 만한 사람이 필요했다. 선발된 후보는 프레디 히르쉬Fredy Hirsch라는 청년부 지도자였다. 하지만 그는 반란 시도 후에 필연적으로 가장 어린 아이들이 보복의 희생양이 될 것이라는 사실을 견딜 수 없었다. 어린아이들은 싸우지도 못했고 탈출해 스스로를 지키지도 못했다. 아이들은 뒤에 남겨져 학살당할 것이었다. 히르쉬는 물론 이러나저러나 아이들 역시 가스실에서 죽임을 당할 것임을 알았지만 그 사실을 실제로 직면하는 것은 다른 문제였다. 결국 그는 자살했다.

그래서 반란은 없었다. 트럭은 정해진 시간에 도착했다. 다른 곳에서 소집된 카포들이 막대기와 몽둥이를 휘두르며 가족 수용소의 유대인들을 트럭에 강제로 태웠다. 아이들이 공포에 질려 비명을 지르는 가운데 알리시아와 작별 인사를 나눌 시간은 잠깐뿐이었다. 알리시아는 발터의 귀에 둘이 언젠가 다시 만날 것이라고 속삭였다.

"그날이 오면 정말 좋을 거예요." 알리시아가 잠깐 멈췄다 말했다. "하지만 우리가 만나지 못하게 된다면……." 알리시아는 간신히 말을 이었다. "그동안 정말 좋았어요."

잠시 후 둘은 강제로 떨어져야 했고, 알리시아는 몇백 야드 떨어진 화장터로 향하는 행렬 속으로 밀려들어 갔다.

마지막 순간에 소규모의 물리적 저항이 있었다. 설마 그럴 리 없다는 의심과 희망이 사라지고 체코에서 온 유대인들이 가스실로 밀려들어 가는 중이 되어서야 일부 가족 수용소 유대인들이 분노와 저주를 내뿜으며 가스실 문을 향해 돌진하기 시작했다. 물론 거기까지 도달한 사람들은 SS 대원들에 의해 즉시 사살되었다.

때늦은 작별이었다. 작년 9월에 도착한 5000명의 체코 유대인 중 단 67명만이 가스실에 들어가지 않고 살아남았다. 물론 나치가 자비를 베푼 것은 아니었다. 그중에는 의료 실험을 위해 살려둔 열한 쌍의 쌍둥이가 포함되어 있었기 때문이다.

나중에야 발터는 파밀리엔라거의 진실을 발견하게 된다. 그곳은 테레지엔슈타트 수용소 겸 게토가 존재했던 것과 똑같은 이유로 존재했다. 포템킨 마을이 그랬듯 국제적십자사 감사관들이 방문을 신청하는 경우 나치가 유대인을 학살한다는 소문이 거짓임을 증명하기 위해 전시할 공간이 필요했던 것이다(혹시라도 방문이 성사되면 그 전에 인접 구역을 비워 버리는 것은 일도 아니었다). 어른들이 사복을 입고 돌아다니고 아이들이 사탕을 맛있게 먹는 가족 수용소는 사실 나치가 유대인을 세상에서 말살하려는 과정에서 빈번하게 나타나는 기만의 한 형태에 지나지 않았다.

발터에게 첫사랑은 애도와 동시에 찾아왔다. 알리시아와 함께한 첫날밤은 둘의 마지막 밤이자 알리시아 인생의 마지막 밤이었다.

그러나 가슴이 미어지는 아픔과 함께 혼란도 찾아왔다. 발터는 여태껏 사람들이 죽임을 당할 운명을 깨닫게 되면 순순히 받아들이지 않으리라고 확신했다. 하지만 단지 정보만으로는 충분하지 않았다. 가족 수용소의 체코 유대인들은 분명 정보를 가지고 있었다. 화장터를 두 눈으로 직접 보았고, 불과 몇백 야드 떨어진 굴뚝에서 연기가 나왔다. 그들은 나치가 아우슈비츠로 데려온 유대인을 학살하고 있음을 알고 있었다. 문제는 그 계획이 자신들에게도 적용된다는 사실을 믿지 않았다는 것이다.

물론 그들이 특별한 대우를 누린 이유는 그들뿐만 아니라 아우슈비츠의 다른 수용자들에게도 혼란이었다. 하지만 어쨌든 그들은 자신들이 특별하다고 믿었다. 그들은 자신들이 SS가 다른 유대인들에게 내린 사형 판결에서 면제되리라고 확신했다. 그 확신이 완전히 틀렸다는 사실을 깨달았을 때는 이미 늦었다.

1943년 12월에 아우슈비츠로 이송된 두 번째 파밀리엔라거 유대인들은 적어도 이제는 자신들이 특별하다는 환상을 버려야 했다. 자신들의 죽음이 확정되어 있음을 알아야 했다. 이곳에 도착한 날로부터 정확히 6개월 뒤에 자신들이 정해진 일정에 따라 죽을 것임을 알아야 했다. 그들은 다른 가족 수용소 사람들에게 무슨 일이 일어났는지를, 즉 그들이 가스실로 끌려가 다시는 돌아오지 않았음을 지켜보았다. 자신들도 그렇게 죽을 것임을 알고 있었다.

그럼에도 가족 수용소의 삶은 이전과 다름없었다. 음악가들은 연주회를 열었고 아마추어 배우들은 연극을 공연했다. 정치 파벌들은 서로가 그리는 이상적인 미래를 놓고 계속 논쟁했다. 그들에게 미래가 없다는 것이 확실했는데도 말이다. 결국 발터는 자신의 운명을 명확히 아는 것만으로는 충분하지 않다는 결론을 내렸다. 사람들이 행동하려면 그 운명을 피할 가능성이 아무리 희박하더라도 있기는 있어야 했다. 희망이 없다면 눈앞의 현실을 부정하는 쪽이 곧 들이닥칠 파멸적인 운명에 맞서는 쪽보다 훨씬 쉬웠다. 가족 수용소에 남은 체코 유대인들은 자신들의 운명이 다했음을 알고 있었지만 어차피 아우슈비츠에 갇힌 신세였다. 여기서 최선을 다해 하루하루를 살아가는 것 외에 무엇을 할 수 있었을까?

그래도 수용소 밖의 유대인들, 바깥세상의 사람들은 달랐다. 그들은 자신의 운명을 알게 되면 기차에 탑승하지 않을 수 있었다. 따라서 그들에게만큼은 지식을 알려 줘야 했다. 발터는 자신이 그렇게 하리라고 다짐했다. 머지않아 그렇게 하리라 다짐했다. 이곳을 탈출할 것이기 때문이다.

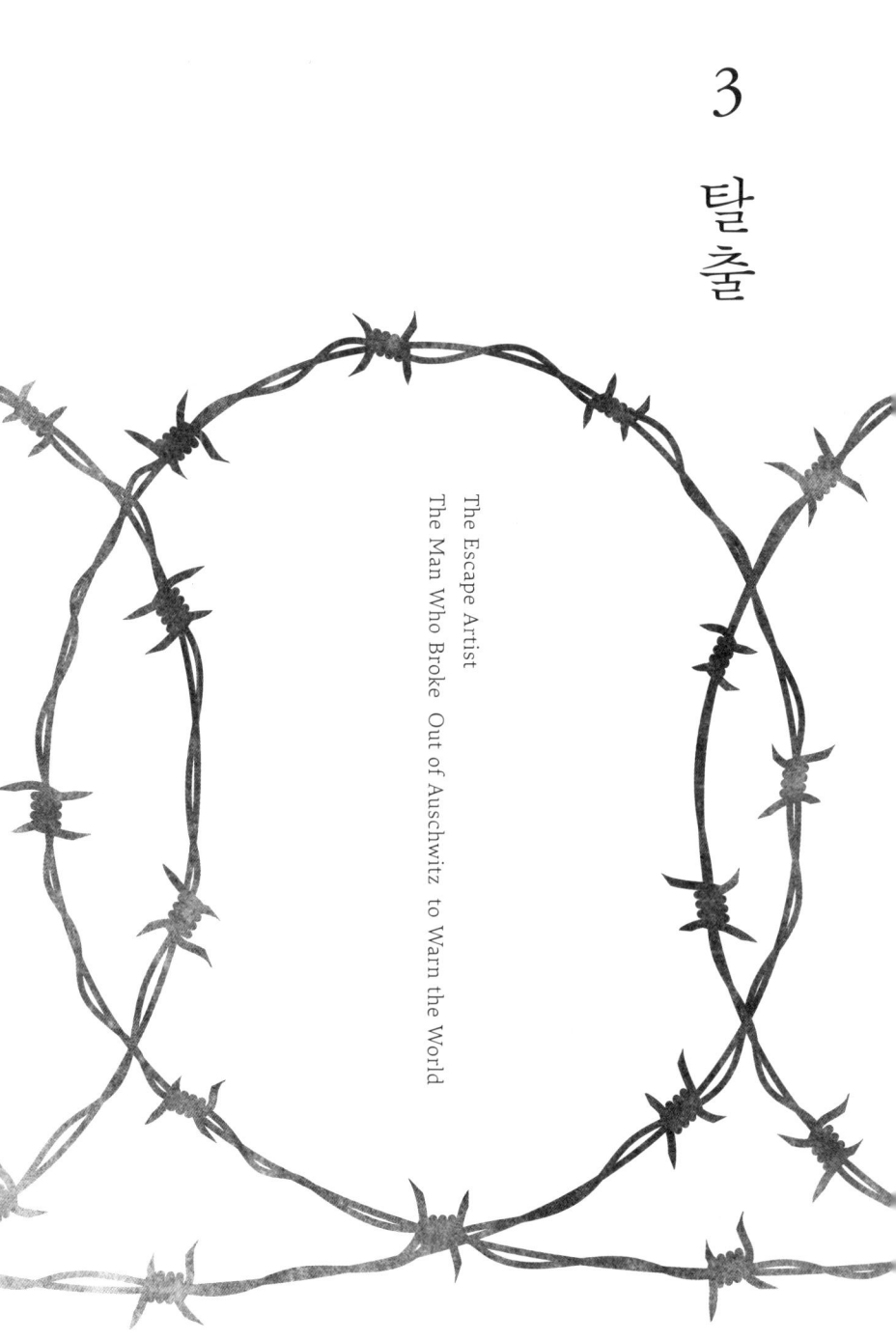

# 3 탈출

The Escape Artist
The Man Who Broke Out of Auschwitz to Warn the World

## 13장
# 탈출은 미친 짓

 탈출은 미친 짓이었다. 탈출은 곧 죽음을 의미했다. 탈출 시도는 자살 행위나 다름없었다. 아무도 입 밖으로 꺼낸 적은 없지만 모두가 이 사실을 알고 있었다. 누군가가 무모하게도 "탈출"이라는 단어를 내뱉고 누군가가 불운하게도 그 말을 듣게 된다면 둘 다 재앙을 맞이할 것이었다.

 발터는 1942년 7월 초 아우슈비츠에 도착한 지 일주일 만에 탈출이 불가능하다는 사실을 깨달았다. 발터를 비롯한 수천 명의 수용자들은 침묵 속에서 공개 교수형을 지켜봐야만 했다. SS 대원들은 어깨에 총을 메고 목에 북을 두른 채 줄을 섰고, 그 앞에는 두 개의 이동식 교수대가 각각의 사형수를 위해 자리 잡고 있었다.

 공개 처형식의 주인공은 탈출을 시도했다 붙잡힌 수용자 둘이었다. 다른 수용자들은 그들이 끌려 나오는 것을 지켜보았다. 카포가 둘의 발목과 허벅지를 밧줄로 묶고 목에 올가미를 씌웠다. 한 명은 조용히 무표정한 얼굴로 서 있었고 다른 한 명은 나치를 비난하는 연설을 늘어놓으려 했다. 물론 아무도 그의 말을 듣지 못했다. 북을 들고 온 데에는 다 이유가 있었다.

카포가 교수대 손잡이를 돌리자 바닥에 난 문이 열렸다. 첫 번째 남자는 몇 인치 아래로 떨어졌으나 곧바로 죽지는 않았다. 그의 몸은 오래도록 이리저리 비틀거렸다. 군중은 오랜 시간 동안 그가 서서히 질식해 죽어 가는 과정을 지켜봐야 했다. 다음으로 사형집행인은 두 번째 교수대로 이동하여 똑같은 절차를 다시 한 번 밟았다. 수용자들은 이후 한 시간 동안 그 자리에 가만히 서 있어야 했다. 고개를 돌려서도 안 됐다. 그저 침묵 속에서 바람에 흔들리는 몸뚱이 둘을 응시해야 했다. 시신의 가슴에는 "탈출을 시도한 죄"라는 팻말이 붙어 있었다.

발터는 나치가 수용자들로 하여금 탈출이 무의미하다고, 어떤 시도를 하든 실패한다고 결론짓기 원한다는 사실을 이해했다. 하지만 발터는 나치의 의도와는 전혀 다른 교훈을 얻었다. 발터에게는 한 가지 사실만이 분명했다. 위험은 탈출을 시도하는 데 있는 게 아니라 시도가 **실패**하는 데 있다는 사실 말이다. 그날 이후로 발터는 탈출을 시도할 뿐만 아니라 반드시 성공하겠다고 결심했다.

탈출 시도의 첫 단계는 학습이었다. 물론 학교에서 쫓겨난 지 오래되었지만 이제부터 발터는 탈출학을 배우는 학생이 되고자 했다. 교과서로는 다른 이들의 실패 사례를 살펴볼 것이었다.

매일 소소한 교훈들을 배울 수 있었다. 어느 날은 정치범이 튜닉 아래 셔츠를 두 겹 입은 죄로 교수형에 처해졌다. SS 눈에는 그게 탈출 준비로 간주된 것이다. 발터도 비슷한 실수를 한 적이 있었다. 양말을 두 켤레나 신었다가 발각된 때 말이다. 그래서 발터는 머릿속에 되새겼다. 겉으로 변화가 드러나게 하지 말자.

1944년 초에는 훨씬 더 심오한 교훈을 배울 수 있었다. 페로 랑거Fero Langer의 탈출 계획 덕분이었다. 랑거는 허풍이 심한 인물로, 발터가 18개월 전에 노바키에서 방을 잠깐 같이 썼던 수용자였다. 당시 랑거는 발터에게 마이다네크로 향하는 여정에 필요한 살라미 한 덩이를 주기도 했다. 그는 비르케나우에서 황소를 뜻하는 "불로"라는 별명으로 불렸으며, 1년이 채 되지 않아 혼자 힘으로 거금을 모으는 데 성공한 조달 전문가였다. 불로 역시 발터처럼 아우슈비츠를 탈출해 진실을 세상에 알리기 위한 계획을 세웠다. 심지어 불로는 수용소의 금기를 깨고 자신의 계획에 대해 이야기까지 했다. 어느 날 오후 프레드의 사무실에서 감자를 먹던 발터 역시 불로의 계획을 처음부터 끝까지 들을 수 있었다.

불로는 폴란드, 네덜란드, 그리스, 프랑스 출신의 동료 수용자들과 함께 탈출을 시도할 계획이었다. 그렇게 하면 굳이 증언을 번역할 필요 없이 전 세계로 진실을 퍼뜨릴 수 있으리라 판단했다. 계획의 중심에는 불로가 슬로바키아에서 학교를 다니던 시절 알고 지낸 독일계 SS 대원 도브로볼니Dobrowolný의 도움이 있었다. 불로는 그를 형제처럼 신뢰한다고 말했다. 실제로 탈출 계획을 처음 제안한 것도 도브로볼니였다.

동료 유대인들이 회의를 표하자 불로는 자기도 인간적인 신뢰나 친절에 의존하지는 않는다고 말했다. 불로는 도브로볼니에게 SS 대원들을 매수하는 데 필요할 다이아몬드, 황금, 달러는 물론 카나다에서 얻은 식량과 귀중품을 보상으로 주겠다고 약속했다. 계획은 간단했다. 도브로볼니가 다른 SS 장교와 함께 유대인 5인조를 경계선까지 끌고 간 다음 수용소 밖의 필수 작업을 수행하도록 승인받았다는 허가서를 경비대에게 보여 주는 것이었다. 그 후에 그들은 도브로볼니가 미리 사 둔 트럭이 주차된 곳까지 3~4마일을 걸어가면 됐다. 트럭을 타고 슬로바키아 국경에 닿는다면 자유가 그들 것이었다.

물론 1944년 1월 어느 날 탈출 경보가 울렸다. 점호 시간에 몇몇 수용자가 사라진 게 드러났기 때문이다. 발터는 자신의 옛 감방 동료가 슬로바키아 어딘가를 도망치고 있는 모습을 상상했다. 그러나 같은 날 저녁 여섯 시에 페로 랑거가 아우슈비츠로 돌아왔다. 아니, 페로 랑거의 시체가 돌아왔다. 불로는 총에 맞아 죽었고 얼굴은 찢겨 나가 있었다. 탈출에 실패한 다섯 명 중 세 명의 시신은 땅에 눕혀졌고 나머지 두 명의 시신은 흙에 꽂힌 삽에 지탱된 채 나무 의자 위에 앉혀졌다. 그들의 옷은 피로 흠뻑 젖어 있었고 바로 옆에는 "우리가 다시 돌아왔으니 만세 삼창을 합시다!"라는 팻말이 놓여 있었다. 작업을 마치고 돌아온 수용자들은 곧바로 이 작품을 마주할 수 있었다. 혹시나 메시지를 이해하지 못한 사람이 있을까 봐 **라거엘테스터**Lageraltester, 즉 수용소장은 "탈출을 시도하면 저 꼴이 날 거야"라고 외쳤다.

알고 보니 도브로볼니는 계획대로 불로랑 다른 유대인들을 끌고 가 탈출용 트럭으로 인도하는 척을 했다가 마지막 순간에 등에 총을 쏘았다고 한다. 도브로볼니와 동료 SS 대원은 불로 일당의 주머니를 뒤져 보상을 챙긴 다음 수용소 측에 수용자들의 탈출 시도를 성공적으로 저지했다고 보고했다. 페로 랑거는 국경은커녕 트럭에도 닿지 못했다. 발터는 이를 통해 이전에 몸소 배운 바 있는 교훈, 즉 신뢰에 대한 교훈을 되새겼다.

그럼에도 자원을 보유한 사람들은 끊임없이 탈출 계획을 세웠다. 발터는 임시 수용소에 머무르던 시기에 어느 동 고참과 예상치 못한 우정을 쌓은 적 있었다. 바로 서른세 살인 샤를 웅글릭Charles Unglick이었다. 그는 폴란드에서 태어나 프랑스에서 자란 유대인으로 바깥세상에서는 프랑스군 대위까지 오른 만큼 압도적인 힘과 위압감을 지니고 있었다. 페로 랑거가 그랬듯 웅글릭도 가스실로 끌려간 이들의 귀중품을 손에 넣을 수 있는 존더코만도와 인맥을 구축했다. 이런 인맥에 마피아에 준하는 위압감이 결합해 웅글릭은 아우슈비츠의 백만장자로 군림했다. SS 장교들마저 그에게 급여를 받을 정도였다. 잘 차려입기 좋아하는 발터 입장에서 특히 인상 깊었던 점은 웅글릭이 비르케나우에서 가장 옷을 세련되게 입는 사람 중 하나였다는 것이다. 발터는 특히 이중 나선 형태의 패턴이 들어간 갈색 가죽 벨트를 보고 감탄했다. 그래서 그 가죽 벨트를 두고 둘만 아는 농담이 생겼다. 웅글릭이 자신이 죽으면 벨트를 발터에게 남기겠다고 약속한 것이다.

웅글릭은 자신의 지위를 활용해 탈출하겠다고 결심했고, 불로와 마찬가지로 자신을 도와줄 SS 대원을 찾았다. 게다가 그 SS 대원도 아무나 고른 게 아니었다. 지금은 독일계 사람으로 아우슈비츠에서 운전사로 일했지만 본래는 루마니아에서 유대인 가정에 입양되어 자란 인물이었다. 발터는 심지어 그 사람이 웅글릭에게 이디시어로 말을 거는 것을 보고 놀란 적도 있었다.

계획은 SS 대원이 트럭을 몰고 BIIa 구역에 들어오는 것이었다. 웅글릭은 트럭 안에 있는 커다란 공구 상자 속에 숨을 예정이었다. SS 대원은 상자를 잠근 다음 혹시라도 누가 캐물으면 열쇠를 잃어버렸다고 잡아떼기로 했다. 수용소를 떠나고 나면 웅글릭은 SS 대원에게 다이아몬드와 금을 보상으로 주기로 약속했다.

이 계획에는 부가적인 요소가 하나 더 있었다. 발터가 마음에 든 웅글릭은 함께 공구 상자에 들어가 탈출하자고 제안했다. 심지어 자신의 막대한 재산까지 나눠 주겠다고 약속했다.

발터는 신중을 기했다. SS 장교를 신뢰하는 것은 너무나 초보적인 실수였다. 불로에게 무슨 일이 일어났는지는 둘 다 보았다. 하지만 웅글릭의 자신감 넘치는 태도는 마냥 외면하기 어려웠다. 결국 발터도 탈출을 꿈꾸지 않았는가? 이게 만약 그 기회라면 어떡할 것인가?

결국 발터는 제안을 승낙했고 둘은 자유를 위하여 건배했다.

트럭은 1944년 1월 25일 오후 7시에 도착해 문을 열 예정이었다. 발터는 정해진 시간에 약속 장소인 웅글릭의 막사, 즉 14동으로 가서 기다렸다. 그러나 웅글릭도 트럭도 보이지 않았다. 시간이 계속 흘렀다. 발터는 수상해 보이지 않으려고 자연스레 여기저기를 거닐었다. 그때 한 동료가 다가와 지하 조직원이 준 수프 한 그릇을 같이 나눠 먹자고 초대했다. 거절하면 이상해 보일 것 같아 초대에 응했다. 그렇게 발터는 어깨 너머로 약속 장소를 돌아보며 7동으로 향했다. 암울한 기분이었다. 자유를 얻을 기회가 날아갔다고 느꼈다.

하지만 저녁 8시쯤, 정문 근처에서 소란이 일었다. 이내 발터의 눈에 피에 젖은 샤를 웅글릭의 시체가 들어왔다. SS 대원들은 웅글릭의 시체를 두 개의 삽에 기대어 나무 의자에 앉혔다. 그리고 경고의 본보기로 이틀 동안 내버려 뒀다.

곧 입소문을 타고 무슨 일이 벌어진 것인지 밝혀졌다. 일단 웅글릭은 지각을 하고 말았다. 그래서 발터를 찾아 사방을 헤맸지만 모습이 보이지 않자 마지못해 포기했다. 다음으로는 페로 랑거 때랑 똑같은 일이 반복됐다. 계획을 공모한 SS 대원은 약속대로 차를 세우고 웅글릭을 숨겼다. 하지만 이후 국경으로 향하는 대신 빈 차고로 갔다. 거기서 SS 대원은 공구 상자를 열고 웅글릭을 총으로 쏴 죽였다. 하루 저녁 벌이로는 짭짤한 일이었다. 그는 웅글릭의 다이아몬드와 금을 챙긴 다음 또 다른 탈출 시도를 저지한 용감한 대원이라는 찬사를 받았다.

발터는 탈출할 기회를 놓쳤다는 절망, 친구를 잃어버렸다는 슬픔, 그리고 묘한 안도감이 동시에 뒤섞여 마음이 무감각해졌다. 수프 한 그릇을 나눠 먹자는 초대를 받아들이지 않았더라면 발터는 웅글릭과 약속대로 만났을 것이고, 그와 똑같은 운명을 맞이했을 것이다. 다행히 그는 죽음을 가까스로 피했다.

그 후 수용소 관례에 따라 비르케나우의 가장 잔인하기로 유명한 카포들을 비롯해 수용소의 고참들 중 일부가 모여서 죽은 자의 옷을 산 자에게 나누어 주었다. 보통 선임에게 우선권이 주어졌지만 이번만큼은 발터와 웅글릭의 우정을 기리기 위해 발터에게 원하는 것을 고르도록 허락했다. 발터는 벨트만을 요청했다. 그러고는 벨트 안쪽 면에 잉크로 웅글릭의 수용와 그가 죽은 날짜 및 장소를 새겼다.\* "AU-BI"는 아우슈비츠-비르케나우 수용소를, "25. 1. 1944"는 기일을 뜻했다. 발터는 벨트를 볼 때마다 신뢰할 만한 사람만을 신뢰해야 한다는 사실을 다시 한 번 상기했다.

아우슈비츠의 지도자들은 이와 같은 탈출 실패 사례를 최대한 이용하고자 했다. 최대한 널리 알려서 수용자들의 희망을 모조리 꺾어 버리려 했다. 그럼에도 탈출 시도는 계속 이어졌다. 1940년에 수용소가 창설된 이후 1942년까지 단 55명의 죄수만이 탈출에 성공했으나, 1943년에는 탈출에 성공한 수용자가 154명으로

---

\* 루돌프 브르바는 1999년에 이 벨트를 런던의 임페리얼전쟁박물관에 기증했다. 벨트는 전시품 EPH 2722번으로 등재되어 있다.

증가했다. 그중 대부분이 폴란드의 비유대인 수용자들이었다. 유대인에 비해 수용소 내 처우가 더 좋았고, 탈출에 더 유리한 업무를 맡고 있었기 때문이다. 나머지는 전부 소련 출신 전쟁 포로였다. 발터가 아는 바로는 유대인이 아우슈비츠를 살아서 탈출한 적은 없었다.

그래도 발터가 처한 상황은 다른 유대인들에 비해 덜 절망적이었다. 한 가지 이유는 발터가 맡은 일 덕분에 상대적으로 방해받지 않고 이동할 수 있었기 때문이다. 게다가 발터가 지내는 비르케나우 수용소는 SS 대원 대 수용자의 비율이 1대 64였다. 주수용소가 1대 14인 것을 고려할 때 상대적으로 경비가 덜 삼엄하다는 뜻이었다.

또한 별게 아닌 것처럼 보일 수 있겠지만 발터는 자신이 지도상에서 어디에 있는지 알고 있었다. 한때 발터는 스무 명으로 이루어진 수용자 무리의 일원으로서 가장 가까운 마을인 오시비엥침에 간 적이 있었다. 수용자가 좋은 대우를 받고 있음을 지역 주민들에게 보여 주려는 목적이었을 것이다. 하지만 발터는 이동 중에 수용소와 마을 사이에 소와Sola 강이 흐른다는 사실을 파악했다. 지평선 위로 보이는 산맥이 베스키드 산맥이라는 사실도 확인했다.

발터가 카나다에서 발견한 아동용 지도책에서 뜯어낸 지도는 발터의 위치 감각을 더욱 분명히 뒷받침해 줬다. 그는 변소에서 지도를 몇 분 정도 들여다보면서 오시비엥침이 슬로바키아 북부 국경에서 북쪽으로 약 50마일 떨어진 곳에 위치한다는 것을 알아냈다. 더군다나 지도상으로 소와 강은 바로 그 북부 국경에서 시작해 거의 직선으로 남쪽을 향했다. 아우슈비츠에서 슬로바키아로 가려면 소와 강을 역으로 따라가기만 하면 된다는 뜻이었다. 그게 슬로바키아 국경에 이르는 가장 짧은 경로였다. 발터는 국경에 도달하기까지 지나쳐야 하는 마을 순서를 똑똑히 외웠다. 켕티, 사이부쉬, 미우우카, 라이차, 소우였다. 발터는 젊고 건강하고 똑똑했으며 이 지옥 같은 세계를 속속들이 알고 있었다. 만약 누군가가 탈출 기회를 잡는다면 그는 바로 발터가 되어야 했다. 게다가 발터에게는 시급히 탈출해야 할 새로운 동기가 생기고 말았다.

## 14장
# 러시아인의 가르침

발터가 비르케나우의 격리 수용소인 BIIa 구역에서 서기로 일하면서 누린 이점 중 하나는 수용소를 오가는 모든 사물과 사람을 관찰할 수 있다는 점이었다. 1944년 1월 15일 오전 10시에 한 무리 사람들이 비르케나우 남녀 수용소를 가르는 길에 서 있었을 때도 발터는 놓치지 않았다. 분명 수용자였는데도 한눈에 돋보였다. 일단 입고 있는 옷이 일반 수용자들 옷보다 좋을뿐더러 손에 삼각대, 경위의, 계량봉, 측정기 등 전문가용 장비를 들고 있었다. 마치 새로운 건설 현장에 시찰을 나온 측량사들 같았다.

발터는 자신과 그들 사이를 가로막고 있는 전기 철조망 쪽으로 다가갔다. 가까이서 보니 무리를 지휘하는 남자가 친숙했다. 그는 노동조합원이자 반나치주의자로서 활동하다 빨간 삼각형을 달게 된 독일인 요제프였다. 보통 줄여서 "읍Yup"이라 불렀다.

발터는 1942년에 주 수용소에 수감되었던 시절 그를 본 것을 기억했다. 그때도 둘은 교류가 있었다. 당시에 웁은 발터가 헝가리에서 잠깐 지내는 동안 사회주의 저항 세력과 접촉한 적이 있다는 이야기를 듣고는 인상 깊게 봤던 것 같다.

웁이 활짝 웃으며 말했다. "이거 뜻밖의 행운이로구만. 누가 생각이나 했겠어? 네가 살아 있다니! 심지어 잘 지내고 있는 거 같네."

철조망 너머로 웁은 발터에게 담배를 "조달"해 줄 수 있는지 물었고 발터는 기꺼이 응했다.

마침내 발터가 입을 뗐다. "그나저나 이게 다 뭐랍니까?" 그러고는 웁이 이끄는 사람들을 가리키며 물었다. "다들 여기서 무슨 일을 하시는 거예요?"

웁은 자신이 해 주는 이야기는 철저히 비밀이라고 말했다. 그러고는 낮은 목소리로 말했다. "철로를 새로 깔 계획이야. 화장터로 직행하는 노선 말이야."

발터는 의아하다는 표정으로 물었다. "새 노선이라고요? 옛 하차장을 보수한 지도 얼마 안 됐잖아요." 발터는 유덴람페에서 이루어진 보수 작업을 굉장히 잘 알고 있었다. 나무판자를 콘크리트로 보강한 건이었다.

하지만 웁은 확실하다는 반응을 보였다. 그는 SS 대원들의 대화를 엿듣다가 나치가 아우슈비츠로 유대인을 새로 왕창 들여와 대규모로 학살할 준비를 갖추고 있음을 알게 됐다. 곧 헝가리에서만 유대인 약 100만 명이 이송될 것이었다. SS는 기존 하차장이 그 숫자를 감당하지 못할 것이며 설령 감당하더라도 작업을 충분히 빨리 처리할 수 없으리라 판단했다.

하차장에서 일한 경험에 비추어 보면 웁이 말한 내용은 진실임이 틀림없었다. 발터는 SS가 그 정도 규모의 유대인을 충분히 빠른 속도로 학살하려면 구조적 개선이 필요하다는 사실을 누구보다 잘 알았다. 특히 병목 현상이 심한 지점은 희생자들이 하차장에서 가스실로 향하는 길이었다. 트럭 한 대당 유대인 100명을 실어 가스실로 나르는 과정은 실제 길이 자체는 짧지만, 생각보다 시간이 많이 소요되는 작업이었다. 철로를 바로 그 1.25마일 구간까지 연장한다면 수송 과정이 훨씬 효율적으로 바뀔 터였다.

물론 이번 변화는 헝가리 유대인을 대상으로 한 것이었다. 유럽의 주요 유대인 공동체 중 아직 아우슈비츠의 지옥 불에 끌려오지 않은 공동체는 헝가리 유대인뿐이었다. 발터는 아우슈비츠에서 프랑스, 벨기에, 네덜란드, 폴란드, 체코, 슬로바키아, 이탈리아, 독일, 그리스 출신 유대인들을 보았다. 헝가리 유대인만 빠진 게 눈에 띄지 않을 수 없었다.

이 사실은 녹색 삼각형을 단 카포들과 SS의 낮은 계급 대원들을 통해 확증되었다. 예전에 웅글릭에게 알아낸 사실인데, 격리 수용소에 배정된 SS 대원 둘은 술이면 쉽게 매수할 수 있었다. 게다가 둘은 술에 취하면 혀를 함부로 놀렸다. 그들 덕분에 발터는 나치가 그리스 올리브, 프랑스 정어리, 네덜란드 치즈를 음미한 뒤 "헝가리 살라미"가 도착하기만을 손꼽아 기다리고 있음을 알게 됐다.

그렇게 1944년 초봄 무렵에는 수용소를 탈출해야겠다는 발터의 결심에 긴박감이 이중으로 더해졌다. 1943년 12월 20일에 도착한 약 5000명의 체코 유대인들은 정확히 6개월 후인 6월 20일에 처형될 게 분명했다. 학살 날짜가 지켜지지 않는 경우는 없었다. 그런데 이제 그보다 훨씬 규모가 큰 학살이 임박했다. 몇 주 내로 헝가리 유대인 100만 명이 아우슈비츠행 열차에 오를 것이며 이번 열차는 가스실 문 바로 앞까지 직행할 예정이었다.

탈출할 동기는 충분해졌으니 이제는 스승을 찾을 차례였다. 폴란드인을 제외하면 아우슈비츠에서 가장 성공적으로 탈출한 이들은 소련의 전쟁 포로였다. 처음 수용소에 끌려온 수천 명은 노예로서 비르케나우를 건설하다가 추위와 불결함 속에서 죽어갔다. 그런데 그들 말고 또 다른 무리가 있었다. 아우슈비츠 고참들이 "중고 전쟁 포로"라고 부르는 자들이었다. 발터는 이들이 약 100명 정도 된다고 추정했다. 그들은 전쟁 중 포로로 붙잡힌 직후에는 일반적인 포로수용소로 보내졌지만, 그곳에서 탈출 시도 같은 비행을 저지른 탓에 결국 아우슈비츠로 이송됐다. 그들 가운데 드미트리 볼코프Dmitri Volkov라는 자가 있었다.

발터는 자신이 트르나바 시절 러시아어를 독학해서 배워 둔 데에 다시금 감사했다. 그 덕분에 발터는 험악한 인상을 가진 중고 전쟁 포로들과도 대화할 수 있었다. 발터가 보기에 볼코프는 우크라이나 자포리자의 카자크 민족 출신 남자로 보였다. 어마어마한 체구에 움푹 들어간 까만 눈을 가진 볼코프는 아직도 적군 제복을 입고 있었다. 딱 봐도 조심해서 접근해야 할 사람 같았다.

하지만 시간이 지나면서 둘은 서로를 잘 알게 되었다. 발터는 고등학교 시절 슬로바키아어를 가르쳐 주는 대가로 고지 독일어를 배웠던 것처럼 볼코프에게도 비슷한 거래를 제안했다. 볼코프는 발터가 자신을 상대로 러시아어를 연습하도록 허락해 줬다. 그 대신 발터는 자신이 배급받은 빵과 마가린을 볼코프에게 넘겨주었다. 이는 발터가 일찍이 다짐한 약속, 즉 다른 곳에서 음식을 구할 수 있는 한 정규 배급은 받지 않겠다는 약속을 지키는 일이기도 했다. 볼코프는 1인 기준으로도 양이 한참 부족한 빵과 마가린을 4등분해 동료들과 나눠 먹었다.

그들은 대화를 시작했다. 처음에는 수용소 이야기 대신 러시아 문학의 대가 톨스토이와 도스토옙스키를 화제로 물꼬를 틀었고, 뒤이어 소련 작가인 고리키, 에렌부르크, 블록까지 이야기를 이어 갔다. 그 과정에서 볼코프는 경계심을 점점 풀었다.

볼코프는 자신이 일개 병사가 아니라 적군의 대위였다고 밝혔다. 사실 이러한 고백은 엄청난 위험을 감수하는 일이었다. 나치는 관례상 소련 장교를 모두 총살했기 때문이다. 그러나 볼코프는 발터를 신뢰했고, 이번에는 자신의 탈출 경험까지 들려주었다. 볼코프는 한때 나치의 작센하우젠 강제수용소에서 탈출한 적이 있었다. 이제 볼코프의 제자가 된 10대의 발터는 스승으로부터 며칠에 걸쳐 탈출의 기술을 집중적으로 전수받았다.

굉장히 실용적인 가르침이 많았다. 볼코프는 탈출할 때 무엇을 가져가야 하고 무엇을 가져가지 말아야 하는지 가르쳐 줬다. 가져가지 말아야 하는 것 중에는 돈이 있었다. 물론 카나다에는 돈이 넘쳐났지만 그것을 들고 다니는 것은 오히려 위험한 짓이었다. 돈이 있으면 가게나 시장에서 음식을 사려 할 것이고, 그러다 보면 다른 사람들과 접촉할 수밖에 없기 때문이다. 탈출 과정에서는 절대 피해야 할 일이었다. 차라리 밭이나 외딴 농장에서 훔쳐 먹는 편이 나았다. 탈출 초기에는 고기를 가지고 있어서도 안 됐다. SS의 셰퍼드들이 즉시 고기 냄새를 맡을 게 뻔했다.

요컨대 돈과 고기는 가져가지 말아야 했다. 반면 가져가야 하는 것은 비교적 많았다. 우선 사냥이나 자기방어 용도로 쓸 칼이 필요했다. 또한 붙잡힐 위기에 처했을 때 쓸 면도날도 필요했다. 볼코프가 강조한 핵심 원칙을 따르기 위해서였다. "놈들이 너를 산 채로 잡게 하지 마." 한편 훔친 음식을 조리하기 위한 성냥이 필요했다. 감자랑 소금만 있으면 몇 달도 버틸 수 있으니 소금도 챙겨야 했다. 손목시계도 필수였다. 급하면 나침반으로도 사용할 수 있었다.

노하우가 계속 쏟아져 나왔다. 이동은 늘 밤에 해야 했다. 낮에는 걷지도 말아야 했다. 눈에 띄지 않는 게 핵심이었다. 눈에 보인다는 것은 총으로 쏠 수도 있다는 뜻이기 때문이었다. 눈에 띄고도 도망칠 수 있으리라고 기대해서는 안 됐다. 언제나 총알이 더 빠를 테니까. 시간을 주시하는 것도 중요했다. 시계가 필요한 이유도 그 때문이었다. 동이 틀 때까지 잠잘 곳을 찾고 있어서는 안 됐다. 어두울 때 미리 은신처를 찾아 둬야 했다.

몇몇 조언은 심리학 수업에 가까웠다. 볼코프는 아무도 믿지 말라고 강조했다. 볼코프에게조차 계획을 털어놓아서는 안 됐다. 발터가 사라진 뒤 발터의 동료들이 고문을 당하더라도 애초에 아는 게 없으면 나치에게 불 사실도 없을 것이다. 이 조언은 발터가 이미 몸소 확인한 사실과도 일치했다. 세상에는 남의 비밀을 털어놓는 사람들이 존재했다. 실제로 SS의 정치부에서는 수용소 내에 정보원 네트워크를 구축해 탈출이나 반란과 관련된 이야기를 계속 주시하게 했다(동료 수용자를 배신하지 않으면 고향에 있는 친지들이 죽임을 당할 것이라고 협박하는 식으로 정보원을 모집했다). 따라서 내가 이야기하는 상대가 어떤 사람인지 결코 확신할 수 없었다. 그러니 말을 아끼는 편이 나았다.

볼코프는 그 외에도 많은 지혜를 전해 주었다. 두려움을 떨쳐 내라. 독일인조차 두려워하지 마라. 아우슈비츠에서는 제복 차림에 총까지 들고 있으니 독일인들이 무적처럼 보일 것이다. 하지만 그들 또한 혼자 있을 때에는 여느 인간들처럼 작고 연약한 존재에 불과하다. 볼코프는 이렇게 말했다. "걔네도 똑같아. 눈 깜짝하는 사이에 죽을 수도 있어. 내가 많이 죽여 봤거든."

꼭 기억해야 할 점은 수용소를 탈출한 뒤에야 진정한 고투가 시작된다는 것이었다. 수용소를 벗어났다고 환희나 희열을 기대해서는 안 된다. 나치가 점령한 땅에 있는 한 단 1초도 긴장을 풀어서는 안 된다.

발터는 안 그래도 머릿속에 가득한 숫자와 날짜에 더해 볼코프의 조언까지 최대한 소화하기 위해 최선을 다했다. 하지만 탈출에 관한 조언은 하나가 더 남아 있었다.

나치가 데리고 다니는 탐지견들은 사람 냄새라면 아무리 희미한 냄새라도 감지하도록 훈련받았다. 이마에 땀방울 하나만 맺혀도 개들은 냄새를 맡을 것이다. 녀석들을 무찌를 방법은 하나밖에 없었다.

바로 휘발유에 담갔다가 말린 담배였다. 그것도 소련 담배여야만 했다. 볼코프는 발터의 얼굴에 드러난 의심의 눈초리를 확인했을 것이다. 하지만 볼코프는 강조했다. "애국심 때문에 하는 말이 아니야. 내가 **마초르카**를 잘 아는데 딱 그것만 효과가 있어."

볼코프는 자신만의 탈출 계획이 따로 있지만, 그것을 발터를 비롯한 다른 누구와도 공유하지 않을 것이라고 말해 주었다. 젊은이의 스승 역할은 기꺼이 하겠지만 동료가 되지는 않을 것이라는 뜻이었다.

발터에게 있어서 동료 역할을 맡을 수 있는 사람은 오직 한 사람뿐이었다. 발터가 전적으로 신뢰하는 사람, 발터를 전적으로 신뢰하는 사람, 어두운 이 세계에 들어오기 전부터 알던 사람, 그 이유 때문에 아우슈비츠를 떼 놓고도 발터가 마음속에 떠올릴 수 있는 사람, 바로 프레드 베츨러였다.

1942년 트르나바에서 유대인 남성이 600명 이상 아우슈비츠로 이송됐다. 그중 1944년 봄까지 살아남은 사람은 단 두 명, 발터 로젠베르크와 알프레드 베츨러뿐이었다. 나머지는 프레드의 세 형제처럼 신속한 처리 방법에 의해 죽임을 당했거나 수용소 특유의 질병, 허기, 폭력에 시달리다 죽음에 이르렀다. 서서히 죽어간 사람 600명의 사람들 중에는 프레드의 아버지도 포함되었을 뿐 아니라 선생, 친구, 이웃, 지인도 있었다. 공을 두고 혹은 여자를 두고 다투는 경쟁자였다. 그런데 그들 모두가 사라졌다. 프레드와 발터가 알고 지내던 거대한 세계에서 이제 둘만 남았다.

나이 차이가 여섯 살이나 났음에도 바로 그러한 사실 때문에 둘 사이에는 신뢰와 유대가 두터웠다. 발터는 프레드를 가장 가까운 친구로 여겼다. 둘의 일상 경험도 비슷했다. 프레드는 영안실에서 일하다가 이제는 아예 발터랑 같은 일을 하고 있었다. 발터가 비르케나우 수용소의 BIIa 구역에서 서기로 일하듯 프레드도 BIId 구역에서 서기로 일했다. 둘 다 학살 현장을 과정부터 결과까지 가까이서 목격했다. 프레드의 사무실에서는 창문을 통해 철조망과 감시탑으로 둘러싸인 제2화장터 마당을 내다볼 수 있었다. 발터가 프레드의 사무실을 찾아갈 때면 프레드는 창가의 탁자에 앉아 커피를 마시며 그곳에서 벌어지는 일을 똑똑히 바라보았다. SS 대원이 재빠르게 가스실 지붕으로 올라가 치클론B 알갱이를 뿌리는 모습도 보았다. 이렇게 발터와 프레드는 각자의 시점으로 죽은 자들을 셌다.

둘은 아마 정신 상태도 비슷했을 것이다. 프레드는 지겹도록 이어지는 죽음의 악취가 발터에게 미치는 영향, 불안과 우울의 징후를 익히 보았다. 파밀리엔라거에서 수천 명이 학살된 일, 그중에서도 특히 알리시아가 죽은 일은 분명 발터에게 큰 충격을 안겼다. 프레드 역시 아버지와 형제들의 죽음이 아니더라도 큰 충격을 받은 경험이 있었다. 1943년 여름, 드물게도 아우슈비츠에서 다른 곳으로 이송을 **보내는** 일이 있었다. 바르샤바에 "요새화" 작업이 필요해 비르케나우의 수용자들을 보낸 것이었다. 그때 프레드의 얼마 남지 않은 슬로바키아 친구들이 대부분 끌려갔다. 그들이 떠난 후 프레드는 지독한 외로움을 느꼈다. 이렇듯 두 남자는 상실과 슬픔 속에서 하나가 되었다. 사실 둘은 이곳에서 처음 마주친 순간부터 서로에게 탈출에 관해 속삭였다. 발터처럼 프레드도 줄곧 탈출을 꿈꾸었다. 초창기에 프레드는 하수도를 기어서 탈출하려는 계획을 세웠는데 실제로 가능한지 테스트까지 해 봤다. 영안실에서 일할 때도 탈출 계획이 떠오른 적이 있었다. 시체들이 오시비엥침 마을로 실려 가 화장될 때였다. 프레드는 시체들 사이에 숨어서 트럭에 실려 가다가 도중에 뛰어내리는 방법도 생각해 봤다. 그러나 SS가 수용소 내부에서 시체를 태우기 시작하면서 그 계획도 무산됐다.

여전히 지하 조직의 기강을 염두에 두고 생활하던 발터는 저항 세력의 지도자인 다비드 슈물레브스키에게 승인을 구했다. 아우슈비츠를 탈출해 이곳의 비밀을 폭로하려면 승인도 없이 탈출 시도를 하는 것보다는 지하 조직의 지원을 받는 쪽이 당연히 성공 확률이 더 높을 터였다. 1944년 3월 31일, 슈물레브스키는 발터에게 지도부의 답변을 전해 주었다. 답변은 크나큰 실망감을 안겨 줬다.

그들은 "경험 부족 및 변덕과 충동" 때문에, 또한 명시되지 않은 "다른 요인들" 때문에 발터가 임무를 수행하기에 "부적합"하다고 결론지었다. 무엇보다도 바깥세상 사람들이 발터를 믿을 가능성이 희박하다고 보았다. 다만 슈물레브스키는 지도부가 탈출 계획을 돕지는 않겠지만 방해하지도 않겠다고 약속했다. 그러면서 본인은 "상부의 결정"을 유감스럽게 생각한다고 강조했다. 발터는 아마 이번 결정이 비르케나우가 아닌 아우슈비츠 제1수용소 지휘부에 의해 내려졌으리라 추측했다.

슈물레브스키는 지하 조직 측의 요청 하나를 덧붙였다. 혹시 발터와 프레드가 탈출에 실패하더라도 "심문을 피하라"는 요청이었다. 그러지 못했다가는 탈출 전 둘과 대화했던 모든 사람에게 재앙이 닥칠 게 뻔했다. "심문을 피하라." 그 말에 발터는 아마 볼코프가 챙기라고 조언한 면도날을 떠올렸을 것이다.

발터는 조바심이 나기 시작했다. 공사 소음이 이제 끊임없이 이어졌다. 철로 연장 작업과 새 철로에 필요한 플랫폼 건설 작업은 중단 없이 진행됐다. 격리 수용소에서 바라보면 시간 단위로 공사가 착착 진척을 보였다. 시간이 별로 남지 않았음을 직감했다. 발터는 처음 이송된 체코 유대인들에게 무슨 일이 벌어졌는지 목격했다. 사람들이 가스실 문턱을 넘어가고 나서야 혹은 가스실 내부로 들어가고 나서야 진실이 뒤늦게 전달되는 것을 보았다. 헝가리 유대인들만큼은 아직 비교적 자유로울 때, 행동을 취할 수 있을 때 자신들의 운명을 알아차리기를 염원했다.

지금이 아니면 안 된다고 확신했다. 이제 그에게 필요한 것은 절대 실패하지 않을 탈출 계획뿐이었다.

## 15장
# 은신처

계획의 핵심은 대담하면서 또 터무니없을 만큼 단순했다. 아우슈비츠 제2수용소, 즉 비르케나우 수용소는 내측과 외측으로 나누어져 있었다. 수용소 내측은 수용자들이 밤중에 벗어나서는 안 되는 안쪽 공간이었다. 그 둘레를 15피트 높이의 전기 철조망이 한 겹도 아니고 두 겹이나 두르고 있었다. 철조망에 닿았다가는 그대로 즉사였다. 탈출을 시도하려는 사람은 수용소를 밤새도록 이리저리 비추는 아크등 조명을 피해 바로 그 고전압 장벽을 넘어야 했다. 감시탑에 배치된 SS 대원들은 기관총 방아쇠에서 한시도 손을 떼지 않은 채 환한 조명을 따라 주변을 감시했다.

낮에는 상황이 달랐다. SS는 내측 감시탑에서 보초를 물리는 대신 외측 공간을 둘러싼 이동식 목재 감시탑에 보초를 배치했다. 해가 뜰 때부터 질 때까지 보초들은 수용자가 강제 노역을 하는 지역을 감시했다. 4마일에 달하는 외측 경계선에 80야드 간격으로 감시탑이 배치되었다. 이 경계선 안쪽으로는 탁 트인 불모지가 펼쳐져 있었기에 탈출을 시도하는 수용자는 금방 눈에 띄어 사살을 당했다. 실제로 보초들은 수용자가 외곽 경계선 10야드 이내로만 접근해도 경고 없이 총을 쏘았다.

나치의 보안 절차는 늘 똑같았다. 수용소 내측은 밤에, 외측은 낮에 감시하는 게 원칙이었다. 날이 어두워지면 굳이 외측 공간을 감시할 필요가 없었다. 어차피 모든 수용자가 내측 공간으로 몰아넣어졌기 때문이다. 외측에는 아무도 없었다.

절차가 바뀌는 유일한 경우가 딱 하나 있었다. 점호 때 모습을 보이지 않는 수용자가 탈출을 시도한 것으로 추정될 때였다. SS는 수용소를 수색하는 내내 낮이든 밤이든 외측 경계선에 무장한 보초를 세워 두었다. 이 상태는 72시간 이어졌다. 72시간이 지나면 SS는 수용자가 수용소를 빠져나가는 데 성공했다고 판단해 아우슈비츠 밖을 수색하는 SS 대원들에게 바통을 넘겼다. 이 시점부터는 보초가 외측 경계선에서 물러나고 다시 내측 경계선에만 배치되었다. 결과적으로 외측 공간에는 감시가 이루어지지 않게 되는 셈이었다.

바로 이때가 물 한 방울 새어 나가기 힘든 아우슈비츠의 보안 체계에 빈틈이 생기는 유일한 순간이었다. 따라서 외측 공간에 몸을 숨긴 다음 탈출 경보가 울리기를 기다렸다가 SS 대원과 탐지견이 수용소 구석구석을 수색하는 72시간을 버티기만 하면 넷째 날 밤에 보초도 사람도 없는 외측 공간으로 나오는 게 가능했다.

발터는 바로 이 전제를 기반으로 탈출 계획을 세웠다. 그는 프레드와 함께 수용소 외측 구역에 잠입한다. 잠입에 성공하면 정해진 은신처에 몸을 숨긴 채 사흘 밤낮을 기다린다. SS가 수색을 중지하고 물러나 외측 공간이 완전히 고요해지면 그때 밖으로 나온다. 이번 탈출 계획의 기초 작업은 다른 네 사람이 수행했다. 그들도 일찍이 나치 보안 체계의 허점을 발견했다. 그중 셋은 시체 안치소로 시신을 배달하는 일을 했다. 아우슈비츠-비르케나우 수용소 곳곳을 돌아다니면서 시체를 손수레에 실은 뒤 주 병원의 시체 안치소로 전달하는 일이었다. 다시 말해 그들도 발터나 프레드처럼 수용소 내를 비교적 자유롭게 이동할 수 있었다.

어느 날 그들은 업무 중에 "멕시코"라 불리는 아우슈비츠의 새로운 구역을 방문하게 되었다. 이곳에서는 헝가리 유대인들이 쏟아져 들어올 것에 대비해 비르케나우 제3수용소를 짓는 중이었다. 미완성된 이 공간에 임시로 수용된 수용자들은 아무런 옷을 제공받지 못했기 때문에 알록달록한 담요로 몸을 감쌀 수밖에 없었다. 기존 아우슈비츠 수용자들 입장에서는 마치 멕시코의 토착 "인디언"처럼 보였기에 구역 자체도 멕시코라 불리게 되었다.

세 명의 시체 배달부는 이곳 멕시코에서 일을 하다 제4의 인물인 모르드카 치트린Mordka Cytryn을 만났다. 치트린은 소련 출신 전쟁 포로인 데에다가 유대인이기까지 하다 보니 나치에게 두 배로 미움을 받는 인물이었다. 치트린은 이곳을 탈출하려는 결의가 얼마나 강한지 그와 관련해 자신이 무엇을 발견했는지 말해 줬다.

당시 멕시코는 사실상 건설 현장이자 목재 저장소였다. 여기 저기 쌓인 판자는 조립식 간이 오두막을 짓는 데 쓸 예정이었다. 그런데 치트린이 그곳 어디에선가 포탄에 맞은 흔적인지 구덩이 하나를 발견했다. 네 사람은 재빨리 나무판자랑 문틀을 이용해 구덩이를 덮어서 감췄다. 얼마 뒤에는 그곳을 잘 위장해 사람 네 명이 들어가는 지하 은신처로 둔갑시켰다. 담요도 몇 개 집어 넣어서 나름 구색을 갖췄다. 마지막으로는 아마 러시아 출신 치트린의 제안이었을 텐데, 주변 땅에 휘발유에 적신 소련 담배를 흩뿌렸다.

은신처가 정말 쓸 만한지 치트린이 실험용 쥐 역할을 자처했다. 1944년 2월 29일, 그는 은신처로 들어갔다. 나머지 세 명, 즉 알렉산더 아이젠바흐Alexander Eisenbach와 게첼 아브라모비츠Getzel Abramowicz와 야코프 발라반Jacob Balaban은 나무판자를 몇 개 더 가져다 은신처 입구 위를 덮고 수용소로 돌아갔다. 저녁 점호 시간이 오자 셋은 수용자가 실종되었음을 알리는 사이렌 소리를 기다렸다. 실제로 사이렌 소리가 울렸다. 나치가 치트린이 사라졌음을 파악한 것이다.*

---

\* 일부 출처에서는 알렉산더 아이젠바흐 대신 "멘델Mendel" 아이젠바흐, 게첼 아브라모비츠 대신 "게첼Gecel" 아브라모비츠나 "아브라함 괴첼Abraham Gotzel", 모르드카 치트린 대신 "모르드차이Mordecai" 치트린으로 나온다.

15장 은신처 243

나치 수색팀이 출동했다. 무장한 SS 대원들이 탐지견을 데리고 사라진 러시아 수용자를 찾으러 나섰다. 하지만 평소라면 사람 냄새에 민감하게 반응했을 셰퍼드들이 휘발유에 적신 담배 냄새 때문에 혼란에 빠졌다. 구덩이 근처에는 오지도 않았다. 그렇게 치트린은 발각되지 않은 채 은신처에 숨어 있을 수 있었다.

사흘이 무사히 지나자 나머지 세 명이 위험을 감수하기로 결심했다. 시체를 나르는 데 진저리가 난 그들은 제대로 된 삶을 살 기회를 잡으려 했다. 결국 아이젠바흐, 아브라모비츠, 발라반도 구덩이 속으로 들어갔다.

그날 밤 점호 시간에 다시 한 번 급박한 사이렌 소리가 울렸다. 이번에는 세 명이 추가로 실종되었음을 알렸다. SS 수색팀이 재차 출동했다. 장교든 카포든 군견이든 할 것 없이 불빛을 따라 외측 경계선 안쪽 지역 전부를 샅샅이 뒤졌다. 은신처 지척까지 다가왔을 때는 심장이 멎을 뻔했다. 하지만 이번에도 탈주범들을 찾지는 못했다.

1944년 3월 5일, 은신처에 숨은 지 셋째 날, 네 유대인은 여전히 땅속 깊이 숨어 있었다. 그들은 볼코프가 발터에게 가르쳐 준 암묵적인 규칙들을 어기고 말았는데, 그중 하나는 신뢰할 만하다고 생각한 동료 몇몇 사람에게 계획에 대해 털어놓았다는 점이었다. 그런 동료 중에는 프레드와 발터도 포함되어 있었다. 같은 슬로바키아인이었던 아이젠바흐는 발터에게 은신처 근처 망을 보다 위험이 닥치면 경고해 달라고 부탁했다. 그래서 발터는 안전할 때면 나무판자 더미 근처로 어슬렁어슬렁 걸어가 서류를 살펴보는 척을 하며 조용히 인사를 건넸다. 그러면 희미한 목소리가 화답했다. SS 대원들이랑 탐지견들이 근처를 여러 번 지나쳤는데도 은신처를 제대로 살펴본 적은 없다고 알려 줄 때는 발터 본인이 기분이 좋았다.

네 남자는 해가 저물 때까지 가만히 있었다. 마법의 문장이 들리기만을 기다렸다. 마침내 밤이 되고 적막한 캠프에 그 문장이 울려 퍼졌다. **"포스텐케테 압치언! 포스텐케테 압치언! 경계 초소를 비우십시오!"**

4인조는 조금 더 기다렸다. 어떤 소리도 들리지 않고 SS 대원이 전부 떠났다는 확신이 들자 은신처 천장과도 같은 판자를 밀어냈다. 그리고 최대한 조용히 한 명씩 밖으로 기어 나갔다. 그들은 판자를 조심스레 원위치로 두어 은신처가 다시 아무렇게나 쌓인 나뭇더미처럼 보이게 했다. 그러고 나서 칠흑 같은 어둠 속으로 사라졌다. 곧 그들은 아우슈비츠를 벗어났다.

그들의 첫 목적지는 켕티라는 마을이었다. 그곳에서 폴란드어를 할 줄 아는 발라반은 볼코프의 또 다른 조언(절대 다른 사람과 접촉하지 말 것)을 어겼고 그 결과는 좋지 못했다. 주변 주민에게서는 어떤 도움도 기대할 수 없다는 결론이 나왔다. 그들은 자력으로 슬로바키아 국경으로 향했다.

하지만 곧 4인조의 운이 바닥났다. 그들은 포롬카라는 작은 마을 근방에서 독일인 삼림 감독관들과 맞닥뜨리고 말았다. 독일인들은 웬 삭발한 남자 넷의 팔에 문신이 있는 것을 보고는 경찰을 호출했다. 저항하거나 달아나기에는 상황이 너무 빠르게 전개되는 바람에 거의 기습을 당하다시피 붙잡혔다. 독일인들은 순식간에 도망자들을 붙잡아 결박한 채 경찰이 도착하기를 기다렸다.

다음 몇 분 동안의 대응 방식이 중요했다. 4인조는 여정을 위해 (볼코프의 탈출 매뉴얼을 무심코 어긴 채) 챙겨 온 현금과 귀중품을 어떻게든 버리는 데 성공했다. 게다가 서로 뭐라고 말할지 이야기도 맞추었다.

그들은 사이렌이 처음 실종 소식을 알린 지 정확히 일주일 만에 아우슈비츠로 돌아왔다. 불로나 웅글릭처럼 시체로 돌아오지는 않았지만, 구타를 당해 상처를 입은 상태였다. SS 대원들은 히죽거리며 도망자들을 수용소를 가로지르도록 행진시켰다. 포획된 노예에게 주인의 막강한 힘을 상기시키려 한 것이다.

발터는 절망한 채 지켜보았다. 아우슈비츠 탈출학 전문가로서 이번만큼은 성공할 줄 알았다. 마침내 실패할 수 없는 방법을 찾아냈다고 믿었다. 나치가 틀어쥔 영구적인 목줄에 드디어 자그마한 허점 하나를 찾아냈다고 생각했다. 하지만 착각이었다. 언제, 어디서, 어떻게 실패했는지는 몰라도 어쨌든 실패했다. 동료 넷은 죽음을 맞이할 것이고 발터와 프레드는 영원히 이곳에 갇힐 것이다. 이번 작전이 성공하면 발터와 프레드 역시 그 은신처를 탈출 수단 삼아 자유를 찾을 생각이었다. 이제 그 희망마저 사라졌다.

그런데 수갑을 찬 남자 하나가 발터랑 눈을 마주쳤다. 아이젠바흐였다. 놀랍게도 그는 발터를 보며 아주 희미하게 윙크를 했다. 발터는 저들이 아직 굴복하지 않았음을, 비밀 은신처를 누설하지 않았음을 깨달았다. 그래도 저들은 아우슈비츠의 게슈타포 본부로 끌려가는 중이었다. 그곳에서 철저한 수색과 심문을 받게 될 것이다. 그 후에는 악명 높은 11동으로 끌려갈 것이다. 형벌의 동에서 끔찍한 고문을 당하면 비밀을 오래 지키지는 못할 것이다.

나치는 탈주범들을 아우슈비츠에서 비르케나우까지 데리고 다니면서 은신처가 어딘지 불라고 심문했다. 하지만 그들은 삼림 감독관들에게 붙잡힌 직후 몇 분 사이에 입을 맞춘 대로 모두 같은 장소를 가리켰다.

며칠 후인 3월 17일, 비르케나우에는 다시 한 번 익숙한 장면이 연출됐다. 수용자 수천 명이 모인 가운데 SS의 북소리가 울려 퍼졌다. 이동식 교수대 두 대가 제자리에 놓였다. 처형식을 주관하는 SS 돌격대 지도자는 혹시 탈출이 가능할 거라고 착각하는 자들이 있다면 결국 이 꼴이 날 거라고 경고하며 일장 연설을 늘어놓았다. 그는 수용자들에게 손목이 뒤로 묶인 채 죽음을 기다리고 있는 여섯 명의 남자들을 바라보라고 지시했다. 그곳에는 치트린, 아이젠바흐, 아브라모비츠, 발라반을 비롯해 4인조만큼 멀리 가지도 못한 두 탈주범도 있었다. 둘은 미리 귀중품을 버리는 데도 실패했다. 그들이 갖고 있던 빵에는 금이 숨겨져 있었다는 말도 들렸고 다이아몬드가 숨겨져 있었다는 말도 들렸다.

군중은 두 사람이 차례로 형틀에 엎드려 채찍질을 50번씩

당하는 모습을 지켜보아야 했다. 한 사람을 채찍질하는 데 꼬박 30분이 걸렸고, 그러는 내내 가죽이 살갗을 가르는 소리가 침묵 속에 울려 퍼졌다. 채찍질이 끝난 후에는 북소리가 울리는 가운데 두 사형수가 처형대 위로 올라갔다. 마지막으로는 발터가 2년 전 신참 시절 목격했던 장면이 또다시 그대로 펼쳐졌다. 사형집행인이 서둘러 형을 집행했고, 처형대 밑 뚜껑문이 열렸으며, 사형수 둘은 참혹하게 몸부림쳤다.

이제 아이젠하워를 비롯해 멕시코의 은신처를 통해 탈출한 4인조의 처형식이 시작됐다. 우선 한 사람당 35대의 채찍질을 맞았다. 그다음 순서는 아마도······.

발터는 마음을 단단히 다잡았지만 처형식은 거기서 끝이었다. 4인조는 다시 11동으로 끌려갔다. 거기서 무슨 고문을 당했을지는 신만 아시리라. 발터는 그들이 잔혹한 처분을 면치 못했으리라 짐작했다. 그들은 천천히 고통스럽게 죽어 갈 것이다.

그런데 이번 예상도 틀렸다. 네 사람은 지옥 중의 지옥이라 알려진 곳에서 풀려났고, 수용소 내의 고립된 구역에서 가장 강도 높은 강제 노역을 하도록 명령을 받았다. 어떤 수용자도 그들과 접촉해서는 안 됐지만 발터에게는 방법이 있었다. 발터는 서기로서 자유로이 다닐 비공식적 권리를 가지고 있었기에 아이젠바흐가 있는 곳으로 갔다. 그러고는 아이젠바흐와 눈을 마주치지 않은 채 가장 중요한 질문을 던졌다.

"저들도 아니요?"

맨손으로 도랑을 파고 있던 아이젠바흐는 조금도 움직임에 변화를 주지 않은 채 이를 꽉 물고 말했다. "아니."

그는 굴복하지 않았다. 다른 사람들도 마찬가지였다. 물론 그들이 어마어마한 고통에도 쓰러지지 않을 만큼 강인했고 영리했기 때문이었다. 그들은 굴복한 **척**을 하자고, 게슈타포의 압박 아래 어쩔 수 없이 털어놓는 **척**을 하자고 사전에 합의했다. 심문관들이 어떻게 탈출했냐고, 어디에 숨었던 거냐고 묻자 그들은 비르케나우에 있는 동일한 지점을 가리켰다. 물론 그곳은 비밀 은신처가 아니었다. 사전에 협의한 가짜 탈출 장소를 가리켰다.

진짜 탈출 경로는 발견되지 않은 채 그대로 남아 있다는 뜻이었다. 프레드 베츨러와 발터 로젠베르크에게는 여전히 기회가 있었다.

## 16장
## 내 백성을 보내 주거라

발터와 프레드는 1944년 4월 3일 월요일을 거사일로 정했다. 준비도 철저했다. 전문가의 조언은 물론 다른 이들의 실패 사례도 참고했다. 옷을 갈아입을 필요도 없었다. 막사 관리자들이다 보니 수용소 밖 사람들에 가깝게 옷을 입을 수 있었기 때문이다. 그들은 튼튼한 장화, 두꺼운 외투, 네덜란드산 최고급 상하의까지 준비해 뒀다. 물론 모든 것은 카나다를 통해 구했다. 비밀 은신처도 있었다. 멕시코에 잘 숨겨져 있는 은신처 말이다. 필요한 정보는 전부 머릿속에 저장돼 있었다. 무엇보다도 다음 주나 다음 달이 아닌 지금 당장 탈출해 경고의 소식을 발해야 한다는 절박함과 긴박함이 가득 차 있었다. 헝가리의 불운한 유대인들을 실어 나를 삼중 철로가 거의 다 완공되어 가고 있었다. 헝가리 유대인들은 바로 그 철로를 통해 화장터 문으로 끌려와 불 속에서 잿더미가 되고 말 것이었다.

오후 2시로 둘이 만날 시간까지 정해지자 비로소 모든 게 준비됐다. 발터는 탈출할 준비를 갖췄다. 트위드 재킷, 흰색 울 스웨터, 울 소재의 승마용 바지, 장목의 가죽 부츠까지, 마치 네덜란드의 부유한 신사처럼 보였다. 발터는 아우슈비츠 공무원이 하루 업무를 처리하는 것처럼 최대한 태연하게 수용소 외측 공간으로 향했다.

문지기에게는 화장터를 방문할 일이 있다고 쾌활하게 말을 건넸다. 마음속으로는 오늘이 화장터를 보는 마지막 날이 되기를 간절히 바랐다. 마치 용광로에서 철을 녹이듯 평범한 산업 공정의 일부처럼 인간의 시신을 소각하는 곳을 다시는 보고 싶지 않았다. 문지기는 통과를 허가했다.

발터는 외측 공간의 나뭇더미가 쌓인 곳에 도착했다. 그곳에는 프레드와 발터가 이번 작전을 위해 모집한 폴란드 출신 유대인인 볼렉Bolek과 아다멕Adamek이 있었다. 그 둘은 플라니어룽Planierung 작업반, 즉 땅을 고르게 만드는 건설 노역자였다. 그러다 보니 은신처 근처에 있어도 별다른 의심을 받지 않았다. 물론 다른 사람을 계획에 끌어들이는 것은 신뢰의 폭을 제한하라는 볼코프의 신성한 원칙을 깨뜨리는 것이었으나 달리 방법이 없었다.

시간이 되었다. 세 사람은 준비를 마쳤다. 하지만 프레드가 보이지 않았다.

발터는 재빨리 결정을 내렸다. 계속 뭉그적거렸다가는 의심만 불러일으킬 것이기 때문이었다. 세 사람은 각자 흩어져서 마치 만날 계획이 없던 것처럼 행동했다. 그날 저녁에 수용소 내측 공간으로 돌아가서야 발터는 프레드가 나타나지 않은 이유를 확인했다. 굉장히 깐깐한 SS 보초가 프레드 쪽 출구를 지키고 있었기 때문에 프레드는 위험 부담을 지느니 일단 물러서는 편이 낫다고 판단한 것이다. 그래서 발터와 프레드, 그리고 두 폴란드인은 다시 일정을 잡았다. 다음 날 같은 시간이었다.

이번에도 발터는 무사히 통과했다. 프레드도 마찬가지였다. 하지만 두 폴란드 유대인 중 한 명이 나타나지 않았다. 그를 담당하는 카포가 추가 작업을 할당하는 바람에 멕시코로 올 여유가 없어진 것이었다.

그렇게 셋째 날, 세 번째 시도는 운이 따르기를 바랐다. 발터와 두 폴란드인은 무사히 도착했으나 프레드가 빠졌다. **블록퓌러슈투베**Blockführerstube, 즉 동 관리실의 SS 대원들이 다른 것도 아니고 머리카락이 너무 길다는 이유로 프레드를 되돌려 보낸 것이다. 임무는 다시 연기되었다.

4월 6일 목요일 아침, 네 번째 시도가 이루어졌다. 그러나 이번에도 계획은 중단되었다. 전혀 예상 밖의 이유 때문이었다. 직접 보지 못했다면 발터와 프레드도 웬 소설이냐고 치부했을 이야기였다. 바로 사랑 때문이었다.


SS 소대 지도자Rottenführer 빅토르 페스텍Viktor Pestek은 굉장히 잘생긴 사내였다. 20대 중반인 페스텍은 불로 랑거를 속였던

SS 대원과 공통점이 있었다. **폴크스도이처**Volksdeutsche(독일 국적이 없는 독일 혈통 사람), 즉 독일계 루마니아 사람이었다. 페스텍은 가족 수용소 동 지도자Blockführer로서 그곳에 수감된 젊은 유대인 여성 르네 노이만Renée Neumann과 사랑에 빠졌다. 페스텍은 르네에게 흠뻑 빠져 버렸다.

그래서 페스텍은 르네를 가스실에 들어갈 운명에서 구출하기로 마음먹었다. 르네를 아우슈비츠에서 탈출시켜야 했다는 뜻이다. 르네는 어머니를 두고는 떠나지 않겠다고 단호히 말했기에 페스텍은 전쟁이 끝날 때까지 세 명이서 숨어 지낼 안전한 집을 찾아야 했다. 그러려면 수용소 밖의 반나치주의자들에게 도움을 받아야 했다. 말도 안 되는 무모한 계획이었지만 페스텍은 시도해 보기로 마음먹었다.

그렇다고 계획을 숨기지도 않았다. 페스텍은 몇몇 수용자에게 접근해 기묘한 거래를 제안했다. 탈출시켜 줄 테니 저항 세력과 연결시켜 달라는 제안이었다.

페스텍은 먼저 프레드에게 접근했고 뒤이어 발터에게도 거래를 제시했지만 둘 다 관심을 보이지 않았다. 불로가 학창 시절 친구에게까지 배신당했던 것을 고려하면 SS 대원을 신뢰하지 않는 게 당연했다. 그러나 체코에서 저항 세력으로 활동한 이력을 가진 마흔 살의 유대인 지그프리트 레더러Siegfried Lederer는 둘만큼 조심성이 없었다. 레더러는 페스텍의 의심스러운 제안에 응했다. 페스텍의 계획에 어떤 전제가 깔려 있는지 들은 뒤에도 말이다.

그렇게 1944년 4월 5일, 레더러는 세면장에 들어가 SS 상급분대 지도자 제복으로 갈아입고는 특수 직군임을 뜻하는 은색 견장까지 달았다. 그러고는 파밀리에랑거 정문 옆의 SS 경비실 창문에 빨간 불이 세 번 깜빡이기를 기다렸다. 신호가 오자 레더러는 밖으로 나와 미리 준비된 자전거를 탔다. 레더러는 하일 히틀러 경례를 하며 수용소 정문 밖으로 당당히 나갔다. 물론 문을 열어 준 사람은 페스텍이었다.

계획은 착착 진행됐다. 레더러는 곧 자전거를 버리고 페스텍과 함께 걸어서 보초선을 태연하게 지나갔다. "잉크웰"이라는 암호면 어디든 열렸다. 저녁 8시 30분쯤에는 프라하행 급행열차에 오를 수 있었다.

레더러가 사라졌다는 사실이 드러나고 아우슈비츠에는 사이렌이 울렸다. 하지만 레더러는 페스텍과 함께 이미 멀리 도망간 상태였다. 어떤 SS 대원도 페스텍이 사라졌음은 알아차리지 못했다. 공식 휴가를 떠났다고 미리 서명해 두었기 때문이다.

레더러의 저항 세력 친구들은 페스텍을 실망시키지 않았다. 그들은 프라하역에서 두 사람을 배웅해 숲속에 준비한 은신처로 안내했다. 하지만 레더러는 그곳에 머무르는 대신 넉 달 전에 자신이 추방된 테레지엔슈타트 게토로 돌아갔다. 그곳 유대인들에게 아우슈비츠의 실상을 경고하고 싶었기 때문이다. 하지만 나치의 속임수가 워낙 견고했기에 절친한 친구들을 제외하고는 아무도 레더러의 말을 믿지 않았다.

레더러는 이제 페스텍과 협의한 두 번째 사항을 이행해야 했다. 이는 한층 더 무모한 짓처럼 보였다.

레더러는 다시 한번 SS 장교 제복을 입었다. 탈출한 지 몇 달 새 계급도 올랐다. 이번에는 상급 돌격대 지도자 벨커 역할을 맡았다. 페스텍은 그 옆에서 하급 돌격대 지도자 하우저 역할을 맡았다. 그들은 베를린의 제국보안본부 서명과 프라하 게슈타포의 인장이 찍힌 영장을 위조해 비르케나우의 파밀리에랑거에서 심문을 위해 여자 둘을 데려가도 좋다는 증빙을 확보했다. 둘은 프라하에서 급행열차에 탑승해 아우슈비츠로 향했다.

페스텍이 마무리 지어야 할 일이 있어서 둘은 잠시 헤어졌다가 다음 날 정오에 오시비엥침 기차역에서 만나기로 약속했다. 그런데 그 사이 SS가 정보를 입수한 모양이었다. 정오가 되기 몇 분 전 오토바이를 탄 SS 기동대가 도착해 역사를 순식간에 포위했다. 페스텍이 탄 기차가 도착하자 SS 대원들이 기차도 둘러쌌다. 기동대 지휘관이 객차 창문으로 몸을 내민 페스텍을 발견하고는 곧바로 접근했다. 불과 몇 초 뒤 대합실에서 기다리던 레더러는 페스텍이 저항하는 것을 볼 수 있었다. 결국 총격전이 벌어졌다. 수류탄이 터지면서 플랫폼을 둘러싼 SS 대원들이 흩어졌다.

그 순간을 놓치지 않고 SS 제복 차림의 레더러는 대합실 창문을 뛰어넘어 가장 가까운 오토바이를 탈취했다. 그러고는 그대로 서쪽으로 질주했다. 몇 시간 후 레더러는 오토바이를 버리고 프라하행 기차에 올랐고 프라하에 도착해서는 테레지엔슈타트로 향했다. 그곳에서 몸을 숨긴 레더러는 함께 저항할 동료를 일부 모집했다.* 한편 페스텍은 운이 좋지 않았다. 그는 체포되어 심문을 받다가 르네 노이만에게 작별 인사를 할 기회도 없이 처형을 당했다.

다시 1944년 4월 6일. 당시 레더러의 실종을 알리는 사이렌이 울렸을 때 프레드와 발터는 즉각 계획을 수정해야 했다. SS가 높은 경계 태세를 갖추고 있는데 탈출을 시도하는 것은 무의미했다. 잠깐 멈춰야 했다.

둘은 4월 7일 금요일 점심시간까지 기다렸다. 다시 한번 발터는 정문으로 가서 SS 보초에게 화장터를 방문해야 한다고 말했다. 경비병은 살짝 의심하는 듯했지만 통행을 허락했다. 발터는 나무판자 더미를 향해 걸어갔다. 은신처가 눈에 들어왔다. 과연 오늘이 기회일까?

그때 갑자기 누군가 발터를 붙잡았다. SS 하급 분대 지도자 둘이었다. 대체 어디서 나타난 것인지 홱 달려들었다. 발터는 머리를 빠르게 굴렸다. 이들이 어떻게 눈치를 챈 걸까? 혹시…… 배신을 당한 건가? 이제 겨우 첫발을 내딛으려는데 벌써 계획이 노출된 건가?

발터는 자신을 붙잡은 두 장교를 주의 깊이 살펴보았다. 그

---

* 지그프리트 레더러는 종전까지 반나치 파르티잔과 함께 전투에 참여했으며, 아우슈비츠를 걸어 나간 지 28년 뒤인 1972년 4월 5일에 사망하기까지 체코슬로바키아에 살았다. 아우슈비츠를 탈출해 유대인들에게 테레지엔슈타트에 대해 경고하려고 시도한 이력은 널리 알려지지 않은 채 무명으로 생을 마감했다.

런데 둘 중 누구도 알아볼 수 없었다. 처음 보는 얼굴이었다. 이는 아우슈비츠의 수용자들이 매일 매 순간 내리는 즉각적인 판단을 내릴 수 없었다는 뜻이다. 그 판단이란, 프레드가 사흘 전에 처음 탈출 계획을 실행하려다 출입구 경비를 보고 접었던 판단처럼 생존이 걸린 문제였다. SS 대원의 잔인함과 악랄함이야 쉽게 예상 가능한 일이지만 수용자들은 자신이 상대하는 SS 대원이 예리하고 경계심이 높고 부지런한지, 아니면 게으르고 쉽게 속아 넘어가는지 식별해야 했다. 하지만 발터를 붙잡은 두 장교는 처음 보는 얼굴이라 어떤 정보도 읽어 낼 수 없었다.

둘 중 한 명의 얼굴에 처음으로 드러난 신호는 비웃음이었다.

그는 발터의 세련된 차림새를 훑어보더니 "이게 누굴까?" 하고 말했다. 수용소에 자주 오는 SS 대원들이야 발터의 복장을 자주 보기도 했고 서기가 규정상 사복을 입어도 된다는 사실도 알았기에 별문제를 못 느꼈을 것이다. 하지만 이들은 아직 비르케나우 영구 거주자들의 개성에 익숙하지 않았다.

물론 조롱과 비웃음 따위는 발터에게 큰 위협이 되지 않았다. 하지만 진짜 문제는 발터가 그들의 주의를 끈 이상 몸수색 단계가 자연스레 이어질 것이라는 점이었다. 그건 재앙이었다.

복장이야 늘 승마용 바지, 단정한 맞춤 재킷, 고급 부츠로 동일했지만 이번에는 평소랑 다른 게 하나 있었다. 셔츠 아래 피부에 밀착되게 손목시계 하나를 숨겨 놨다. 볼코프의 조언대로였다. 탈출 초기 단계에는 시간 관리가 필수였다. 따라서 만약 두 SS 장교가 발터의 몸수색을 시작하면 가볍게 두드리는 것만으로도 시계를 발견하게 될 것이다. 그러면 탈출 계획도 탄로 나게 될 것이다.

발터는 그 후에 벌어질 장면을 상상했다. 군중이 교수대를 바라보는 가운데 발터의 목에 올가미가 씌워지고 처형식을 주관하는 나치 장교가 "수용자가 왜 시계를 들고 있지? 탈출하려는 게 아니라면 설명이 안 되잖아?"라고 외친다.

불길한 예상은 빗나가지 않았다. SS 대원들은 실제로 몸수색을 시작했다. 우선 외투 주머니에 손이 들어왔다. 그들은 주머니에서 담배를 한 줌씩 빼냈다. 총 100개였다. 사실상 발터는 화폐를 소지한 상태로 발각된 셈이었다. 과연 이들은 이게 탈출 준비물이라는 사실을 알아차릴까?

발터의 등에 땀방울이 맺혔다. 발터는 정면을 응시하며 아무런 단서도 흘리지 않으려 애썼다. 눈가로 슬쩍 보니 볼렉과 아다멕이 2시 약속 장소를 향해 걸어가는 모습이 보였다. 아무래도 자신은 그 약속을 지키지 못할 듯했다. 이렇게 꼼짝도 못 하고 서 있는 것은 거의 2년 만이었다. 계획 실행 직전까지 와서 겨우 담배 때문에 좌절하다니. 발터는 마지막 숨을 거둘 때까지 자신을 아우슈비츠에 묶어 두려는 운명이라는 놈을 저주했다.

그때 지팡이가 딱 하고 어깨를 때리는 따끔한 느낌이 두 번 찾아왔다. SS 장교 하나가 대나무 막대로 발터를 때리면서 "잘 빼입은 원숭이 새끼"라느니 "개자식"이라느니 욕을 내뱉고 있었다. 하지만 발터는 고통 대신 안도감을 느꼈다. 장교가 계속 때리기는 해도 그보다 무시무시한 처벌, 즉 몸수색은 더 하지 않았기 때문이다.

마침내 그가 말했다. "가. 내 눈앞에서 꺼져." 믿기지 않았다. 말이 되지 않았다. 조금 전만 해도 이 인간은 발터를 11동으로 보내겠다고 위협했다. 본인이 원하기만 한다면 그렇게 할 능력도 있었다. 담배 100개가 나온 것만으로도 사유는 충분했다.

어쩌면 그를 비롯한 SS 대원들 모두는 레더러가 탈출했다는 소식과 거기에 SS 장교마저 연루되었다는 소문에 당황했을지도 모른다. 아니면 순전히 게으름 때문이었을 수도 있다. 어쨌든 그 하급 분대 지도자는 건방져 보이기는 해도 하찮은 유대인을 끌고 수용소 곳곳을 다니는 것보다 "더 중요한 일"이 있다고 말했다. 조금 때려 주고 끝내는 편이 나았다. 한편으로는 나치가 유대인의 목숨을 얼마나 간편하고도 제멋대로 주물렀는지 보여 주는 대목이기도 했다. 제복을 입은 장교 입장에서는 그까짓 일에 하루 중 고작 10~15분을 쓰는 것도 아까웠지만 바로 그 그까짓 일에 발터 로젠베르크는 목숨을 빼앗길 수도 있었다.

여태까지 수용소에서 목격한 일을 생각하면 나치 한 명의 변덕으로 목숨을 건지는 것쯤 딱히 놀랄 일도 아니었다. 사실 아우슈비츠-비르케나우 수용소에서 아직 숨을 쉬고 있는 유대인들은 전부 그런 식으로 목숨을 부지하고 있다고 해도 과언이 아니었다. 하차장의 선별 절차에서 손가락이 왼쪽과 오른쪽 중 한 곳을 향하는 순간부터 카포가 주먹 한 대에 사람을 보낼 수 있는지 내기를 할 때 희생양을 선택하는 순간은 물론 의무실의 의사가 수용자에게 설 힘이 있는지 아니면 허약해서 살 자격이 없는지 판단하는 순간까지 사느냐 죽느냐의 차이는 종종 한순간의 변덕이나 충동에 달려 있었다. 그 사소한 차이에 따라 운명이 180도 바뀔 수 있었다.

풀려난 발터는 최대한 자연스럽고 여유롭게, 마치 공사 현장의 감독자인 것처럼 은신처를 향해 나아갔다. 모든 게 시작되기까지 단 몇 야드 남았다.

"야, 인마. 어떻게 지내냐?"

발터는 즉시 모자를 벗고 차렷 자세를 취했다. 또 다른 하급 분대 지도자였지만 이번에는 익숙한 얼굴이었다. 카나다의 집행관 중 하나인 오토 그라프였다. 요즘 그라프는 가장 빡센 업무, 그러니까 존더코만도를 데리고 가스실에서 시체를 옮겨 소각하는 일을 감독하는 중이었다.

그라프는 "밤새 죽도록 일했어"라고 불평하며 말을 걸었다. 발터는 조급해 보이지 않으려 애썼다. 당장 시계를 볼 수는 없지만 2시가 임박했음은 알고 있었다. 그라프에게서 벗어나지 않으면 때를 놓칠 것이다. 네 번째 시도마저 실패하고 나면 또 기회가 있기는 할까? 그라프가 담배를 권했다. "여기, 그리스 담배 한번 피워 봐." 그렇겠지. 며칠 전 아테네에서 유대인이 1000명 정도 이송됐으니까.[*] 발터는 그리스 담배가 목에 안 맞는다는 변명을 했다. 그러자 그라프가 떠났다. 마침내 발터는 은신처에 접

---

[*] 아우슈비츠를 탈출한 어느 수용자는 이런 기록을 남겼다. "1944년 4월 1일, 그리스 유대인들이 이송되었다. 그중 200명은 수용소로 들어갔고 나머지 약 1500명은 즉시 가스로 학살당했다."

근할 수 있었다.

다른 사람들은 이미 도착해 있었다. 볼렉과 아다멕은 말없이 고개만 끄덕였다. **지금**이라는 신호였다. 그들은 나무판자를 일곱 겹, 여덟 겹 벗겨 내어 은신처 입구를 찾았고 프레드와 발터는 안으로 들어갔다. 안에 들어가자마자 머리 위로 나무판자가 제자리에 쌓이는 소리가 들렸다. 동료 중 하나가 "행운을 비네" 하고 속삭였다. 뒤이어 사방이 깜깜해지고 조용해졌다.

1944년 4월 7일 오후 2시였다. 일부 SS 대원들은 영적인 감상에 젖어 있었을지도 모르겠다. 그들은 그날 아침 교회로 가서 성 금요일의 엄숙함을 기리며 눈을 감고 기도했을 것이다. 하지만 발터 로젠베르크와 프레드 베츨러는 땅속 구덩이에 가만히 누워 있었다. 해가 저물고 저녁이 되었다. 발터와 프레드는 지금이 유대인의 명절 유월절이 시작되는 밤임을 알지 못했다.\* 음력에 따라 날짜가 바뀌는 유월절 밤에 유대인은 한데 모여 자유를 기념했다. 그리고 전지전능한 하느님께서 당신의 백성을 잊지 않고 악한 통치자의 압제로부터 해방시켜 주신 것에 감사드렸다. 그러므로 발터와 프레드가 어둠 속에 몸을 웅크린 동안 유대인의 오랜 전통이 전해 주는 이야기는 명확했다. 그 밤은 유대인이 포로 상태에서 벗어나 자유를 되찾은 밤이었다.

---

\* 브르바는 탈출 50주년 기념 강연을 하던 중 사회자에게 1944년 4월 7일이 유월절이었다는 것을 이제야 알았다고 말했다.

## 17장
## 지하

발터 인생에서 가장 긴 3일이었다. 작은 구덩이 속에서 보내는 사흘은 몇 주처럼 느껴졌다. 공간이 축소된 만큼 시간은 확장된 것 같았다.

밖이 밝을 때는 나뭇더미 바로 너머에 있는 동료 수용자들의 모습을 그려 보았다. 몇 야드 떨어지지 않은 곳에서 해가 뜰 때부터 질 때까지 노예처럼 일하는 모습이었다. 낮에는 정오에 점심 식사를 위해 일을 멈추는 소리에 귀를 기울였다. 그로부터 몇 시간 뒤에는 수용자들이 일을 마치고 막사로 돌아가느라 박자에 맞춰 발자국이 찍히는 소리가 귀에 들어왔다. 카포들은 노역자들에게 버럭 귀환 명령을 내렸고, 수용소 군악대도 작업반의 귀환을 알리는 음악을 연주했다.

첫날인 금요일 밤에 발터는 저녁 점호 상황을 상상했다. 한 명이 실종된 게 밝혀지고 또 다른 한 명이 실종된 게 추가로 밝혀진다. 그러면 카포들과 동장들이 머리를 긁적이며 대화를 나눌 것이다. 결국 그중 누군가가 제복을 입은 자들에게 유대인 둘이 행방불명되었다고 보고해야 할 것이다. 그리고 그 말을 전한 대가로 분명 구타를 당할 것이다.

다음으로는 누가 실종됐는지 소문이 퍼지면 동료들이 어떤 반응을 보일지 상상했다. 사이렌이 10분 동안 끔찍하게 울부짖는 동안 동료들은 움찔할 것이다. 사이렌이 울린다는 것은 점호가 연장된다는 뜻이니까. 수용자들은 몇 번이고 인원 점검을 하는 동안 추위에 떨며 기진맥진한 채로 몇 시간이고 계속 서 있어야 할 것이다. 하지만 한편으로는 유대인 동포 둘이 탈출에 성공했을지도 모른다는 생각에 굉장히 기뻐할 것이다.

시간이 흐르면서 발터의 머릿속에 여러 의문이 스쳤다. 휘발유에 적신 담배가 결국 냄새를 잃어버리면 어쩌지? 은신처를 아는 사람 중 한 명이 나치에게 굴복한다면 어떡하지? 야광 손목시계는 굳이 왜 가져 온 걸까? 시간이 얼마나 천천히 흘러가는지만 똑똑히 보일 뿐인걸.

그날 밤 구덩이 속에 웅크리고 있던 발터와 프레드에게 익숙한 소리가 들렸다. 한 무리 트럭이 유덴람페에서 사형선고를 받은 이들을 가스실로 실어 나르느라 덜커덩거리는 소리였다. 발터와 프레드가 숨은 은신처는 제4화장터와 제5화장터의 북동쪽 방향으로 아주 약간 떨어진 곳에 있었다.* 유럽 전역에서 도착한 유대인들은 여전히 기차에서 비틀거리며 내려오고 있었고, 여전히 줄을 지어 선 채 선별을 받고 있었으며, 여전히 죽음을 향해 나아가는 트럭 위로 올라타고 있었다.

발터는 트럭이 몇 대 지나가는지를 세었다. 그러다 한두 시간 지났을까, 시체를 나르는 철제 선반이 용광로 쪽으로 밀려들어가며 금속끼리 부딪히는 소리가 났다. 그곳에서 시체는 연기와 재로 변하게 될 것이다. 발터와 프레드는 조용히 굳은 채 귀를 기울이는 것 말고는 할 게 없었다(그때 그들이 들은 건 열두 살 미만 아이 36명을 포함한 벨기에 출신 유대인 274명이 화장당하는 소리였다).

토요일 아침이 밝기까지 살육은 물론 수색도 계속되었다. 군홧발 소리, 개 짖는 소리, 고함이 멕시코 곳곳에서 울려 퍼졌다. 때로는 아직 완공되지 않아 사람이 살지 않는 목조 막사에서, 때로는 발터와 프레드의 머리 바로 위에서 울려 퍼졌다.

월요일 오후 5시, 악단의 쾌활한 연주 소리로 하루가 끝났다는 신호가 울렸다. 음표 하나하나가 온종일 혹사당하며 매를 맞은 수용자들을 조롱하는 듯했다. 발터에게는 새로운 걱정이 생겼다. 이번 점호였다. 혹시 발터와 프레드 외에 다른 누군가가 실종됐거나 탈출을 시도했다면 처음부터 다시 시작이었다. 외측 보초선이 새로 사흘 더 유지될 것이었다. 그래서 둘은 가만히 기

---

\* 멕시코, 즉 BIII 구역 중 정확히 어디에 은신처가 위치했는지는 불명확하다. 한 기록에서 브르바는 그곳이 "제5화장터에서 동쪽으로 300미터 떨어진 곳"에 있었다고 밝힌다. 하지만 브르바와 베츨러가 증언한 내용과 자세히 비교해 보면 거리가 그보다는 더 떨어져 있었던 것으로 보이며, 따라서 멕시코의 북동쪽 끝 구석에 은신처가 위치했음을 추정할 수 있다.

다리며 사이렌이 또다시 울리지 않기만을 간절히 바랐다. 시곗바늘이 어찌나 느리게 움직이는지 시간이 멈춘 듯했다. 다행히 실종 경보는 더 울리지 않았다.

둘은 천장을 올려다보았다. 열고 싶은 마음이 굴뚝같았지만, 지금은 너무 위험하다고 단호히 마음을 먹었다. 지하 은신처에 숨어 있은 지 정확히 80시간이 지난 저녁 9시가 되어서야 발터와 프레드는 움직이는 게 안전하다고 판단했다.

은신처를 여는 일은 예상보다 어려웠다. 머리 위에 쌓인 나무판자의 무게 때문만은 아니었다. 가만히 누워 보낸 사흘이 몸에 큰 부담이 되어 근육이 위축되었다. 나무판자가 비정상적으로 무겁게 느껴져서 도저히 움직일 수 없었다. 천장을 밀어내려 할 때마다 찌릿찌릿한 통증이 강렬히 찾아왔다. 다리가 후들거려 몸무게조차 지탱하기 힘들었다. 게다가 여전히 근처에서 순찰을 돌고 있을지 모른다는 습관적인 조심성이 발동하는 바람에 최대한 조용히 움직이려 했고, 그만큼 힘을 주기가 더 까다로웠다.

발터와 프레드는 남겨둔 빵과 커피를 바라보았다. 지금이 비교적 안전하게 먹을 수 있는 시간이었다. 둘 다 몹시 배가 고팠고 목이 타듯이 말랐다. 하지만 빵 조금 혹은 커피 한 모금을 먹으려 하자 둘 다 같은 문제를 겪었다. 삼킬 수가 없었다. 마치 몸이 거부하는 듯, 내장이 뒤틀린 채 꽉 막힌 듯했다.

하지만 더 기다릴 수는 없었다. 둘에게는 밤 시간뿐이었다. 동이 트고 근무 시간이 시작되면 외측 보초선이 다시 가동될 것이다. 그러니 지금 나가야만 했다.

함께 끙끙대며 힘을 합친 덕에 아래쪽 나무판자 하나를 움직일 수 있었다. 결국 나머지도 하나씩 밀어낸 다음 간신히 몸을 끌어내 밖으로 나왔다. 사흘 동안 꼼짝도 못 하다 나오는 데 온 힘을 다 쓰느라 기진맥진한 둘은 잠깐 나뭇더미 위에 앉은 채 숨을 돌리며 밖을 내다보았다. 밤하늘은 맑았고 달이 환하게 빛났다.

서둘러 출발해야 했지만, 일단은 나무판자부터 원래 위치로 돌려놓았다. 다음 날 아침에 아무런 단서도 찾지 못하도록 철저히 정리하고 싶은 마음도 있었지만, 이 작은 은신처가 다른 누군가에게도 탈출구로 쓰이기를 바라는 마음도 있었다. 여태까지 동료 수용자들의 도움만 받아 아우슈비츠를 온전히 탈출하는 데 성공한 유대인은 단 한 명도 없었다.* 이제 프레드 베츨러와 발터 로젠베르크가 첫 사례가 되기 직전이었다. 둘은 자신들이 마지막이 아니기를 바랐다.

그들은 멕시코를 벗어나 서쪽으로, 비르케나우라는 이름의 유래가 된 작은 자작나무 숲으로 향했다. 마치 특공대가 움직이듯 땅에 배를 대고 조금씩 기어갔다. 인제 와서 불필요한 위험을

---

* 아우슈비츠기념박물관 측에 따르면 1942년 11월과 1944년 4월 사이에 몇몇 유대인 수용자들이 탈출을 시도한 적이 있다고 한다. 그 결과는 대부분 알려져 있지 않으나 특히 암울한 사례가 하나 있다. 1943년 12월에 게슈타포가 심은 어느 유대인 비밀 요원은 아우슈비츠를 벗어나는 데 성공했으나 이내 탈출 파트너인 폴란드인 수용자에게 총을 맞아 죽었다. 그 역시 게슈타포가 심은 비밀 요원이었던 것이다.

감수할 필요 없었다. 숲에 닿을 때까지 절대 일어나지 않았다. 바로 이 숲 곳곳의 구덩이에서 밤낮을 가리지 않고 시체가 불탔다. 숲을 지날 때는 조심스럽게 몸을 숙이고 달려 나갔다. 마침내 숲에서 나와 개활지가 펼쳐지자 다시 배를 대고 기어갔다. 앞에 뭐가 있는지 제대로 보이지도 않았다.

그러다 새로운 난관에 부딪혔다. 여기가 도로인지 얼어붙은 강인지 확신할 수 없었다. 땅에 눈이 깔려 있지는 않았지만 표면이 달빛으로 반짝였다. 반짝이는 바닥이 약 8야드 너비로 멀리까지 이어져 있었다. 하지만 물결도 소리도 없었다. 발터는 땅에 바짝 엎드린 채 손을 뻗어 차가운 바닥을 만져 보았다.

그런데 촉감이 예상 밖이었다. 이곳은 강이 아니라 모래였다. 혹시 지뢰밭인 걸까? 아니면 탈주범의 발자국을 보존해 이동 방향을 파악하려는 교묘한 덫인 걸까?

그렇다고 에둘러 돌아갈 방법은 없었다. 가늠이 되지 않을 만큼 긴 여정이 될 것이었기 때문이다. 따라서 선택지는 하나뿐이었다. 발터가 먼저 조심스럽게 발을 내디뎠다. 집에 잠입해 주인을 깨우지 않으려는 도둑처럼 최대한 몸을 가볍게 하려고 애썼다. 드디어 발터가 맞은편에 도착했다. 뒤를 돌아 프레드를 바라보니 그도 발터가 남긴 발자국을 따라 조심스레 나아가는 중이었다. 그렇게 해서라도 만에 하나 있을지도 모르는 지뢰를 피하고 어쩌면 추적할지도 모르는 SS 대원들을 혼란시킬 수 있기를 바랐다.

곧 발터와 프레드는 수용소 경계 안쪽을 따라 이어진 도랑에 도착했다. 도랑을 따라가다 보니 마침내 철조망에 도착했다.

철조망은 수용소 내부의 것과는 달랐다. 버팀목에 전등이 달리지 않았고 철사에도 전기가 통하지 않았다. 그래도 둘은 신중을 기했다. 직접 손을 대는 대신 사전에 만들어놓은 빨래집게 비슷한 장비로 아래쪽부터 철사를 들어 올렸다. 그렇게 한 사람씩 기어 나갈 수 있는 충분한 틈을 만들었다.

이제 둘은 철조망 반대편으로 나왔다. 그러고는 철조망에 딱 붙어 수용소를 거의 한 바퀴 돌았다. 얼마 지나지 않아 저편에 수용소 내측 공간이 보였다. 그 경계를 표시하는 불빛이 따스하게 빛나고 있었다. 모르는 사람의 눈에는 주변의 황량함에 대비되어 아늑하게 보일 지경이었다. 하지만 발터와 프레드는 그곳에 대해 잘 알고 있었다. 심지어 화장터 굴뚝도 보였는데, 굴뚝은 푸른빛이 도는 불꽃과 짙은 죽음의 연기를 내뿜는 중이었다. 둘은 마지막으로 그 광경을 눈에 담으며 다시는 볼 일 없게 하리라고 결심했다.

둘은 가능한 한 은밀하게 걸어갔다. 팔다리가 아직도 뻣뻣하고 지형이 습지대이다 보니 속도가 느려졌다. 새벽 2시쯤, 둘은 황야를 가로지르다 마침내 맞은편에서 오는 사람들에게 경고를 전하는 표지판을 발견했다. **주의! 이곳은 아우슈비츠 수용소입니다. 이곳에서 발견되는 사람은 경고 없이 총살됩니다!**

오랜 시간이 걸렸지만 발터와 프레드는 마침내 수용소를 아우르는 광대한 "이익 지대zone of interest"의 끝에 도달했다. 잠시나마 둘은 자축했다. 1944년 4월 10일, 둘은 아우슈비츠를 탈출했다.

## 18장

# 도망

SS에게 1944년 4월 9일 일요일은 휴일이 아니었다. 수용소 경비를 책임지는 부대 지휘관인 돌격대 지도자Sturmbannführer 하르텐슈타인Hartenstein은 금요일 오후 8시 33분에 수용자 둘이 실종됐다는 전보를 받았다. 하지만 일요일이 되어서야 프레드와 발터의 탈출 소식을 베를린 상관들에게 전보로 보냈다. 게슈타포 본부에 전보를 친 것은 물론 그 사본을 동부 각지의 게슈타포와 SD(보안대)와 **크리포**(형사경찰)와 **그레포**(국경 경찰)와 행정본부에도 보냈다. 제3제국 특유의 단조롭고 관료적인 언어로 작성된 전보 2334/2344번은 지금까지 일어난 일을 이렇게 전했다.

RSHA, 베를린, WC2, 오라니엔부르크 SS 행정국 D, 동부 게슈타포 범죄 수사 경찰 및 국경 경비 지휘관에게 예방 구금된 유대인들에 관해 전함. 1. 발터 이즈라엘 로젠베르크, 1924년 9월 11일 토폴차니 출생, 1942년 6월 30일 RSHA에서 이송. 2. 알프레드 이즈라엘 베츨러, 1918년 5월 10일 트르나바 출생, 1942년 4월 13일 RSHA에서 이송. 로젠베르크와 베츨러는 1944년 4월 7일 아우슈비츠 제2수용소 II-A 구역과 II-D 구역에서 탈출함. 즉각적인 수색을 실행했으나 실패함. 추가 수색 및 체포 시 아우슈비츠 강제수용소로 전면 보고 요청함. RSHA 측에는 추가로 로젠베르크 및 베츨러에 대한 공식 수색 책임자의 기록을 요청함. SS 본부에는 정보가 국가 지도자에게 전달되었음을 추가로 알림. 추후 보고가 예정됨. 현재까지 경비대의 과실은 확인되지 않음. 아우슈비츠 강제수용소, 제2부서, 440709, 1944년 4월 8일, D4 (서명) SS 소령 하르텐슈타인.

전보가 아우슈비츠로부터 전신선을 타고 베를린 및 제국 동부로 전달되는 동안 프레드와 발터는 비르케나우의 거의 밀폐되다시피 한 작은 구덩이 속에 가만히 숨어 있었다. 둘은 국가 지도자 하인리히 힘러에게까지 탈출 소식이 전해졌다는 사실은 몰랐다. 수용소 당국이 둘을 찾으려는 노력을 포기하지 않았다는 사실도, 아우슈비츠 수용자들을 감시하는 책임을 맡은 SS 장교가 중대한 과실을 인지하고도 책임을 물을 사람을 찾지 못했다는 사실도 몰랐다. **아직 경비대의 과실은 확인되지 않았다**. 프레드와 발터는 둘의 이름이 "이즈라엘"(185개의 유대인 성씨 목록\*에 포함되지 않는 성을 가진 유대인 남성에게 나치가 붙인 명칭)까지 붙은 채 점령지 방방곡곡의 경찰서 게시판에 붙여지리라는 것도 알지 못했다. SS야 그들이 탈출했다고 판단했지만, 프레드와 발터가 그 사실을 확신하기까지는 시간이 꽤 걸렸기 때문이다.

그다음 날 밤 9시까지 둘은 은신처에서 나오지 않았다. 마침내 수용소 철조망 밑으로 빠져나가 "이익 지대"(비스툴라 강과 솔라 강 사이의 광대한 지대 및 수십 개의 아우슈비츠 하위 수용소를 포함하는 15제곱마일에 달하는 구역) 경계선을 지났을 때조차 그들은 안도의 한숨을 내쉴 수 없었다. 아우슈비츠 안의 세상만큼이나 밖의 세상에도 많은 위험이 도사렸기 때문이다.

유대인 탈주범에게는 더욱 그러했다. 1942년 아우슈비츠에 도착한 날부터 둘은 여느 유대인 수용자처럼 세상으로부터 단절되었다. 따라서 밖에 나와도 연락할 동지도 없었고 음식, 옷, 위조문서, 무기를 제공받을 저항 세력도 없었다. 아우슈비츠의 비유대인 수용자는 소포로 음식 같은 것을 받을 수 있어서 사회와 최소한의 연결 고리를 유지할 수 있었지만, 유대인 수용자는 의도적으로 고립을 당했다. 각각 열아홉 살과 스물다섯 살인 발터와 프레드는 세상에 의지할 곳이 서로뿐이었다.

그들이 알프레드 베츨러와 발터 로젠베르크에서 29162와 44070번 수용자가 된 날, 아니면 그보다 전에 그들이 강제 이송 열차에 올라탄 날 세상은 그들을 포기했다. 물론 둘은 아우슈비

---

\* 「1938년 8월 성 및 이름 변경법 제2차 시행령」에는 91개의 여성 이름 역시 열거되어 있다.

츠 내에서 나름의 지위를 얻기는 했지만, 밖에 나온 이상 그마저도 다 잃어버렸다. 철조망 아래로 기어 나온 순간 사회적으로 제로 상태가 되었다. 둘은 아는 사람이 없었고 둘을 아는 사람도 없었다.

하지만 그러한 만큼 아무도 그들을 찾지 않기도 했다. 볼렉과 아다멕에 더해 한두 명 정도가 발터와 프레드의 탈출 계획을 알고 있었으나 은신처를 나선 뒤의 계획이나 경로에 대해서는 알지 못했다. 저항 세력 역시 공식적으로는 지원을 허가하지 않았기에 동료가 고문을 당해 정보를 누설할 위험도 없었고 정치국 정보원이 계획을 퍼뜨릴 위험도 없었다. 프레드와 발터는 이 면에서 철저했다. 둘은 서로 이야기할 때도 경로에 대해서는 언급하지 않았다.

단지 남쪽으로, 슬로바키아로 향하자는 계획에만 동의했다. 약 50마일 떨어진 슬로바키아는 비교적 가깝기도 했지만 무엇보다도 둘의 출생지였다. 따라서 그곳에서는 둘의 억양이 외국인으로 의심받을 일이 없었다. 폴란드에는 아는 사람이 없었다. 물론 슬로바키아에도 친구나 가족 중 누가 살아 있을지 전혀 알지 못했지만, 익숙한 곳인 만큼 어디서부터 시작해야 할지는 알았다.

그래서 서류도 지도도 나침반도 없이 일단 슬로바키아로 향했다. 발터가 머릿속으로 몇몇 지명을 기억하고 있을 뿐이었다. 켕티, 사이부쉬, 밀루우카, 라이차, 솔 등 각 지명은 아동용 지도책의 찢어진 페이지에서 수집한 것이었다.

동이 트고 나서가 걱정이었다. 대낮에 밖에 있는 것은 물론 위험했지만 일단 수용소에서 더 멀리 벗어나야 했다. 그때 숲의 윤곽이 보였다. 해가 뜨기 전에 그곳에 도착할 수만 있다면 숨을 곳을 찾아 쉴 수 있을 것이다.

하지만 아무리 걸어도 숲이 가까워지지 않는 듯했다. 햇빛이 아른거리는 순간에도 둘은 개활지에 나와 있는 상태였다. 아직은 아침 점호를 알리는 징 소리가 들릴 만큼 수용소에 가까웠다. 이곳 옥수수 밭에 있다가는 누구에게 들켜도 이상하지 않았다.

둘은 주변을 살피다 곧바로 땅바닥에 몸을 던졌다. 약 500야드 떨어진 곳에 회색과 녹색이 어우러진 SS 특유의 제복이 보였다. SS 대원 여럿이 여성 수용자들을 끌고 가는 중이었다.

프레드와 발터는 바짝 엎드린 채 빠르게 숨을 내쉬었다. 이미 들켰을까? SS 대원들이 이리로 와서 바로 총을 쏘는 것은 아닐까? 하지만 불코프는 분명히 충고했다. 절대 달리지 말라고. 둘은 제자리에 가만히 있었다.

마침내 둘 중 하나가 고개를 빠끔 내밀어 잠망경처럼 주위를 살폈다. 여성들도 SS 대원들도 보이지 않았다. 운이 좋았다.

둘은 다시는 대낮에 모습을 드러내지 않기로 결심했다. 그래서 밀림의 전사처럼 땅에 배를 대고 이동하다가 푹 파인 곳이나 도랑에 다다를 때만 일어서서 지형이 시야를 가려 주기를 바랐다.

그렇게 빽빽한 전나무 숲에 들어섰다. 거기서 둘은 잠시 쉬었다. 어쩌면 잠깐 졸았을지도 모르겠다.

북과 노랫소리에 숲의 정적이 깨졌다. 젊은이들이 혈기왕성한 독일어로 합창하는 소리였다. 프레드와 발터는 덤불 속에 몸을 숨긴 채 SS 대원들이 근처를 지나가는 걸음 소리를 들었다.

덤불 사이로 살짝 엿보니 히틀러 청년단이 눈에 들어왔다. 제국의 충성스러운 종복들이 배낭을 멘 채 캠핑과 탐방을 하면서 더욱 넓어진 조국의 지형을 익히고 있는 듯했다. 이곳 실레지아 지역에서는 가능한 일이었다. 한때는 폴란드에 속했지만 합병 후에 철저히 독일화를 거치면서 기존 폴란드 사람들이 집에서 쫓겨나고 독일 사람들이 그 자리를 꿰찼다. 발터는 독일 청년들이 30야드 채 떨어지지 않은 나무 아래에서 샌드위치를 먹는 것을 지켜보았다. 발터는 저들의 아버지가 기존 주민을 쫓아낸 **폴크스도이처**거나 유대인을 노예로 만들고 학살한 SS일 것이라 추측했다.

두 사람은 덤불 속에 갇혀 꼼짝도 할 수 없었다. 그때 마치 기도에 응답이라도 온 것처럼 비가 내리기 시작했다. 처음에는 잔잔한 소나기 수준이라 히틀러 청년단의 혈기왕성한 신도들을 막을 정도는 아니었다. 그러나 이내 하늘에 구멍이라도 난 듯 폭우가 쏟아졌고 차세대 나치 유망주들은 피할 곳을 찾아 허둥지둥 달아났다.

덤불에 계속 머무르는 것은 위험했다. 하는 수 없이 프레드와 발터는 볼코프의 낮 시간 이동 금지 원칙을 어기고 다시 나아갔다. 추위를 막아 주는 외투와 모자, 진탕과 늪이 된 땅으로부터 지켜 주는 장화에 너무나 고마웠다.

마침내 덤불이 충분히 우거진 곳을 발견해 새벽에 진작 잤어야 할 잠을 보충하기로 했다. 이때가 4월 11일이었다.

　어둠이 드리우자 둘은 다시 여정에 나섰다. 소와 강의 경로를 따라가다 개울을 건널 때만 잠시 멈춰 물을 마셨다. 그런데 둘째 날 밤에 그만 경로를 잃고 서쪽으로 멀리까지 벗어났다가 자비스조비체라는 작은 마을에 위험할 만큼 가까이 접근하고 말았다. "위험"한 이유는 이곳이 나치가 야비쇼비츠라는 이름을 새로 붙인, 아우슈비츠의 하위 수용소 서른아홉 군데 중 하나였기 때문이다. 이곳은 SS가 운영하는 탄광으로, 대다수가 유대인으로 구성된 노예 2500여 명이 노역하는 곳이었다. 프레드와 발터는 막사, 철조망, 조명, 감시탑으로 이루어진 익숙한 공간에 다시 발을 들이고 말았다. 밤이라서 초소는 비어 있었지만, 날이 밝는 즉시 무장한 SS 보초들이 주간 근무를 시작할 것임은 누구보다 잘 알았다.

　둘은 당황하지 않으려 애썼다. 하지만 어디로 가든 철조망과 감시탑이 이어지는 것 같았다. 아침이 다가오고 있었다. 얼른 도망쳐야 했다. 하지만 시야가 너무 어두웠다. 가이드도 장비도 없이 낯선 나라의 낯선 지형에서 길을 헤맬 수밖에 없었다.

　그나마 수용소 경계 밖에 있는 것으로 보이는 숲을 발견했다. 둘은 숲속으로 들어가 괜찮은 장소를 찾은 다음 은신처에 처음 들어갈 때 챙겼던 빵과 마가린을 조금 떼어 먹었다. 그러고는 나뭇가지 몇 개를 부러뜨려 몸을 최대한 가리고 황혼까지 잠들기를 바랐다. 프레드는 발터는 물론 본인의 마음을 진정시키기 위해, 어쩌면 마음을 다른 곳으로 돌리기 위해 숨어 지내는 동안 체스 이야기를 늘어놓기도 했다. 프레드가 체스 스승이고 발터가 제자였다. 프레드의 편안한 목소리를 듣다 보면 둘 다 차례로 곯아떨어질 수 있었다.

원래 계획은 그랬다. 그러나 날이 밝자 이곳이 외딴 숲이 아님이 드러났다. 어두워서 몰랐지만 이곳은 공원이었다. 근방의 새 주민들, 즉 SS 대원들이 아내와 자녀를 데리고 부활절 주간 휴가 동안 산책을 나오는 장소였다. 기껏 죽음의 수용소를 탈출했더니 이제 SS의 놀이터로 들어온 셈이었다.

둘은 재빨리 위험 요소를 파악했다. 숨어 있는 위치를 고려할 때 가장 큰 위협은 개나 아이가 냄새로 둘을 찾아내는 것이었다. 근처로 공 하나만 잘못 굴러와도 끝장이었다.

아니나 다를까 남자아이랑 여자아이가 깔깔거리며 뛰어다니면서 가까워졌다가 멀어졌다가 다시 가까워졌다. 발터의 심장이 쿵쾅거렸다.

어느덧 아이들이 코앞에 있었다. 아이들은 파란 눈으로 프레드와 발터를 바라보았다. 그러고는 곧바로 아버지를 찾으러 달려갔다. 애들 아빠는 SS 하급 분대 지도자 제복 차림에 권총을 차고 있었다.

여자아이가 말했다. "아빠, 아빠, 여기 와 보세요. 덤불 안에 아저씨들이 있어요."

SS 대원이 다가왔다. 프레드와 발터는 반사적으로 칼을 꺼냈다.

그의 시선은 발터와 프레드를 향해 있었다. 그들은 서로를 응시했다. 침묵이 몇 분이나 이어졌다. SS 대원은 그제야 뭔지 알겠다는 듯 얼굴을 찌푸렸다. 그는 아이들을 쫓아내고 금발의 아내와 대화를 나눴다. 아내의 앙다문 입을 보니 남편이 무슨 말을 했는지 짐작이 갔다. 남자 둘이 공원에서 남사스러운 짓을 벌이다니 뻔뻔하기도 하지! 가족은 깜짝 놀라 급히 자리를 떴다. 아이들도 있는데 그러한 꼴을 봤으니 도덕적으로 완전무결한 신흥 독일에 대한 도전으로 여겼을 것이다.

그렇다고 장소를 옮기는 것은 또한 위험했다. 덤불에서 나오면 바로 눈에 띌 것이기 때문이었다. 프레드와 발터는 계속 제자리에 머물렀고 밤이 되자 다시 걷기 시작했다.

문제는 소와 강의 경로를 실제로 밟으면서 생겼다. 지도로 볼 때는 쉬워 보였으나 둘은 계속 길을 잃었다. 그나마 아우슈비츠에서 남쪽으로 약 20마일 떨어진 곳에 있는 비엘스코 불빛을 보는 게 위안이 되었다. 경로를 크게 벗어나지 않았다는 증거였기 때문이었다. 사람들과의 접촉을 계속 피하려면 경로를 이리저리 비틀 수밖에 없었다. 그러는 와중에 밤이 깊어져 비엘스코의 불빛이 희미해지자 둘은 또다시 방향 감각을 잃었다. 정신을 차리고 보니 둘은 어느새 비엘스코 마을 한복판에 있었다. 주변에 거리와 건물이 가득했다. 둘을 알아보고 고발할지도 모르는 눈이 수백 쌍은 될 터였다.

프레드와 발터는 왔던 길로 돌아가 이름 모를 시골로 물러나려 했다. 하지만 어둡고 혼란스러워서 그렇게 할 수도 없었다. 어디를 가든 건물에 또 다른 건물이 계속 나타났다. 누군가 총을 들고 나타나는 것은 시간문제였다. 그게 SS든 폴란드 협력자든 둘에게는 차이가 없었다.

지금으로서 제일 위협적인 적은 새벽의 여명이었다. 미로 같은 비엘스코 거리에서 대낮에 붙잡히는 위험을 감수할 수는 없었다. 얼른 빠져나가야 했다.

계획은 딱 절반만 성공했다. 4월 13일 목요일의 해가 뜰 즈음 둘은 비엘스코는 벗어났지만 근처의 피사르조비체라는 마을에 닿았다. 사람은 비교적 적겠지만 이제 동이 터서 눈에 띄기는 더 쉬워졌다. 일단 몸을 숨겨야 했다. 볼코프의 중요한 원칙 하나를 깨야 했다는 뜻이다. 둘은 낯선 사람과 접촉해야 했다.

그렇다면 누구를 골라야 할까? 어느 선택지가 나을지 도통 가늠이 되지 않았다. 순전히 무작위로 결정해야 하는 상황이었다. 어느 집이든 문을 두드려 보는 수밖에 없었다. 만약 집을 잘못 골라서 새로 정착한 폴크스도이처가 문을 열면 둘은 즉시 죽은 목숨이 된다. 설령 운이 좋아서 현지 폴란드인이 문을 열더라도 안심할 수 없는 것은 마찬가지였다. 점령군의 규칙은 명확했다. 유대인을 숨기거나 돕는 폴란드인은 처형이었다. 반면 숨어 있는 유대인을 찾아내 신고한 폴란드인은 설탕 1킬로그램이나 보드카 한 병 같은 보상을 받을 수 있었다. 이런 상황에서 어느 집을 골라야 할까? 실수는 목숨과 직결됐다.

그들은 밖에 닭이랑 거위를 키우는 허름한 농가에 목숨을 걸어 보기로 했다. 정식으로 문을 두드리는 대신 가축 사이를 지나 뒤쪽으로 돌아갔다. 그곳에서 둘은 검은 옷차림에 머리에 두건을 두른 여자와 그 뒤에 불안해하며 서 있는 10대 딸을 보았다.

발터뿐만 아니라 프레드도 폴란드어에 충분히 능통해서 둘 다 제대로 된 인사말을 알고 있었다.

그렇게 슬로바키아 출신 유대인 둘이 입을 열었다. "예수 그리스도의 이름이 찬양받기를."

여자가 대답했다. "주님의 이름이 영원히 찬양받기를, 아멘."

여자는 둘을 안으로 들였다. 첫 번째 좋은 징조였다. 두 번째 좋은 징조는 여자가 "제 러시아어는 좀 별로예요" 하고 말한 것이었다.

아마 발터와 프레드의 억양 때문에 폴란드인이 아니라는 게 드러난 듯했다. 다른 힌트들도 있었다. 둘은 비싸기는 해도 더러워진 옷을 입고 있었고 한적한 곳에 있는 집에 뜬금없이 찾아왔으니 도망 중이라는 게 분명했다. 전쟁 포로 수용소에서 탈출한 소련 사람이라고 생각하는 것은 충분히 합리적인 추측이었다. 프레드와 발터의 입장에서도 나쁘지 않았다. 진실을 알면 어떻게 나올지 몰랐으니까.

여자는 한마디도 못 하고 있는 딸에게 돌아서서 먹을 것을 좀 내오라고 신호를 보냈다. 딸은 빵, 감자, 커피를 아침으로 내놓았다. 며칠 동안 식량을 찾아 헤매던 발터와 프레드에게는 잔칫상이나 마찬가지였다.

둘이 식사를 하는 동안 여자는 이 지역이 요즘 어떻게 돌아가는지 설명해 주었다. 이 근방 마을들이 독일 마을로 바뀐 게 확실해졌다. 따라서 발터와 프레드가 밭에서 일하는 사람들을 맞닥뜨리면 그들은 독일 민간인일 가능성이 컸다. 독일인들은 농사일을 할 때조차 무기를 휴대하고 다녔고, "신원 미상의 방랑자"를 발견하면 즉시 사살할 권한도 가지고 있었다. 여자의 설명에 따르면 이 지역에는 파르티잔이 많아서 독일인이 특히 경계심이 높았다.

폴란드인은 도로와 강에서 비교적 멀리 떨어진 집에만 남아 있을 수 있었다. 그 말은 발터와 프레드가 국경으로 가는 경로에서 멀어진 상태라는 뜻이었다. 탈주자를 돕고 싶어 하는 사람이 많지는 않을 것이다. 나치 점령군은 낯선 사람에게 도움을 베푸는 것을 사형에 처할 범죄로 규정했으며 가족에게 연좌제까지 적용할 수 있었다. 게다가 폴란드어나 러시아어를 써 가며 탈주자인 척하는 **아장 프로보카퇴르** agents provocateurs, 즉 독일 끄나풀이 많아서 이미 많은 폴란드인이 식량이나 피신처를 제공하다 죽임을 당했다고 했다.

여자에게는 아들이 둘 있었는데, 하나는 죽었고 다른 하나는 수용소에 갇혀 있었다. 아마 그 때문에 엄청난 위험을 감수하고도 프레드와 발터를 다음 날 새벽까지 자신의 집에 머물도록 허락해 준 듯했다.

둘은 조금이라도 도움이 되기 위해 장작을 팼다. 점심으로는 감자 수프 한 그릇에 감자를 더 먹고 잠시 휴식을 취했다. 일이 끝난 뒤 둘은 잠에 들었다. 그런데 한밤중에 발터가 여자 때문에 놀라서 깼다. 여자는 커피 주전자를 든 채 만약 눈에 띄지 않고 개활지를 가로질러 산으로 가려면 지금 바로 떠나야 한다고 경고했다. 그러고는 행운을 빌며 돈을 조금 건네줬다. 또 하나의 볼코프 규칙을 깨는 일이었지만 차마 거절할 수 없었다.

여자의 조언은 정확했다. 둘은 세 시간 동안 아무런 방해 없이 이동했고, 새벽쯤 눈 덮인 산에 도착했다. 둘은 소와 강의 서쪽 강변에 붙어 충분히 가까운 거리를 유지하면서 나무가 빽빽한 계곡을 따라 움직였다. 가끔 집 근처를 지나갈 때면 그곳 주민은 대개 문과 창문을 닫았다. 간혹 필요에 의해 대화를 시도해도 주민들은 대부분 응답하지 않았다. 유대인을 돕고 싶지 않았던 것인지 아니면 여자가 말한 대로 점령군의 지배하에 기초적인 친절마저 치명적인 위험을 초래할 수 있음을 느꼈던 것인지 알 수 없었다. 그러다 보니 몇몇 폴란드인이 둘을 슬쩍 보고는 길에 빵 반 덩어리를 "우연히" 떨어뜨리는 모습에 더욱 감사한 마음이 들었다.

4월 16일 일요일, 둘은 숲을 빠져나왔다. 그러나 이는 새로운 두려움을 불러일으켰다. 산 아래로 포롬카가 내려다보였다. 이곳이 얼마나 위험한지는 이미 경고를 받았다. 근처의 댐이 군사 표적이 되기 쉬워서 곳곳에 방공기구가 떠 있었고 독일군도 득실거렸다. 사실 아이젠바흐를 비롯한 4인조가 독일인 삼림 감독관들과 마주쳐 탈출에 실패했던 게 바로 이곳이었다. 이제 프레드와 발터의 눈앞에 바로 그 말로만 듣던 빵빵한 방공기구가 우울한 잿빛을 뿜내며 둥둥 떠 있었다.

둘은 댐과 마을을 피해서 가려고 산비탈을 따라 나아갔다. 비탈을 따라 걷는 게 쉬운 일은 아니었다. 금방 피로해졌고 다리가 부었다. 심지어 흙에 눈이 덮여 있어서 어두운 와중에 더욱 조심스럽게 움직여야 했다. 나뭇가지가 부러지거나 둘이 구르는 소리만 나도 심장이 덜컹했다. 혹시 둘 중 하나가 발을 잘못 디뎌서 나는 소리라면 발각될까 봐 무서웠고 그렇지 않더라도 누군가 근처에 있다는 뜻이기에 두려웠다.

낮 동안 몇 시간 휴식을 취한 뒤 저녁이 다가올 즈음 다시 출발할 준비를 했다. 하지만 이번에는 피할 수 없고 꾀를 부릴 수도 없는 위협을 직면하게 됐다. 바로 나치의 총탄이었다.

## 19장
# 국경 너머로

발터가 눈을 감은 채 누워 있는데 바로 그 소리가 났다. 탕탕 소총을 발포하는 소리와 윙 머리 위로 총알이 날아가는 소리가. 발터와 프레드는 본능적으로 일어났지만 그게 현명한 행동 같지는 않았다.

소리의 근원이 눈에 들어왔다. 약 70야드 떨어진 언덕에 독일 병사 열둘로 이루어진 순찰대가 있었다. 그들은 개 목줄을 쥔 채 둘을 향해 총을 겨누고 있었다. **베어마흐트**Wehrmacht, 즉 국방군이 일주일 전 제국의 전초 기지 곳곳에 퍼진 전보를 통해 두 명의 아우슈비츠 탈주범 소식을 접한 게 분명했다. 프레드와 발터의 행색이 전보 속에 묘사된 내용과 일치했을 것이다. 어쨌든 총을 쏴도 좋다는 확신을 가지기에는 충분했다.

적군 대위 출신 발코프의 가르침은 단호했다. 절대 총알을 피할 수는 없다. 그러니 애초에 그런 상황에, 다시 말해 자신의 다리가 물리학 법칙을 초월하기를 바라는 헛된 희망을 품는 상황에 처하지 말라. 그럼에도 당장 발터에게는 (이미 어길 대로 어긴) 볼코프의 황금률 따위를 신경 쓸 겨를이 없었다. 그는 비틀거리며 눈 덮인 언덕을 올라 반대쪽 비탈로 몸을 숨기려 했다. 독일군이 총을 정확히 겨누어 사격을 개시했다. 발터와 프레드가 할 수 있는 것은 달리는 일뿐이었다.

달리기가 더 빠른 프레드가 몸을 숨기기에 충분히 큰 바위를 발견하고 몸을 던졌다. 발터는 필사적으로 따라가 함께 몸을 던지려 했지만 발을 헛디뎌 앞으로 고꾸라졌다. 다시 일어날 수는 없었다. 움직임이 느려 손쉬운 과녁이 될 게 뻔했다. 총성이 하늘을 가득 채웠고 총알이 사방의 바위를 스치고 지나갔다. 조금이라도 움직이면 총에 맞아 죽을 것이다. 발터가 할 수 있는 건 아무것도 없었다. 공포에 사로잡혀 몸이 굳었다.

몇 초 후 사격 중지 명령이 들렸다. 뒤이어 지휘관이 부하들에게 말했다. "녀석을 잡았다!" 병사들은 둘의 시체를 확인하려고 언덕을 내려오기 시작했다. 바로 그때 발터가 뛰어올라 프레드가 몸을 숨긴 바위 뒤로 몸을 던졌다.

프레드가 발터에게 계속 앞으로 나아가라고 재촉했다. 둘은 언덕 꼭대기에 도착해 반대편 비탈로 내려갔다. 하지만 독일군은 포기하지 않았고 군견들도 점점 가까이 다가왔다.

두 도망자는 계속 달리고 달려 다음 언덕 중간에 있는 작은 숲을 목적지로 정했다. 저기에 도착하면 몸을 숨길 수 있다! 하지만 그 과정에서 계곡 바닥을 뒤덮은 넓은 개울을 건너야 했다. 개들이 근처까지 따라붙었기에 선택의 여지가 없었다. 둘은 무작정 개울로 뛰어들었다.

물은 얼음처럼 차가웠고 세차게 흘렀다. 맞은편 뭍에 다다랐지만 물살이 옷을 붙잡고 끌어당겼다. 발터는 발을 헛디뎌 두 번이나 물속에 빠졌다. 머리부터 발끝까지 차가운 물에 잠기자 추위가 뼛속까지 파고들었다.

어찌어찌 맞은편에 도착했지만 안도감을 느낄 새도 없었다. 땅에 눈이 깊게 쌓여서 다리가 푹푹 빠졌다. 이미 개울에서 홀딱 젖었는데 눈이 허리까지 잠겼다. 그래도 어떻게든 숲에 도착하기 위해 발악했다. 뒤를 돌아보니 병사들이 여전히 추격 중이었다. 그들도 비탈을 내려와 개울을 향해 돌진했다.

발터와 프레드는 숲에 진입해 지그재그로 달리며 추격자들을 혼란스럽게 만들었다. 개들이 짖는 소리가 들리지 않을 때까지 달리고 또 달렸다. 그들은 기진맥진한 채 도랑 위에 쓰러졌다. 그곳에서 가능한 한 숨을 죽이고 누워서 추위에 떨며 사람 발소리가 나지는 않는지 귀를 기울였다. 얼마 후 그들은 필사적으로 도망치는 와중에 얼마 되지 않는 식량과 외투마저 잃어버렸음을 깨달았다.

둘은 밤에 걷고 낮에 쉬기를 반복했다. 얇은 옷차림으로 눈이 듬성듬성 쌓인 숲을 헤쳐 나가려니 추위와 배고픔이 이만저만이 아니었다. 주거 지역에서는 충분히 멀리 떨어진 상태를 유지했다. 포롬카에서 간신히 탈출한 후로는 더는 운을 시험하고 싶지 않았다. 설령 음식을 구하기가 어려워지더라도 사람이 많이 다니는 길을 피했다. 지금 당장 둘의 목표는 이 나라를 벗어나는 것이었다. 이곳에서는 매 순간 죽음과 위험이 도사렸다. 국경을 넘기만 하면 상황이 나아질 것이다.

4월 19일 수요일, 여정이 시작된 지 열흘째, 발터와 프레드는 폴란드 마을 밀루우카가 내려다보이는 언덕에 다다랐다. 지도책 낱장에서 그 이름을 본 게 기억났다. 그때 지도에서 본 걸 토대로 추정해 보면 국경에서 단 두 마을 정도 떨어져 있다는 뜻이었다. 여기저기에 잿더미와 그을린 땅 등 화재의 흔적이 보였다. 아마 파르티잔들이 가까이 있는 듯했다. 그런데 평소처럼 사람을 피해 숲 근처의 밭을 지나다 작은 염소 떼를 발견했다. 좋은 식량 공급원이 될 수 있겠다고 생각하는 찰나 어느 나이 든 여성이 둘을 지켜보고 있었다.

서로가 위협적인 존재인지 고민하는 동안 무언의 대치 구도가 이어졌다. 깡마른 몸에 투지가 가득한 눈을 가진 사내들이 도망자라는 것은 분명해 보였다. 이들을 도와주려 했다가는 독일인들이 자신을 죽이리라는 점도 잘 알고 있었다. 하지만 도와주지 않으면 이들에게 죽임을 당할지도 몰랐다.

몇 초 뒤 발터가 정적을 깼다. 발터와 프레드가 불필요한 위험을 감수하지 말라는 볼코프의 조언을 몸소 배워 여태까지 얼마나 신중을 기했는지를 고려해 볼 때 발터의 입에서 나온 말은 납득이 되지 않았다. "저희는 슬로바키아 국경 쪽으로 가는 중입니다. 길을 알려 주실 수 있나요? 저희는 강제수용소에서 탈출했어요. 아우슈비츠에서요."

굳이 왜 그런 말을 했을까? 굳이 왜 자신들의 신분을 밝혔을까? 제국 전역에 체포 영장이 발부된 사실은 몰랐다 할지라도 아우슈비츠에서 수용자가 탈출하면 주변 지역에 경계 태세가 높아진다는 사실은 발터도 잘 알고 있었을 것이다. 그런데도 굳이 왜 아우슈비츠를 탈출했다는 말을 입 밖으로 내놓는 위험을 감수했을까?

아마도 발터는 이 노부인을 속이려고 시도해 봐야 소용없으리라 생각한 것 같다. 어설픈 변명이 먹힐 리도 없었거니와 누가 봐도 둘이 도망자라는 것은 뻔했다. 아니면 그녀의 낡은 옷과 거친 손을 보고는 절대 경찰 요원은 아니리라 판단했던 것일 수도 있다. 그것도 아니면 감히 인간의 친절에 판돈을 걸어 본 것일지도, 여태까지 목격한 온갖 일들에도 불구하고 아직 인간성이란 게 존재한다는 믿음을 가져 본 것일지도 몰랐다. 전부 다 이유가 됐을 수도 있다. 하지만 무엇보다도 발터의 머릿속에는 자신들이 탈출한 이유가 아우슈비츠의 존재와 그곳에서 벌어지는 참상을 외부 세계에 알리는 것이었음에도 아직 아무에게도 진실을 전하지 못했다는 생각이 스쳤다. 진실을 털어놓자 발터의 어깨를 무겁게 짓누르던 짐이 홀가분해졌다. 그래도 내가 적어도 한 사람에게는 말했구나. 드디어 철조망 밖에서 그 단어를 내뱉었구나. **아우슈비츠**라는 단어를.

노부인은 작은 염소 우리를 가리키며 안으로 들어가라고 손짓했다. 그러면서 경계심을 풀지 않은 채 둘의 얼굴을 계속 바라봤다. 물론 발터와 프레드도 경계심을 품고 있었다. 혹시 함정은 아닌지 의심했다. 그래도 우리 안으로 들어갔다. 부인은 둘에게 빵 한 조각과 담요를 내주며 여기서 기다리라고 말했다. 곧 음식을 보내 준 다음 도움도 구해 보겠다고 말했다.

둘은 노부인이 언덕을 내려가 약 반 마일 떨어진 곳에 있는 다리를 건너는 모습을 지켜보았다. 다리를 주의 깊이 살펴보았다. 만약 그녀가 둘을 배신해 밀고한다면 나치 점령군이든 지역 경찰이든 민병대든 일단 저 다리부터 건너와야 할 것이었다. 두 사람이 시간을 약간 벌 수 있었다는 뜻이다. 만약 적이 다리를 건너 다가온다면 둘은 그것을 보고 신속하게 숲속으로 사라지면 됐다. 물론 그렇게 빨리 움직일 수 있을지는 의문이었다. 발터의 발은 퉁퉁 부어서 뛰기는커녕 걷기조차 힘들었다. 긴 여정 동안 빵 부스러기만 먹은 탓에 발터는 자기보다 나이가 네 배는 많은 노인처럼 절뚝거렸다.

꽤 많은 시간이 흘렀다. 노부인은 "즉시" 음식을 보내 주겠다고 약속했다. 하지만 두 시간이 지났는데도 발터와 프레드는 염소 우리 안에 손쉬운 먹잇감처럼 덩그러니 남겨져 있었다. 속임수였을까? 마음이 바뀐 걸까? 아니면 그녀 자신이 독일인을 맞닥뜨려 둘을 도울 수 없게 된 걸까?

그때 다리 근처에서 움직임이 보였다. 둘은 누가 다가오는지 보려고 눈을 가늘게 떴다. 상대가 점점 가까워졌다.

점차 언덕을 올라오는 사람이 열두 살쯤 되어 보이는 소년이라는 사실이 분명해졌다. 소년은 꾸러미를 들고 와 발터와 프레드에게 건넸다. 표정은 겁에 질려 울음을 터뜨릴 것처럼 보였다. 프레드와 발터의 몰골을 생각하면 전혀 놀랄 일이 아니었다. 둘은 면도를 하지도 않았고 붕대로 감긴 발에는 피가 샜다. 겁에 질린 꼬마였지만 사실 그래 봐야 발터보다 고작 몇 살 아래였다.

꾸러미 안에는 익힌 감자가 넉넉히 들었고 약간의 고기도 있었다. 음식을 입에 넣으니 그동안 얼마나 배고팠는지 실감이 났다. 둘은 포롬카 이후 거의 아무것도 먹지 못했고 개울에서 물을 마셔 가며 허기를 채웠다. 소년이 둘을 지켜보다가 할머니가 해질 녘에 돌아올 것이라고 말했다.

프레드와 발터는 지금 당장 떠나야 할지 고민했다. 날이 어두워지면 다리는 시각적 경보 장치 기능을 해내지 못할 것이다. 게다가 노부인이 둘을 독일에 넘길 계획이라면 식사를 하고 안심한 오늘 밤이 적기일 것이다.

의심이 끊이지 않았지만 음식과 도움을 향한 욕망이 더 강했다. 혹시 부인이 무장한 사람들을 데리고 돌아온다면 적어도 다리를 건널 때 발소리가 들릴 것이다. 소리를 듣고 움직이면 숲속으로 도망갈 시간을 충분히 벌 수 있을 것이다. 그래서 둘은 노부인을 기다리기로 결정했다.

마침내 해가 지고 어둠 속에서 노부인이 나타났다. 언덕을 오르는 노부인 곁에 남자 하나가 있었다. 하지만 남자는 제복 대신 초라한 농사꾼 옷을 입고 있었다. 그런데 충분히 가까워지자 남자의 손에 들린 총이 보였다.

발터와 프레드는 본능적으로 빠르게 계산했다. 사는 것일까, 죽는 것일까? 포획을 당하는 것일까 살해를 당하는 것일까? 둘은 굳이 상의할 것도 없이 이 남자가 자신들을 죽이러 왔을 가능성은 낮다고 결론지었다. 만약 적의를 품고 온 거라면 총을 겨눈 채 위협하여 게슈타포에게 끌고 갈 확률이 높았다. 하지만 그것은 충분히 감당할 수 있는 위험이었다. 어차피 남자는 나이가 많은 반면 이쪽은 남자가 둘이었고 칼도 가지고 있었다.

노부인은 꾸러미를 하나 더 건네주었고 노인은 옆에서 아무 말 없이 지켜보았다. 두 번째 식사는 첫 번째보다 순식간에 이루어졌다. 발터와 프레드는 1분도 채 안 되어 음식을 전부 먹어치웠다. 노인은 그 광경을 지켜보다가 웃음을 터뜨렸다.

그러고는 총을 집어넣으며 말했다. "자네들은 확실히 강제수용소 출신이로구먼." 극심한 허기 덕분에 노인이 설득된 것 같았다. 그 전까지 그는 자신의 친구가 마주친 두 도망자가 실은 파르티잔을 돕는 사람을 색출하기 위해 파견된 게슈타포의 잠복 요원은 아닌지 의심하고 있었다. 프레드와 발터가 진짜 도망자라는 게 분명해지자 노인은 둘에게 짐을 싸고 와서 자기 집에서 밤을 보내라고 권했다. 다음 날 밤에 직접 국경 너머까지 안내해 줄 것이라고도 덧붙였다. 노부인은 눈물을 머금은 채 작별 인사를 고하고 행운을 빌어 주었다.

노인은 발터와 프레드를 계곡에 자리 잡은 자신의 오두막으로 데려왔고 그곳에서 둘은 제대로 된 침대에 누워 잠을 청할 수 있었다. 드디어 발터는 부은 발에 꽉 끼는 부츠를 벗어 놓을 수 있었다. 발이 어찌나 부어올랐는지 면도칼로 가죽을 째야 했다. 폴란드인 집주인은 둘에게 새 장화를 내주었지만 당장은 부기 때문에 신을 수 없어 어깨에 걸치고 다녀야 했다. 발터는 그 대신 실내화를 빌려 신는 데 만족했다.

다음 날 둘은 집에 머물며 노인이 돌아오기를 기다렸다. 노인은 또다시 음식을 내주었고 날이 어두워지자 둘을 데리고 출발했다. 둘은 노인이 시키는 대로 철저히 따르겠다고 약속했다. 그들은 밀루우카 근처의 철로를 건너 산으로 돌아갔다. 제대로 된 신발이 없어 발터는 따라가기가 버거웠다.

어느 순간 노인이 멈추라고 신호를 보냈다. 10분마다 독일 순찰대가 지나가는 구역이었기 때문이다. 그들은 숨은 채로 순찰대가 지나가기를 기다리다가 다음 9분 동안 이동했다. 노인은 이러한 점이 나치의 약점이라고 설명했다. 일정을 철저하게 지켜서 움직임이 예측 가능하다는 것이었다. 발터와 프레드도 고개를 끄덕여 수긍했다. 사실 탈출 작전 자체도 바로 그 예측 가능성 덕분이었다.

셋은 덤불 속에 숨은 채 노인이 관찰한 사실이 정확하다는 것을 확인했다. 마치 신호라도 받은 듯 독일 병사들이 지나갔다. 이로써 노인을 향한 일말의 의심마저 사라졌다.

그들은 이따금 휴식을 취했고 그때마다 노인은 숲에 들어가 음식을 구해 돌아왔다. 근처에 파르티잔이 있는 게 명백했다. 식사하는 동안 노인은 평온한 목소리로 발터와 프레드에게 자네들이 4월 7일에 오시비엥침 수용소에서 탈출한 도망자들 아니냐고 물어보았다. 특히 둘의 소매 아래 새겨진 수용 번호를 가리키며 자신도 아우슈비츠에 대해 잘 알고 있다고 말했다. 어쩌면 본인도 그곳에 수감된 적이 있는 듯했다. 이후 언젠가 발터와 프레드는 노인에게 감사의 말을 전하기 위해 이름을 물었다. 노인은 타데우시Tadeusz라는 별명만 알려 주었다.* 물론 그게 불문율이었다. 서로 이름이나 주소를 모르는 편이 나았다. 그래야 누구라도 나치에게 잡혀 고문을 당해도 서로에 대해 누설할 내용이 없었다.

셋은 어둠을 헤치며 약 8마일을 걸었다. 그렇게 4월 21일 금요일 아침이 되었다. 함께한 지 이틀 만에 어느 공터에 도착했다. 노인은 50야드도 채 떨어지지 않은 숲을 가리키며 발터와 프레드가 오래도록 기다려온 말을 꺼냈다. "저쪽이 슬로바키아라네."

이제 그들을 막을 장애물은 없었다. 철조망도 국경 초소도 없었다. 당장이라도 저곳으로 달려가 나치에게 점령당한 폴란드를 완전히 벗어날 수 있었다. 하지만 노인이 두 가지 지침을 강조했다. 첫째는 이곳에도 독일 순찰대가 규칙적으로 순찰을 돈다는 것이었다. 다만 간격은 더 길어서 세 시간에 한 번꼴로 순찰이 있을 것이다. 안전하게 움직이려면 나무 뒤에 숨어 순찰대가 지나가는 것을 확인한 뒤 지나가는 게 옳았다.

---

\* 루돌프 브르바의 회고록에는 슬로바키아 국경으로 안내해 준 사람의 이름이 등장하지 않으며 그가 아우슈비츠 출신이라는 암시도 없다.

다음으로는 국경을 넘은 뒤 스칼리테 마을로 가라고 지시했다. 그곳에서 264번지 집을 찾아가면 믿을 만한 사람이 음식과 옷을 내줄 것이었다. "밀루우카의 산악인"이 보냈다고만 말하면 됐다. 타데우시는 살짝 떨리는 목소리로 작별 인사를 건넸다.

프레드와 발터는 지시대로 행동했다. 순찰대가 지나가는 것을 지켜본 뒤 잠시 기다렸다가 캄캄한 언덕을 향해 나아갔다. 10분 정도 걷자 땅에 박혀 있는 짧고 뭉툭한 돌기둥들이 눈에 들어왔다. 한쪽에는 "P"가, 반대쪽에는 "S"가 새겨져 있었다. 이곳이 폴란드와 슬로바키아의 국경이라는 뜻이었다. 둘은 해가 밝은 오전 9시에 국경을 넘었다.

희열을 느꼈을까? 확실히 안도감은 들었다. 아우슈비츠가 있는 나라를 벗어났다. 하지만 기뻐할 수는 없었다. 나치에게 점령되지는 않았지만 슬로바키아 역시 나치를 등에 업은 슬로바키아 파시스트들이 지배하는 국가였다. 바로 그 파시스트를 이끄는 인물이 프레드와 발터는 물론 둘의 가족과 친구마저 추방하기 위해 오래도록 애쓴 요제프 티소 신부였다. 지금이라고 그때랑 다르지 않았다.

움직임 하나하나에 위험이 따랐다. 흘린카 경비대는 아직도 제자리를 지키고 있었다. 게다가 타데우시가 신뢰할 만한 친구를 소개해 주기는 했지만, 마냥 어둠 속에 숨어 지낼 수만은 없었다. 어쨌든 둘은 추방을 피해 살아남은 동포 유대인들과 접촉할 필요가 있었기 때문이다. 그 필요를 채우려면 몸을 드러내는 수밖에 없었다.

그래서 둘은 일단 계속 걸었다. 숲을 지나 능선을 따라 걷다가 국경에 인접한 마을 스칼리테로 향했다. 그곳에는 집이 몇 채 흩어진 사이로 시냇물이 부드럽게 흘렀고 지붕이 양파 모양인 교회 건물이 있었다. 둘 다 옷이 찢어지고 해진 데다가 발터는 남루한 슬리퍼를 신고 부츠는 어깨에 걸치고 있었으니 누가 봐도 외지인이 분명했다. 바로 옆에 폴란드 국경까지 있으니 외지인 중에서도 정체가 뻔했다.

둘은 264번지 집을 찾아가 "밀루우카의 산악인"이라는 암호를 언급했다. 농부 온드레이 차네츠키Ondrej Čanecký가 둘을 집으로 초대했다. 그는 손님들에게 씻으라고 권한 다음 새 옷을 내주었다. 농민 복장이라 현지인으로 위장할 수 있었다. 식사하면서 프레드와 발터는 유대인 공동체와 접촉하고 싶다고 설명했다. 차네츠키는 마침 차트차에 사는 의사 폴락Pollack이 유대인이라고 밝혔다.

이름을 듣는 순간 발터가 기억을 떠올렸다. 발터가 노바키에서 마이다네크로 가는 이송 목록에 올랐을 때 폴락 바갓도 함께 이송될 예정이었다. 하지만 폴락의 이름은 마지막 순간에 목록에서 제거되었다. 나치 당국이 유대인 의사는 이송 보내지 않기로 결정했기 때문이다. 슬로바키아에서, 특히 농촌 지역에서 의료 서비스를 받지 못하게 된 사람들이 불만을 표하자 압력에 굴복한 것이었다. 티소 대통령은 유대인이 슬로바키아 전체 인구 중에는 소수일지라도 의사 인구 중에는 상당수를 차지한다는 사실을 고려하지 못했다. 결국 티소는 아직 추방되지 않은 유대인 의사들을 소도시 및 마을에 배치했다. 이런 배경을 고려할 때 차트차에 있는 폴락이 바로 그 폴락 박사일 확률이 높았다. 여정을 다시 시작하기에 그만큼 좋은 출발점이 없어 보였다. 발터와 프레드는 즉시 차트차로 향해야 했다. 둘은 서로를 바라보고는 바로 떠나자는 데 동의했다.

그때 차네츠키가 둘을 말렸다. 만약 둘이 이곳에 올 때처럼 밤에 숲을 헤치며 나아가는 식으로 차트차까지 20마일을 움직이면 꼬박 3일이 걸릴 것이었다. 차네츠키는 그 대신 다른 방법을 제안했다. 그는 월요일이 차트차의 장날이었기 때문에 안 그래도 돼지를 팔러 기차를 타고 갈 계획이었다. 그러니 프레드와 발터도 주말 동안 오두막에 숨어 지내다 월요일 아침에 농민 복장을 갖추고 일꾼으로 가장한다면 어떨까? 차네츠키 곁에 붙어서 돼지 옮기는 것을 도와주며 슬로바키아어로 대화까지 나누면 경찰이든 정보원이든 거의 눈치를 채지 못할 것이다. 특히 차트차행 기차는 독일군이 아니라 슬로바키아 헌병이 통제하고 있었다.

그렇게 4월 24일, 한때 페이오트를 달고 랍비 선생님 심부름을 하던 소년 발터 로젠베르크는 슬로바키아 가축 시장에서 돼지 열 마리를 몰고 다니며 상인들이 손님들을 상대로 흥겹게 거래하는 모습을 지켜보았다. 그들은 제시된 가격이 낮다 싶으면 유쾌하게 거절하면서 유대인이 아니라 사람답게 제시하라며 농담을 던졌다.

작전은 성공했다. 차네츠키가 돼지를 파는 동안 아무도 곁의 일꾼 둘에게 주의를 기울이지 않았다. 차네츠키는 심지어 수익의 일부를 나누어 주려 했지만 발터와 프레드는 거절했다. 자신들의 자유를 위해 목숨을 걸어 준 것만 해도 이미 과분했다.

차네츠키는 마지막으로 의사가 어디서 지내는지 알려 주었다. 폴락 박사의 진료소는 기대나 희망을 벗어난 위치에 있었다. 군대 막사 안에 있었다. 입구에는 슬로바키아의 친나치 군인 둘이 지키고 서 있었다. 폴락을 아는 발터가 환자인 척 군인들을 지나쳐 진료소로 들어가야 했다. 발터는 마음을 다잡고 나아갔다.

발터는 진료소 안에서 폴락의 진료실을 찾았고 그곳에 들어서는 순간 이 의사가 노바키에서 본 바로 그 사람이라는 확신이 들었다. 하지만 폴락은 혼자가 아니었다. 여성 간호사 하나가 곁에 있었다. 발터는 임기응변으로 "신사의 병" 때문에 왔으니 여자는 나가 주셨으면 좋겠다고 말했다.

당연하게도 폴락은 발터를 알아보지 못했다. 농민처럼 옷을 입은 데에다가 비르케나우를 탈출한 지 2주밖에 되지 않아 머리카락도 까칠까칠 짧았기 때문이다.

그래서 발터는 자신이 누구인지, 둘이 어디서 처음 만났는지 설명했다. 그리고 아우슈비츠에 대해 이야기했다. 최대한 간략하게 이야기했음에도 폴락은 얼굴이 창백해져 떨기 시작했다. 왜인지 이해가 됐다. 무덤에서 보낸 사절이 온 것이나 마찬가지였기 때문이다. 발터는 1942년 3월에서 10월 사이에 슬로바키아에서 추방된 유대인 6만 명 중 최초로 고국으로 돌아온 사람이었다. 그러한 발터가 아우슈비츠에 끌려간 6만 명 중 남자 67명과 여자 400명만이 살아남았다는 끔찍한 소식을 방금 막 전했다.

폴락이 물었다. "나머지는 어디 있나요?"

발터가 대답했다. "나머지는 다 죽었어요."

발터는 유대인들이 새로운 터전으로 이주했다는 주장이 사실이 아니라고 설명했다. 그들은 전부 살해당했다.

1942년 봄에 폴락 본인은 아내와 자식들과 함께 추방을 면했지만 부모님과 형제자매의 가족은 전부 추방당했다. 1942년이 지난 뒤로는 소식조차 끊겼다. 추방된 이들이 감쪽같이 사라지고 침묵만 남았다. 불행을 짐작했음에도 발터로부터 직접 소식을 들으니 손발이 벌벌 떨렸다. 진실을 알았기 때문이다.

폴락은 정신을 가다듬은 뒤 무엇을 도우면 될지 물었다. 이제 발터가 질문할 차례였다. 슬로바키아 유대인 공동체 중 일부라도 남아 있는가? 어떤 조직이 아직도 남아 있는가? 지도부 같은 것이 있는가?

폴락은 브라티슬라바의 ÚŽ(우스트레드냐 지도우Ústredňa Židov), 즉 유대인중앙기구가 여전히 기능하고 있다고 답했다. 그곳은 폴락처럼 추방을 면하고 살아남은 유대인 2만 5000명을 대표하는 유일한 유대인 조직이었다. 하지만 ÚŽ는 은밀히 활동 중이었다. 그래서 폴락이 즉시 연락을 주선해 주겠다고 제안했다. 또한 차트차에서 발터와 프레드가 묵을 만한 곳의 주소를 넘겨주었다. 그곳은 저명한 랍비 레오 백Leo Baeck의 친척으로 보이는 베크Beck 여사의 집이었다.

마지막으로 할 일이 하나 남았다. 대화가 15분이나 이어졌기에 간호사가 의심할 수 있었다. 그래서 발터가 발에 붕대를 감고 나가기로 했다. 그러면 진료가 그렇게 오래 걸린 이유가 설명될 것이다(물론 간호사 입장에서는 대체 어떤 "신사의 병"이 발에 영향을 미치는지 이해가 가지 않았을 것이다).

다음 날 아침, 농부로 위장한 발터와 프레드는 폴락과 거리를 둔 채 그의 뒤를 따라 차드차 기차역으로 향했다. 폴락이 자리를 비켜 주자 둘은 기차에 탑승했다.

기차는 차드차보다 훨씬 큰 도시인 질리나로 향했다. 그들에게 주어진 유일한 지침은 오전 10시에 기차역 앞 공원에서 기다리라는 말이었다. 평범한 시민인 척을 하려고 둘은 공원 벤치에 앉아 슬리보비츠를 들이켰다. 농민 복장에 삭발한 머리로 아침부터 공공장소에서 술을 마시고 있으니 영락없는 슬로바키아 군대 신병 같았다. 아무도 귀찮게 하지 않았다. 그때 ÚZ 대표 에르빈 슈타이너Erwin Steiner가 접근했다. 슈타이너가 고개를 끄덕이며 따라오라는 신호를 주기에 그를 따라 7~8분 정도 걸어가자 홀레호 거리에 세워진 굉장히 현대적인 건물 하나를 마주쳤다. 지은 지 불과 10년도 되지 않은 건물에 유대인 공동체의 자부심이 드러났다. 본래는 질리나의 유대인을 위한 요양원이었지만 1940년 이후로는 질리나 유대인평의회 건물로 사용되고 있었다. 슈타이너는 발터와 프레드를 건물 지하로 안내했다.

그들은 보일러실과 세탁실을 지나 복도의 마지막 문을 통과했다. 여기까지 들어올 사람은 거의 없었다. 거리 쪽으로 창문이나 있었지만 유리가 불투명할뿐더러 고작 보행자 발 높이에 있었다. 운이 나쁘지 않은 이상 아무도 그들이 여기에 있다는 사실을 알지 못할 것이었다.

이곳에는 살라미, 계란, 샐러드, 물이 있었다. 곧 슈타이너의 아내 이볼리아Ibolya가 합류했다. 이볼리아는 나중에 속기사로 활약했다.

그렇게 유대인평의회 건물에서 발터 로젠베르크는 여전히 발에 붕대를 감은 채 프레드 베츨러와 함께 지난 2년간 극심한 고통 속에서도 자신을 지탱해 온 꿈을 실현하기 시작했다. 발터는 아우슈비츠의 진실을 밝히기 시작했다.

4

보고서

The Escape Artist
The Man Who Broke Out of Auschwitz to Warn the World

## 20장
# 명명백백

대화는 때로는 브리핑 형식으로, 때로는 취조 형식으로 며칠간 계속됐다. 발터와 프레드가 개요만 설명했는데도 슈타이너는 자기 선에서 다룰 문제가 아니라는 사실을 이해했다. ÚŽ의 지도부 모두가 이 이야기를 들어야 했다. 그래서 브라티슬라바 본부에 연락해 화학공학자이자 ÚŽ 최고 인사 중 한 명인 오스카르 크라스냔스키Oskar Krasňanský를 찾았다. 슈타이너는 그에게 당장 이곳으로 와야 한다고 촉구했다. 보통 유대인들은 기차로 여행을 다닐 수 없었지만 크라스냔스키는 허가를 얻어 같은 날 저녁에 질리나에 도착했다. 유대인평의회 수장이자 변호사 겸 작가인 오스카르 노이만Oskar Neumann도 24시간 후에 합류했.

지도부의 첫 과제는 앞에 놓인 두 남자의 신원을 확인하는 일이었다. 간단했다. 크라스냔스키가 슬로바키아에서 출발한

(그리고 당시로서는 목적지를 알 수 없었던) 이송 기록을 몽땅 챙겨 왔기 때문이다. 추방자별로 신원 카드가 있었으며 그 카드에 이름과 사진이 들어 있었다. 프레드와 발터는 자신들이 이송된 날짜와 출발 지점을 말했고 이는 카드 기록과도 일치했다.

프레드와 발터는 심지어 당시 화물칸에 함께 실렸던 사람들의 이름도 몇몇 기억해 냈고, 아우슈비츠에 나중에 도착한 특정 인물들도 언급했다. 전부 기록상의 이름 및 날짜와 일치했다. 둘은 그 사람들의 운명이 어떻게 되었는지도 확인해 주었다. 그들은 거의 예외 없이 죽음을 맞이했다.

크라스냔스키는 두 젊은이가 굉장히 신뢰할 만하다고 생각했다. 일단 둘은 상태가 끔찍했다. 발은 기형에 가까웠고 완전히 지쳐 있었다. 딱 봐도 몇 주 동안 제대로 먹지 못해 영양실조 상태임이 분명했다. 크라스냔스키는 의사를 부른 다음 두 사람이 지하 방에 머무는 동안 기력을 회복하도록 도우라고 지시했다. 곧 침대 두 개가 내려왔다.

크라스냔스키는 발터와 프레드가 신체적으로는 허약했음에도 굉장히 깊고 예리한 기억력을 가지고 있음에 감탄했다. 경이로운 수준이었다. 그래서 그들의 증언을 기록으로 남겨 신뢰성을 입증하기로 했다.

이를 위해 크라스냔스키는 두 사람을 따로따로 인터뷰했다. 각자의 이야기를 처음부터 끝까지 상세히 기록해 한쪽 증언이 다른 쪽에 영향을 미치지 않도록 했다. 그는 몇 시간에 걸친 인터뷰를 통해 질문을 던지고 대답을 들으면서 속기 노트를 자세히 작성했다. 그 내용이 자신이 속한 공동체가 조직적으로 학살되었다는 이야기였음에도 크라스냔스키는 감정적인 반응을 자제한 채 계속해서 질문하고 대답을 받아 적었다.

발터는 급류처럼 빠르고 급하게 말하다가 정확한 단어를 찾으려는 듯 매우 천천히 말하기를 반복했다. 인터뷰를 시작하기 전 프레드는 발터가 법정에 선 증인처럼 엄격히 사실만을 이야기하려고 자신을 억누르다가도 자신이 묘사하는 사건들의 감정적인 힘이 너무 강해서 결국 무너지고 마는 모습을 목격했다. 아직 어린 발터는 스스로를 제어할 수 없었다. 사건들을 이야기하는 내내 다시 그 사건들을 경험하는 것만 같았다. 조직의 매 섬유질 가닥이, 피부의 구멍 하나하나가 다시 아우슈비츠로 돌아간 것 같았다. 한 시간 만에 발터는 완전히 기진맥진했다. 본격적인 이야기는 아직 시작도 못 했는데 말이다.

개별 인터뷰를 진행하기 위해 크라스냔스키는 발터를 방으로 안내한 다음 문을 잠갔다. 방해를 막기 위한 목적보다는 보안 목적이 컸다. 게슈타포 체포 영장이 발부된 두 명의 탈주범이 이곳 요양원에 들어와 있는 것이었기 때문이다(밤이고 낮이고 둘을 2주 동안이나 이 건물 안에만 숨겨 둔 이유도 바로 그 때문이었다. 지금 상태로 거리에 나갔다가는 금방 눈에 띄어서 사람들 입에 오르내렸을 것이다). 발터는 종이와 펜을 달라고 부탁한 뒤 대화를 시작했다.

발터는 지도를 그리기 시작했다. 가능한 한 정확하게 거리 비율을 맞추려고 했다. 일단은 주 수용소인 아우슈비츠 제1수용소의 내부 구조를 스케치했다. 그런 다음 비교적 복잡한 비르케나우 수용소, 즉 아우슈비츠 제2수용소를 그렸다. 비르케나우에는 크게 BI과 BII 구역으로 나뉘었고 그 아래 BIIa, BIIb, BIIc 등 여러 하위 구역도 존재했다. 특히 발터는 두 구역 사이에 위치한 유덴람페를 그리면서 그곳에서 무엇을 보았고 무엇을 했는지 설명했다. 또한 발터는 독일 대기업 이게파르벤, 지멘스, 크루프 등이 노예의 노동력을 착취하던 공장이 어디에 있는지도 표시했다. 마지막으로는 대량 학살 기계, 즉 가스실과 용광로를 세트로 갖춘 네 군데의 화장터가 비르케나우 맨 끝 어디에 위치했는지 그려 보였다. 48시간 동안 발터와 프레드는 모든 것을 설명했다. 하차장에서는 이송, 하차, 선별을 거쳐 일할 사람들이 수용소로 행군했고 죽을 사람들이 가스실로 끌려갔다. 살아남은 사람들에게는 수용 번호가 새겨졌고 죽은 사람들에게는 화장터가 기다렸다. 발터와 프레드는 1942년 늦봄부터 탈출을 감행한 주간까지 아우슈비츠에 어떤 유대인 집단이 언제 얼마나 들어왔는지 상세히 말했다. 특히 두 사람은 동료 슬로바키아 유대인들과 가족 수용소의 체코 유대인들의 운명에 대해 자세히 이야기했다. 발터는 언어와 배경이 같은 체코 유대인들에게 가해진 고통이 특히 마음 아프다고 인정했다. 아마 질문자들도 같은 감정을 느낄 것이라 기대했다.

하지만 크라스냔스키는 노이만과 함께 모든 이야기를 들으며 한마디도 허투루 놓치지 않았다. 특히 법률가 출신인 노이만은 마치 반대 심문을 하듯 질문을 던졌다. 그는 발터와 프레드의 증언을 거의 모든 측면에서 압박하고 밀어붙였다. 예컨대 노이만은 어느 해 어느 달에 특정 이송 열차에 올랐던 오랜 학교 친구 이름을 슬쩍 흘리고는 그때 이송된 사람들 운명이 어떻게 됐는지 물어보았다. 그러면 발터랑 프레드는 질문에 대답하면서도 이미 아홉에서 열 시간 전에 바로 그 이송 건에 대해 언급을 했기에 두 내용이 일치하는지 검증을 하려는 의도구나 짐작했다. 유대인평의회의 지도부는 사실상 프레드와 발터 각자의 증언 내에 혹은 서로의 증언 간에 불일치한 내용이 없는지 확인해 보려는 것이었다. 물론 일치하지 않는 내용은 하나도 없었다.

이유가 무엇이건 이러한 인터뷰 방식은 발터를 짜증 나게 만들었다. 저들은 듣는 내용에 관심도 있고 깊이 관여하고 싶어 하는 것도 분명했지만 거기에는 인간적인 동정심이 결여돼 있었다. 저들은 정확성을 중요시하는 관료일 뿐이었다. 물론 발터는 최대한 신경을 쓰지 않는 척했지만(누가 뚱뚱한 유대인 변호사나 행정가에게서 동정을 받고 싶겠나?) 그럼에도 마음이 아픈 것은 별수가 없었다.

사실 발터의 불만은 이번이 처음이 아니었다. 1942년 2월 ÚŽ의 도장이 찍힌 추방 소환장을 받은 순간부터 발터는 유대인 평의회에 앙심을 품었다. 그들이 발터의 이름과 사진은 물론 다른 추방자들의 명단을 지금까지 파일에 보관한 이유도 왜인지 알았다. 애초에 추방 기록을 작성한 게 **그들**이었기 때문이다.

만약 발터가 테이블 건너편에 앉은 자들에게 스스로를 변호해 보라고 요구하면 그들은 분명 어쩔 수 없는 상황이었다고 주장할 것이다. 1940년에 나치가 발표한 칙령에서는 슬로바키아에서 유대인 조직 활동을 전면 금지했다. 그 대신 유일하게 허가를 내준 조직이 ÚŽ였다. 당시 슬로바키아의 유대인 지도자들은 이러한 단체에 참여하는 게 도덕적으로 옳은지 그른지를 두고 열띤 토론을 벌였다. 일부는 발터랑 생각이 같았다. 즉, ÚŽ에서 일하는 것은 악마의 일을 대행하는 것이며, 유대인 공동체 지도자들이 얻은 신망을 나치에게 얹어 주는 것이나 마찬가지라는 입장이었다. 반면 어떤 이들은 유대인이 거부를 해 봤자 파시스트 악마가 그 일을 더 잔혹하게 수행할 거라며 두려워했다. 차라리 유대인들이 그런 조직에 들어가야 임박한 재앙을 완화하거나 지연시킬 기회라도 있을지 모른다고 생각했다. 이 논쟁에서 온건파가 승리했다.

하지만 발터는 그게 마음에 들지 않았다. 그가 보기에 ÚŽ 관련자라면 누구든 나치 지배에 손을 보탠 비열한 인간이었다. 하지만 발터가 모르는 사실이 있었다. ÚŽ 내에도 저항 세력은 있었다는 점이다. 의회 내부의 비밀 의회인 "작업위원회Working Group"는 최대한 많은 유대인을 구하기 위해 어마어마한 노력을 기울이는 중이었다. 발터와 프레드가 지금 질리나에서 대화를 나누고 있는 상대들 역시 작업위원회 소속이었으며 노이만이 그 중심에 있었다.

발터는 나치를 등에 업은 슬로바키아의 파시스트 정부가 유대 민족을 추방하려는 상황에서 유대인 지도자들이 달리 어떤 선택을 할 수 있었을지 깊이 생각해 보지 않았던 것처럼 ÚŽ 내 저항 세력의 존재 가능성도 짐작하지 못했다. 어쨌든 그는 질문자들에게 함부로 의심할 권리를 주고 싶지 않았다. 게다가 지도부라는 사람들이 죽을 각오로 국경을 넘어온 두 청년의 말에 의존하고 있다는 사실에도 짜증이 났다. 어째서 그들은 자기 쪽 사람 하나를 아우슈비츠로 보내 슬로바키아에서 추방된 동료 유대인들의 운명을 직접 확인하지 않은 것일까? 물론 거기까지 75마일의 여정을 떠나는 게 어렵고 위험한 것은 누구보다 잘 알았다. 하지만 그게 불가능한 일은 아님을 발터와 프레드가 증명하지 않았나? 심지어 지도도 돈도 없이 국제 체포 영장이 발부된 상태에서 그 일을 해냈다. 발터는 노이만을 비롯한 지도부가 적절한 서류와 자원을 갖춘 비밀 요원 한 명만큼은 보낼 수 있었으리라 믿었다. 유대인평의회도 유대인 "이주"가 실제로는 무엇을 의미하는지 소문을 듣지 않았을까? 왜 그 진실을 알아보기 위해 더 실제적인 노력을 기울이지 않은 걸까?

그럼에도 발터와 프레드는 모든 질문에 성실히 대답했다. 마침내 오스카르 크라스냔스키는 슈타이너 부인에게 타자를 부탁한 다음 발터와 프레드의 직접 증언을 신속하게 받아 적은 내용을 토대로 둘의 이야기를 병합해 하나의 텍스트로 정리했다. 슬로바키아어로 작성된 이 문서는 행간 여백 없이 32페이지에 달했다. 여기에는 아우슈비츠 제1수용소 및 제2수용소의 평면도와 화장터 건물의 기본 배치를 보여 주는 전문 도면도 포함돼 있었다. 이 도면은 건축가가 발터의 대략적인 스케치 및 발터와 프레드의 증언을 바탕으로 그린 것이었다. 첫 페이지에는 크라스냔스키가 익명으로 서문을 작성했다. 서문에서는 이 보고서가 "안전상의 이유로 이름을 공개하지 않을" 슬로바키아 유대인 청년 두 명에 의해 작성되었음을 밝혔다. 뒤이어 두 사람의 추방 과정을 간략히 설명한 다음, 이 문서가 둘의 경험을 전부 서술하는 대신 "오직 한 사람이 혹은 두 사람이 직접 보고 듣고 겪은 것"만을 다룰 것이라고 선언했다. 개인적인 인상이나 판단은 담지 않았으며 소문으로 전해진 내용도 포함하지 않았다.

다음에 이어지는 대목은 프레드와 발터가 48시간에 이르는 엄격한 구술 면접을 통과했음을 확증했다. "여기서 진술되는 내용은 신뢰성이 검증된 갖가지 보고 사항에 온전히 부합하며 수용소 이송과 관련해 제공되는 날짜는 공식 기록과 일치한다. 그러므로 이 보고서의 진술은 전적으로 신뢰할 만하다."

보고서에는 1인칭 복수형 대명사가 사용되는데 대명사가 누구를 가리키는지는 때에 따라 달라진다. 첫 단락에서는 "우리"가 세레티에서 아우슈비츠로 추방되었다고 언급하지만 뒤에 가서는 "우리"가 노바키에서 마이다네크로 이송되었다고 언급한다. 전자가 한 탈주자의 경험인 반면 후자가 다른 탈주자의 경험임을 명시하지 않은 셈이다. 다음으로는 아우슈비츠 수용자의 삶과 수용소의 지형을 설명한다. 그 외에도 화물칸에 실려 가는 여정, 삭발과 제모, 수용 번호 문신, 서로 다른 부류의 수용자를 색으로 구분하는 삼각형, 막사의 형태, 내측과 외측의 감시탑, 아침 및 저녁 점호, **아르바이트 마흐트 프라이** 간판, 노예 공장, 탈주범의 교수형, 기아와 무차별적 구타, 의무실의 선별 절차 등 모든 이야기를 다뤘다.

보고서의 정리 작업이 저널리스트가 아니라 변호사의 감독하에 공학자에 의해 이루어져 내용은 화려한 수사 없이 간결하고 건조하다. 감정보다는 사실에 중점을 둔 텍스트다. 가장 충격적인 소식을 맨 먼저 선언하지도 않는다. 오히려 "가스"라는 단어는 7페이지에 이르러서야 등장하며 추방당한 유대인들이 아우슈비츠에 도착하자마자 대부분 학살당했다는 핵심 내용은 다음 페이지에 가서야 나온다. 그마저도 수사적으로 강조하는 대신 곁다리 정도로 제시할 뿐이다. 1942년 봄에 이송된 유대인들을 나열하다 마지막으로 프랑스에서 온 400가구의 유대인 가족을 언급한 뒤에야 그 중요한 사실이 덧붙여진다.

> 이 수송대는 1600명으로 구성되었는데 그중 소녀 약 200명과 남성 약 400명이 수용소에 입소하였고 나머지 약 1000명(여성, 노인, 어린이, 남성 일부)은 철로 옆에서 별다른 절차 없이 곧바로 자작나무 숲으로 끌려가 가스로 학살을 당한 뒤 화장되었다. 이때부터 유대인 이송은 전부 동일한 방식으로 처리되었다. 10퍼센트의 남성과 5퍼센트의 여성만이 수용소에 배정되었고 나머지 인원은 즉시 가스로 살해당했다.

뒤이어 보고서는 각각의 이송 사례별로 노역에 선발된 소수 인원의 수용 번호를 나열한다.

38400~39200번: 귀화한 프랑스 유대인 800명. 나머지 이송 인원은 (앞서 설명한 대로) 가스에 의해 학살당함.

47000~47500번: 대부분 독일 이민자인 네덜란드 유대인 500명. 나머지 이송 인원 약 2500명은 가스에 의해 학살당함.

48300~48620번: 슬로바키아 유대인 320명. 약 70명의 소녀가 여성 수용소로 옮겨졌고 나머지 약 650명은 가스에 의해 살해당함.

보고서는 수용 번호가 174000번에 이를 때까지 쭉 이런 식으로 이송 사례를 열거한다. 때로는 각각의 항목에서 출신지랑 사망자 추정치만 간결하게 사실로서 제시한다. 그러나 때로는 추가 정보를, 특히 동포 슬로바키아 유대인이 노역에 뽑힌 경우에는 이름을 명시하기도 한다. 예컨대, 브라티슬라바의 에스더 카한Esther Kahan과 질리나의 미클로스 엥겔Miklós Engel을 언급하는 것은 물론 스니나의 하임 카츠Chaim Katz가 "현재 '영안실'에서 일하며 아내와 여섯 자녀는 가스실에서 살해"당했다고 명시하기도 한다. 프랑스의 정치범, 공산주의자 및 기타 인물 2000명의 이송을 다루는 항목에서는 전 프랑스 총리 레옹 블룸Léon Blum의 동생이 "극심한 고문을 당한 뒤 가스로 살해당하고 화장"되었음을 보고한다.

보고서는 12페이지에 이르러서야 나치의 살인 기법을 언급한다. 비르케나우에서 가동 중인 화장터 네 곳에 관한 설명을 "대략적인 평면도"와 함께 객관적인 어조로 기술한다.

거대한 굴뚝이 화장터에 솟아 있으며 그 주위로 입구가 네 개인 화로가 아홉 대 배치돼 있다. 각각의 입구마다 한 번에 온전한 시신 세 구가 들어가며 한 시간 반이면 시신은 완전히 소각된다. 종합해 보면 하루에 총 2000구의 시신을 처리할 수 있다는 뜻이다.

보고서는 도표를 참조해 발터가 가장 중요하게 생각한 사실, 즉 나치 학살 사업의 중심에 속임수가 자리 잡고 있다는 사실 또한 빠짐없이 다룬다.

불운한 희생자들은 홀(b)로 끌려와 옷을 벗으라는 지시를 받는다. 목욕이 예정되어 있다는 거짓을 완성하기 위해 흰색 외투를 입은 남자 둘이 각 희생자에게 수건 한 장과 작은 비누 한 조각을 나누어 준다.

그 밖에도 중요한 세부 사항이 모두 들어 있다. 천장의 환풍구를 통해 뿌려지는 치클론B 이야기와 시신을 처리하는 존더코만도 이야기도 빠뜨리지 않았다. 1942년 8월에 유행한 티푸스 이야기와 1944년 3월에 끔찍한 운명을 맞이한 가족 수용소의 체코인들 이야기도 포함됐다. 보고서는 비르케나우의 "내부 관리"가 "특별히 선발된 수용자" 무리에 의해 수행된다는 사실, 그들 사이에도 고참과 서기 등 나름의 계층 구조가 존재한다는 사실, 격리 수용소 BIIa부터 집시수용소 BIIe까지 비르케나우 제2수용소가 하위 구역으로 구분된다는 사실도 설명한다. 수용소의 사령관은 루돌프 회스라고 명시한다. 이렇듯 보고서는 간결하지만 모든 내용을 포괄하려 했다.

보고서 말미에는 "1942년 4월에서 1944년 4월 사이 비르케나우에서 가스로 살해당한 유대인 수의 (출신 국가에 따른) 신중한 추정치"라는 제목의 일람표가 등장한다.

폴란드인 (트럭에 의한 이송) … 약 30만 명

폴란드인 (기차에 의한 이송) … 약 60만 명

네덜란드인 … 약 10만 명

그리스인 … 약 4만 5000명

프랑스인 … 약 15만 명

벨기에인 … 약 6만 명

독일인 … 약 6만 명

유고슬라비아인, 이탈리아인, 노르웨이인 … 약 5만 명

리투아니아인 … 약 5만 명

보헤미아인, 모라비아인, 오스트리아인 … 약 3만 명

슬로바키아인 … 약 3만 명

폴란드에 거주하는 외국인 … 약 30만 명

합계 … 약 176만 5000명*

---

\* 대부분의 학자들은 아우슈비츠기념박물관 연구소의 전 소장 프란치세크 피페르의 추정치를 신뢰하는 편이다. 그는 아우슈비츠-비르케나우에서 최소 110만 명이 살해당했으며, 그중 100만 명 가까이가 유대인이었다고 결론지었다.

크라스냔스키는 발터와 프레드에게 그들의 증언을 토대로 만든 최종 보고서를 보여 주며 즉시 공개를 위한 승인을 요청했다. 빠르게 훑어본 발터는 보고서의 결함을 발견했다. 프레드에서 자신으로 시점이 바뀌는 지점이 혼란을 일으킬 수 있었다. 또한 슬로바키아만을 위한 보고서가 아님에도 슬로바키아 유대인의 운명에 관한 세부 사항이 개인 이름을 비롯해 지나치게 많이 포함돼 있었다.

한편 가장 큰 문제는 보고서에 포함되지 않은 내용이었다. 최종 문서에는 프레드와 발터가 그토록 절박하게 경고하려 애쓴 재난, 즉 헝가리 유대인들에게 곧 닥칠 재난에 대해서는 일언반구가 없었다.

분명 이 문제에 대해서도 논의했다. 유대인평의회 수장인 노이만 앞에서 발터와 프레드는 수용소에서 철로 확장 공사가 이루어지고 있다는 사실과 SS 대원들이 흥분된 채로 "헝가리 살라미" 이야기를 나눴다는 사실을 증언했다. 그러나 보고서에는 그 내용이 빠져 있었다. 더군다나 발터와 프레드가 사흘 동안 숨어 지낸 멕시코 구역, 즉 BIII 구역의 확장 계획을 다루는 대목에서도 그 목적이 헝가리 유대인을 수용하기 위한 것이라는 힌트조차 내비치지 않았다. 오히려 보고서에는 "이 방대한 계획의 목적은 우리에게 알려져 있지 않다"는 주장이 쓰여 있었다.

헝가리 유대인들에게 경고하려고 탈출한 두 유대인이 작성한 문서가 어째서 헝가리 유대인 공동체에게 닥친 구체적인 위협을 언급조차 하지 않으려는 걸까? 발터는 크라스냔스키를 대면해 보고서에 반드시 명확한 경고 메시지가 들어가야 한다고 주장했다. 하지만 크라스냔스키의 입장도 확고했다. 보고서의 신뢰성을 높이려면 이미 발생한 학살 사건을 잘 기록하는 게 중요했다. 예언이나 예측이 아니라 사실만을 보고해야 했다. 크라스냔스키는 서문에서 공언한 대로 이 보고서가 앞으로 일어날 일을 배제하고 **이미 발생한 일**만을 서술해야 신뢰성을 확보하리라 보았다. 그렇기에 "헝가리 살라미" 이야기나 카포 읍에게 전해들은 이야기는 추측과 소문으로 분류된다는 점에서 이 보고서에 포함되기가 어려웠다.* 발터와 프레드의 마음을 달래기 위해 크라스냔스키는 헝가리 유대인 대량 학살 계획에 관해 둘이 밝혀낸 내용을 관련 당국에 꼭 전달하겠다고 안심시켰다.

발터는 결단을 내려야만 했다. 당연히 헝가리 유대인들에게

---

\* 미로슬라프 카르니는 헝가리 유대인들에게 임박한 위협을 보고서에 명시적으로 언급하지 않은 까닭을 이런 식으로 변명하는 데 회의적이다. 그는 보고서가 "다수의 그리스 유대인들이 이송됐다는 소문"을 언급하고 있음에 주목한다. 이미 한 공동체에 관한 소문을 포함시켰는데 왜 다른 공동체에 관한 소문은 포함시키지 않은 것일까? 이에 대한 명확한 해답은 프레드와 발터가 그리스 유대인들의 이송을 직접 보았다는 것이다. 실제로 수용소에서 발터가 SS 대원과 마지막으로 나눈 대화의 주제도 그리스 유대인 이야기였다. 따라서 크라스냔스키는 그리스 유대인들에 대한 이야기는 추측의 범주에 속하지 않으므로 보고서에 포함시킬 수 있었던 반면 헝가리 유대인들에게 닥친 위협은 포함시킬 수 없었다고 믿었을 가능성이 크다. 프레드와 발터가 아우슈비츠의 헝가리 유대인 학살 준비에 대해 경고했다는 추가 증거는 두 슬로바키아 유대인 지도자가 어느 서신에서 정확히 그 위험에 대해 지적했다는 점에 나타난다. 그 서신은 1944년 5월 22일에 발송되었다. 이는 브르바와 베츨러가 질리나에서 증언을 한 시점 이후이면서 모르도비츠와 로신이 탈출한 시점 **이전**의 날짜다. 이 기간에 유대인 지도자들에게 경고를 할 수 있는 사람은 프레드와 발터뿐이다.

경고가 명확하고 분명하게 전달되기를 원했다. 당연히 보고서가 그 점을 비롯한 여러 면에서 조금 더 확실한 입장을 보이기를 바랐다. 하지만 그 소망을 충족시키려면 경고는 늦어질 수밖에 없었다. 일분일초가 다급한 상황에서 보고서를 다시 작성하고 오류를 수정하고 문서를 타이핑할 시간이 없었다. 내일 완벽한 보고서를 내는 것보다 오늘 결함이 있는 보고서를 내는 편이 더 나았다. 그래서 발터와 프레드는 승인 서명을 했다.

크라스냔스키와 노이만이 당장 문을 나서서 보고서를 사절에게 맡긴 다음 부다페스트로 최대한 빨리 움직일 것을 지시하리라 기대한 발터는 이내 실망하고 말았다. 다음 날인 4월 28일 금요일, 질리나의 요양원에서는 슬로바키아 유대인 지도부의 비밀회의가 열렸다. 의장은 노이만이었다. 지금은 저항 세력으로서 활동하는 것이었으므로 이름을 사용하는 것은 금지였다.

발터와 프레드는 이들로부터 최종 심문을 받기 시작했다. 박사 학위논문을 방어하는 학생처럼 보고서를 방어해야 했다. 한 변호사는 "문명화된 독일"이 적법한 절차 없이 사람들을 처형하고 있다는 사실을 믿지 못하는 눈치였다. 그는 같은 질문을 여러 차례 되풀이했다. 발터는 인내심이 한계에 도달했다. 결국 의자에서 벌떡 일어나 소리쳤다.

**지금 이 순간에도 저기서는 사람들이 불 속에 던져지고 있다고요! 당신들은 당장 무슨 조치든 취해야 해요!**

프레드가 발터를 말리려고 했지만 소용없었다. 발터는 테이블에 둘러앉은 사람들을, 특히 의심 많은 변호사를 가리키며 다들 소금 기둥처럼 가만히 서 있기만 한다고 비난했다.

**당신도, 당신도, 당신도! 무엇이든 하지 않으면 당신들 모두 가스실에 가게 될 거예요!**

프레드가 다시 한번 친구를 진정시켰고 결국 발터는 어깨를 축 늘어뜨리며 의자에 주저앉았다.

크라스냔스키가 문서를 배포할 준비를 했다. 일단 가장 많은 사람들이 이해할 수 있는 언어로 번역을 시작했다. 슬로바키아어로는 소식을 그다지 널리 퍼뜨리지 못할 게 분명했다. 독일어로 작성하는 게 가장 효과적일 것이라는 결론이 나왔다.

한편 실질적인 문제가 또 있었다. 4월이 지나고 노동절인 5월 1일이 다가오고 있었다. 슬로바키아 정부는 노동절을 두려워했다. 반파시스트 활동이 집중될 가능성이 높은 날이었기 때문이다. 그래서 노동절이 다가오면 당국이 유대인 건물을 수색하는 관행이 있었다. 프레드와 발터는 질리나의 요양원에 숨어 지낼 수 없었다. 작업위원회는 둘을 위해 질리나에서 동쪽으로 약 55마일 떨어진 리프토프스키 스베티 미쿨라시 마을에 안전 가옥을 마련했다. 발터와 프레드는 생활비로 쓸 돈과 최소 3대 이상 아리아인 순혈임이 인증된 가짜 신분증을 받았다. 위조 신분증 덕분에 그들은 슬로바키아 전역을 자유롭게 이동할 수 있었다. 기차나 식당에서 경찰 검문이 이루어져도 두려워할 필요가 없었다.

물론 신분증에는 알프레드 베츨러나 발터 로젠베르크라는 이름이 적혀 있지 않았다. 둘은 유대인이며 두 사람 앞으로 국제 체포 영장이 발부돼 있었기 때문이다. 이번 신분증을 계기로 둘은 새로운 신분을 얻었다. 프레드는 "요제프 라닉Jozef Lánik"으로, 발터는 "루돌프 브르바Rudolf Vrba"로 다시 태어났다. 프레드에게 이 변화는 일시적이었다. 그는 가능한 한 빨리 본래의 이름으로 돌아가고자 했다. 하지만 발터에게는 이 변화가 영구적인 변화가 되었다.

루돌프 브르바는 완전히 새롭게 창조된 존재가 아니었다. 영향력 있는 체코 가톨릭 사제가 같은 이름을 썼는데, 그는 보헤미안 생활로부터 유대인을 배제하는 일련의 조치를 제안한 덕에 반유대주의자로 명성을 쌓다가 5년 전에 사망했다. 그러나 새롭게 탄생한 루디는 그런 연관성에 대해 신경을 쓰지 않았거나 아예 인지하지 못한 것 같다(아우슈비츠의 사령관 중 하나가 같은 이름을 쓰는 것에 대해서도 별로 개의치 않았다). 그보다는 "로젠베르크"라는 독일의 흔적을 없애는 게 더 중요했다. 루디는 이른바 "문명화된" 국가와의 연결 고리를 모조리 끊고 싶었다. 이제 발터 로젠베르크는 존재하지 않았다. 앞으로 남은 인생 동안 그는 독일이나 유대의 흔적이 전혀 없는 완벽한 체코 이름 루돌프 브르바로 살아갈 것이었다.

요제프와 루돌프로 다시 태어난 두 사람은 산으로 향했다. 그러는 동안 그들 생애의 역작 아우슈비츠 보고서는 하나의 생명체가 되어 자신만의 여정을 시작했다.

## 21장
# 성직자

 보고서를 작성하는 것은 목숨을 건 거대한 과업이었다. 보고서를 배포해 알맞은 사람에게 전달하는 것 역시 그만큼 어려운 일이었다. 크라스냔스키와 작업위원회는 제네바, 이스탄불, 런던의 연락망으로 보고서를 보내기로 했다. 그들은 정부에 청원을 넣거나 관료들에게 소식을 전할 수 있는 유대인들이었다. 하지만 제일 우선순위는 헝가리에 소식을 전하는 것이었다.

 긴급한 일이라는 점에는 의심의 여지가 없었다. 프레드와 루디가 질리나를 떠날 채비를 할 때 그들에게 음식을 가져다주던 노부인이 큰 충격을 받은 채 헝가리 유대인으로 가득 찬 기차가 도시를 지나가는 것을 보았다고 말했다. 노부인이 흐느끼며 덧붙였다. "수천 명이야. 수천 명이 화물칸에 실린 채 질리나를 지나가더라니까." 크라스냔스키는 비록 보고서에 예측을 담을 수는 없다는 이유로 헝가리 유대인들에게 닥칠 위험에 관한 내용을 모두 삭제했지만 시간이 촉박함을 명확히 이해하는 사람처럼 행동했다. 그는 보고서가 최종 승인을 받은 지 몇 시간 만에 브라티슬라바에서 만남을 주선했다. 4월 28일에는 헝가리 유대인의 실질적인 지도자로 떠오른 30대 후반 언론인 레죄 카스트너Rezső Kasztner에게 보고서를 전달할 것이었다. 카스트너가 보고서를 가지고 무슨 일을 하고 하지 않을지는 새로 태어난 루돌프 브르바의 인생에서 가장 중요한 사건 중 하나가 될 것이었다.

헝가리는 1944년 3월에 독일 점령군이 도착하기 전부터 유대인 사람들을 상대로 공격적인 조치를 취했다. 왕국의 섭정인 미클로시 호르티Miklós Horthy는 제1차 세계대전 직후 권력을 잡으면서 반유대주의를 핵심 정책으로 삼았고, 그로부터 20년 뒤에는 베를린 당국의 지시 없이도 유대인의 삶을 제한하는 일련의 법률을 통과시켰다. 따라서 1944년 4월 말에서 5월 초 사이 아우슈비츠 보고서 사본이 부다페스트의 반나치 저항 세력의 손에 들어간 순간 어떤 계산이 나왔을지는 분명했다. 헝가리 유대인들이 대량 학살의 위협에 직면했다 한들 그들을 지키기 위해 헝가리의 반유대주의 정부에 의지하는 것은 무의미했다. 정부가 나치와 협력하고 있는 상황에서 구조 작업을 수행할 수 있는 최적의 지도자는 종교인이었다.

물론 많은 교회 인사들이 1938~1939년에 유대인을 대상으로 이루어진 제한 조치에 적극적으로 지지를 보냈다. 그럼에도 저항 세력은 수중에 있는 자원을 써먹는 수밖에 없었다. 그들이 가진 것은 양심 있는 몇몇 성직자뿐이었다.

보고서를 처음 받은 사람은 헝가리 외무부 소속의 칼뱅주의자 게자 쇼오쉬Géza Soós 박사였다. 쇼오쉬는 젊은 목사 친구 요제프 엘리아스József Éliás를 찾아가 "중대한" 이야기를 해야 한다고 전했다. 부다페스트 국립박물관 카페에서 엘리아스를 만난 쇼오쉬는 그날 아침 자신에게 도착한 문서에 대해 설명하며 흥분을 감추지 못했다. 그 문서는 슬로바키아-헝가리 국경을 넘어 밀반입된 보고서였다. 기적이나 다름없다는 일이었다. 아우슈비츠에서 탈출한 두 남자의 작품이었기 때문이다.

쇼오쉬는 엘리아스와 자신 사이에 놓인 빈 의자를 가리키며 각자의 가방을 나란히 꺼내 놓자는 신호를 보냈다. 그다음 가능한 한 신중히 자신의 가방에서 보고서를 꺼내 엘리아스의 가방으로 집어넣었다. 그리고 자신에게 무엇이 필요한지 설명했다. 가장 시급한 과제는 독일어로 작성된 보고서를 헝가리어로 정확하게 번역하는 일이었다. 번역이 완료되면 사본을 여섯 부 만들어야 했다. 엘리아스는 자신이 일하는 칼뱅주의 교회의 선한 목자선교부 사무실 타자기로 사본을 작성할 수는 없었다. 사본들은 추적할 수 없어야 했기 때문이다. 가장 중요한 일은 엘리아스가 보고서를 헝가리의 기독교 최고 지도자 다섯 명에게 전달하는 것이었다(여섯 번째 사본은 쇼오쉬 본인을 위한 것이었다). 단, 중요한 조건이 있었다. 그 다섯 명이 문서를 어디서 누구를 통해 받았는지 알아서는 안 됐다. 쇼오쉬는 "정부 관리들이 보고서가 우리 손에 있다는 사실을 눈치채서는 안 됩니다"라고 설명했다.

결국 저항 세력의 목표는 교회 지도자들이 정보를 온전히 얻은 후 유대인들에게 닥칠 비극을 막기 위해 정부에 압력을 가하는 것이었다.

엘리아스는 사무실로 돌아갔다. 보고서를 공개적으로 드러내는 것은 생각도 할 수 없는 일이었다. 엘리아스의 선배 성직자들은 유대인 학살에 대한 정보가 유대인 사회에 혼란을 일으켜 오히려 구조 작업을 불가능하게 만들 수 있다는 이유로 정보를 공유하지 않기로 했다. 그래서 엘리아스는 젊은 동료 한 명만 작은 방으로 불러들여 아무도 대화를 엿들을 수 없도록 했다. 그 동료는 여러 언어에 능통한 선교부 자원봉사자 마리아 세켈리 Mária Székely였다. 엘리아스는 가방에서 보고서를 꺼내고는 그녀에게 읽고 번역할 수 있는지 물어보았다. 몇 시간 후 그 내용에 충격을 받은 세켈리는 번역이 가능하다고 말했다. 그게 자신의 의무라고도 느꼈다.

보고서를 읽으며 세켈리는 무척 고통스러웠다. 그럼에도 절대적인 집중력을 동원하기 위해 에르멜레키 거리 어느 가정집의 다락방을 빌려 일주일 밤낮을 번역에 매달렸다. 물론 그동안 수상한 소문을 들은 적은 있었지만, 이제는 세켈리의 눈앞에 마치 요리책처럼 감정이 배제된 어투로 쓰인 끔찍한 현실이 놓여 있었다. 보고서에 쓰인 언어는 화려하거나 다채롭지 않았다. 그래서 번역문도 그와 같은 간결한 어조를 따르기로 했다.

문제는 그림이었다. 세켈리는 그림에 젬병이었고 며칠 동안 연달아 작업하느라 눈이 너무 피로했다. 그래서 타자기에 보라색 먹지를 꿰맨 다음 투사지를 활용해 삽화를 그 위에 눌러 찍는 방식으로 그림을 옮겼다. 그렇게 다락방에서 헝가리어판 아우슈비츠 보고서가 서서히 모습을 갖추어 나갔다. 어느 날 작업이 너무 고되고 다락방도 답답한 나머지 세켈리는 바람을 쐬러 문서랑 사전을 챙겨서 1층 테라스로 내려갔다. 그런데 갑자기 바람이 불어와 아우슈비츠 도면이 포함된 독일어 원문 페이지 하나를 낚아챘다. 종이는 정원 철조망에 붙어 버렸다. 하필 그때 무장한 독일 병사 하나가 철조망 반대쪽을 걸어가는 중이었다. 세켈리는 독일군이 에르멜레키 거리의 모든 집을 점유한 상태라는 사실을 깜빡 잊었다.

세켈리는 철조망으로 달려갔지만 이미 늦었다. 나치 경비병이 먼저 도착했다. 그는 손을 뻗어 종이를 집었다. 대충 봐도 아우슈비츠 비밀을 담은 문서임은 쉽게 알아볼 수 있을 것이며, 세켈리가 그와 관련되어 있다는 사실도 분명해 보일 것이다. 그러면 세켈리는 체포될 것이고 엘리아스 및 관련자 모두가 함께 체포될 것이다. 최악의 경우 아우슈비츠 보고서 프로젝트 자체가 중단될 것이다.

겁에 질린 세켈리는 마음의 준비를 했다. 그런데 그 병사는 종이 내용을 보지도 않았다. 오히려 정중한 미소를 지으며 종이를 세켈리에게 돌려주었다. 세켈리는 종이를 받아 들고 다락으로 돌아가 공포가 불러일으킨 아드레날린이 솟구치는 상태에서 번역을 완수했다.

헝가리어 사본이 완성되자 세켈리는 부탁받은 대로 다섯 부를 엘리아스에게 넘겨준 다음 여섯 번째 사본과 독일어 원본을 가져다주기 위해 게자 쇼오쉬를 찾아갔다. 하지만 쇼오쉬의 사무실은 왕실 거주지 근처라 경비가 삼엄했다. 경비가 세켈리의 신분증을 검사했다. 만약 가방 내용물까지 보자고 했다면 세켈리도 보고서도 끝장났을 것이다. 다행히 세켈리는 무사히 통과했다.

이제 보고서를 고위 성직자들의 손에 넘겨줄 순간이 왔다. 처음에는 작전이 순조롭게 진전을 보였다. 유력 개신교 교회 주교는 즉시 반응해 5월 17일자로 총리에게 서신을 보냈다. 서신에서는 아우슈비츠 보고서 덕분에 학살의 첫 단계임이 드러난 유대인 추방 절차를 중단해야 한다고 촉구했다. 하지만 주교는 교회가 가진 가장 강력한 무기를 포기했다. 유대인의 고난을 공개적으로 알리지 않겠다고 서약한 것이다.

그럼에도 1944년 5월 중순 비밀 조직 활동가들은 가톨릭 추기경이자 대주교인 유스티니안 세레디Jusztinián Serédi에게 보고서를 전달하는 크나큰 성과를 거두었다. 기독교인 세 명, 사제 두 명, 기자 한 명이 면담을 요청했다. 그들은 이제 모두가 알게 된 진실에 대해 세레디의 행동을 촉구할 것이었다.

대표단은 추기경의 공식 거주지인 부다의 성을 찾아갔고 세레디는 그들을 예우해 맞이했다. 세레디가 다가와 손가락을 내밀었다. 그들은 무릎을 꿇고 추기경의 반지에 입을 맞췄다. 세레디는 자리에 앉아 면담을 시작하자는 신호를 보냈다.

대표단은 개신교 지도부가 나치의 유대인 체포 과정 및 저항 세력 구금 과정을 도운 공무원이나 근로자에게 성찬을 거부하는 칙령을 발표할 생각이라고 설명했다. 그러면서 추기경도 헝가리 가톨릭 신자를 대표해 그와 비슷한 규정을 발표해야 하지 않겠냐고 제안했다.

세레디는 오래도록 침묵했다. 대표단이 대답을 기다리는 동안 공기가 무거워졌다. 마침내 세레디는 비레타(가톨릭 신부가 쓰는 각진 모자)를 벗어 땅에 던지며 말했다.

"교황이 직접 나서서 히틀러를 상대로 아무 조치도 취하지 않는다면 제가 무엇을 할 수 있겠습니까?" 그러고는 절망에 차 욕을 내뱉었다. "젠장!"

세레디는 땅에서 비레타를 집어 들고 감정을 억제하지 못해 미안하다고 사과했다. 도움이 되고 싶지만 손발이 묶인 상태라는 말이었다.

시간이 지나고 6월 초에 대표단은 다시 성을 찾아가 세레디를 만났다. 이 시점에 헝가리 유대인에게 닥친 위험은 임박한 정도가 아니라 명백히 현재진행형이었다. 프레드와 루디가 탈출한 지 한 달 조금 넘은 지난 5월 15일부터 이송 열차가 본격적으로 헝가리를 떠나기 시작했다. 둘의 보고서는 열차에 실린 사람들이 어떤 운명을 맞이할지 분명히 밝혔다. 처음에는 지방의 유대인들이 추방당했고 이제는 부다페스트의 유대인들이 추방당할 것이라는 소식이 전해졌다. 부다페스트에는 시골에서 막 돌아온 무장 경찰이 가득했다. 대표단은 최소한 아이들만이라도 구해달라고 청원했다. 아이들을 교회의 보호 아래 두어 스위스나 스웨덴 같은 중립국으로 보내 달라는 것이었다.

세레디는 자신이 어떤 계획을 세워도 결국 독일이 그 계획을 좌절시킬 거라고 대답했다.

순간 사이렌이 울렸다. 공습이었다. 일행은 지하실로 서둘러 내려갔고 세레디 대주교는 무릎을 꿇고 기도했다. 두 시간 후 공습이 끝날 때까지. 그는 대표단과 전략을 논의할 수도 있었고 아니면 신도들을 향해 나치가 동포 헝가리 유대인들에게 무슨 짓을 할지 설명하고 그를 막기 위해 일어설 것을 촉구하는 감동적인 연설문을 작성할 수도 있었다. 그러나 세레디는 그저 무릎을 꿇은 채 시간을 보냈다.

가톨릭교회는 교황이 직접 움직이지 않는 한 꼼짝하지 않을 것이다. 반대로 교황 본인 혹은 교황의 보좌 중 누군가가 루디와 프레드의 이야기를 직접 들을 수 있다면 로마는 행동을 취할 것이다. 루디는 아우슈비츠에서 탈출한 지 두 달 후인 6월 중순에 바로 그 기회를 얻는다.

수정을 거듭한 결과 아우슈비츠 보고서는 더 강력해질 것이었다. 헝가리 유대인의 운명에 대한 예측이나 경고뿐만 아니라 새롭고도 확실한 증거를 곧 포함하게 될 것이었으므로. 그 증거는 아우슈비츠 내부에서 나왔다.

## 22장
# 제가 무엇을 할 수 있을까요?

1944년 4월 7일, 비르케나우에서 사이렌이 울렸다. 점호 시간에 한 명 이상의 수용자가 빠져 또 다른 탈출 시도가 의심된다는 뜻이었다. 곧바로 말이 돌았다. **대체 누가 도망친 것일까?**

소문이 퍼졌다. 탈주범은 발터 로젠베르크와 알프레드 베츨러라고. 베츨러라는 이름은 특히 한 수용자에게 충격으로 다가왔다. 체슬라프 모르도비츠Czesław Mordowicz라는 폴란드 출신 유대인으로, 베츨러의 절친한 친구였다. 둘 다 동 서기였는데 베츨러는 9동을 담당했고 체슬라프는 18동을 담당했다. 둘은 매일 만나 이야기를 나누었다. 그럼에도 체슬라프는 베츨러가 탈출 생각을 하고 있을 줄은 눈치조차 못 챘다. 그런데 바로 베츨러가 사라졌다는 것이다. 모르도비츠는 베츨러가 아우슈비츠에 대해 얼마나 빠삭하게 아는지를 생각하며 탈출에 성공했을지도 모른다고 흥분했다. 체슬라프는 스스로 되뇌었다. **드디어 이 저주받은 곳의 거대한 비밀이 세상에 드러날 거야.**

수용소 곳곳에 울리는 사이렌 소리에 맞춰 수용자들은 베츨러와 로젠베르크의 이름을 마음속으로 연호했다. 유대인의 탈출이 사실상 불가능하다는 것을, 여태껏 한 번도 성공한 적이 없다는 것을 다들 알았으면서도. 게다가 남겨진 사람들에게는 대가가 따를 것이었다.

저녁 점호 중에 **코만단트 라거푸러**Kommandant-Lagerführer, 즉 수용소 지휘관인 SS 하급 돌격대 지도자Untersturmführer 요한 슈바르츠후버Johann Schwarzhuber는 새로운 명령을 내렸다. 내일부터 모든 유대인 서기가 직무에서 중노동을 하게 될 것이라는 명령이었다. 슈바르츠후버는 유대인 사무원을 전부 집합시킨 뒤 한 명당 스물다섯 대의 채찍질을 가했다. 황소 꼬리로 특별 제작된 팽팽한 채찍이 살을 손쉽게 갈랐다.

1944년 4월 7일에 발생한 탈출로 SS는 격분했다. 굴욕감을 느꼈다. 그래서 그들은 유대인 수용자들을 화풀이 대상으로 삼아 사소한 구실로도 처벌과 고통을 가했다. 탈주범들과 연관된 사람들은 특히 더 주목을 받았다. 예컨대 프레드의 이전 동 고참이자 슬로바키아 동포인 아르노스트 로신Arnošt Rosin은 프레드와 발터의 탈출 계획에 연루되었다는 혐의를 받아 SS 대원들로부터 심문과 고문을 당했다. 로신은 자신도 계획을 전혀 눈치채지 못했다고 주장했다. 오히려 두 사람이 자신을 데리고 가지 않아서 열이 받는다고 말했다. 물론 무모할 만큼 용감한 발언이었다.

게다가 그 말은 일부만 사실이었다. 로신 역시 탈출 계획을 알고 있던 몇 안 되는 사람 중 하나였기 때문이다. 로신은 발터와 프레드의 탈출 준비를 도왔지만, 고문 중에 아무 정보도 드러나지 않도록 세부 사항은 전달받지 않았다. 로신의 전략은 성공했다. 나치는 그를 죽이는 대신 구타를 가한 뒤 자갈 채취장으로 보내 중노동을 시켰다.

모르도비츠도 같은 처벌을 받았고 같은 노역에 배정되었다. 그러던 어느 날 두 사람의 눈에 띈 게 있었다. 가파른 구덩이 측벽에 어느 수용자들이 탈출용 은신처로 사용하기 위해 파낸 짧고 좁은 통로가 있었다. 통로는 돌로 메워져 있었는데 아마도 붕괴를 막기 위해 그렇게 했을 것이다. 돌만 제거하면 다시 은신처로 활용할 수 있었다. 이후 2주일 동안 둘은 주변이 잠잠할 때면 한 사람은 지상에서 망을 보고 다른 한 사람은 삽으로 공간을 파냈다. 작업을 마치고 보니 그곳은 마치 두 사람이 나란히 누울 만한 이중 무덤처럼 보였다. 모르도비츠는 그곳에 물과 빵이랑 작업복 두 벌을 숨겨 두고 적기를 기다렸다.

1944년 5월 27일, 모르도비츠와 로신은 발터와 프레드가 성사시킨 계획을 똑같이 시도했다. 그들은 기어들어 갈 만한 공간 속에 몸을 숨긴 채 사흘 밤을 버틸 계획이었다. 다만 4월 7일 탈출 사건 이후 탐지견 수가 늘어났기 때문에 담배를 적실 때 휘발유 대신 아예 테르펜유를 사용했다. 하지만 둘의 은신처는 발터와 프레드의 은신처만큼 정교히 만들어지지 않았다. 자갈이 무너져 내렸고 임시로 만든 환기구도 제대로 기능하지 않았다. 이

대로는 질식사나 생매장을 당할 것이라고 확신했다. 결국 72시간을 버티지 못하고 절반 만에 위험을 감수한 채 구멍에서 나왔다. 산소가 부족한 곳에서 한참을 꿈쩍도 하지 않다가 기어 나오느라 안간힘을 다하는 바람에 두 사람은 곧바로 기절했다.

정신을 차리고 보니 수용소는 두 명의 실종자를 찾는 일보다는 대량 학살에 완전히 몰두한 상태였다. 그날 밤 헝가리 유대인들이 가득 실린 이송 열차 두 대가 도착했기에 SS는 셰퍼드를 비롯해 모든 자원을 이송 절차에 쏟아 붓고 있었다. SS가 희생자들을 수백 야드 떨어진 공간으로 몰아넣는 동안 모르도비츠와 로신은 어둠 속으로 몰래 빠져나갔다. 둘은 감시탑 사이를 기어 다니는 것으로 여정을 시작해 소와 강을 헤엄쳐 건넜고, 혼잡한 여객열차 지붕에 올라탔다가 열차가 커브에서 속도를 늦출 때 뛰어내렸으며, 체르니 두나예츠 강을 건넌 다음 어느 숲을 지나다 마침내 슬로바키아 라벨이 붙은 성냥갑을 발견했다. 국경을 넘었다는 뜻이었다. 때는 1944년 6월 6일, 노르망디 상륙작전이 벌어진 날이었다.

어느 농부에게서 상륙작전 이야기를 들은 데에다가 고토에 돌아왔다는 희열까지 겹쳐져 로신은 경계를 늦추고 말았다. 둘은 곧 맞이할 자유를 기념하기 위해 동네 술집을 찾아갔고, 어느새 신고를 당해 경찰에 체포되었다.

둘이 감방에 갇혀 지내는 동안 몇몇 유대인 공동체 활동가들이 찾아와 주머니에 몇 달러를 슬쩍 넣어 주었다. 이 때문에 그들은 아우슈비츠 탈주범 대신 밀수범으로 기소되었고, 결과적으로 다른 법정으로 이송되었다. 두 사람은 기차에 실려 리프토프스키 스베티 미쿨라시로 이송되었는데, 이곳은 공교롭게도 루디와 프레드가 숨어 지내던 작은 산간 마을이었다. 모르도비츠와 로신은 역에 도착했다가 플랫폼에서 루돌프 브르바를, 그들 입장에서는 발터 로젠베르크를 보고 깜짝 놀랐다. 그들은 서로를 끌어안았다. 로신 인생에서 가장 진실한 포옹처럼 느껴졌다.

모르도비치와 로신이 8일 동안 옥에서 지내는 동안 다름 아닌 루디가 면회를 다녔다. 이제 그들이 오스카르 크라스냔스키에게 자신들이 알고 있는 바를 말할 차례였다. 둘의 증언은 크게 두 부분으로 나뉘었다. 먼저 그들은 아우슈비츠-비르케나우 수용소의 구조를 자세히 설명했다. 이는 크라스냔스키가 첫 탈주자들에게 들은 내용이 사실임을 완전히 입증했다. 다음으로는 루디와 프레드가 떠난 뒤 수용소에서 벌어진 일을 이야기하면서 죽음의 공장의 작업량이 극도로 증가했음을 설명했다.

그들의 증언에 따르면 아우슈비츠에는 5월 10일에 헝가리에서 이송이 한 차례 도착했고, 5월 15일부터는 매일 약 1만 4000에서 1만 5000명의 유대인이 이송되었다고 한다. 그중 10퍼센트만이 수용소에 수감자로 등록되었고, 나머지는 즉시 가스실에서 살해당한 뒤 화장되었다. 그들은 몇 달 전 루디가 본 신규 하차장과 철도 분기점이 학살 산업의 효율성을 높이는 데 어떻게 도움이 되었는지 설명했다. 새로운 철로 덕분에 희생자들은 비르케나우 한가운데를 지나 가스실 문턱까지 그대로 실려 왔다.

이번에도 크라스냔스키는 모든 내용을 받아 적은 다음 증언을 교차 확인하고 요약하여 브르바-베츨러 보고서에 일곱 페이지 분량의 부록을 추가했다. 부록 내용은 첫 번째 탈출과 두 번째 탈출 사이 7주 동안 벌어진 일들에 초점을 맞췄다. 이제 크라스냔스키를 비롯한 저항 세력은 아우슈비츠 보고서가 아니라 보고서**들**을 통해 새로이 벌어지고 있는 강도 높은 학살 행위를 현재 시제로 기술할 수 있었다. 지금 이 순간에도 아우슈비츠에는 피바람이 불고 있었다. 크라스냔스키는 모르도비치와 로신에게 돈과 위조 신분증을 제공한 다음 조직 연락망을 통해 업데이트가 이루어진 보고서를 세상에 퍼뜨리고자 했다.

루돌프 브르바는 아직 평온을 찾지 못했다. 물론 밥도 잘 먹었고 발도 다 나았다. 게다가 자신처럼 기나긴 여정을 거친 동료들과 함께 지내는 것도 좋았다. 머리를 하고 술집에서 술을 마시고 여자를 만나는 등 일상의 즐거움을 다시 맛보는 것도 기뻤다. 그러나 모르도비치와 로신이 가져온 소식을 보고 자신의 탈출이 헛된 것이었음을 직시했다. 루디는 프레드와 함께 경고의 소식을 전했지만 아무런 소용이 없었다. 보고서를 완성한 시점부터 5월 15일 이송 열차가 도착하기까지 무려 20일이나 지났고 그사이에 미래의 희생자들은 어떤 경고도 받지 못했다. 루디가 두려워했던 대로 헝가리 유대인들은 자신들에게 임박한 운명을 전혀 알지 못한 채 화장터행 열차에 올라탔다.

나무판자 아래 숨어 지내던 사흘 동안 루디는 자신이 진실을 폭로하면 즉각적인 반응이 뒤따를 것이라고 상상했다. 자신과 프레드가 견뎌낸 지옥을 까발리는 순간 소문이 삽시간에 퍼져 헝가리 유대인들의 학살을 막을 것이라고 기대했다. 그러나 탈출에 성공하고 경고를 했음에도 헝가리의 유대인들은 변함없이 학살당하고 있었다. 루디가 슬로바키아 술집에서 맥주를 마시고 있는 이 순간조차도.

6월 중순, 루디는 마침내 고대하던 초대를 받았다. 아우슈비츠의 진실을 영향력을 가진 사람에게 말할 기회였다.

일전에 작업위원회는 보고서 사본을 브라티슬라바 교황청 사절 주세페 부르치오Giuseppe Burzio에게 전달했다. 부르치오는 보고서를 5월 말에 바티칸 측에 전달했고, 6월 중순에 그 응답이 왔다. 마침 스위스의 교황 특사인 몽시뇰 마리오 마르틸로티Monsignor Mario Martilotti가 브라티슬라바에서 업무를 수행 중이었기에 보고서의 저자들을 만나고 싶다는 의사를 내비쳤다. 마르틸로티는 만날 장소를 신중히 선택해야 한다며 브라티슬라바에서 약 20마일 떨어진 스베티 유르의 피아리스트 수도원을 지목했다.

거리는 짧았지만 스베티 유르로 가는 여정은 위험했다. 그 경로에 슬로바키아 게슈타포 본부는 물론 슬로바키아 군 간부 게슈타포 본부도 존재했기 때문이다. 오스카르 크라스난스키는 탈주자 네 명이 다 같이 이동하는 것은 매우 위험하다고 판단했다. 그랬다가는 경찰 정보원들의 이목을 끌기 쉬웠다. 그래서 브르바와 모르도비치만 가기로 했다. 둘은 아우슈비츠에서 나온 지 얼마 되지도 않은 시점에 나치와 나치 협력자들의 코앞을 지나가야 했다. 그럼에도 둘은 주저하지 않고 여정을 승낙했다. 만

남은 6월 20일로 예정됐다.

크라스난스키와 함께 수도원에 도착한 두 사람은 우아한 정원에 들어섰다. 비르케나우의 황폐함과는 정반대 풍경이었다. 몇 주 전만 해도 그들은 비르케나우에 있었지만, 이제는 고요하고 아름다운 수도원 정원에 있었다. 어느 대문 앞으로 가니 수도사인지 사제인지가 문을 열어 주었다. 그는 마르틸로티가 슬로바키아의 가톨릭 사제 출신 대통령 요제프 티소의 점심 회의에 소집되어 만남이 지연될 것이라고 사과했다. 마르틸로티는 스베티 유르에 두 시간 뒤에나 도착할 예정이었다. 사정이 그러하니 다른 교회 대표라도 만나 보겠냐고 물었다.

브르바와 모르도비치는 거절했다. 오히려 그만큼 만나기 어렵다는 사실이 이 사람을 만나야 한다는 의지를 더욱 확고하게 만들었다. 만약 마르틸로티가 슬로바키아 국가 원수조차 만나려고 하는 인물이라면 분명 자신들이 제공하는 정보를 잘 활용할 수 있을 만큼 높은 지위를 갖추고 있을 터였다. 그래서 그들은 기다리기로 했다.

거의 두 시간 반이 지나서야 고급 리무진이 밖에 도착하는 소리가 들렸다. 외교 차량의 상징인 CD 번호판, 즉 코르 디플로마티크Corps Diplomatique 번호판이 붙은 스코다 차량이었다. 차에서 내린 사람은 30대의 훤칠한 사내였다. 구부정한 백발의 사제를 예상한 루디와 모르도비치는 놀랐다.

남자는 안으로 들어서자마자 두 유대인에게 손을 내밀었다. 둘은 어느 방으로 안내를 받은 다음 대화를 시작했다. 그들은 6시간 동안 쉬지 않고 이야기했다. 브르바와 모르도비치의 입에서 말이 끊임없이 쏟아졌다. 주로 독일어로 이야기했지만 마르틸로티의 얼굴에 이해가 어렵다는 기색이 스치면 모르도비치가 프랑스어로 이야기하기도 했다. 이미 아우슈비츠 보고서가 손에 들려 있었지만 그럼에도 나치가 유럽의 유대인을 절멸하기 위해 고안한 방법과 그 방법이 폴란드의 아우슈비츠에서 실행되고 있는 현실까지 전말을 늘어놓았다. 루디는 자신의 추정에 따르면 이미 200만 명에 가까운 유대인이 학살당했다고 전했다.

마르틸로티는 보고서를 한 줄 한 줄 검토하며 여러 차례 질문을 던졌다. 보고서 내용에 명백한 모순이나 허점이 없는지 확인하려 들었다. 확신이 들지 않는다는 인상이 비쳤다. 모르도비치는 땀을 흘리기 시작했다.

두 유대인 중 나이가 더 많았던 스물네 살의 모르도비치는 열아홉 살의 브르바가 드러내는 진지하지 못한 태도를 보완하기 위해 최대한 차분하게 신뢰할 만한 태도를 보이려 했다. 마르틸로티는 둘에게 와인은 물론 한 번도 본 적 없는 카멜 담배를 내주면서 같이 피우자고 권유했다. 모르도비치는 제안을 거절했다. 무엇 때문에라도 여세를 늦추고 싶지 않았기 때문이다. 그는 교황 특사에게 자신들이 겪어 온 일이 얼마나 심각하고 절박한지를 보여 주고 싶었다. 동포들이 불과 200마일 떨어진 지옥 속에서 수천 명씩 학살당하고 있는 와중에 시가나 피우며 앉아 있을 수는 없었다.

하지만 루디는 시가를 피웠다. 더군다나 마르틸로티가 하는 행동을 베껴 시가 끝을 잘라 내고 불을 붙이면서 웃음을 터뜨렸다. 웃음이라니. 아우슈비츠가 여전히 존재하는데도 웃고 있었다. 모르도비치에게는 루디가 이 기회의 중요성을 이해하지 못하는 어린아이처럼 보였다. 모르도비치는 어쩌면 그것이 10대 청년인 브르바가 두려움에 대응하는 기제일지도 모른다는 생각은 하지 못했다. 어쩌면 그 웃음조차 인간성에 대한 환상을 빼앗긴 자의 쓸쓸하고 냉소적인 미소일 수도 있었다. 루돌프 브르바는 이후로도 쭉 자신이 목격한 도살 과정을 설명할 때면 그같이 무심한 태도를 유지하고는 했다. 잔혹한 행위를 묘사하면서 웃을 때는 듣는 사람들을 불안하게 만들었다. 그날 스베티 유르의 수도원에서도 같은 방식으로 모르도비치를 불안하게 했다.

모르도비치는 마르틸로티가 증언에 확신을 가지지 못하거나 시큰둥할까 봐 걱정했다. 그는 이상하리만큼 무관심해 보였고, 두 유대인이 묘사하는 범죄 행위에 어떤 판단도 내리지 않았다. 간간히 짧은 메모를 하거나 두 유대인의 팔에 새겨진 문신 번호를 사진으로 찍을 뿐이었다. 유대인이 대량 학살을 당한다는 사실이 무려 가톨릭교회를 대표하는 자의 마음을 움직이지 못하는 것일까? 모르도비치는 마르틸로티에게 "몽시뇰, 제 말을 들어보세요. 아우슈비츠에서 학살당하는 게 유대인만 있는 건 아닙니다. 가톨릭 신자들도 학살당하고 있다고요"라고 말했다.

모르도비치는 마르틸로티 같은 가톨릭 사제들 역시 아우슈비츠로 들어가고 있다고 설명했다. 물론 사제는 유대인처럼 가스실로 끌려가 살해당하는 게 아니었다. 그들은 주로 한밤중에 도착했으며, 대부분 그 시점에 이미 죽어 있었다. 모르도비치가 말했다. "크라쿠프, 카토비체, 소스노비에츠 등 여러 지역에서 트럭이 수십 대, 어쩌면 수백 대 들어왔습니다. 그 트럭 안에는 사제들 시신이 들어 있었고요." 그들은 총살을 당한 상태였고, 시신은 비르케나우의 화장터로 옮겨져 소각되었다.

마르틸로티는 이 이야기를 듣던 중에 두 손으로 머리를 감쌌다. 너무나도 세련되고 부드러웠던 남자가 돌연 독일어로 외쳤다. **마인 고트! 마인 고트!**(신이시여! 신이시여!) 그러고는 실신해 바닥에 쓰러졌다.

마르틸로티는 정신을 차린 뒤 눈물을 흘리며 물었다. "제가 무엇을 할 수 있을까요?"

그제야 모르도비치와 브르바는 자신들의 증언이 신뢰를 받고 있음을 확신했다. 루디는 마르틸로티에게 간청했다. "모든 수단과 방법을 동원해 경고의 신호를 울려 주세요."

모르도비치는 서둘러야 한다고 강조했다. 지금 이곳에 앉아 이야기를 나누는 와중에도 수천 명이 가스실에서 죽음을 맞이한 뒤 화장터로 던져지고 있었으니까. 모르도비치가 말했다. "딱 한 가지 해 주셔야 할 일이 있습니다. 보고서를 가지고 즉시 슬로바키아를 떠나 스위스로 가세요. 거기서 보고서를 전 세계 모든 정치인에게 전달하세요. 미국, 영국, 스웨덴은 물론 국제적십자사로도요. 교황님도 빼놓지 마시고요."

사제는 두 사람을 바라보며 말했다. "약속드리죠. 꼭 그렇게 하겠습니다."

하지만 교황이 즉각 성명문을 발표하리라는, 세계에 "아우슈비츠"라는 단어를 고발하리라는 기대는 이루어지지 않았다. 다음 날도 그다음 날도 아무런 소식이 없었다. 교황의 사절이 슬픔에 빠져 실신한 지 일주일이 지난 6월 27일, 정작 그의 마음을 움직인 것은 수십만 명의 유대인이 아니라 동료 가톨릭 사제들의 죽음이었음에도 아우슈비츠에는 헝가리 유대인의 이송이 네 차례 이루어졌다. 데브레첸에서 3842명, 케치케메트에서 2642명, 너지바라드에서 2819명, 베케슈처바에서 3118명. 단 하루 만에 1만 2500명에 달하는 유대인이 도착했다. 대다수는 도착 즉시 가스실로 보내졌다.

## 23장
# 런던이 정보를 얻다

작업위원회는 탈출한 이들의 증언이 제3제국을 상대하는 연합국으로 전달되기를 줄곧 바랐다. 하지만 정확히 어떻게 전달할지 명확한 아이디어가 없었다. 사실상 보고서를 물 위에 띄워놓고는 올바른 해안에 잘 도착하기를 바라고만 있었다. 아우슈비츠 보고서는 마치 병 속에 담긴 채 물에 띄워진 쪽지나 다름없었다.

심지어 초기 사본 중 하나는 잘못된 손에 떨어졌다. 크라스냔스키는 "신뢰할 만한" 배달원을 통해 이스탄불의 유대인 관리들에게 보고서를 보냈으나 영영 도착하지 않았다. 나중에 확인된 바로 그 배달원은 돈을 받은 스파이였으며, 보고서를 부다페스트의 게슈타포에게 넘겼다고 추정된다.

이스탄불로 보낼 예정이던 사본은 하나 더 있었다. 이번에는 우회적인 경로를 이용했다. 일단 부다페스트 터키 공사관의 어느 유대인 직원이 보고서 사본을 팔레스타인 공사관 책임자에게 전달했다. 마침 팔레스타인은 유대인의 피난처 역할을 자처했기에 책임자는 정보가 중립국인 스위스까지 닿기를 간절히 바랐다. 그래서 그는 사본을 베른의 루마니아 공사관에 소속된 어느 연락망에게 전달했으며, 다시 그 연락망은 사본을 어느 사업가에게 넘겨주었다. 그 사업가는 트란실바니아 출신으로, 한때 듀르지 만델György Mandel로 알려졌으나 현재는 놀랍게도 제네바의 엘살바도르 영사관에서 조지 만텔로George Mantello라는 이름의 일등서기관으로 활동 중이었다.

기이한 경로였지만 어쨌든 보고서는 적합한 사람의 손에 다다랐다. 만텔로는 나치로부터 유대인을 구하기 위해서라면 관습이나 법을 어겨서라도 행동을 취할 준비가 되어 있는 인물이었다. 게다가 만텔로에게 있어서 아우슈비츠 보고서는 개인적으로도 암울한 기록을 담고 있었다. 그는 보고서를 읽다가 헝가리에 있던 자신의 친지가 이미 강제 추방을 당했다는 사실을 깨달았다. 브르바와 베츨러가 시작해 모르도비치와 로신이 덧붙인 보고는 거의 200명에 달하는 만텔로의 친척이 죽임을 당했음을 확증했다. 만텔로는 즉시 이 소식을 퍼뜨리기로 마음먹었다. 만텔로의 손에 들어온 사본은 슬로바키아의 한 정통파 랍비가 제작한 헝가리어 요약본이었다. 만텔로는 여러 학생들과 해외 거주자들의 도움을 받아 요약본을 스페인어, 프랑스어, 독일어, 영어로 서둘러 번역했다. 1944년 6월 22일, 그는 번역한 문서를 취리히의 익스체인지텔레그래프Exchange Telegraph 뉴스 에이전시 소속 영국 기자인 월터 개럿Walter Garrett에게 전달했다. 개럿은 이게 특종임을 곧바로 알아보았지만, 아우슈비츠 보고서는 요약본 기준으로도 신문에 실리기 힘들 만큼 내용이 굉장히 길었다. 그래서 개럿은 영국계 헝가리인 비서인 블랑쉬 루카스Blanche Lucas에게 새로운 번역본을 작성하게 한 다음 그 요점을 네 개의 보도 자료로 압축했다.

개럿은 기자의 불문율, 즉 정보원으로부터 재정적 도움을 받아서는 안 된다는 규칙을 깨고 전달의 신속성을 위해 네 개의 보도 자료를 런던에 전보로 보내는 비용을 만텔로가 지불하도록 허락했다. 전통적인 언론 관행을 벗어나기는 했어도 다행히 개럿은 크라스냔스키와 달리 뉴스의 원리를 이해하는 사람이었다. 1944년 6월 23일 밤에 발송된 개럿의 전보는 가장 충격적인 폭로로 보도를 시작했다.

> 현대 역사의 가장 어두운 이야기가 담긴 충격적인 증언에 따르면 171만 5000명의 유대인이 아우슈비츠-비르케나우 절멸 수용소에서 죽임을 당했다고 함. ··· 보고서는 비르케나우에서 탈출한 두 명의 유대인에게서 나온 것으로 그 정확성이 확증됨. ··· 1943년 6월을 기점으로 수용소에 들어온 유대인 중 90퍼센트가 가스실에서 죽임을 당함. ··· 비르케나우-아우슈비츠 수용소에는 세 개의 가스실과 네 개의 화장터가 있으며 각 화장터는 하루에 2000구의 시체를 처리할 수 있음. ··· 개럿은 상기한 보도 내용이 의심의

여지가 없음을 추가로 보증함. … 이상

　보도 자료가 전신줄을 타고 런던으로 전송되자마자 개럿은 세기의 특종이나 다름없는 자신의 기사가 최대한 널리 퍼지도록 조치를 취했다. 물론 1944년에는 기술적으로 선택할 만한 지름길이 그리 많지 않았다. 그래서 6월 24일 새벽, 월터 개럿은 자전거를 타고 취리히 시내를 돌며 자신의 기사를 신문사 우편함에 손수 넣었다. 만텔로에게 받은 스위스 고위 신학자 및 성직자 네 명의 추천서 역시 첨부했다(사실 네 명 중 누구도 보고서를 본 적은 없었다. 만텔로 특유의 과장된 방식으로 추천서에 이름을 집어넣기는 했지만 사전에 허락을 구하는 절차는 없었다). 그렇게 같은 날, 스위스 신문 「노이에취리허차이퉁Neue Zürcher Zeitung」에 브르바-베츨러 보고서 내용에 바탕을 둔 첫 번째 신문 기사가 실렸다.

　만텔로의 노력은 성공했다. "비르케나우에서 탈출한 두 명의 유대인에게서 나온 것으로 그 정확성이 확증"된 덕분에 소식이 빠르게 퍼졌다. 검열에도 불구하고 이후 18일 동안 스위스 언론에는 아우슈비츠 절멸 수용소의 진실을 밝히는 기사가 무려 383개 실렸다. 개럿의 실수로 리투아니아 희생자 5만 명이 누락되기는 했지만 큰 성과였다. 6월 24일부터 7월 11일 사이 스위스 언론이 아우슈비츠에 관해 내보낸 기사가 전쟁 중에 「타임스」, 「데일리텔레그래프」, 「맨체스터가디언」 등 영국 대중 언론이 최종 해결책에 관해 내보낸 기사 수보다 더 많았다.

　교회들은 바젤과 취리히에서 특별 미사와 추모식을 열었다.

바젤과 샤프하우젠 거리에는 항의 시위가 벌어졌다. 7월 3일에 「뉴욕타임스」는 「나치 죽음의 수용소는 확실히 존재한다」라는 제네바 특파원의 기사를 통해 프레드와 루디의 증거를 토대로 아우슈비츠와 비르케나우에 두 개의 "절멸 수용소"가 존재한다는 내용을 보도했다. 기사에서는 개럿의 실수가 쭉 이어져 "1942년 4월 15일부터 1944년 4월 15일까지 시안화수소 가스로 171만 5000명 이상의 유대인 난민이 처형당했다"라고 추정했다.

브르바와 베츨러가 꿈꾸던 일이 현실이 되고 있었다. 아우슈비츠의 진실이 마침내 세상에 드러나고 있었다.

하지만 안타깝게도 이 소식은 대다수의 헝가리 유대인에게 너무 늦게 전해졌다. 5월 중순부터 본격적으로 시작된 강제 추방은 매일같이 이루어졌다. 개럿의 기사가 나올 때까지, 즉 발터와 프레드가 은신처에서 기어 나온 지 두 달 반이 지날 때까지 이미 수십만 명의 헝가리 유대인이 죽임을 당했다.

개럿과 만텔로는 언론의 힘을 맹신하지 않았다. 실제로 개럿이 만텔로가 내민 보고서를 보고 맨 처음 보인 반응은 문서 내용을 그날 바로 연합국 정부에 보여 주라고 주장한 것이었다. 그래서 만텔로는 브르바-베츨러 보고서를 손에 쥔 채 영국 군사 참모를 만나러 갔고, 참모 측은 도저히 믿기 힘든 만텔로의 말이 진실인지 확인하기 위해 개럿에게 연락했다. 그들은 보고서를 "충격적"이라고 평했다.

다음 날인 1944년 6월 23일, 개럿은 중립국으로서 중요한 나라인 스위스에서 미국 정보기관 최고위 책임자 앨런 덜레스Allen Dulles를 만났다. 덜레스는 당시 최고 정보기관인 전략사무국의 스위스 지부 책임자였으며, 이후 CIA의 수장이 되었다. 덜레스는 보고서 내용에 충격을 받고는 단호한 반응을 보였다. 그는 "즉시 개입해야 한다"라고 말하면서 곧바로 워싱턴에 보고서를 전달하겠다고 약속했다.

개럿은 여기에 만족하지 않았다. 그날 저녁 개럿은 자전거를 몰고 런던 곳곳에 기사를 송고하기 직전에 전보를 쳐서 세계 언론뿐만 아니라 프랭클린 루스벨트, 윈스턴 처칠, 앤서니 에덴, 네덜란드 여왕, 캔터베리 대주교, 뉴욕 추기경 대주교의 사무실에도 소식을 보냈다.

세계의 영향력 있는 사람들에게 아우슈비츠에 관한 상세한 이야기를 서둘러 전달하고자 하는 충동을 느낀 것은 개럿만이 아니었다. 다른 사람들도 같은 행동을 취했으며 심지어 같은 연락망을 거쳐 전달한 경우도 있었다. 그토록 충격을 받은 모습을 보인 덜레스조차 이미 아우슈비츠 보고서를 본 적이 있었다.

사실 브르바-베츨러 보고서는 손에 손을 거쳐 여러 경로를 통해 전달되었고 국경을 넘어서까지 전해졌다. 어떤 사본은 국제적으로 더는 인정받지도 못하는 나라 체코슬로바키아의 마지막 외교관 야로미르 코페츠키Jaromír Kopecký의 손에 닿았다. 코페츠키는 무전송신기를 갖추고 있었으며, 저항군으로부터 비밀 메시지를 전달해 주는 전령 "아게노르Agenor"와도 연락이 닿아 있었다. 사실상 코페츠키는 런던에 있는 체코슬로바키아 망명 정부의 주요 연락망이었다.

6월 10일, 아게노르는 코페츠키에게 아우슈비츠 보고서를 가져왔다. 그 참상 속에서도 눈에 띈 것은 가족 수용소에 끌려온 체코 사람들에 대한 브르바와 베츨러의 설명이었다. 코페츠키는 특히 1943년 12월 20일에 아우슈비츠에 두 번째로 도착한 체코 유대인들에게 주목했다. 보고서는 그들이 정확히 6개월 후에 "특별 처리"를 당할 것임을, 다시 말해 가스로 죽임을 당할 것임을 예고했다. 달력을 확인한 코페츠키는 그때까지 며칠 남지 않았음을 깨달았다.

그래서 그는 제네바의 세계유대인의회World Jewish Congress 대표 게르하르트 리그너Gerhart Riegner에게 소식을 전달했고, 리그너 역시 동일한 공포에 사로잡혔다. 그들은 베른의 영국 외교관 엘리자베스 비스케만Elizabeth Wiskemann에게 연락을 취했는데, 그녀는 체코슬로바키아 전문가로서 특히 이 문제에 마음이 움직이리라 기대했기 때문이다. 그들의 전보는 "비르케나우에서 탈출한 두 슬로바키아 유대인에 의해 작성된 보고서에 따르면"이라는 말로 시작되었다. 전보에서는 가족 수용소의 체코인 아이들과 성인들에게 곧 닥칠 위협을 명확히 설명했고, 정보의 출처가 브라티슬라바임을 언급하지 말아 달라고 강조했다. 아마도 브르바와 베츨러를 보호하기 위해서였을 것이다. 더 나아가 두 슬로바키아 유대인의 폭로가 "새로 계획된 학살을 절체절명의 순간에 막을 수 있도록 즉시 BBC와 미국 라디오를 통해 방송되기를" 요청했다.

비스케만은 요청받은 대로 즉시 행동해 6월 14일에 런던으로 메시지를 전송했다. 다음 날 BBC의 체코 및 슬로바키아 방송에서는 비르케나우에 수감된 4000명의 체코 난민에게 닥친 위협에 대해 짤막하게 보도했다. 베를린의 제국보호국사무소Reich Protector Office의 라디오 모니터링 부서가 이 방송을 확인하고는 "런던이 정보를 얻음"이라고 보고했다. 같은 부서에서는 다음 날 BBC 방송에도 주목했는데, 해당 방송에서는 체코 가족을 살해한 모든 책임자가 처벌을 받을 것이라고 경고했으나 정확히 어떻게 혹은 누가 그렇게 할 것인지에 대해서는 언급하지 않았다. BBC 방송을 들은 독일인이 제3제국 도청 부서 직원들만 있는 것은 아니었다. BBC의 독일어 방송을 통해 〈여성을 위한 뉴스 News for Women〉를 청취하던 사람들도 6월 16일 정오에 같은 소식을 접했다. 심지어 아우슈비츠 내에도 카나다를 통해 불법 라디오가 들어와 있었다. 그래서 아우슈비츠의 수용자들까지도 가족 수용소 수용자를 학살하려는 계획을 진행하지 말라는 연합국의 경고를 BBC 방송을 통해 확인할 수 있었다.

하지만 비스케만은 전보가 런던에 도달하기 전에 이미 스위스에 있는 미국의 정보기관 수장 앨런 덜레스를 만났다. 비스케만을 유용한 정보원으로 판단한 덜레스는 꽃이나 장난기 어린 쪽지나 고급 요리로 비스케만에게서 정보를 끌어내기 위해 종종 연락을 취하고는 했다. 비스케만은 브르바-베츨러 보고서의 개요가 담긴 전보를 첨부한 뒤 이렇게 썼다. "제가 방금 이걸 전송했어요. 당신도 그렇게 해 주실 수 있나요?" 그러니까 개럿에게 건네받은 아우슈비츠 보고서를 처음 읽고 충격을 받은 반응을 보이기 일주일 전에 덜레스는 이미 그 사본을 받은 셈이었다.

하지만 덜레스는 비스케만의 제안대로 상부에 소식을 전달하지도 않았고 문서를 긴급으로 표시하지도 않았다. 그 대신 보고서를 스위스에 새로 생긴 미국 기관 전쟁난민구호위원회War Refugee Board의 대표 로스웰 맥클렐랜드Roswell McClelland에게 넘겼다. 쪽지에는 흔한 관료주의식 책임 떠넘기기 표현이 적혀 있었다. "그쪽 전문 분야인 것 같군요."

읽은 내용에 감동을 받았는지 아니면 만텔로와 개럿이 시작한 홍보 활동에 자극을 받았는지는 모르겠으나 맥클렐랜드는 6월 24일에 보고서를 요약한 세 페이지 문서를 WRB 수장 존 펠John Pehle에게 보냈다. 그는 브르바와 베츨러의 증언이 "의심의 여지가 없다"라고 인정했으나 사망자 추정치를 "최소 150만 명"으로 낮췄다. 그 외에는 덜레스만큼이나 무능력했다. 펠은 10월 12일에야 아우슈비츠 보고서 전문을 워싱턴으로 보냈으며 그마저도 보고서 내용이 실제 구호 및 구조 활동에 긍정적인 영향을 끼칠지 의문을 제기했다. "제 개인적으로는 첨부된 보고서와 같은 자료를 다루는 것이 실제 구호나 구조 활동에 긍정적인 역할을 할지 의문입니다." 이는 루돌프 브르바를 격분시켰을 말이다. 루디는 나치가 사용하는 가장 위협적인 무기가 입막음이라고 믿었기 때문에 탈출했다. 그런데 세계 정부의 탁상에 앉은 미국 고위 관리라는 사람이 비밀을 깨뜨리는 데 무슨 가치가 있는지 의문을 제기하고 있었다.

11월 1일, 맥클렐랜드의 상관인 존 펠은 마침내 브르바-베츨러 보고서를 공개해야겠다고 결정한 뒤 전문을 언론에 제공했다. 하지만 이조차 저항에 부딪혔다. 전쟁정보국 수장이 보고서 내용의 공개를 거부했기 때문이다. 그는 아무도 보고서를 믿지 않을 것이며, 그 결과 미국 정부가 앞으로 전쟁과 관련해 발표하는 모든 정보가 신뢰성을 잃게 될 것이라고 평가했다. 펠이 그 반대를 극복하는 데에는 한 달이 걸렸다. 한편 나치 전범 기사를 준비하던 미군 잡지 『양크Yank』는 기껏 WRB에 아우슈비츠 보고서 사본을 요청하고는 사용하지 않기로 결정했다. 내용이 "너무 유대인적"이라는 게 이유였다.

루돌프 브르바와 프레드 베츨러의 증언은 질리나의 비좁은 방에서 보고서로 작성이 완료된 지 정확히 7개월 후인 1944년 11월 25일에 워싱턴 기자회견을 통해 영어로 전문이 발표되기 전까지는 공식적으로 발표된 적이 없었다. 바로 그날 나치는 제2화장터 및 부속 가스실에서 마지막으로 열세 명을 살해한 뒤 열심히 건물 철거 작업을 진행했다.

물론 아우슈비츠 보고서는 그 자체로 목적이 아니었다. 세상에 공개된다고 끝나는 게 아니었다. 보고서를 작성하고 배포한 이들은 이 보고서가 세계의 양심을 일깨워 연합국으로 하여금 군사력을 사용해 학살을 멈추게 만들기를 바랐다. 오스카르 크라스냔스키는 보고서 후기에 연합국이 아우슈비츠의 화장터와 접근로를 파괴할 것을 촉구하는 글을 덧붙였다. 크라스냔스키의 작업위원회 동지이자 정통파 랍비로서 취리히에 도착한 5페이지 요약본을 작성하기도 한 미하엘 도브 바이스만들Michael Dov Weissmandl 역시 군사적 조치의 필요성을 더욱 강력히 주장했다. 그에게 맡겨진 일은 보고서를 이디시어로 번역하는 임무였지만 그는 5월 16일과 24일에 두 개의 암호화된 전보를 작성하여 어떤 조치가 필요한지 절박하게 설명했다.

바이스만들의 전보는 스위스를 통해 미국에 전달되었다. 전보를 받은 뉴욕의 정통파 지도자 야코프 로젠하임Jacob Rosenheim은 다시 이를 전쟁난민구호위원회에 전달했다. 전보의 주요 메시지는 연합국이 공군력을 활용해 "모든 이송 과정을 신속히 저지"해야 한다는 것과 특히 헝가리 동부에서 아우슈비츠로 유대인을 이송하는 경로인 코시체와 프레쇼프 사이 철도 노선을 "폭격"해야 한다는 것이었다. 전제는 간단하고 명료했다. 나치의 학살 기계를 멈추려면 컨베이어 벨트부터 부숴야 한다는 것이다.

브르바-베츨러 보고서를 확인한 로젠하임은 긴급성을 이해했다. 그는 이렇게 썼다. "폭격은 즉시 이루어져야 합니다. 하루씩 지연할 때마다 수많은 사람의 목숨에 크나큰 책임을 지게 될 것입니다."

WRB 수장 존 펠은 로젠하임의 제안을 전쟁부 차관보 존 맥클로이John McCloy와 함께 논의했다. 그러나 탁상을 두드려 가며 즉각적인 행동을 촉구하지는 않았다. 오히려 펠은 철도 노선에 공습을 가하는 게 아우슈비츠의 기능에 딱히 큰 영향을 미칠지 "여러 의구심"을 표했다. 그는 나중에 맥클로이와 논의한 내용을 요약하기를 "이 제안에 대해 전쟁부가 적절하게 검토하는 것 외에 어떠한 행동도 요청하지 않는다는 점을 분명히 밝혔다"라고 기록했다.

물론 전쟁부의 검토는 무의미했다. 전쟁부는 철도 노선을 폭격하는 게 군사적으로 실행 가능한지 조사를 수행하지도 않았으며, 이송을 중단하거나 지연시키는 다른 수단을 고민하지도 않았다. 대신에 일반참모부 작전 부서에서는 이틀 후 펠에게 폭격 제안이 "비현실적"이라며 희생자들을 구할 수 있는 최선은 나치즘을 패배시키는 것뿐이라는 뻔한 응답을 덧붙였다. 미군 측은 나치즘을 패배시킨다는 틀에서 "우회"하는 것처럼 보이는 어떤 제안도 검토하지 않았다. 결국 7월 3일에 맥클로이는 자신의 보좌관에게 제안을 폐기할 것을 지시했다.

하지만 아우슈비츠 자체나 아우슈비츠를 먹여 살리는 철도 노선을 폭격하는 것은 전혀 우회에 해당하지 않았다. 실제로 몇 주 후 미군 폭격기는 아우슈비츠 상공을 지나갔다. 8월 20일, 미 15 공군은 루디가 아우슈비츠에서의 첫 몇 주 동안 노예로 일했던 부나 노역장, 즉 모노비츠에 500파운드 폭탄 1300개 이상을 투하했다. 가스실과 화장터를 폭격하는 것은 거기서 불과 5마일 정도만 "우회"해도 가능했다.

게다가 폭격기 조종사들은 정확히 어디에 폭탄을 투하해야 할지도 알았다. 미군 정찰기는 1944년 봄과 여름 내내 아우슈비츠 상공을 비행하며 항공사진을 자주 찍었으며, 발터와 프레드가 두 번째 탈출을 시도한 4월 4일도 그 기간 내에 포함되었다. 항공사진에는 브르바-베츨러 보고서에서 설명한 모든 것, 즉 막사, 가스실, 화장터는 물론 하차장에서 끌려가는 사람들의 줄까지 상세히 찍혔다. 하지만 아무도 시간을 들여 사진을 유심히 보지 않았다. 브르바-베츨러 보고서를 읽은 사람은 누구든 충격에 몸을 떨었다. 펠은 보고서 전문을 본 뒤 맥클로이에게 꼭 읽어달라며 이렇게 간청했다. "위원회가 접수한 나치의 잔학 행위 보고서 중에서 수용소에서 벌어지는 끔찍한 참상을 이처럼 침착하고 사실적으로 설명한 보고서는 없습니다." 처음에 망설였던 펠조차 죽음의 수용소에 전면적인 폭격을 가할 것을 촉구했다. 그러나 맥클로이는 꿈쩍도 하지 않았다.

어쩌면 맥클로이는 대통령으로부터 지침을 받았을지도 모른다. 루스벨트 대통령은 아우슈비츠를 폭격하는 것이 옳은지 그른지 논의하는 와중에 미군의 폭격에 유대인이 사망하면 오히려 미국이 "이 끔찍한 일에 참여한 것"으로 비난을 받을까 봐 우려했다. 하지만 두 사람 다 그러한 논리가 아우슈비츠로 이어지는 철도 노선을 파괴하는 것과는 상관없다는 사실을 고려하지 않은 것 같다. 게다가 적극적인 군사 개입을 요구하는 사람들은 미래에 유대인들이 학살당하는 것을 막으려면 어느 정도의 대가를 지불할 수밖에 없다고 믿는 경우가 많다는 사실도 간과한 듯하다. 어쨌든 그러한 생각들은 상부로부터 인정을 받지 못했다. 최고위층은 결국 아무런 조처를 취하지 않았다.

열일곱 살의 발터 로젠베르크가 처음 탈출을 계획할 때 최종 목적지는 런던이었다. 랍비 바이스만들이 암호화된 메시지를 작성해 행동을 촉구했을 때에도 전보 자체는 미국으로 향했지만 바이스만들의 의도는 영국 공군의 도움을 요청하는 것이었다. 설령 미국이 적극적인 행동을 취하기를 거부한다 해도 영국은 다르기를 기대했다. 브르바-베츨러 보고서는 분명 런던에 도달했다. 보고서는 여러 경로를 통해 영국 정부로 들어갔다. 6월 14일에는 엘리자베스 비스크만이 긴급 전보를 보냈고, 그로부터 10일 후에는 월터 개럿이 자신이 편집한 보도 자료를 전송했으며, 6월 27일에는 시온주의 지도부를 위한 유대인 기관의 관리가 메모 형태로 다시 한번 정보를 전달했다. 메모에서는 "이제 우리는 정확히 무슨 일이 어디서 벌어졌는지 알고 있다"라며 브르바-베츨러 보고서의 중요성을 강조했다. 메모의 수신자는 각각 미래의 이스라엘 대통령과 총리가 될 하임 바이츠만Chaim Weizmann과 모셰 셰르톡Moshe Shertok이었지만 실제로는 외무부를 거쳐 영국 총리에게 전달되었다. 트르나바 출신 열아홉 살 소년의 증언이 마침내 윈스턴 처칠의 손에 들어간 것이다.

처칠은 샤워실로 위장된 가스실, 선별 절차, 시신 소각 등 대량 학살 과정의 구체적인 사항들을 밝히는 데 더해 아우슈비츠와 거기로 이끄는 철도 노선을 폭격해 달라는 호소가 담긴 문서를 읽고는 외무장관 앤서니 이든Anthony Eden에게 쪽지를 써 내려갔다. 당시 세계대전에 참전한 대제국의 권력을 휘두르던 사람치고 처칠의 톤은 의아할 만큼 애절하고 절망적이었다. "무엇을 할 수 있겠는가? 뭐라 말해야 하는가?"

미국의 미로 같은 관료주의 시스템을 서서히 통과하던 아우슈비츠 보고서는 영국에서만큼은 빠르게 최고위층에 도달했고 분명 큰 영향을 미쳤다. 보고서에 자극을 받은 바이츠만과 셰르톡은 7월 6일에 런던으로 가서 이든을 만난 뒤 연합국이 부다페스트에서 비르케나우로 이어지는 철도는 물론 비르케나우를 비롯한 죽음의 수용소들을 폭격해야 한다고 요구했다. 이든은 그들의 요청을 처칠에게 전달했고, 처칠은 7월 7일 아침 그로서는 전례 없을 만큼 명확하고 직설적인 반응을 보였다.\* "굳이 내각에 이 문제를 제기할 이유가 있는가? 나도 자네에게 전적으로 동의하네. 공군을 최대한으로 이용하고 필요한 게 있으면 나를 호출하게." 발터와 프레드가 은신처에 들어간 지 정확히 3개월 만에 돌파구가 마련된 것처럼 보였다. 그 순간만큼은 질리나의 지하실에서 보낸 국제적인 구조 요청 신호가 응답은 받을 것만 같았다.

하지만 영국의 운명을 좌지우지하는 처칠조차 자신의 뜻을 쉽게 이룰 수는 없었다. 이든은 즉시 영국 공군부 장관 아치볼드 싱클레어Archibald Sinclair에게 연락해 "총리의 권한"이 뒷받침되어 있음을 강조하면서 아우슈비츠를 공습하는 게 가능한지 물었다. 싱클레어는 부정적인 반응을 보였다. 그는 "철로를 방해하는 것"이 "우리 힘 밖"의 문제이며, 가스실 자체를 폭격하는 것도 낮에만 가능한데 영국 공군은 "그러한 종류의 일"을 할 수 없다고 말

---

\* 처칠의 공식 전기 작가인 마틴 갈버트 경의 평가다. 1993년 강연에서 길버트는 이렇게 말했다. "처칠이 그렇게나 즉각적으로 권위를 활용해 요청을 들어주는 순간을 본 적이 없어요."

했다(연합국은 책임 분담을 명확히 했다. 미국은 주간에 폭격하고 영국은 야간에 폭격했다). 오직 미 공군만이 그러한 공습을 수행할 수 있으며 그마저도 "비용이 많이 들고 위험할 것"이라고 덧붙였다. 이에 대해 이든은 후속 조치를 취하지 않았다.

아마도 처칠과 이든의 뜻은 그들의 부하들 혹은 미국 동맹국들에 의해 좌절된 듯하다. 어쩌면 그들의 실제 의지가 역사 기록에 남아 있는 것만큼이나 강하지 않았을 수도 있다.[*] 어느 쪽이든 연합국은 아우슈비츠를 (단 한 번 실수로 폭격한 것[**] 외에는) 한 번도 폭격하지 않았다. 브르바-베츨러 보고서는 연합국의 권력 중심에 닿는 데 성공했지만 그럼에도 아우슈비츠의 수용자들은 결코 오지 않을 구원을 기도하며 하늘만 쳐다보아야 했다.

---

[*] 이는 『아우슈비츠Auschwitz』에 서술된 마이클 플레밍의 주장이다. 그는 처칠과 이든이 당장이든 후세에든 유대인의 목숨을 구하려고 노력한 것으로 비춰지는 데에만 안달이 나 있었다고 지적한다. 마틴 길버트의 생각은 정반대다. 그는 유럽의 유대인을 돕고자 하는 처칠의 열망이 진심이었다고 주장한다.

[**] 1944년 9월 13일에 미 공군은 모노비츠를 공습하다가 경로가 살짝 틀어지면서 아우슈비츠 제1수용소와 비르케나우 수용소를 둘 다 폭격하고 말았다. 제1수용소에서는 SS 대원 15명과 유대인 23명이 목숨을 잃었다. 비르케나우에서는 화장터로 이어지는 철로의 측선이 손상을 입었다.

## 24장
# 헝가리식 살라미

 루디는 아우슈비츠에 갇혀 있던 여느 수용자처럼 연합국의 무능함에 실망했다. 하지만 영국과 미국의 폭격을 이끌어 내는 것은 루디가 탈출한 주된 동기가 아니었다. 물론 자신의 말이 영국 총리와 미국 대통령에게까지 전달되었다는 사실은 기뻤지만, 처칠이나 루스벨트는 자신이 경고를 전하고 싶은 대상이 아니었다. 루디는 자신의 동포 유대인들에게 경고를 전하고 싶었다.
 보고서의 검증 및 작성이 완료된 후에 루디는 크라스냔스키에게 바로 그 소망에 대해, 즉 보고서가 즉시 헝가리로 전달될 것인지에 대해 끊임없이 물었다. 헝가리의 유대인들이 슬로바키아, 프랑스, 네덜란드, 벨기에, 그리스, 폴란드의 유대인들이 가지지 못했던 귀중한 사전 지식을 가질 수 있기를 간절히 바랐다. 만약 루디와 프레드를 비롯한 수백만 명의 사람들이 몰랐던 사실을 미리 알 수만 있다면 헝가리 유대인들은 결코 조용히 가축처럼 화물칸에 오르지 않을 것이다. 자신들이 발휘할 수 있는 아주 작은 힘이라도 사용하고자 할 것이다. 온 무리가 아우성을 치며 이송 현장을 통제 불가능한 혼란의 장으로 뒤바꿀 것이다. 일부는 혼란 속에서 탈출을 시도할 것이다. 각자 어떤 형태로 반응하든 자신이 죽음의 수용소로 보내지기 직전이라는 사실을 아는 사람들은 살인마들이 쉽게 일을 처리하도록 내버려두지 않을 것이다. 순한 양이 아니라 뿔이라도 들이박는 사슴이 될 것이다.

크라스냔스키는 자신이 임무를 완수했으며, 이제 보고서가 헝가리 유대인 지도부, 특히 크라스냔스키가 "가장 중요한" 인물로 꼽은 레죄 카스트너Rozsö Kasztner의 손에 들어갔다고 루디를 안심시켰다. 카스트너는 주로 시온주의자들로 구성된 위원회인 바아다Va'ada의 핵심 인물로 급부상했다. 바아다는 1943년 초부터 폴란드와 슬로바키아에서 헝가리로 피난 온 유대인 난민을 지원하고 구출하는 노력을 주도했다. 1944년 4월 28일, 크라스냔스키는 질리나에서 브라티슬라바로 이동하느라 걸린 몇 시간을 제외하면 사실상 즉각적으로 카스트너에게 독일어 사본을 손수 전달했다.

카스트너는 부다페스트로 돌아와 프레드와 루디의 증언을 여러 번 읽었다. 그는 그날 밤 잠을 자지 못했다. 다음 날인 4월 29일, 카스트너는 유대인평의회 회원들에게 보고서 내용을 아무것도 생략하지 않고 발표했다. 그러나 회의에 참석한 사람들은 거리로 뛰쳐나가 유대인들에게 스스로를 구하라고 외치지 않았다. 오히려 그들은 아무 말도 하지 않았다. 내용을 믿기 어려웠던 게 첫 번째 이유였다. 예컨대 당시 의장 사무 스턴Samu Stern은 보고서의 신빙성에 의문을 제기했다. 사실 두 젊은이의 상상력이 만들어 낸 산물일 가능성이 더 크지 않나? 만약 내용이 거짓이라면 보고서를 퍼뜨리는 것은 무모한 일이 될 것이다. 평의회 회원들은 헝가리를 점령한 새 주인 나치에게 허위 정보를 퍼뜨린 혐의로 기소당해 붙잡힐 것이다. 그래서 지도부는 괜히 나치의 경계심을 자극할 어떤 행동도 하지 않기로 결정했다.

일주일도 채 지나지 않아 또 다른 만남이 있었다. 카스트너는 아우슈비츠 보고서 사본을 들고 부다페스트의 스위스 부영사 카를 루츠Carl Lutz를 찾아갔다. 둘은 루츠의 호화 저택에 있는 화려한 접견실 중 한곳에서 대화를 나눴다. 금빛 샹들리에, 금박 거울, 웅장한 그림에 둘러싸인 채 루츠는 루디와 프레드가 아우슈비츠의 어둠 속에서 숨겨 온 증언을 읽었다. 다 읽은 뒤에는 분노와 슬픔으로 몸을 떨었다. 두 사람은 곧바로 루츠의 차를 타고 부다페스트의 다른 두 유대인 관리와 즉흥적으로 만남을 가졌다. 거기서 헝가리 시온주의 조직의 명목상 수장인 오토 코몰리Ottó Komoly는 동지들에게 루디와 프레드의 바람과 정확히 일치하는 일을 하도록 촉구했다. 유대인 공동체에게 진실을 알려 스스로를 지키게 하자고 주장한 것이다. 그러나 카스트너는 반대했다.

불과 1년 전만 해도 박해를 피해 도망치는 난민의 헌신적인 구출자로 찬사를 받았던 카스트너가 어째서 동포 유대인들의 임박한 죽음을 비밀로 했을까? 여기에는 또 다른 비밀이 있었다. 독일의 헝가리 점령이 시작된 지 보름도 채 되지 않아 카스트너는 나치와 협상에 착수한 상태였다. 심지어 헝가리의 "유대인 문제" 해결을 담당하는 관료 아돌프 아이히만Adolf Eichmann과의 협상이었다.

협상 내용은 그때그때 달라졌지만 어쨌든 핵심은 현금이나 물품으로 유대인의 생명을 사는 것이었다. 첫 협상부터 나치는 200만 미국 달러라는 막대한 금액을 요구했으며 나중에는 동부 전선에서 사용할 1만 대의 트럭을 요구했다. 그 대가로 SS는 헝가리 유대인들을 살려주겠다고 약속했다. 물론 이런 협상은 악마와의 만찬이나 다름없었지만 그래도 생명을 구할지도 모른다는 명분이 있었다. 실제로 전례도 있었다.

슬로바키아 유대인 지도부는 2년 전 아이히만의 부하 디터 비슬리체니와 대화의 물꼬를 튼 적이 있었다. 그들은 비슬리체니가 뇌물에 취약하다는 것을 간파하여 1942년 8월과 9월에 두 번에 걸쳐 최소 4만 5000달러를 지불했다. 결과가 실제로 눈에 보였다. 슬로바키아에서 유대인을 추방하는 일이 중단되었고, 슬로바키아에 남은 유대인들은 가혹한 제약이 있기는 했으나 고국에서 계속 살 수 있었다. 작업위원회 지도부는 뇌물이 그 차이를 만들었다고 믿었다.

하지만 치명적인 착각이었다. SS가 유대인 공동체의 강제 퇴출을 잠깐 중단한 것은 슬로바키아 정부가 폴란드의 새로운 "유대인 정착지"를 방문하겠다고 요청하는 바람에 아우슈비츠의 현실이 세계에 까발려질까 봐 두려워한 결과였다. 중단한 이유가 비슬리체니에게 건넨 현금 때문은 아니었다는 뜻이다. 그러나 유대인 지도부는 이 사실을 몰랐고, 추방 절차가 1944년 가을에 재개되리라는 것도 몰랐다. 그래서 자신들의 성공을 확신한 채 더 큰 노력을 기울이겠다는 의지를 불태우며 더 큰 뇌물을 이용해 슬로바키아 유대인뿐만 아니라 대륙 전역 유대인의 생명을 구하겠다는 "유로파 계획"을 고안했다.

생각이 이렇다 보니 그들은 헝가리 동포에게 서신을 보내 부다페스트에 주재 중인 비슬리체니가 "신뢰할 만한" 인물이며 그와 거래를 해야 한다고 확신시켰다. 실제로 비슬리체니는 헝가리 유대인이 노란별을 의무적으로 달고 다니게 된 1944년 4월 5일부터 나치 측 수석 협상자로서 부다페스트 유대인 지도부와 협상을 벌이기 시작했다. 바로 그 테이블 맞은편에 레죄 카스트너가 앉아 있었다.

그때부터 카스트너는 자신의 지위가 달라졌음을 느꼈다. 그는 공동체 대표로서 다른 동포들과는 달리 먼저 허락만 받는다면 부다페스트 밖으로 여행도 할 수 있었다. 다른 유대인들과 달리 카스트너는 자신의 차와 전화도 가질 수 있었다. 다른 유대인들과 달리 노란별을 착용할 필요도 없었다. 그러는 동안 아우슈비츠에서는 프레드와 발터가 나뭇더미 아래 숨어 있었다.

물론 SS가 진정성 없이 협상하고 있으며, 협상 자체가 속임수의 일환일 수도 있다는 의심은 초창기부터 존재했다. 4월에 발생한 일련의 사건들은 이러한 의심을 더욱 증폭시켰다. 당시 나치는 헝가리 지방에서 유대인들을 체계적으로 모집해 기차역 근처의 게토에 감금하는 중이었다. 헝가리와 슬로바키아 철도교통부 사이에 협약이 체결된 덕분에 헝가리 유대인들이 150대의 기차를 통해 슬로바키아를 경유해 아우슈비츠로 이송될 수 있게 되었다는 소문이 돌았다. 아무리 봐도 나치 정권이 추방 계획을 포기하려는 게 아니라 적극적으로 실행하려는 것 같았다.

바로 그달 말에 프레드와 루디의 증언이 나왔다. 이는 아우슈비츠로의 추방이 정확히 무엇을 의미하는지를 명명백백히 보여 주었다.

카스트너는 브르바-베츨러 보고서가 시사하는 바를 즉시 이해했다. 그래서 아이히만의 부관이자 카스트너의 SS 연락책인 헤르만 크루메이Hermann Krumey에게 만남을 요청했다. 어쩌면 카스트너는 최종 해결책의 실상을 까발리는 보고서를 아이히만에게 직접 보여 주며 이제 비밀을 확실히 알게 됐다고 말했을지 모른다.* 어쨌든 아이히만의 반응은 보고서가 전달되는 것을 막고 보고서 작성자들을 사살 또는 생포하라는 요구였다. 만약 보고서가 대중에게 공개된다면 협상은 무산될 것이었다.

카스트너가 결국 크루메이와 만난 것은 5월 2일이었다. 그는 이틀 전 키스타르차에서 1800명의 유대인을 태운 채 출발한 기차에 대해 물었다. 그 기차는 프레드와 루디가 묘사한 대로 아우

---

\* 루돌프 브르바의 생각이다. 이 주장은 다른 문헌에서도 여러 차례 등장한다. 하지만 카스트너가 아이히만에게 보고서를 보여 줬다는 기록 증거는 발견되지 않았다.

슈비츠로 가는 것이었나?

크루메이는 아니라고 부인했다. 그 유대인들은 독일 발트제에 있는 농장에서 일하기 위해 근처 수용소로 이송되는 것이라 주장했다.

카스트너는 나치가 거짓말 중임을 알았다. 발트제에 그런 수용소는 존재하지 않았다. 나치가 꾸며 낸 허구였다. 그래서 카스트너는 그만 장난질을 멈추라고 말했다. 그제야 대화가 진지해졌다. 그때부터 둘은 본격적으로 "제국의 비밀"을 놓고 협상에 착수했다.

하지만 거래의 성격은 금방 분명해졌다. 나치는 헝가리의 모든 유대인을 살려주겠다는 제안 대신 훨씬 더 작은 보상을 내걸었다. 바로 600명의 유대인에 대한 출국 허가였다. 그 숫자는 아이히만이 카스트너의 고향 클로지바르의 유대인 몇백 명을 구제할 것을 허가하면서 1000명으로 증가했다. 거기에 전국 각지의 게토에서 온 약 200명의 "저명한" 유대인을 비롯해 인원이 더해지고 또 더해지면서 숫자가 1700명에 이르렀다. 그들은 기차를 탈 것이었으며, 그 기차는 스위스 등의 안전한 지역으로 그들을 데려다줄 것이었다. 이 기차는 "카스트너의 기차"로 알려지게 되었다.

그 대가로 SS가 원한 것은 돈이었다. 유대인구조위원회는 카스트너의 기차에 탑승한 승객 한 명당 1000달러로 계산하여 총 168만 4000달러에 달하는 현금과 귀중품을 건네줬다. 이에 더해 SS는 이송 절차가 원활하게 진행되는 데 도움이 되는 순종적이고 수동적인 유대인 공동체 역시 대가로 요구했다. 아이히만은 자신이 "두 번째 바르샤바 사태"를 원치 않는다고 분명히 강조했다. 나치가 1년 전 바르샤바 게토에서 겪은 반란이 헝가리에서 반복되지 않기를 바란다는 뜻이었다. 그렇다. 나치는 카스트너의 침묵을 원했다.

나치는 원하는 것을 얻었다. 레죄 카스트너는 브르바-베츨러 보고서를 주변 소수의 지도층에게만 공개했다. 동포 유대인들에게 기차에서 떨어져 추방에 저항하라는 긴급 경고를 발하지 않았다. 비르케나우의 용광로가 그들을 기다리고 있으므로 목숨을 걸고 도망치든 미약한 무기라도 들고 싸우든 저항해야 한다고 말하지 않았다. 그 대신 카스트너는 나치의 작업에 필수적이라고 여겨지는 것, 10대의 발터가 유덴람페에서 긴 시간 일하면서 그 중요성을 깨달은 것을 내어 주었다. 바로 질서와 침묵 말이다. 헝가리 유대인들은 프레드와 루디가 그들에게 전하려고 그렇게나 애쓴 경고의 소식을 듣지 못했기 때문에 차분하게 순종적으로 기차에 올라탔다. 그들은 무지의 베일에 가려져 있었다. 눈가리개를 한 채 도살장으로 끌려갔다.

더 안타까운 점은 바로 그들이 신뢰했던 사람들에 의해 그릇 인도되었다는 점이다. 카스트너는 아우슈비츠 보고서를 숨긴 대신 악명 높은 엽서를 배포하는 데는 적극적이었다. 그 엽서란 새로운 터전에 "재정착"한 유대인의 인사말을 전하는 척 꾸며 낸 가짜 엽서였다. 하지만 그러한 메시지는 아우슈비츠에 새로 도착한 유대인들이 죽기 몇 시간 전에 강제로 작성한 것이었다. 카스너의 동료들이 사람들을 속이기 위한 속임수 같으니 편지를 배포하지 말자고 권유했을 때조차 카스트너는 나치가 유대인평의회에 가져온 약 500장의 엽서를 전달하도록 명령했다.

6월 말, 브르바-베츨러 보고서가 결국 스위스를 통해 세상에 공개되자 카스트너는 의아한 행동을 취했다. 그는 스위스 연락책에게 서신을 보내기를, 수천 장의 엽서가 발트제 소인이 찍힌 채 도착했는데 유대인 이주자들이 여전히 건강하게 잘살고 있다는 내용이 들어 있다고 주장했다. 카스트너가 SS로부터 발트제 이야기가 허구라는 것과 브르바-베츨러 보고서로부터 아우슈비츠가 죽음의 공장이라는 것을 확인받은 지 두 달 후의 일이었다. 사실 아이히만 본인도 카스트너에게 유대인들이 아우슈비츠의 가스실에서 죽임을 당하고 있다고 털어놓았다. 그럼에도 6월 24일, 스위스 언론이 아우슈비츠 보고서의 내용을 공개하기 시작한 바로 그날, 카스트너는 헝가리에서 추방된 유대인들이 안전하다는 거짓 증거를 이용해 프레드와 루디의 말을 반박하는 이야기를 퍼뜨렸다. 만약 SS가 브르바-베츨러 보고서의 영향력을 무디게 만들기 위해 허위 정보를 퍼뜨리는 캠페인을 시작했다면 딱 카스트너와 같은 모습이 연출됐을 것이다.

카스트너가 진심으로 나치와의 협상이 헝가리의 유대인을 구제할 수 있다고 믿었든 자신이 선택한 친구, 친척, 저명인사를 구하기 위해 나치의 명령에 따랐든 결과는 같았다. 그가 침묵을 대가로 아이히만과 한껏 협상을 벌이는 동안 나치는 가장 규모가 크고 신속한 이송 작전을 수행했다. 1944년 5월 15일부터 56일 동안 헝가리 지방에서 43만 7402명의 유대인이 147대의 기차에 가득 실려 이송되었다.* 거의 모두가 아우슈비츠에 도착하자마자 가스로 살해당했다.

다음 나치의 목표는 부다페스트의 유대인 20만 명이었다.

루디를 비롯한 탈출자들은 크나큰 좌절감에 견디지 못할 지경이 되었다. 그들은 보고서가 어떤 여정을 거치고 있는지 알지 못했다. 헝가리 추기경, 미국 대통령, 영국 총리, 유대인 지도부 등 누군가의 행동으로 인해 보고서가 부다페스트, 런던, 워싱턴에서 막다른 길에 다다랐다는 사실도 제대로 알지 못했다. 그들이 아는 것이라고는 프레드와 루디가 1944년 4월에 증언을 했음에도 6월이 된 지금 모르도비츠와 로신이 헝가리에서 슬로바키아를 거쳐 폴란드로 죽음을 향해 가는 유대인들을 직접 목격했다는 사실이다. 친나치 신문에서 얻을 수 있는 몇 안 되는 뉴스 기사를 봐도 탈출한 지 몇 주가 지난 지금까지 추방이 계속되고 있음을 짐작할 수 있었다.

슬로바키아의 유대인평의회와 작업위원회가 상황의 긴급성을 파악하지 못한 걸까? 무슨 일이 벌어지고 있는지 이해하지 못한 것일까? 네 명의 수용자 출신 유대인들은 지도부가 소식을 전파하는 일을 할 수 없다면 자신들이 직접 해야겠다고 결심했다.

---

\* 헝가리에서 이송된 유대인 수에 관한 정보는 기록마다 상이하다. 헌병 대령 라슬로 페렌치는 43만 4351명으로 보고했고 헝가리 주재 제국 전권대사 에드문트 비젠마이어는 43만 7402명으로 언급했다.

루디는 이미 보고서를 슬로바키아어와 헝가리어로 번역해 뒀으며, 이제 ÚŽ의 눈을 피해 보고서를 헝가리로 밀반출할 계획을 세웠다. 네 명의 탈출자들이 함께 그 일을 할 수 있었다. 하지만 그들은 주당 200슬로바키아크라운에 불과한 ÚŽ 지원금으로 생활하고 있었기에 비밀 출판 작업을 진행하는 것은 쉽지 않았다. 게다가 이 일을 리프토프스키 스베티 미쿨라시의 산속 은신처에서 할 수는 없는 노릇이었다.

해결책은 브라티슬라바로 가는 것이었다. 그곳에는 2년 전에 추방을 면한 옛 트르나바 친구 요제프 바이스Josef Weiss가 살고 있었다. 그는 성병 예방 사무소에서 일하고 있었는데, 개인정보에 민감한 일이다 보니 경찰로부터도 보호를 잘 받고 있었다. 그곳은 복사본을 생산하기에 완벽한 비밀 출판사였다.

브라티슬라바에서 루디는 요제프 덕분에 인생을 바꿀 만한 소개를 받았다. 아니, 정확히는 재회했다. 요제프는 트르나바의 또 다른 친구가 브라티슬라바에 있으며, 지난 2년 동안 헝가리에서 숨어 지냈다고 말했다. 루디처럼 그 친구도 가짜 아리아인 신분증과 가짜 이름으로 살아가고 있었다. 지금 그녀는 게르티 유르코비치Gerti Jurkovič였지만 루디는 그녀를 게르타 시도노바로 기억했다. 어린 발터가 어려도 너무 어려 보인다고 쫓아냈던 바로 그 털모자를 쓴 소녀였다.

그해 여름 "게르티"는 열일곱 살이었고, 이삿짐 회사에서 신입 비서로 일하고 있었다. 이는 요제프가 시온주의 지하 조직 활동을 통해 마련한 일자리로, 그 활동에는 유대인을 위해 신분증을 위조하는 일도 포함되어 있었다. 이 조직은 구성원들을 사무직에 배치하는 것을 좋아했다. 타자기 같은 유용한 장비에 쉽게 접근할 수 있었기 때문이다.

요제프는 루디가 브라티슬라바에 있다는 사실을 아주 무심하게 언급했지만 게르타에게는 가슴 뛰는 소식이었다. 오랜 시간이 흘렀고 많은 일이 일어났지만 게르타는 여전히 트르나바에서 알던 그 진지하고 똑똑하고 상상력이 풍부한 소년을 연모하는 마음을 간직하고 있었다. 루디와 게르타는 바로 그 주에 도나우 강 옆에 있는 작은 자갈밭에서 만나기로 계획을 세웠다.

요제프는 한마디 경고를 했다. "발터는 정말 끔찍한 경험을 했어." 발터는 수용소에서 지내면서 크게 변했다.

"네가 알고 있던 사람이 아니라 다른 사람을 만날 준비를 하도록 해."

하지만 그 말이 오히려 게르타를 더 흥분하게 만들었다.

게르타는 약속 장소에서 기다렸다. 트르나바에서의 시절이 떠올랐다. 그때도 발터는 항상 늦었다. 하지만 개의치 않았다. 태양이 밝게 빛났고 머리 위로 수양버들 그늘이 드리웠다. 들리는 소리라고는 강이 졸졸 흐르는 소리뿐이었다. 평화롭고 완벽했다. 그리고 마침내 그가 나타났다.

발터는 강변으로 향하는 길을 내려오며 게르타에게 손을 흔들었다. 입은 미소를 지었지만 눈은 그렇지 않았다. 발터의 눈은 슬픔과 절망으로 가득 차 있었다. 요제프가 맞았다. 그녀가 알던 발터는 사라졌다. 이 남자는 5피트 6인치 정도로 트르나바의 소년보다 딱히 키가 더 크지 않았지만 더 강인하고 건장해 보였다. 하지만 예전에 게르타가 가장 좋아했던 것은 발터의 눈이었다. 게르타는 항상 발터의 눈에 비치는 장난기를 좋아했지만 루디의 눈에는 슬픔과 의심이 가득했다.

그럼에도 그의 지성은 여전했다. 대화를 나누는 동안 가끔 옛 미소가 번지기도 했다. 발터가 그런 미소를 지으며 게르타의 손을 잡을 때면 게르타는 자신이 그를 진정으로 사랑한다고, 어쩌면 영원히 사랑하리라고 느꼈다.

게르타가 일어나 발터를 껴안았지만 발터의 몸은 굳어 있었다. 게르타는 수영을 제안했다. 수영을 하다 보면 거리감을 조금이라도 좁힐 수 있을 거라고 생각했다.

하지만 발터가 셔츠를 벗자 팔뚝에 새겨진 다섯 자리의 푸른 숫자 44070번이 드러났다. 게르타가 당황해 물었다. "왜 몸에 문신을 했어?" 루디의 입가에 이상한 미소가 번졌다. 게르타를 비꼬는 듯한 잔인한 미소였다. 하지만 눈은 변하지 않았다. 루디가 물었다. "내가 어디에 있었다고 생각했어? 요양소라도 다녀온 줄 알았어?" 게르타는 루디가 증오로 가득 차 돌아왔고 지금 그 증오가 자신을 향하고 있다고 느꼈다.

비로소 침묵을 깨고 루디는 게르타의 어깨에 팔을 둘러 게르타를 가까이 끌어안았다. 루디는 미안하다고 말하면서 자신이 지난 2년 동안 어떤 일을 겪었는지 알게 되면 다 이해가 될 것이라고 덧붙였다.

둘은 강변의 나무 아래 앉았다. 루디는 정확하면서도 감정의 동요 없이 자신이 1942년 6월 마지막 날부터 불과 몇 주 전까지 있었던 죽음의 수용소에 관해 이야기했다. 이송 절차, 가축용 화물칸, 카나다, 가스실, 화장터 이야기는 물론 아우슈비츠의 진실을 세상에 알리겠다는 결심까지 말해 주었다. 게르타의 얼굴에 불신이 스쳤다. 루디는 걱정하지 말라고, 대부분 처음에는 믿지 못했다고 말했다.

루디는 가방에서 종이 몇 장을 꺼냈다. 아우슈비츠 보고서였다. 루디는 수용소를 탈출한 이들이 직접 배포할 수 있도록 복사본이 추가로 필요하다고 설명했다. 헝가리에 이 소식을 알리는 게 특히 중요했다. 나중에 게르타는 문서를 가지고 사무실로 가서 루디가 부탁한 대로 작업을 마쳤다. 물론 게르타는 루디가 복사본을 가지고 무엇을 했는지 정확히 알지 못했다. 루디는 게르타에게도 비밀을 지켰다.

둘은 강변의 그늘진 자리를 떠나 손을 잡은 채 침묵 속을 걸었다. 처음 느꼈던 긴장감과 거리감은 결코 완전히 사라지지 않았다. 결국 게르타는 자신이 알던 발터가 아우슈비츠 어디에선가 인간을 믿는 능력을 잃어버렸다고 결론지었다.

보고서가 나아가는 여정이 단단한 벽에 가로막힌 것만 같았다. 루디와 프레드의 증언은 외면을 당했거나 뚜렷한 행동으로 이어지지 못했다. 결국 탈출자들은 보고서를 손으로 직접 복사해 가며 할 수 있는 일을 했지만, 헝가리 시골에서 출발한 기차는 여전히 아우슈비츠로 향하는 중이었다.

그런데 그들이 보지 못한 또 다른 길이 있었다. 보고서는 구불구불한 길을 따라 서서히 누군가의 손을 향해 나아가고 있었다. 그 사람은 부다페스트 유대인 20만 명의 추방을 막을 수 있는 사람, 헝가리의 섭정 미클로시 호르티였다.

길의 출발점에는 기자 샨도르 퇴뢰크Sándor Török가 있었다. 그는 5월에 독일군에게 억류를 당했다가 탈출에 성공했다. 퇴뢰크는 아우슈비츠 보고서의 사본 여섯 부 중 하나를 세레티 추기경에게 전달했으며, 추기경은 머리를 쥐어뜯으며 교황이 먼저 행동하지 않으면 자신은 아무것도 할 수 없다고 한탄했다. 이제 퇴뢰크는 보고서의 또 다른 수신인을 찾아야만 했다. 애초에 헝가리 저항 세력은 마리아 세켈리의 사본 중 하나를 이럴 때를 대비해 남겨 두었다. 그들은 퇴뢰크에게 프레드와 루디의 증언을 왕궁에 전달하는 임무를 맡겼다. 그러려면 왕궁의 통로 역할을 할 사람이 필요했다. 그게 바로 유대인이 처한 곤경에 공감하고 책임자답게 귀를 열 가능성이 있는 사람, 즉 섭정의 며느리 일로나 에델샤임 규라이Ilona Edelsheim Gyulai 백작 부인이었다.

백작 부인의 방에서는 그녀가 섭정의 일원으로부터 가져온 소식과 반대파 공모자들이 바깥세상에서 얻은 단편적인 정보를 취합하고 연결하는 일이 이루어졌다. 퇴뢰크 역시 백작 부인을 소개받아 그녀의 비밀 모임에 합류했다. 하지만 접근은 쉽지 않았다. 나치는 왕궁 바로 옆에 본부를 두고 있었다. 독일 전차와 독일 경비병이 헝가리 궁전의 경비병과 마주보고 선 채 왕궁에 출입하는 사람을 전부 감시하고 있었다. 게다가 주변의 감시 때문에 아무리 높은 지위에 있다고 하더라도 백작 부인은 자유롭게 말할 수 없었다. 그래서 퇴뢰크는 매일 백작 부인에게 제본사 바르도츠라는 가명으로 전화를 걸어 자신이 해야 할 작업 건이 있는지 물었다. 작업이 있다고 답하면 왕궁으로 가도 된다는 신호였다. 그렇게 1944년 5월 하반기에 아우슈비츠 보고서가 왕궁 내부로 들어갔다.

백작 부인은 보고서 내용을 읽고서 연민과 수치를 느꼈지만 진짜로 부담이 되는 문제는 따로 있었다. 연합국이 전쟁에서 승리하면 사람들은 나치 대학살을 방조한 저명한 헝가리 사람들을 어떻게 바라볼 것인가? 백작 부인은 보고서를 시아버지에게 전달하기로 동의했다.

결실이 있는 것 같았다. 백작 부인은 섭정 호르티가 보고서를 읽고는 모든 내용을 사실로 받아들였다고 말했다. 이제 헝가리 국가원수의 머릿속에 자국 유대인의 운명에 대한 의심은 없었다. 호르티는 고위 경찰 지휘관 중 한 명과 보고서를 논의하기까지 했다. 그는 SS를 "이 조폭 같은 놈들!"이라고 비난하면서 "어린아이들까지 가스실에 넣는다는 걸 내 두 눈으로 똑똑히 봤어!"라고 말했다. 그럼에도 추방은 계속되었고 기차는 5월과 6월 내내 아우슈비츠로 향했다.

그때 루디를 비롯한 탈출자들이 심어 놓은 씨앗이 꽃을 피우기 시작했다. 어쩌면 6월 20일에 수도원에서 몽시뇰 마르틸로티와 만나서 나눴던 이야기가 그 젊은 교황 특사로 하여금 로마 교황청에 문제를 보고하도록 자극했을까?* 아니면 월터 개럿이

24장 헝가리식 살라미

이른 새벽부터 취리히를 자전거로 돌며 기사를 송고한 덕에 6월 24일에 스위스 언론에 처음으로 기사가 뜨면서 마지막 박차가 가해진 것일까? 어느 쪽이든 6월 25일에 교황 비오 12세는 부다페스트의 호르티 제독에게 전보를 보냈다.

> 저희는 귀하의 고귀하고 영웅적인 국가에서 이미 많은 어려움을 겪고 있는 다수의 불행한 사람들이 그들의 국적이나 인종 때문에 더 많은 고통과 슬픔을 겪지 않도록 저희가 할 수 있는 모든 일을 하도록 여러 방면에서 간청을 받고 있습니다. 모든 인간을 포용하는 자비로우신 하느님 아버지께서는 이러한 긴급한 호소에 마음이 무감각하실 수 없기에 저희는 귀하의 고결한 감정을 전적으로 신뢰하는 가운데 많은 불행한 사람들이 더 이상의 고통과 슬픔을 면할 수 있도록 귀하께서 하실 수 있는 모든 일을 해주실 것을 개인적으로 호소합니다.

교황은 "유대인"이라는 단어를 사용할 수 없었고 호소를 공개적으로 할 수도 없었지만 의도는 충분히 명확했다. 반면 미국 대통령은 주저할 이유가 없었다. 바로 다음 날인 6월 26일, 아우슈비츠의 진실이 스위스의 언론 보도를 통해 점점 더 드러나면서 루스벨트 대통령은 국무장관을 통해 호르티에게 메시지를 전달했다.

---

\* 쿨카는 바로 그 수도원에서 확보된 증거 때문에 바티칸이 행동을 취했다고 주장한다.

미국은 헝가리 당국이 유대인을 폴란드나 다른 어떤 장소로 추방할 의도가 있는지, 혹은 대규모 처형으로 이어질 수 있는 어떤 조치를 취할 의도가 있는지 알고자 합니다. 또한 미국은 이러한 불공정한 행위를 자행하는 자는 누구든 책임을 지게 할 것임을 헝가리 당국에 상기시키고자 합니다.

브르바-베츨러 보고서의 공개로 촉발된 압박은 끊임없었다. 6월 30일, 스웨덴 국왕 구스타프 5세는 호르티에게 추방이 중단되지 않으면 헝가리는 "다른 국가들 사이에서 버림받을 것"이라는 경고의 편지를 보냈다. 그러나 특히 섭정의 마음을 사로잡은 것은 전범들이 책임을 지게 될 것이라는 미국의 경고인 듯했다.

루스벨트의 메시지가 도착한 날 호르티는 장관들 앞에서 이렇게 말했다. "이제 더 이상 용납하지 않겠다! 부다페스트 유대인들의 추방은 중단되어야 한다!" 다만 그 외침은 부다페스트 외부의 추방에는 적용되지 않았다. 시골 지역의 추방은 계속되었다. 다음 날인 6월 27일에는 네 차례의 이송 과정을 통해 1만 2421명의 유대인이 아우슈비츠로 이송되었다. 추방은 그다음 날에도 계속되었다.

비록 왕족의 직함을 가지고 있었지만 호르티는 헝가리 왕국의 주인이 아니었다. 그가 명령을 내린다고 그 명령이 즉시 실행되는 것은 아니었다는 뜻이다. 헝가리 정부 내에서는 섭정의 명령을 무시하고 나치의 요구를 계속 따르고자 하는 사람들, 즉 유대인들을 나라에서 제거하려는 노력에 협력하고자 하는 사람들이 권력 투쟁을 일으켰다. 보안군 자체도 분열되었다. 섭정에게 충성하는 전차 사단과 최종 해결책에 충성하는 지방 헌병 부대가 있었다.

호르티가 승리하려면 신속하게 움직여야 했다. 아돌프 아이히만과 그의 지방 협력자들은 SS의 손길을 아직 받지 않은 최후의 유대인 공동체, 즉 부다페스트의 유대인 공동체 20만 명을 포획하기 위한 계획을 세웠다. 이들은 헝가리의 마지막 유대인이자 사실상 유럽의 마지막 유대인이었다.

계획은 다음과 같았다. 7월 2일, 수천 명의 헝가리 무장 경찰이 부다페스트의 영웅광장에 모일 것이다. 의심을 줄이기 위해 그들은 동료들을 기리는 깃발 의식을 수행할 것이다. 공식 행사가 끝나면 헌병들은 3일간의 휴가 동안 부다페스트의 유대인들이 거주하는 "노란별 집"이라는 게토 건물의 위치를 익히고 유대인이 도망갈 수 있는 경로를 차단하는 방법을 연구할 것이다. 부다페스트 유대인을 가스실로 이송하는 기차는 7월 10일에 출발할 예정이었다.

그러나 계획은 예상대로 진행되지 않았다. 7월 2일, 미국 15 공군은 부다페스트와 그 인근에 1200톤의 폭탄을 투하하여 136명을 죽이고 370개의 건물을 파괴했다. 본래 폭탄의 목표는 수도 남쪽의 공장이었지만 헝가리 지도층 입장에서는 그렇게 보이지 않았다. 마치 헝가리 정치 지도부가 자국의 유대인 학살에 책임을 질 것이라는 루스벨트의 위협이 이행되는 것처럼 보였다.

7월 5일, 호르티는 충성파를 수도의 최고 군사 사령관으로 임명하고 그에게 "부다페스트 유대인들의 추방을 막기 위해 필요한 모든 조치를 취하라"라고 지시했다. 같은 날 밤, 사령관은 탱크를 투입했다. 군대가 투입되자 유대인들을 체포하려고 자리를 잡았던 지방 경찰은 밀려났다.

두 의지가 충돌한 가운데 결국 섭정이 승리했다. 물론 엄밀히 말해 호르티의 주된 동기는 유대인을 구하는 것보다는 자기 보존과 자신의 권위 확립이었다. 여태까지 헝가리 유대인들의 추방은 딱히 문젯거리가 아니었다. 실제로 이후 사흘 동안 5월과 6월 내내 그랬던 것처럼 강도 높은 이송이 이루어졌다. 7월 9일에만 다섯 번의 이송이 있었고 7월 20일에도 한 번 더 이송이 있었다.

그러나 나머지 이송 작업은 중단되었다. 호르티의 명령으로 아우슈비츠로 향하던 열차 하나가 돌려보내지기도 했다. 아이히만은 격분했다. "내 평생에 이런 일은 처음이야. 용납할 수 없어!" 어쨌든 호르티 통치하에서는 부다페스트에서의 추방은 없었다.

수도의 유대인들이 일단은 목숨을 건졌다. 설명하기 힘든 많은 이유가 있었다. 헝가리 정치판이 혼란스럽게 변화한 것도, 돌연 독일이 전쟁의 패전국이 되는 것처럼 보이기 시작한 것도 원인이 되었을 것이다. 하지만 정말 중요한 역할을 한 것은 두 사람이 쓴 32페이지의 보고서였다. 그중 하나는 이전까지 어떤 유대인도 해내지 못한 아우슈비츠 탈출을 해낸 10대 청년이었다. 그들은 산과 강을 건넜고 몸을 숨긴 채 굶주렸으며 죽음은 물론 역사상 가장 악랄한 적에 맞서 싸웠다. 그들의 증언은 의심과 무시와 억압을 받았다. 하지만 이제 마침내 그들이 오래도록 꿈꿔온 돌파구를 마련했다. 루돌프 브르바와 프레드 베츨러는 20만 명의 생명을 구했다.

# 5 그림자

The Escape Artist
The Man Who Broke Out of Auschwitz to Warn the World

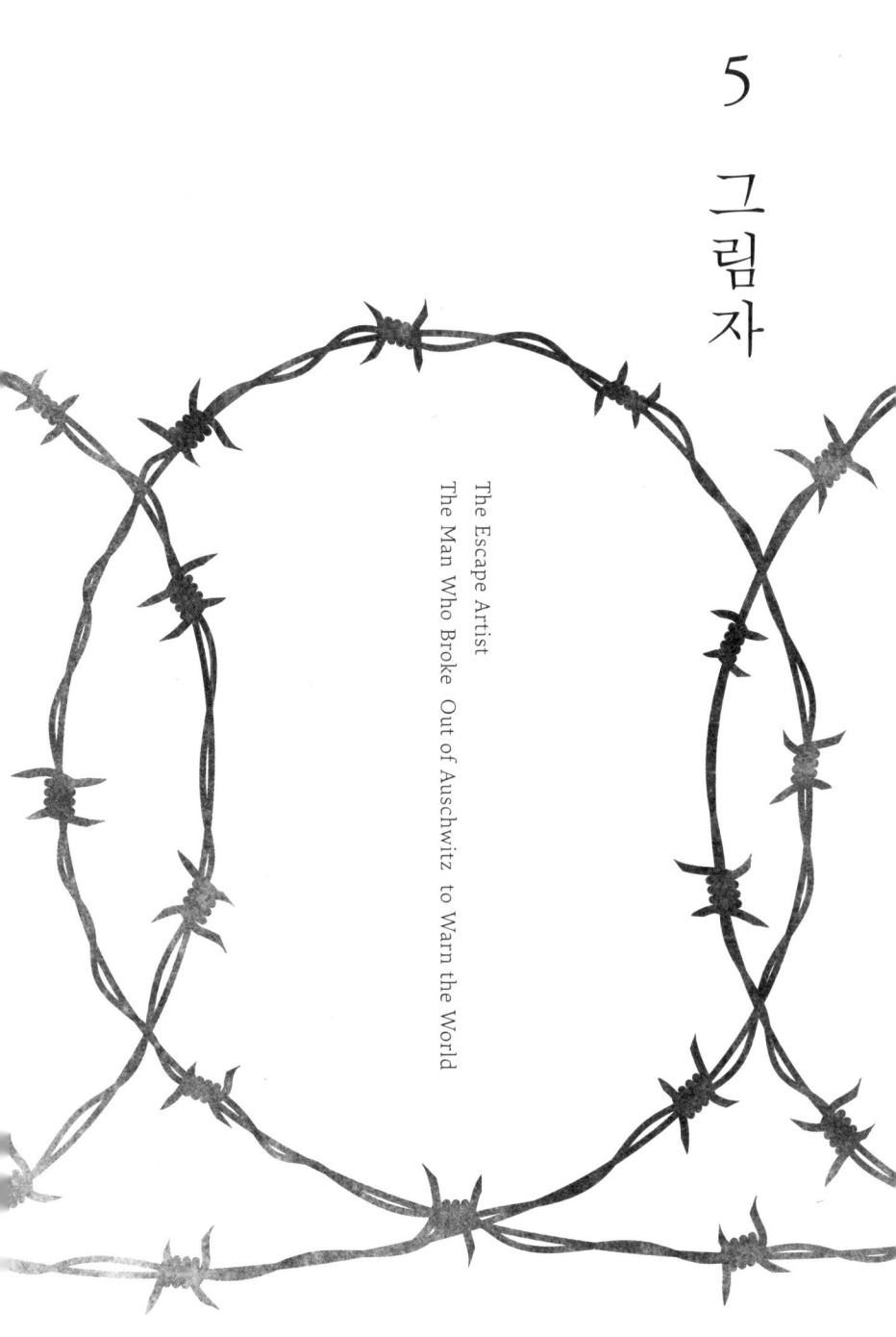

## 25장
# 총과 함께하는 결혼식

 구원받은 사람들 중에는 누구에게 감사를 드려야 할지 몰랐던 이들이 많았지만, 예외가 하나 있었다. 그녀는 자신의 목숨을 구한 사람이 루돌프 브르바라는 것을 분명히 알고 있었다. 그녀는 그가 전달한 정보가 자신의 생명을 구했다고 확신했다. 그녀는 트르나바에서 그에게 어린 시절부터 호감을 품고 있었던 소녀 게르타 시도노바였다.

 1944년 6월, 게르타와 루디가 여름에 만났을 때 그들은 오후 산책을 하고 도나우 강에서 수영을 하며 시간을 보냈다. 슬로바키아는 이웃한 헝가리에 비해 피난처럼 느껴졌다. 루디는 그녀에게 헝가리에서는 매일 1만 2000명의 유대인들이 아우슈비츠의 가스실로 보내지고 있다고 말했다. 슬로바키아에서는 1942년 가을에 강제 이송이 중단되었다.

게르타는 이후 몇 년 동안 헝가리와 슬로바키아를 오가며 유대인들이 살해되지 않는 나라로 이동했다. 그래서 그녀와 부모님은 1942년에 헝가리로 도망쳤지만 나치가 부다페스트에 진군한 후 그녀와 어머니는 곧 슬로바키아로 돌아왔다. 아버지는 그들과 함께 돌아오지 않았다. 그는 권위를 신뢰하여 헝가리 경찰에 자수했고 다시는 모습을 보이지 않았다.

게르타는 브라티슬라바에 돌아온 지 몇 주 만에 루디를 만났고 그는 그녀에게 아우슈비츠 보고서를 직접 편집한 문서를 제공하면서 자신이 목격한 일을 설명하고 문서를 복사할 수 있도록 넘겨주었다. 그 정보는 매우 중요했다.

1944년 8월 말, 나치는 슬로바키아를 침공하여 유대인 문제에 대한 직접적인 통제를 시작했다. 얼마 지나지 않아 2년 전 중단되었던 체포와 강제 이송이 재개되어 열차는 다시 아우슈비츠로 향했다. 헝가리로 국경을 넘는 것도 더는 피난처가 되지 못했다. 가을이 되자 호르티는 축출되었고, 권력은 헝가리 나치당 화살십자당Arrow Cross 손에 넘어갔다. 그들은 다시 아돌프 아이히만과 협력하여 유대인들을 강제 노역이나 죽음의 수용소로 이송하는 대규모 학살을 재개했으며 수만 명을 살해했다. 이렇게 나치의 포획 망은 다시 대륙 전역의 유대인들을 감쌌고, 이제 그 시작점인 슬로바키아까지 아울렀다.

게르타와 그녀의 어머니는 완벽하게 위조된 아리아인 신분증을 가지고 한동안 버텼다. 하지만 1944년 11월 어느 날 밤, "문 열어. 우리는 게슈타포다"라는 소리가 들려왔다.

그들은 브라티슬라바에 있는 게슈타포 본부에서 일주일 동안 구금되고 심문을 받았다. 게르타는 탈출을 시도해야 한다고 확신했다. 탈출이 아니면 아우슈비츠였고, 루디 덕분에 그녀는 그것이 거의 확실한 죽음을 의미한다는 것을 알고 있었다. 그러나 어머니는 그 생각을 받아들일 수 없었다. 어머니는 게르타에게 "혼자 탈출해"라고 말했다. 그래서 기회가 왔을 때 게르타는 혼자서 탈출했다. 그녀는 게슈타포 건물의 창문을 뛰어넘어 도망쳤다.

그 결정은 그녀를 괴롭혔다. 어머니의 허락을 받았다 하더라도 게르타는 어머니를 버린 셈이었다. 그녀는 게슈타포의 손에 남아 있게 되면 어떤 일이 벌어질지 잘 알았기 때문에 그렇게 할 수밖에 없었다. 이는 루디가 그녀에게 알려 준 정보 덕분이었다.

루디에게 말할 기회는 없었다. 왜냐하면 그는 이미 오래전에 브라티슬라바를 떠났기 때문이다. 나치 침공 이후 슬로바키아 저항군은 전국적인 봉기에 돌입했고, 루디는 그 일원이 되기로 결심했다. 그는 슬로바키아 서부로 향했으며, 그곳에서 밀란 우헤르Milan Uher 상사가 이끄는 파르티잔 부대에 합류하여 런던에 있는 체코슬로바키아 망명 정부에 충성을 맹세하고 독일에 승리할 때까지, 아니면 죽을 때까지 싸울 것을 서약했다.

훈련은 짧았다. 24시간 이내에 루디는 총을 손에 들고 임무를 부여받았다. 약 700명의 SS 병사들이 스타라 투라의 학교 건물을 점령하여 지역 저항군을 소탕하려고 한다는 정보가 전해졌다. 우헤르의 부대는 선제공격을 감행하기로 했다.

그리하여 막 9월에 스무 살이 된 루돌프 브르바는 깊은 밤 슬로바키아 시골의 한 학교 건물로 천천히 다가갔다. 마침내 우헤르가 건물로 돌격 명령을 내리자 그들은 창문에 수류탄을 던진 다음 문을 부수고 들어가 방 안을 총알로 가득 채웠다.

루디는 동료 두 명이 옆에서 쓰러지는 것을 보았지만 그것이 그에게 밀려드는 황홀감을 약화시키지는 않았다. 그는 기쁨에 겨워 웃음을 터뜨렸고 행복해서 눈물을 흘렸다. 그는 건물 안에서 SS 병사들의 비명을 들었고, 그들이 죽는 소리를 들으며 기쁨을 느꼈다. 전쟁 포로였던 볼코프가 옳았다. 독일인들은 초인적이지 않았고, 그들도 누구나처럼 죽었다.

루디는 SS 부대와의 전투에 최소 아홉 번 더 참전했고, 독일 포병 기지 습격, 철도 교량 파괴, 나치 보급선 파괴에도 여러 차례 참여했다. 한 번은 전우들과 함께 적진 뒤에 머물러 독일군의 통신을 방해하고 모든 수단을 동원하여 그들을 괴롭히라는 명령을 받은 적도 있었다. 그때 루디의 부대는 고립되었고, 소련의 파르티잔 본부가 새로운 지휘관을 낙하산으로 투하했지만 그도 곧 전사했다. 우헤르가 돌아왔지만 이번에 대위로 승진한 그 또한 전투 중 사망했다. 소련군이 1945년 4월 슬로바키아에 들어올 즈음 루디의 부대는 위태로운 상태였지만 루디는 끝까지 살아남았다.

남은 자들은 마지막 작전을 수행하고 군 병원으로 보내져 회복에 전념했다. 루디는 전선으로 돌아가 전투에 참가할 것이라고 생각했지만 몸이 회복되던 중 전쟁이 끝났다는 소식을 들었다. 히틀러는 죽었고 나치는 항복했다. 그는 이제 스탈린 파르티잔 제2여단의 참전 용사였고, 체코슬로바키아로부터 슬로바키아 국민봉기 2급 훈장, 체코슬로바키아 파르티잔 명예 훈장을 비롯하여 공산당 회원 자격까지 부여받았다.

루디가 처음 탈출을 꿈꾸며 택시에 탔던 순간으로부터 고작 3년이 흘렀지만 그는 자신이 겪은 일을 되돌아볼 시간이 없었다. 그는 서둘러야 했다. 그는 병원에서 퇴원하자마자 바로 브라티슬라바로 돌아왔고, 열다섯에 빼앗겼던 지식을 향한 갈증을 해소하고자 했다.

5월까지 그는 재향군인을 위한 특별 학교에 등록했는데, 이는 전쟁 때문에 놓친 학업을 따라잡을 수 있게 해 주는 프로그램이었다. 그는 5개월 만에 3년치 이상의 학업을 따라잡았고, 시험에 합격하여 프라하에 있는 체코공과대학 화학공학과에 입학할 자격을 얻었다. 몇 년 전만 해도 그는 친구 에르빈과 함께 화학 교과서를 몰래 공유하며 읽는 것조차 금지당했다. 이제 에르빈은 죽었고 루디만 그 과목으로 학위를 공부하게 되었다.

루디는 선택을 망설이지 않았다. 물론 그는 기술의 진보가 어디까지 나아갈 수 있는지 내다보았다. 그는 과학이 무엇을 할 수 있는지 알았다. 치클론B에 담긴 화학부터 화장터의 정밀 공정까지, 아우슈비츠와 산업화된 대량 학살은 첨단 기술의 기념비적 집약체였다. 그 규모와 속도는 과학의 효율성 덕분에 가능해졌다. 그럼에도 어린 시절 신에 대한 믿음을 잃었고 "인간을 향한 믿음"이라는 말에 아이러니한 미소를 짓던 루돌프 브르바는 과학적 이상에 대한 믿음만큼은 결코 잃지 않았다. 그는 학자들의 단결에서 불변의 소속감을 찾았다.

그가 공부할 곳은 브라티슬라바보다는 프라하여야 했다. 그곳 상황은 달랐다. 체코인들이 유대인을 추방하기 위해서는 독일의 점령이 필요했지만, 슬로바키아인들은 외부 나치의 요구 없이도 자발적으로 유대인 이송을 조직하고 그 특권을 위해 돈을 지불했다. 프라하는 새 출발에 적합한 장소처럼 느껴졌다.

1945년 어느 새벽, 루디는 마침내 어둠이 걷히고 최악의 상황이 끝났다고 생각했을 것이다. 그리고 여러 해 동안 그것은 사실이었다. 그러나 그날 새벽에 루디가 알지 못했던 것은 그가 인생에서 가장 큰 재앙이라고 묘사할 사건이 과거가 아닌 앞으로 다가올 미래에 있다는 것이었다.


프라하로 이사하는 일은 루디 혼자 결정한 것이 아니었다. 그는 개인 기숙사를 갖고 있었고 공부에 몰두하며 기숙사, 도서관, 실험실만을 오가고 있었지만, 그의 삶에는 또 다른 사람이 있었다. 정확히 말하자면 두 사람이었다.

많은 동료들이 가족 전체를 잃은 반면 루디는 1944년 여름 트르나바로 돌아와 예상치 못한 발견을 했다. 그의 어머니가 여전히 살아 있고 건강했다. 그녀는 평생 세 명의 남편과 결혼했는데, 그중 한 명이 2년 전 슬로바키아 경제에 필수적인 인물로 간주되어 첫 번째 강제 추방을 피할 수 있었다.

루디는 마냥 집 문을 두드릴 수 없었다. 여전히 그의 체포를 위한 국제 체포 영장이 발부된 상태였기 때문에 너무 위험했다. 대신 그는 트르나바에 있는 친구의 집에서 재회를 계획했다. 그는 친구의 집에서 앉아 있다가 어머니가 들어오는 것을 지켜보았다. 어머니는 방을 둘러보며 그를 지나쳤다. 그는 실로 많이 변했다. 결국 친구가 루디 쪽을 가리키며 말했다. "저쪽이 아드님이에요."

일로나 로젠베르크는 아들을 끌어안고 눈물을 닦은 뒤 곧바로 그가 2년 동안 연락 한번 없이 사라진 것에 대해 꾸짖었다. 루디는 자신이 어디에 있었는지 설명했지만 가장 피비린내 나는 세부 사항은 생략했다. 그녀는 질문을 많이 하지 않으려 했다. 그녀는 그가 더 말하기를 꺼린다는 것을 느꼈을 것이고, 그녀의 감은 틀리지 않았다.

하지만 그녀의 남편은 다른 반응을 보였다. 1942년에 둘은 아직 결혼하지 않은 상태였다. 그의 면제권은 단 한 명의 친척만을 추방에서 제외할 수 있게 해 주었다. 그는 자신의 여동생이나 일로나 중 한 명을 선택할 수 있었고, 만약 일로나가 그의 아내가 된다면 그녀를 선택할 수 있었다. 그는 일로나를 선택했고, 그래서 두 사람은 결혼했다. 그의 여동생은 추방되었다.

이제 루디 덕분에 그는 2년 전 자신의 결정이 무엇을 의미했는지 알게 되었다. 그는 너무 충격을 받아 1944년 9월 루디가 돌아온 지 몇 달 후 추방이 재개되었을 때 조용히 기차에 올라탔다. 그는 여동생의 운명을 함께하고 싶었고 그 운명을 받아들였다. 루디는 이를 "추방에 의한 자살"이라고 묘사했다. 결국 일로나 자신도 추방되었다. 그녀는 아우슈비츠가 아니라 테레지엔슈타트로 보내졌고 그녀 역시 아들처럼 살아남았다.

루디에게 영향을 미친 또 다른 인물은 루디가 생명을 구한 여자였다. 게르타 시도노바와 루디는 연인 관계였고, 그녀는 프라하에서 의학을 공부하고 있었으며, 두 사람은 이따금 만나 어색하고 서툰 사랑을 나눴다. 그들은 자유로웠고 원한다면 매일 밤 함께 있을 수 있었다. 하지만 그들은 그러지 않았다. 적어도 게르타에게는 무언가가 부족했다. 그녀는 그것이 자신의 잘못인지 궁금했다. 루디는 그녀에게 열정과 경험이 부족하다고 말했지만, 그녀는 단순히 그를 충분히 사랑하지 않는 것은 아닐지 궁금했다. 어떤 이유에서든 그들의 사랑에는 그녀가 갈망하던 부드러움과 다정함이 부족했다. 오히려 그녀는 사랑이 약간의 폭력을 동반한다고 느꼈다. 어쩌면 둘이 결혼하면 그 문제가 사라질지도 모른다고 생각했다.

여름마다 둘은 휴가를 갔지만 항상 함께 가지는 않았다. 1946년 첫 번째 휴가에서 루디는 브라티슬라바로 돌아가 베츨러, 모르도비츠, 로신을 만났다. 그들은 이제 아무도 공유하지 못한 경험으로 결속된 형제 같은 사람들이었다. 그들은 아우슈비츠에서 탈출에 성공한 극소수의 유대인들이었다.

대부분의 생존자들은 다시는 폴란드에 발을 들이지 않겠다고 맹세했다. 그들에게 그 나라는 동료 유대인들의 대량 학살과 떼려야 뗄 수 없게 된 나라였다. 그들은 피에 젖은 땅을 밟을 수 없었다. 다른 사람들은 몇십 년이 지난 후에야 그곳을 다시 방문할 수 있었다. 그러나 루디는 탈출한 지 불과 4년 만에 기꺼이 다시 갔다. 게다가 그는 그곳에 가기 위해 기차를 탔다. 1948년 여름, 그와 게르타는 폴란드로 휴가를 갔다.

그들은 학생 무리의 일원이었다. 자발적으로 그들은 프라하 역에 모여 동쪽으로 향했다. 루디가 노예로 일했고 루디와 게르타의 동료 유대인 수백만 명이 살해된 나라로 향했다. 그들은 크라쿠프에 도착한 후 바르샤바에 갔고 잔해와 폐허의 도시를 걸어 다녔다. 한 학생 가이드는 그들에게 명소를 가리키며 말했다. "여기는 게토였어요. 바르샤바 유대인들이 독일인에 의해 학살된 곳이죠. 히틀러가 한 유일한 좋은 일이랄까요."

무리는 침묵에 빠졌다. 게르타는 루디가 가이드에게 달려들까 두려워했다. 그러나 루디는 침묵을 지켰고 무리는 유유히 떠났다. 둘 다 프라하로 돌아가고 싶었다.

세월이 흘렀다. 루디와 게르타는 강변을 따라 걸으며 그들이 좋아하는 장소인 찰스브리지 아래 작은 섬 캄파에 멈춰 서서 자신들만의 벤치에 앉곤 했다. 어느 일요일의 늦은 오후, 차와 케이크를 먹으며 루디는 게르타에게 결혼해 달라고 청했다. 이는 루디의 어머니이자 미래의 며느리에게 일론카로 알려진 사람이 오래전부터 바라던 바였다. 그녀는 게르타가 똑똑하고 아름다우며 안타까운 고아라고 생각했다. 루디의 의무는 그녀와 결혼하는 것이었다. 친구들도 마찬가지로 열정적이었다. 모두가 그들을 완벽한 커플로 여겼다. 똑똑하고 매력적이며 강인했다. 의구심이 들더라도 둘은 그것이 조용히 감추어진 채 결혼식 샴페인의 거품 속으로 사라지기를 바랐다.

커플은 1949년 4월 16일에 결혼했다. 결혼식은 회당이 아닌 브라티슬라바의 시청에서 진행되었고, 맹세는 히브리어가 아닌 슬로바키아어로 이루어졌다. 신부는 흰색이 아닌 진한 감색 옷을 입었다. 전통의 흔적은 이미 다 사라졌다.

결혼식 전날 밤, 게르타는 잠을 설쳤다. 그녀는 자신이 실수하고 있는 것은 아닌지 걱정했다. 결혼식도 그 이후 일론카의 아파트에서 열린 파티도 도움이 되지 않았다. 알코올이 과해지자 루디는 취해 신부의 절친한 친구인 잉게에게 키스하려 했다. 아우슈비츠 형제단도 참석했는데, 프레드 베츨러가 결혼 증인이었고 아르노스트 로신은 신랑 들러리였다. 하지만 그것은 상황을 더 악화시켰다. 체슬라프 모르도비츠는 총을 몇 자루 가져왔고, 남자들은 그것을 분해하고 재조립했다. 게르타는 불안함을 느꼈다.

그럼에도 중요한 것은 결혼 생활이었다. 곧 그들은 자신들만의 집을 갖게 될 것이었다. 신생 공산주의 체코슬로바키아에서 아파트를 얻는 것은 쉬운 일이 아니었지만 루디의 전 파르티잔으로서의 지위는 그를 대기열 앞자리에 있게 했다. 그는 프라하성 근처의 데이비체 지역에 침실 하나짜리 아파트를 배정받았다. 이제 그들의 새로운 삶이 시작될 수 있을 것 같았다.

그들은 일에 몰두했다. 루디는 유기화학 학위를 마치고 뇌 생화학이라는 새로운 분야에 전문성을 쌓기 위해 박사 과정에 등록했다. 한편 게르타는 의대를 졸업하고 신경생리학을 공부하기 시작했다. 그들의 실험실은 서로 가까웠고 아파트에서도 가까웠다. 그들은 행복해야 했다.

그럼에도 루디와 아내 사이에는 여전히 거리감이 있었다. 트르나바에서 자란 소년은 매우 다른 사람이 되어 있었다. 때때로 게르타는 집에 돌아와 루디가 혼자 보드카를 마시는 것을 발견했다. 루디는 소유욕을 느끼고 질투심에 휩싸여 분노하기도 했다. 한 번은 〈벚꽃 동산The Cherry Orchard〉 공연을 보고 집으로 가는 트램에 탔을 때였다. 게르타가 차장에게 표를 보여 주며 미소를 짓는데 루디가 소리치기 시작했다. "차장에게 꼬리를 치다니 너 같은 창녀가 또 어디 있어!" 다른 승객들도 들었지만 그녀는 아무 말도 하지 않았다. 그녀의 팔에 부상이 생겨 물리치료가 필요했을 때는 루디가 물리치료사랑 레즈비언 관계를 맺고 있다고 비난했다.

편집증은 그녀에게만 향한 것이 아니었다. 그는 실험실 동료들이 자신을 방해하려 한다고 불평하곤 했다. "녀석들이 가위를 다 숨겨서 필터지를 정확한 크기로 못 자르는 바람에 실험할 수가 없었어"라고 말했다. 원인은 분명했다. 아우슈비츠가 그를 그렇게 만든 것이다. 그에게서 모든 신뢰를 빼앗아간 것이다. 하지만 게르타는 어쩌면 반대일 수도 있다고 생각했다. 루디가 아우슈비츠에서 살아남았기 때문에 편집증이 생긴 것이 아니라 이미 거의 아무도 믿지 않게 된 상태였기 때문에 아우슈비츠에서 살아남을 수 있었던 것이 아닐까? 그녀가 목격한 행동이 루디의 생존의 결과가 아니라 원인이 아닐까 생각하게 되었다.

이러나저러나 게르타에게 루디는 여전히 그녀의 생명을 구해 준 잘생기고 똑똑하며 영웅적인 남자였지만 루디와 함께 사는 것은 힘들었다. 결혼도, 함께 집을 공유하는 것도 문제를 해결하지 못했다. 어쩌면 아이들이 둘의 문제를 해결해 줄지도 몰랐다. 그렇게 1952년 5월 26일에 아기가 태어났다. 그들은 아기를 헬레나라고 불렀는데, 루디의 어머니를 존중하는 의미도 있었지만 딸이 지금까지 본 가장 아름다운 생명체이기 때문이기도 했다. 헬레나의 까만 머리카락과 미모는 트로이의 헬레네에 견줄 만했다. 루디는 헬레나를 처음 안고는 아내에게 아우슈비츠에서 겪은 모든 고통이 이 순간의 기쁨을 알기 위해서였다면 그럴 가치가 있었다고 말했다. 그는 자신이 그렇게 행복할 수 있을 거라고는 전혀 예상하지 못했다. 2년 후인 1954년 5월 3일에 또 다른 딸이 태어났다. 그녀는 새하얀 피부와 복슬복슬한 금발을 가졌다. 그들은 이름을 주자나라고 지었지만 매번 주즈카 또는 주자라고 불렀다.

이제 그들은 비교적 특권적인 지위를 가진 가족이 되었다. 하지만 상황은 여전히 좋지 않았다. 루디와 게르타는 사소한 일로도 충돌했다. 1954년, 전쟁이 끝난 지 거의 10년이 지난 후에도 체코슬로바키아에서는 식량이 엄격하게 배급되었다. 아이들에게는 주당 두 개의 달걀과 약간의 설탕과 버터를 배급받을 자격이 있었다. 어느 날 게르타가 팬케이크를 아침으로 준비해 아이들을 놀라게 하려고 배급을 따로 보관했다. 예정된 아침이 되어 게르타는 재료를 찾았지만 달걀이 사라졌다. 마치 어린 시절 가족의 닭장에서 급습을 벌였던 것처럼 루디가 가져간 것이었다. 게르타는 화가 났다. 많은 시간이 지난 후에야 그녀는 아우슈비츠가 그곳 수감자들에게 음식이 있으면 가져가라고 가르쳤다는 것을 깨달았다.

두 사람은 함께 있을 때 말다툼을 했고, 점점 더 많은 시간을 떨어져 보냈다. 밤이 되면 루디는 친구들과 술을 마시러 나갔고 아내와 딸들이 잠든 후에야 집에 돌아왔다. 이른 아침에 들어올 때면 루디는 조용히 들어오기는커녕 문을 쾅 열고 아이들을 깨워 자신과 놀기를 기대했다. 한 시간쯤 후에 그가 지치면 게르타는 아이들을 다시 재우고 다음 날 아침 피곤한 아이들을 달래줘야 했다.

루디는 또한 여러 번 불륜을 저질렀다. 일부는 하룻밤 성관계로 끝이었다. 하지만 다른 여자와 사랑에 빠졌을 때조차 그는 딸들 때문에 결코 아내를 떠나지 않을 거라고 주장했다.

결국 게르타는 부담을 견딜 수 없었다. 그녀는 이혼을 원한다고 말했다. 집은 긴장되고 불행했으며 아이들에게 좋은 환경이 아니었다. 루디는 제안을 받아들이지 않았다. 그는 자신의 아이들을 사랑했고 아이들도 그를 사랑했다. 게르타도 그것이 사실임을 인정했다. 그들은 별거를 시도하기로 했다. 하지만 주택난이 심각했기 때문에 같은 집, 작은 아파트에서 별거를 해야 했다. 그녀와 아이들은 침실에서 지내고 루디는 거실을 사용했다.

그것도 잘 되지 않았다. 어느 날 밤 게르타는 현관문이 열리고 두 명의 취한 목소리가 들리는 것을 들었다. 루디가 여자를 집으로 데려왔다. 그들은 거실로 들어가 소파에서 성관계를 가졌고 그 소리는 아이들을 깨울 만큼 컸다. 그날 밤 게르타는 별거로는 충분하지 않다고 결심했다. 그녀는 이혼을 원했다. 결국 루디도 동의했다. 단, 게르타가 법적 비용을 부담하고 루디가 아파트를 유지하며 그녀와 아이들은 이사를 가는 조건이었다.

그것이 악감정을 줄이지는 못했다. 1956년 3월, 게르타는 회의 참석차 파리로 향하는 비행기에 탑승해 있었는데, 이는 철의 장막 너머의 삶을 엿볼 수 있는 드문 기회였다. 이륙 직전, 체코 비밀정보국 SNB의 요원이 비행기 문에 나타나 그녀를 데리고 나갔다. 요원은 그녀가 아이들과 함께 서방으로 망명하려 한다는 정보를 받았다고 설명했다. 요원은 그녀에게 그런 의도가 없다는 것을 확신한 후에야 그녀를 고발한 사람이 루돌프 브르바임을 밝혔다.

편집증 때문이었을까? 나중에 게르타는 이것이 복수심에서 비롯되었을 가능성이 더 크다고 결론지었다. 루디는 아직도 그녀가 자신을 떠난 것에 화가 나 있었다.

둘은 서로에게 심각한 비난을 가하다가도 나중에 그러한 발언을 한 적이 없다고 잡아떼었다. 루디의 기억에 따르면 게르타는 그의 친구들이 공산주의 체제를 비판한 것을 당국에 알리겠다고 위협했으며 더 나아가 이혼이 필요한 이유를 법정에서 밝힐 때 루디가 아이들에게 "사회주의 교육을 보장할 수 없기 때문"이라고 말했다. 게르타는 나중에 그런 말을 한 적이 없다고 주장했다. 그럼에도 게르타는 자신과 루디를 용서하게 되었다. 그들은 너무 어렸다. 그리고 그녀는 그들이 심각하게 상처받았다는 것을 이해하게 되었다. 그녀의 부모는 나치에게 살해당했고 그는 살인 기계 안에서 2년을 보냈다.

전후 체코슬로바키아에서는 정치가 삶의 가장 친밀한 구석까지 밀고 들어왔다. 하지만 전문적인 영역일수록 정치의 간섭은 특히 심했다. 루디는 파르티잔 경험 때문에 처음에는 공산주의 프로젝트에 동정심을 품었다. 다른 사람들이 파시즘에 적응하고 있을 때 저항하려는 결의를 가지고 그를 첫 번째 탈출 시도에서 도와준 사람들이 사회주의자였다는 것을 기억했다. 나치즘에게 승리를 거둔 직후에는 낙관론에 휩싸인 나머지 평등과 형제애가 가득한 미래가 오리라는 이상에 빠졌다. 그것은 오래 가지 않았다.

1947년에 그는 자신이 미행당하고 있다는 것을 알아챘다. 집에 돌아왔을 때 자신의 물건들에 누군가가 손을 댄 것을 알아차렸다. 이 사실을 친구들에게 말하자 몇몇 남자들이 자신에 대해 질문하며 돌아다녔다는 것을 알게 되었다. 루디는 이 무단 조사를 책임지고 있는 사람을 추적하기로 결심했고, 결국 그를 찾아냈다. 하지만 그 관리는 그저 "도와주고 싶었다"라고 말할 뿐이었다.

1948년 2월, 공산주의자들이 체코슬로바키아 정부에 대한 통제권을 완전히 장악했을 때 루디는 비로소 이유를 깨닫게 되었다. 대학에 포스터가 붙었고 그곳에 루디의 이름이 있었다. 그는 이제 행동위원회의 "비정치적" 회원으로 지명되었다. 처음 듣는 일이었지만 이것이 1년 전 남자들이 그를 조사한 이유를 설명해 주었다. 공산주의자들은 루디를 확인하고 그가 적합한지 판단하고 있었다. 분명 그는 테스트를 통과했다. 곧 그들은 그에게 행동위원회의 의장 역할을 맡아 달라고 요청했고, 거부하는 것이 위험할 것이라는 데 의심의 여지가 없었다.

몇 주 후 그는 대학에 "부적합한" 학생들이 지나치게 많다는 말을 들었다. 그는 학생 명부를 정리해 "부르주아" 성향을 가진 사람과 활동적인 반공주의자들을 제거하고 당원과 노동자 계층 출신만 남겨야 했다. 그는 거부했다. 그것은 차별이며 학문 기관의 전체 윤리에 어긋난다고 말했다. 위원회는 그에게 시키는 대로 하더라도 "도덕적 범죄"를 저지르는 것이 아니라고 말했다. 그는 그저 "상부의 명령"을 따르고 있다고 말할 수 있을 것이라고 했다. 루디는 그것이 나치의 변명이라고 대답했다. 그는 그렇게 하지 않을 것이라고 했다.

위원회는 그에게 "실책"을 공개적으로 시인한 뒤 사임할 것을 요구했다. 그는 그들이 원하는 것을 주었고 학업에 몰두했다. 1951년에 박사 학위를 받았다. 하지만 다음 해에 그의 연구비가 소진되자 그는 정치적 불명예의 대가를 알게 되었다. 그는 어디에서도 연구직을 구할 수 없었다. 그는 결국 페니실린 공장에서 야간 근무 화학자로 일하게 되었다. 이제는 브르바 박사였지만 기술자의 임금을 받고 있었다.

결국 친구의 실험실에서 뇌 생화학을 탐구할 자리를 얻었을 때도 엄격한 조건이 있었다. 그는 지하실에서 일해야 하며 최대한 눈에 띄지 않아야 했다.

그것은 실험실 밖에서도 현명한 조언이었다. 프라하의 분위기는 더욱 냉각되었고 당국은 새로운 사회주의 낙원에 맞지 않는 사람들을 단속했다. 루디의 친구들 중 일부는 하룻밤 사이에 사라져 다시는 보이지 않았다. 1952년, 루돌프 슬란스키Rudolf Slánský와 체코슬로바키아 공산당의 다른 고위 관리 열세 명이 체포되어 이데올로기적 일탈 혐의로 기소되었을 때 그는 일종의 기시감을 느꼈다. 그들은 "티토주의와 시온주의"에 빠졌다고 비난받았다. 그들 중 열 명, 슬란스키까지 포함하면 열한 명이 유대인이었다. 열한 명은 교수형에 처해졌다.

루디는 이러한 사태에 실망했지만 충격을 받지는 않았다. 전후 프라하에서 살면서 아무도 그에게 아우슈비츠에 대해 묻지 않았다. 그것이 금기 주제였기 때문인지 아니면 그저 주변 사람들이 흥미가 없었기 때문인지 판단할 수 없었지만 결과는 같았다. 루디는 프라하의 반파시스트투사연합이 주최하는 연례 아우슈비츠 기념행사에 참석했지만 그곳에서도 유대인의 운명에 대해 언급하는 사람은 없었다. 그는 체코 공산주의자들의 영웅주의와 나치에 저항한 다른 체코인들의 고통에 대해서는 많이 들었지만 유대인에 대해서는 한마디도 들을 수 없었다. 체코 가족 수용소의 어린이들에 대해서도 들을 수 없었다. 그들 중 일부는 체코 국가를 부르며 죽었지만 고국은 그것을 알려고 하지 않았다.

4년 동안 루디는 지하실에서 일했고 시간이 지나면서 직업적인 돌파구에 맞닥뜨렸다. 모스크바대학의 어느 저명한 과학자가 그가 쓴 논문에 주목했고 얼마 지나지 않아 암묵적인 소련의 승인 도장 덕분에 루디는 잘 갖추어진 실험실로 일터도 옮기고 비인간적인 지위도 털어 냈다. 하지만 그는 반유대주의가 노골적으로 드러나는 체제하에 살고 있었다. 그의 결혼 생활은 끝났다. 그리고 그는 외로웠다. 그의 탈출 파트너에게만 의지할 수는 없었다. 프레드 베츨러와의 우정은 프레드가 결혼한 후 소원해졌기 때문이다. 프레드의 아내 에텔라 베츨레로바Etela Wetzlerová는 아우슈비츠 수용소에 있었던 적이 있었다. 그러나 그 공통된 경험이 에텔라와 루디 사이에 유대감을 형성하기보다는 오히려 루디를 의심하게 만들었다. 에텔라가 수용소에서 생존하기 위해 무엇을 했는지 궁금하지 않을 수 없었다. 카포는 아니었을까?

자유에 대한 갈망이 가장 컸던 루돌프 브르바는 1950년대 프라하에서 전혀 자유로운 사람처럼 느껴지지 않았다. 그래서 다시 한 번 그의 마음은 탈출로 향했다.

# 26장
# 새로운 나라 새로운 잉글랜드

아우슈비츠에서 루디는 탈출이 과학임을 배웠다. 과학자는 서둘러서는 안 되었다. 오랜 시간 인내심을 가지고 연구해야 했다. 그가 공산주의 체코슬로바키아를 탈출하려면 처음부터 제대로 해야 했다. 만약 시도하다가 실패하면 상황은 훨씬 더 악화될 것이다.

또다시 직업 덕을 보았다. 그의 과학 논문이 모스크바에서 관심을 끌어 『소비에트 현대 생물학 진보』라는 저명한 저널에 게재되었다. 그는 체코슬로바키아 생물학자 중 처음으로 그러한 인정을 받았다. 그 보상으로 여권과 해외에서 열리는 학술회의나 강연에 참석할 권리를 얻었다. 다음 몇 년 동안 덴마크, 우크라이나, 러시아를 여행했으며 매번 돌아왔다. 1954년의 과학 모임 중 하나는 폴란드에서 열렸다. 주최 측은 아우슈비츠행 버스 여행을 조직했다. 탈출한 지 10년 만에 루디는 버스를 타고 그곳을 방문했다. 동료들이 그곳을 돌아다니며 질문을 던질 때 루디는 그가 이전에 그곳에 있었다는 것을 내색하지 않았다. 무슨 소용이 있었겠는가? 어차피 그곳을 경험하지 않은 사람은 이해할 수 없다고 생각했다.

1958년, 스트라스부르와 빈에서 연이어 열리는 회의에 참석하라는 초청장이 도착했다. 다시 한 번 그는 허가를 신청했다. 평소 하던 대로 할 것이었다. 공식 허가를 받으면 공항으로 가서 과학부에 보관된 여권을 건네받아 합법적으로 출국할 수 있었다. 이전에도 서방으로 여행한 적이 있었기 때문에 허가가 나왔다. 모든 것이 계획대로 진행되고 있었다.

하지만 루디는 이제 10대 소년 발터 로젠베르크가 아니었다. 아우슈비츠에서는 자신 외에 돌볼 사람이 없었고 자신의 목숨 외에 잃을 것이 없었다. 하지만 지금은 사랑하는 두 자녀가 있었다. 그들은 이제 같은 집에 살지 않았지만 종종 루디의 아파트에서 지냈다. 그곳에 장난감도 몇 가지 두고 있었다. 루디는 자녀들이 그 장난감들과 영원히 이별하는 것을 상상할 수 없었다.

그래서 스트라스부르로 떠나기 약 일주일 전 루디는 전처를 방문했다. 그는 소련에서 1년 동안 가르칠 예정이며 아이들의 장난감을 맡기고 싶다고 말했다. 게르타는 제안을 받아들였지만 의심스러웠다. 그녀는 주변 사람들에게 물어봤고 루디가 모스크바 학기에 대해 언급한 적이 없다는 것을 알게 되었다. 오히려 빈에서 열리는 제4차 국제 생화학 회의에 초청받았다는 이야기를 들었다. 그 모임은 며칠 동안만 열릴 예정이었기 때문에 루디가 아이들의 물건을 돌려줄 이유가 없었다. 그가 돌아올 계획이 아닌 이상 말이다.

루디는 몰랐지만 게르타 역시 탈출을 꿈꾸고 있었다. 그녀는 영국 과학자 시드니 힐튼Sidney Hilton과 사랑에 빠졌는데, 그는 프라하를 자주 방문하는 사람이었다. 하지만 그녀가 서쪽으로 망명한 사람의 전처가 된다면 게르타는 국가의 철저한 감시를 받게 될 것이고 결코 떠날 수 없을 것이었다. 그녀와 그녀의 딸들은 영영 갇히게 될 것이었다. 하지만 그녀는 자신의 전 남편에게서 배운 대로 스스로 탈출 계획을 세웠다.

그녀도 과학 회의에 참석할 예정이었다. 이번에는 폴란드에서였다. 유럽의 어떤 나라를 통해서든 체코슬로바키아로 돌아갈 수 있는 비자를 가진 그녀는 정교하고 대담한 계획을 세웠다. 폴란드에서 회의에 참석하고 눈에 띄지 않게 도보로 체코슬로바키아로 돌아온 다음 프라하로 돌아와 당시 여섯 살과 네 살이던 두 딸 헬레나와 주즈카를 데리고 다시 눈에 띄지 않게 도보로 폴란드로 돌아가는 것이었다. 그곳에서 그녀는 손으로 직접 딸들의 문서를 위조해 코펜하겐으로 비행기를 타고 자유를 찾아갈 계획이었다.

이로 인해 루디와 게르타, 트르나바의 어린 시절 연인이 같은 날 철의 장막을 뚫고 새로운 삶을 시작하게 되었다. 서로 조율한 계획이 아니었다. 오히려 각자는 다른 사람이 먼저 도망갈 것을 두려워해 행동했다고 말할 것이다. 하지만 운명의 장난처럼 루디의 어린 딸들과 전처가 안개와 빗속에서 여섯 시간 동안 스네즈카 산을 넘어 폴란드에 다다르는 동안 루디는 빈 공항에 들어섰다. 그날 브르바 가족은 탈출 전문가 가족이 되었다. 루디가 표를 샀을 때 그것은 프라하로 돌아가는 짧은 비행이 아니었다. 그의 목적지는 그가 사랑하는 두 딸과 비슷한 나이의 젊은 나라였다. 바로 이스라엘이었다.

이스라엘로 가는 여정은 시온주의에 의한 귀환이 아니었다. 루디에게 이스라엘은 실용적인 선택이었다. 그는 주로 서구로 가는 관문으로 이 나라를 선택했으며, 공산권 밖에서 입국이 보장되는 나라를 원했기 때문이다. 귀환법에 따라 유대인인 루디에게 이스라엘 시민권은 자동으로 부여되었다.

이스라엘 도착 후 6주 만에 그는 미국에서의 직책을 제시받았다. 그는 기뻐하며 즉시 비자를 신청했다. 하지만 비자를 받지 못했다. 1958년의 미국 당국은 체코슬로바키아 공산당의 전 회원들에게 호의적이지 않았다. 루디는 그 대신 베이트 다간에 있는 이스라엘 농업부 수의학연구소의 생화학 부서에 직책을 얻었다. 베이트 다간은 텔아비브 남쪽의 작고 소박한 마을이었다.

루디는 이스라엘에 적응하지 못했다. 부분적으로는 그곳이 지나치게 집단적이라고 느꼈기 때문이다. 이 나라는 유대인의 단결을 강조했지만 그가 본 현실은 사람들끼리 부족처럼 모여 있는 것이었다. 독일계 유대인은 이쪽에, 헝가리계 유대인은 저쪽에 모여 있었다. 그는 다시 슬로바키아 유대인으로 정의되고 싶지 않았다. 영원히 박해받던 민족이 마침내 자신을 방어할 수 있게 되었다는 낭만적인 이야기에도 딱히 감동을 받지 않았다. 그에게는 이미 자신을 방어한 경험이 있었기 때문이다.

그러나 더 고통스러운 것은 다른 문제였다. 그는 이 새로운 국가에서 15년 전에 유대인에게 주어진 역사적인 시험에서 실패를 저지른 인물들이 높은 지위에 있는 모습을 보게 되었다. 그들 중에는 크라스냔스키와 노이만과 같은 슬로바키아 유대인 지도자들이 있었다. 그는 이들이 두 번 실패했다고 믿었다. 처음에는 그를 아우슈비츠로 보내게 한 명단을 작성하여 나치의 강제 이송을 가능하게 했고, 다음에는 프레드와 루디가 탈출한 후에도 보고서를 널리 퍼뜨리지 않아 더 많은 생명을 구할 기회를 놓쳤다. 이 사람들은 이제 새로운 땅에서 편안하고 안정된 삶을 살고 있었다. 많은 사람들이 죽은 상황에서 그들은 살아남았다.

이러한 유대인 지도자들이 전쟁 중에 저지른 행동은 루돌프 브르바가 도착한 이스라엘에서는 방사능 물질처럼 민감한 이슈였다. 1952년 8월, 우익 "수정주의" 시오니즘을 대변하는 팸플릿 작가 말키엘 그루엔발드Malkiel Gruenwald는 스스로를 이즈라엘 루돌프 카스트너Israel Rudolf Kasztner라 칭하는 인물을 비난하는 글을 발표했다. 그루엔발드는 나치에게 52명의 친지를 잃은 헝가리계 유대인이었으며, 그 공범으로 카스트너를 지목했다. 카스트너는 당시 국가 공무원으로 상공부 대변인이자 집권당의 국회의원 후보였다. 그루엔발드는 카스트너가 자신의 목숨과 1700여 명의 선택된 사람들을 구하기 위해 나치와 협력했다고 주장하면서 그 대가로 수십만 유대인을 희생시켰다고 비난했다.

카스트너가 정부 공무원이었기 때문에 이는 개인적인 문제가 아니었다. 법무장관이 그루엔발드를 명예훼손으로 고소했다. 이 재판은 1년간 지속되었으며 언론과 대중의 큰 관심을 끌었다. 재판에서는 카스트너가 아니라 그루엔발드가 피고석에 있었다. 카스트너는 가스실에서 1684명의 유대인을 구하기 위해 가능한 수단과 계략을 전부 동원한 끈질긴 구원자였는가? 아니면 수백만 유대인을 학살하는 나치의 길을 쉽게 만들어 준 대가로 친구와 가족 몇 명을 구출할 권리를 보상받은 배신자인가? 카스트너는 나치와 협상함으로써 헝가리 유대인들을 위한 시간을 벌었다고 믿었는가? 아니면 반대로 SS가 그들을 학살할 시간을 벌었다고 이해했는가? 예루살렘의 명예훼손 재판은 나중에 독일계 유대 정치철학자 한나 아렌트Hannah Arendt가 "모든 어두운 이야기 중 가장 어두운 장"이라 부를 사건을 다루는 무대가 되었다. 카스트너 같은 유대인 지도자들이 자기 민족을 파괴하는 데 얼마나 기여했는지에 대한 문제였다.

재판의 초점은 카스트너가 언제 무엇을 알았는가 하는 질문이었다. 그 논쟁에서 프레드 베슬러와 루돌프 브르바가 작성한 보고서는 중추적인 역할을 했다. 그루엔발드의 변호사는 카스트너가 브르바-베슬러 보고서를 꼭 필요한 사람들에게 보여 주지 않았다고 비난했다. 그는 카스트너의 친척과 친구들을 위한 "VIP 열차"가 그의 침묵에 대한 나치의 보상이라고 주장했다.

1954년 2월 25일, 법정에서 카스트너가 전쟁이 끝난 후에도 SS에게 도움이 된 연결책이었다는 사실이 드러나면서 재판은 중요한 전환점을 맞았다. 카스트너는 유대인들을 구하기 위해 SS와 협상했다고 주장할 수 없게 되었을 때도 아이히만의 가장 잔혹한 부하들을 위해 증인으로 나선 적이 있었다. 예컨대 그는 1947년에 뉘른베르크를 방문해 유대인의 경제적 자산을 약탈한 혐의로 기소된 SS 연대 지도자 Standartenführer 쿠르트 베허 Kurt Becher를 위해 서면 보증을 섰다. 이 때문에 베허는 전범으로 기소되지 않았다. 나중에 카스트너가 다른 여러 고위 SS 관리들을 위해 그와 유사한 보증서를 작성했다는 사실이 드러났다. 그 중에는 베허의 상관인 상급 집단 지도자 한스 위트너 Hans Jüttner는 물론 최종 협상 상대였던 상급 돌격대 지도자 헤르만 크루메이와 최고 돌격대 지도자 디터 비슬리체니도 있었다. 카스트너는 심지어 SS 대원들의 가족과도 연락을 유지했다. 그는 크루메이의 아내에게 "식량 꾸러미를 보내 주겠다"고 약속하는 편지를 썼다. 어쩌면 카스트너의 동기는 나치에 대한 연민보다는 폭로에 대한 두려움일지도 몰랐다.

이 재판은 단지 두 헝가리 유대인, 카스트너와 그루엔발드의 대결이 아니었다. 이스라엘의 집권 노동당과 우익 수정주의 야당 간의 전투이기도 했다. 또한 어떤 적들 앞에서도 두려움 없이 용맹한 스스로를 상상하는 새로운 이스라엘과 가스실로 끌려가면서도 저항하지 않고 오히려 위에서는 거래를 시도한 과거의 연약한 유대인 간의 충돌이기도 했다. 카스트너는 새로운 이스라엘이 모든 분노와 수치를 쏟아 부을 수 있는 편리한 그릇이었다. 카스트너의 연인 한시 브란트Hansi Brand는 재판 중에 그에게 말했다. "저들은 그냥 비난할 대상이 필요한 거야."

1955년 6월 22일, 재판관은 비난으로 가득 찬 판결을 내렸다. 그는 한때 헝가리 유대인의 지도자였던 카스트너가 "가장 완전한 의미에서의 협력"에 있어서 유죄이며 "악마에게 영혼을 팔았다"라고 결론지었다. 그의 행동은 헝가리 유대인 대다수의 생명을 특권층 소수와 교환한 악마적인 거래였다. 그의 범죄의 핵심은 지식을 공유하지 않은 것이었다. 브르바와 베츨러의 증언 덕분에 카스트너는 그 기차들이 향하는 목적지를 알고 있었으며 아우슈비츠가 무엇을 의미하는지 알고 있었다. 하지만 그는 그 정보를 자신만 알고 있었다. 그는 동료 유대인들에게 저항하거나 도망치라고 촉구하지 않았다. 오히려 그는 유대인이 저항하도록 자극할 만한 사실들을 부인했다.

이 판결은 이스라엘 사회를 흔들었으며 결국 정부가 무너지는 정치적 위기를 촉발시켰다. 법무장관은 판사의 결정에 항소했으며, 이 민족과 나라의 지도자들이 살해 위협을 어떻게 처리했는지를 조사하는 민감한 사건이 이제 최고 법원으로 이동하게 되었다.

카스트너는 항소에 몰두하며 전쟁 전 콜로즈바르에서 운영되었고 지금은 텔아비브에서 다시 태어난 작은 헝가리어 신문사 우이켈레트의 비좁은 사무실에서 근근이 생계를 이어 갔다. 1957년 3월 어느 날 밤, 근무를 마치고 차를 주차하는데 두 명의 젊은 남자가 다가오는 것이 보였다. 그 뒤에는 세 번째 남자가 서성이고 있었다. 한 남자가 "카스트너 박사인가요?"라고 물었고 그렇다고 대답하자 남자는 총을 꺼내 방아쇠를 당겼다. 그러나 총이 오발되었다. 카스트너는 차에서 뛰쳐나와 총을 든 남자를 밀쳐냈지만 남자는 다시 두 번 더 총을 쐈다. 카스트너는 거리에 쓰러진 채 피를 흘렸고 병원으로 급히 이송되었으나 약 2주 후에 사망했다.

다음 해 1월, 다섯 명의 대법원 판사들은 사후 판결을 내렸다. 그들은 4대 1로 카스트너의 손을 들어주었다. 그들은 지나고 나서야 알 수 있었던 지식을 가지고 사람을 판단하는 것은 부당하다고 판결했다. 그들은 카스트너가 많은 사람을 구하려는 노력에 진심으로 임했다고 받아들였다. 비록 그 믿음이 치명적으로 잘못된 것임이 드러났음에도 말이다. 주심 판사는 "여러분의 이웃의 입장이 되기 전까지는 그를 판단하지 마십시오"라고 말했다.

이것이 루돌프 브르바가 새로운 시민으로서 입국한 국가였고 자신이 오래전 해냈던 행동의 여파로 분열된 국가였다. 대법원은 그 분열을 해소하고 고통을 완화하려고 애썼다. 새로운 이스라엘은 나치의 유대인 학살을 과거의 일로, 역사가들의 영역으로 남기고 싶어 했다. 그러나 여전히 30대 초반인 루돌프 브르바에게 과거는 죽지 않았다. 과거는 아직 끝나지 않았다.

그는 이스라엘에 18개월 남짓 머물렀다. 그의 아이들과 전처가 영국에 있다는 소식을 듣자마자 그는 비자와 작업 허가를 신청하고 그곳으로 갈 계획을 세웠다. 그리고 1960년대가 시작되면서 루디는 거의 20년 전, 10대 시절의 발터 로젠베르크가 꿈꾸었지만 이루지 못했던 목표를 마침내 달성했다. 런던에 도착한 것이다.

그는 거의 돈이 없었지만 초기에 운이 따랐다. 그는 한때 그를 아이로 가장하게 하고 그녀의 배신한 연인에게 케이크를 주었던 여성을 다시 만났다. 당시 런던에 살고 있던 그녀는 그에게 아파트를 꾸릴 수 있을 정도의 돈을 빌려주었다. 수년이 지난 지금 다름 아닌 영국에서도 그녀는 여전히 어머니가 "첩살이"를 한다고 불렀던 사람 그대로였다.

루디의 직장은 서리 카셜턴에 위치한 의학연구위원회의 신경정신연구소였다. 거기서 그는 프라하와 모스크바에서 하던 연구를 이어 갈 기회를 얻었다. 여러 해 동안 그는 세포가 스스로를 유지하는 방법, 다른 세포와 상호작용을 하는 방법, 이웃 세포의 요구에 반응하는 방법, 에너지를 찾고 흡수하고 소비하는 방법, 복구하는 방법, 분열하는 방법, 그리고 무엇보다도 죽는 방법에 대한 신비를 이해하는 데 집중했다. 마지막 의문은 특히 중요했다. 루디의 연구에서 불가피한 요소이던 죽음은 모든 생물의 삶에서 필수적인 부분이었다. 건강한 삶을 사는 복잡한 동물조차 선택에 의한 죽음에 의존할 때가 있었다. 학술 용어로는 **선택** selection이라 일컬었으며, 후대의 생물학자들은 이 현상을 세포 자멸사 apoptosis 혹은 계획된 세포 죽음이라 불렀다.

루디는 런던 남부 교외에서 현미경 슬라이드를 들여다보거나 세포 배양 접시를 확인하면서 과거를 떠올렸을까? 그가 프라하에서 시작해 카설턴에서 계속한 연구는 주로 숙주 생물이 스트레스에 노출되었을 때 세포 조직에 무슨 일이 일어나는지에 관한 것이었다. 예를 들어 운동이 뇌나 심장에 어떤 영향을 미치는지, 세포가 이를 수행하기 위해 포도당과 산소를 어떻게 대사하는지 등의 문제를 연구했다. 지금도 종종 인용되는, 과학 저널 『네이처』에 발표한 논문들에서 루디는 당시 표준 실험실 관행에 따라 수행한 실험들을 묘사했다. 그는 실험 대상인 쥐를 감금하고 자신은 그들의 감시자가 되었다. 한 연구에서는 쥐를 두 그룹으로 나누고 각각 네 시간 반 동안 수영하게 했다. "수영이 끝난 후 쥐들을 액화 공기에 노출시켜 생체 상태로 얼렸다. 얼린 뇌는 꺼내서 저온에서 가루로 분쇄했다." 또 다른 연구에서는 "동물들은 참수해 즉시 1밀리리터의 혈액을 채취"했다. "뇌(소뇌 제외), 심장, 간 및 장딴지 근육 샘플을 빠르게 옮겨 액체 질소 속에서 얼렸다." 1964년에도 그는 쥐를 대상으로 실험을 진행했다. 15분 간격으로 주사를 놓다 죽인 후 이번에도 액체 질소에서 얼렸다. 그럴 때마다 그는 똑같은 질문을 던졌다. 자신이 실험실에 발을 들이기 훨씬 전부터 직접 대면했던 질문이었다. 살아 있는 생물이 극심한, 치명적인 스트레스에 직면하면 무슨 일이 일어날까?

루디는 처음부터 자신의 연구가 국제적인 차원에서 이루어지는 노력의 일부분에 불과하다는 것을 알고 있었다. 이 연구는 그의 경력보다 앞서 존재했고 그의 경력 이후에도 계속될 것이었다. 세포와 그것이 어떻게 작동하는지를 이해하기 위한 세계적인 운동이 진행 중이었으며, 이는 진화생물학자, 발생학자, 생화학자, 유전학자, 약학자, 화학자, 공학자, 물리학자 모두를 포함해 지구와 세기를 아우를 것이었다. 우헤르 대위 밑에서 싸웠을 때처럼 루돌프 브르바는 단지 한 명의 보병일 뿐이었다.

하지만 영국은 단지 실험실만은 아니었다. 영국은 그의 아이들이 있는 곳이었다. 게르타와 딸아이들은 이제 런던 교외의 켄턴에 살고 있었으며, 시드니 힐튼이 남편이자 양아버지로 있었다. 그러나 더 이상 같은 지붕 아래에 살지 않으면서도 루디와 게르타는 여전히 서로를 자극하며 상황을 복잡하게 만들었다.

한 가지 문제는 루디가 시드니의 전 부인인 베스를 만나기 시작했다는 점이었다. 가끔은 하이게이트에 있는 그녀의 집을 방문하기도 하고 때로는 서튼에 있는 자신의 집에서 머물기도 했으며, 주말에는 아이들과 함께 시간을 보내기도 했다. 프라하에서 루디는 한밤중에 딸들과 놀면서 게르타를 화나게 했다. 이제 런던에서는 주말 동안 딸들과 함께 지내다가 일요일 저녁에 딸들을 집에 데려다주는 것을 잊곤 했다. 아이들은 월요일 아침에 서리에서 깨어났지만 당장 켄턴에 있는 학교로 가야 했다.

게르타 역시 루디를 화나게 했다. 영국에 도착한 직후 루디는 18개월 만에 아이들을 만나러 집을 찾아갔다. 루디의 말로는 예고 없이 집에 도착해 아이들이 정원에서 놀고 있는 것을 발견했다고 한다. 루디는 울타리로 다가갔고 딸들은 긴장하며 아빠를 쳐다보았다. 여덟 살의 헬레나가 먼저 말을 걸었다. "주자야,

저분이 아빠야." 헬레나는 "아빠"를 말하는 대목에서 늘 쓰던 체코어 단어를 사용했다. 막내가 아빠를 바라보며 말했다. "아빠는 죽었다고 했잖아." 루디는 이에 분이 풀리지 않았다.

부부였던 둘은 서로를 미치게 했다. 루디는 게르타와 시드니가 자신을 영국에서 추방하려 하고 헬레나를 숨기고 어디에 있는지 알려 주지 않는다고 비난했다. 게르타는 전 남편이 편집증에 사로잡혀 있다고 주장했다.

결국 게르타는 다시 한 번 법에 의지해야 한다고 결심했다. 그녀는 가족 법률 회사인 시어도어 고다드Theodore Goddard를 찾아갔고, 런던에서 가장 유명하다는 결혼 법률 변호사를 만났다. 그녀의 이름은 블랑쉬 루카스였다. 게르타는 배경을 설명하기 시작했는데, 전 남편의 믿기 어려운 과거에 대해서도 언급했다. 게르타가 말하는 동안 루카스는 무언가를 기억하려는 듯 보였다. 결국 그녀는 연결 고리를 찾았다. 20년 전, 그녀는 스위스 취리히에서 영국 기자인 월터 개릿의 비서로 일하면서 브르바-베즐러 보고서의 영어 번역본을 작성했으며, 그 요약본이 전 세계에 전송되었다. 그러한 그녀가 이제 보고서의 두 저자 중 한 명을 상대로 법정에 서게 되었고, 성공적인 결과를 얻어냈다. 게르타는 아이들에 대한 완전한 법적 양육권을 얻었고, 루디는 제한된 방문 권한만 받았다.

어떤 방식으로든 아우슈비츠는 결코 멀리 있지 않았다. 루디가 영국에 온 지 얼마 되지 않아 아마도 처음으로 죽음의 수용소가 여론 주제가 되었다. 아돌프 아이히만이 1960년 5월 아르

헨티나 거리에서 납치되었고, 11개월 후 예루살렘에서 재판을 받았다. 15년간의 무관심한 침묵 끝에 세상은 갑자기 나치의 유대인 학살에 관심을 가졌다. 한 친구는 루디에게 영국 신문사에 접근해 그의 이야기를 전하라고 제안했다.

그 결과로 재판 전 월요일부터 금요일까지 「데일리헤럴드 Daily Herald」에 5부작 시리즈가 연재되었으며, 첫 번째 기사에는 "아이히만이 60만 명을 더 죽이려는 것을 막다"라는 부정확한 정보가 담긴 제목이 붙었다. 텔레비전과 라디오 출연이 이어졌고, 각 기사마다 1000단어 길이로 기자 앨런 베스틱 Alan Bestic과 함께 작성한 연재 기사는 신문사의 일일 판매량을 증가시켰다. 감사의 표시로 신문사에서는 루디에게 한 장의 수표를 건넸다. 그것은 그의 과학자 연봉에 맞먹는 금액이었다.

대화는 책으로 이어졌다. 계기는 루디와 우유 배달원 사이의 대화였다. 그 사람은 헤럴드 연재 기사를 읽었으며, 그것을 좋아하지 않는다고 고백했다. 그는 브르바 박사가 독일인들에 대해 거짓말을 퍼뜨리고 있다고 믿었고, 그것은 옳지 않다고 생각했다. 물론 그 사람도 히틀러가 위협적이라는 것을 알고 있었다. 그는 전쟁에서 싸우다 다리를 잃은 적도 있었다. 하지만 루디가 신문에 이야기한 내용은 믿기 힘들었다. 유대인들은 똑똑한 사람들이었고, 그들이 자녀들의 손을 잡고 가스실로 보내는 기차에 탄다는 것은 상상하기 어려웠다. 루디는 그때 나치가 인류 역사상 가장 큰 범죄를 어떻게 저질렀는지 더 설명해야 한다는 것을 깨달았다.

1963년 8월, 루디는 꼬박 18일 동안 베스틱과 마주 앉아 이 번에는 기자의 속기 능력이 따라올 수 있을 만한 속도로 전체 이야기를 풀어냈다. 그 결과로 나온 책이 같은 해에 출판된 『나는 용서할 수 없습니다 I Cannot Forgive』였다. 출판사와 독자들은 그 제목이 겨냥한 대상이 아돌프 히틀러와 나치일 것이라 생각했다. 브르바가 용서할 수 없는 존재가 바로 그들이라고 생각했기 때문이다. 하지만 그의 전 부인 게르타는 다른 생각을 품고 있었다. 시간이 지날수록, 그만큼 전시 상황에 대해 더 많이 알게 될수록 루디는 점점 더 화를 냈고, 특히 자신이 베츨러와 함께 아우슈비츠에서 가져온 정보를 전달하지 못한 사람들에게 화를 냈다. 게르타는 전 남편이 쓴 책을 보면서 그가 결코 용서하지 않을 사람들 중에 높은 위치에 있는 사람이 레죄 카스트너라고 생각했다.

아이히만 재판에서 그 분노가 터져 나왔다. 예루살렘 법정에서 헝가리 생존자들은 부다페스트 유대인평의회 전 구성원의 증언을 방해하며 헝가리어와 이디시어로 공청석에서 비명을 질렀다. 그 분노는 영국에도 전해졌다. 루디는 아이히만 재판에서 증언하고 싶어 했다. 한 판사는 찬성표를 던졌는데, 그는 1955년에 카스트너를 "악마에게 영혼을 팔았다"라고 비난한 자였다. 하지만 다른 두 판사는 반대했다. 루디는 런던 주재 이스라엘 대사관에서 선서 진술서를 제출하는 것으로 만족해야 했다. 그래도 「뉴요커」에 기사를 싣기 위해 재판을 취재한 한나 아렌트가 런던의 「옵저버」라는 잡지에 그녀의 결론을 일부 발표했을 때 루디는 기회를 얻었다. 뜬금없이 유대인평의회의 결점을 지적한다고 생각해 충격을 받은 어느 이스라엘 학자가 아렌트의 결론을 비난하자 루디는 독자 의견란을 통해 대신 변호했다. 루디는 자신과 프레드가 헝가리 유대인들에게 경고하기 위해 어떻게 수용소를 탈출했는지, 어떻게 보고서를 작성했는지, 어떻게 그것을 적합한 사람들에게 전달했는지 자세히 설명했다. "헝가리의 유대인평의회가 동족에게 무엇이 기다리고 있는지 말했을까요? 아니요. 그들은 침묵했습니다. 그리고 바로 그 침묵을 가지고 카스트너 박사 같은 일부 지도자는 아이히만으로부터 직접 자신을 비롯한 다른 '저명한' 유대인 1684명의 생명을 거래했습니다."

영국에서의 삶에 윤곽이 잡히기 시작했다. 경력이 쌓이기 시작했고, 일도 만족스러웠으며, 더 이상 아내는 없었지만 최소한 두 딸과 같은 나라에 살고 있었다. 하지만 점차 상황은 악화되기 시작했다.

법적 상황과 무관하게 아이들에 대한 게르타와의 입장 차이는 여전했다. 1964년, 게르타와 그 남편이 버밍엄대학으로 이직하면서 헬레나와 주자에 대한 접근은 더욱 어려워졌다. 직업적으로도 상황은 악화되었다. 카셜튼의 연구소에서는 매니저가 늘 자신이 하는 일을 지지해 주었지만 프라하에서의 편집증이 반복되듯 루디는 상사가 자신의 아이디어를 훔치고 있다고 확신했다. 직접적으로 그와 문제를 해결하는 대신 루디는 감독 기관인 의학연구위원회에 불만을 제기했다. 이 방법으로는 모 아니면 도였다. 결국 루디는 그의 계약이 갱신되지 않을 것이라는 통보를 받았다. 게르타는 항상 아우슈비츠에서 그를 살아남게 한 것이 그의 편집증이라고 믿었다. 이제 그것이 그를 망쳐 놓았다.

그럼에도 불구하고 루돌프 브르바는 탈출구를 찾는 재능을 잃지 않았다. 막다른 길에 다다르면 그는 또다시 다른 길을 찾아냈다.

## 27장

# 캐나다

1967년 늦은 여름, 루디는 다시 한 번 나라를 옮겼고, 이번이 마지막이었다. 체코 공산당의 과거 회원이었던 그는 여전히 미국 비자를 받을 수 없었다. 하지만 시간이 더 지나자 오히려 그 소속이 유용해졌다. 카셜튼에 방문한 한 학자는 매카시즘을 피해 북쪽으로 도망간 미국 공산주의자들이 운영하는 어느 약리학 부서를 소개해 주었다. 루디의 동료가 그들과 접촉한 다음 당적 때문에 미국 입국이 금지된 체코 동지가 하나 있으니 피난처를 제공해 줄 수 있냐고 물었다. 세계적인 마르크스주의 연대 정신에 감동한 그들은 문을 활짝 열었으나 루돌프 브르바가 현재 강경한 반공주의자라는 사실을 몰랐다. 그는 캐나다 밴쿠버에 있는 브리티시컬럼비아대학 의과대학에서 부교수로 임명되었다. 그는 자신이 한때 청소 부대 수용자들과 함께 상상했던 풍요의 땅에 도착했다. 그는 마흔세 살이었고, 아우슈비츠와 이전 어느 때보다 멀리 떨어져 있었다.

그는 캐나다 의학연구위원회의 부연구원으로 추가 직책을 가지며 학과에 정착했다. 그는 계속 논문을 발표했으며(1970년에는 「쥐 뇌 단백질의 분자량과 대사」라는 논문을 발표했다), 곧 개인 생활에도 어느 정도 안정이 찾아왔다.

그것은 10년도 넘게 전에 좌절된 야망이 실현된 덕분이었다. 1973년, 캐나다 시민권을 받은 지(그가 시민으로 지낸 다섯 번째 국가였다) 불과 1년 만에 루디는 하버드의과대학에서 2년간의 방문교수직을 제시받았고, 보스턴의 매사추세츠종합병원 위장병학 부서에서도 암 마커 연구를 위한 연구원 자격을 얻었다. 아마 하버드 같은 엘리트 기관의 후원이 차이를 만들었을 것이다. 미국 당국은 이제 그의 짧은 공산주의자 경력을 눈감아 주기로 했다. 사실 루디는 브라티슬라바에 있는 어머니와 영국에 있는 딸들에게 돈을 보내고 있어서 거의 한 푼도 없었다. 하지만 그는 마침내 미국에 거주할 여유가 생겼다.

보스턴에 도착한 지 얼마 되지 않아 루디는 그녀를 보았다. 어느 연회였는데, 모두가 닉슨과 워터게이트에 대해 이야기하고 있었다. 루디는 쉰 살에 가까웠지만 그녀는 스물네 살이었다. 그녀의 이름은 로빈 립슨Robin Lipson이었다. 로빈은 루디를 처음 본 순간 사랑스럽다고 느꼈다. 로빈 본인도 꽤 눈에 띄었다. 그 공간에서 가장 어린 사람이었던 로빈은 레그스라는 타이즈 회사의 트럭 운전사로 일하고 있었다. 회사의 첫 번째 잔머리는 타이즈를 작은 플라스틱 달걀 모양으로 포장한다는 것이었지만, 두 번째 잔머리는 여성 운전사들이 짧은 옷을 입고 배달한다는 것이었다. 로빈도 그중 하나였다. 로빈은 루디의 딸 헬레나보다 불과 두 살 많았다. 루디는 그녀의 어머니보다도 나이가 많았고 아버지보다 딱 한 살 어렸다. 그럼에도 둘은 금세 가까워졌다.

그들의 첫 데이트는 오페라의 밤이었다. 그들은 〈전쟁과 평화〉를 보러 갔다. 얼마 후 그들은 소로와 에머슨이 사랑한 장소인 월든 호수로 여행을 갔다. 두 사람은 말없이 바위에 앉아 있었다. 루디는 실험실에서 해결하지 못한 과학적 의문을 생각하고 있다가 문득 로빈을 바라보며 말했다. "오, 그래. 뭔지 알겠어." 로빈은 그런 모습에 매료되었다.

1975년 9월 13일, 체코슬로바키아 사회주의 공화국에서 발행된 이혼 서류가 유효하다는 것을 설득한 후에 그들은 결혼했다. 서서히 불안과 초조함이 가라앉기 시작했고 루디는 차분해지는 듯 보였다. 프라하에서 그는 게르타의 행동을 감시하고 그녀가 어디로 가고 누구를 만나는지 알고 싶어 했으며, 그녀가 집에서 아내로서의 책임을 다할 것을 요구했다. 그러나 밴쿠버에서는 루디가 젊은 아내의 독립성을 받아들였다. 그는 로빈이 일하는 것을 기쁘게 생각했으며(실제로 로빈은 성공적인 부동산 중개인이 되었고, 그 덕분에 루디도 성인이 되고 처음으로 월세 걱정을 하지 않게 되었다), 집안일을 돕고 한때 여성의 일로만 여겼던 요리까지 했다. 루디는 고향의 요리인 굴라시, 치킨파프리카시, 슈니첼을 잘 만들었다.

전 부인은 전 남편의 새로운 삶에 대한 소식을 듣고는 그 변화에 깜짝 놀랐다. 게르타는 이 변화가 로빈 덕분이라고 보았다. 이제 루디에게 필요한 게 분명해 보였다. 다른 세대와 다른 대륙 출신의 여자, 아우슈비츠라는 행성의 궤도를 완전히 벗어난 여자였다.

루디는 로빈에게 아우슈비츠에 대해 "따분하다"라고 말했다. 동료들에게 홀로코스트에 대해 이야기하는 데 자신의 시간을 0.5퍼센트 이상 할애하지 않는다고 말했고, 피할 수 있다면 그 주제에 대해 이야기하지 않는다고 했다. 그래서 로빈은 그의 생애 이야기를 보스턴공립도서관에서 읽어야 했다(로빈이 "루돌프 브르바"를 검색하자 그 이름으로 책이 두 권 나왔다. 하나는 1898년에 열린 체코 민족주의자가 쓴 책이었다). 로빈은 『나는 용서할 수 없습니다』를 찾아 두 번에 걸쳐 읽었다.

물론 연애 초기에 팔에 있는 문신을 봤기 때문에 아우슈비츠 생존자라는 것은 알고 있었다. 하지만 더 깊이 파고들고 싶지 않았다. 홀로코스트에서 살아남은 사람들에게 그들의 경험에 대해 묻는 것은 무례하다고 배웠다. 루디 자신도 자서전을 썼다는 것을 한 번도 언급하지 않았다. 그녀에게 그 책을 읽어야 한다고 말해 준 것은 다른 지인이었다. 도서관 안뜰에서 로빈은 연달아 담배를 피우며 책을 두 차례 읽었고, 다 읽고 나서는 마치 이 놀라운 남자의 사생활을 침해한 것처럼 죄책감을 느꼈다.

하지만 캐나다의 끝이자 태평양의 시작인 밴쿠버, 세계에서 가장 살기 좋은 도시로 자주 선정되는 이곳에 아우슈비츠가 침투해 들어왔다. 로빈과 루디가 산책을 할 때 만약 로빈이 따라잡지 못하면 루디는 짐짓 화를 내며 그녀를 나무랐다. "뭐야, 너 **무젤만**이야?" 농담이었지만 메시지는 분명했다. 약해지지 말라. 약한 자는 살아남지 못한다.

아니면 파티나 학부 행사에서 사람들을 만날 때도 루디는 상대가 수용소에서 어떤 운명을 맞았을지 즉각적으로 평가하곤 했다. "저 사람은 바로 죽겠네"라든가 "저 사람은 못 버티겠어. **카포**가 되겠네……"라고 말하는 식이었다.

루디의 옷장을 열면 보이는 카키색 사파리 슈트에 대한 애정은 그의 군인 시절을 상기시켰고, 가방을 들고 다닐 필요가 없을 정도로 거의 모든 옷마다 맞춤으로 여러 개의 주머니를 다는 습관은 아우슈비츠에서 깨우친 교훈 하나를 떠올리게 했다. 가치 있는 것은 몸에 지니고 다녀야 한다는 교훈 말이다.

아우슈비츠는 결코 멀리 있지 않았다. 1978년 7월, 뉴욕의 무더운 날에 루디는 식당에 갔다가 반소매 차림의 웨이터 팔에 숫자가 문신으로 새겨진 것을 보았다. 루디는 그 남자가 1943년 여름에 아우슈비츠에 도착한 폴란드 벵진 출신의 유대인임을 즉시 알아차렸다. 놀란 웨이터는 루디가 정확히 맞추었다고 말했다. 루디는 각 수송대의 세부 사항들을 아우슈비츠에서 몰래 가지고 나오기 위해 기억 깊숙이 새겨 두었고, 그만큼 그 기억은 결코 루디를 떠나지 않았다.

루디는 어린 아내에게 부모처럼 다정하고 상냥했으며, 그녀를 "롭첵Robchek"이라고 불렀다. 루디는 걸을 때 발소리도 내지 않을 만큼 차분했고 쉽게 웃곤 했다. 하지만 그와 동시에 성미가 쉽게 타오르기도 했다. 일단 화가 나면, 특히 로빈이 불친절하거나 부당하게 행동했다고 느끼면 루디는 가혹하고 신랄해졌다. 늘 논쟁에서 로빈을 이겨 먹고, 끝에 가서는 로빈이 혼란스러워하며 사과하게 만들었다. 심지어 본인이 잘못했을 때도 궤변을 잘 늘어놓았고, 그런 그에 비해 로빈은 자평하기로도 어리고 단순했다. 루디는 아주 미묘한 문제에서도 로빈을 논리적으로 제압했다.

그들은 자녀를 갖지 않았는데, 루디가 협박 수준으로 설득했기 때문이다. 이 주제에 대한 대화에서 루디의 반대 의견은 로빈의 소망을 압도했다. 그는 자녀를 원하지 않는다고 단호히 말했다. 그는 로빈에게 전쟁에서 살아남은 이유 하나가 자녀가 없었기 때문이라고 말했다. 그는 헬레나와 주자가 그의 삶에 존재하면서 그를 취약하게 만들었고 감정적으로 약해졌다고 느꼈다. 그는 더는 약해질 위험을 감수할 수 없었다.

아우슈비츠 이야기가 지루하다고 불평하면서도, 그리고 그곳으로부터 5000마일이나 멀어졌음에도 루디는 그곳에서 벗어날 수 없었다. 몇 년 전 「데일리헤럴드」의 연재 기사에 자극을 받은 프랑크푸르트 검찰청에서 연락이 온 게 시작이었다. 그들은 아우슈비츠에서 복무한 수십 명의 SS 대원들을 상대로 한 재판 준비 때문에 루디의 도움을 요청했다. 그래서 1962년, 대부분의 홀로코스트 생존자들이 독일을 다시 밟을 용기를 얻기 훨씬 전에 루디는 독일로 향했다. 그렇게 루디와 독일 검찰청 사이의 연결 고리가 생겼고, 이는 수십 년에 걸쳐 이어졌다. 루디는 나치 전범 재판에서 증인으로 반복적으로 호출되었다. 검찰에게는 꿈 같은 존재였다. 루디는 여러 언어에 능통할 뿐만 아니라 수용소에 대한 비범한 기억을 가지고 있었고, 그 과정을 폭넓게 이해하고 있었다. 나치는 누구도 대량 학살의 전체 과정을 처음부터 끝까지 엿볼 수 없도록 신경 썼다. 물론 루디는 존더코만도가 아니었기에 화장터 내부에서 일한 적은 없었지만, 어쨌든 마지막 순간으로 이어지는 일련의 단계를 거의 전부 직접 목격했다.

그래서 그는 헤르만 크루메이와 오토 훈셰의 재판 등 여러 재판에서 증언했다. 그중 한 번은 루디와 재판장 사이의 관계가 긴장된 적이 있었다. 재판장은 여러 차례 루디의 증언을 끊고 문법을 수정했다. 결국 루디는 참을 수 없었다. 그는 자신의 독일어가 "대격을 동반하는 접속법"의 오용 때문에 이해할 수 없다면 슬로바키아어-독일어 번역가를 불러서 다시 시작하라고 선언했다. 그 후에야 재판장이 조금 부드러워진 것 같았다. 결국 1969년 8월, 재판과 이어지는 항소가 모두 끝난 후 훈셰는 징역 12년을, 크루메이는 종신형을 선고받았다.

가끔 루디는 단순한 증인이 아니라 법적 절차의 발기인이기도 했다. 이 관행도 몇 년 전부터 시작됐다. 전쟁이 끝난 후에 루디는 놀라운 일자리 제안을 받았다. 부나라는 이름의 아우슈비츠 하위 수용소는 힘러의 꿈대로 주요 산업 중심지가 되었지만 이제는 SS가 아니라 폴란드 정부의 관리하에 있었다. 루디는 산업 화학자로서 그곳에서 일하라는 초청을 받았다. 폴란드와 독일 모두를 여행한 적이 있었고, 동료들이 두려워하던 곳에서도 일을 했지만, 그곳에서 일하는 것만큼은 너무나도 큰 도전이었다. 그는 그곳을 짓기 위해 흘린 피를 잊을 수 없었다. 사실 루디는 잊기는커녕 1961년에 다른 생존자들과 함께 이게파르벤이라는 독일 대기업을 상대로 소송을 제기했다. 이게파르벤은 강제적인 노동 착취의 흔적이 문서화되어 남아 있음에도 불구하고 여전히 운영 중이었다. 루디를 비롯한 피해자들은 그곳을 건설하는 데 일한 대가로 미지급 임금을 요구했다. 서독 법원은 각자에게 2500도이치마르크, 당시 기준 약 625달러를 지급하도록 판결했지만 생명을 잃은 강제 노역자의 가족에게 배상하라는 요구는 하지 않았다. 루디가 말했듯 이게파르벤은 아우슈비츠 수용소 사령관 루돌프 회스에게 지불한 "동전 몇 닢"만으로 노동력의 90퍼센트를 얻은 셈이었다.

1963년에 루디는 다른 종류의 법적 절차를 시작했다. 이번에는 아우슈비츠에서 마지막으로 대화를 나눈 SS 대원이자 카나다를 감독한 잔인한 3인조 중 한 명을 상대로 한 증언이었다. 루디는 SS 장교 오토 그라프가 살아 있으며, 마치 젊은 아돌프 히틀러처럼 빈에서 페인트공으로 일하고 있다는 소식을 들었다. 그라프는 심지어 자신의 이름을 바꿀 필요도 느끼지 않을 만큼 정의를 두려워하지 않았다. 전후 오스트리아는 나치를 책임지려는 열망이 강하지 않았고, 루디가 밴쿠버에서 지내던 1971년이 되어서야 그라프는 마침내 체포되어 30건의 범죄 혐의로 재판을 받았다. 다시 한 번 루돌프 브르바는 피해자이자 사실상 전문가 증인으로서 검찰을 위해 증언했다. 그라프는 유죄 판결을 받았지만 이미 공소시효가 지난 혐의였다.

그라프의 동료이자 루디를 비롯한 수용자들이 카나다의 왕이라 불렀던 에른스트 아우구스트 쾨니히를 기소하는 것 역시 그라프처럼 썩 진전을 보이지 못했다. 소송은 1960년대 중반 프랑크푸르트에서 열린 아우슈비츠 재판에서 비롯되었지만 1987년까지 법정에도 가지 못했다. 쾨니히의 주요 혐의는 1943년과 1944년에 2만 1000명 이상의 BIIe(소위 집시수용소) 수용자들을 가스실로 보내는 데 관여했다는 것이었다. 이 혐의는 독일에 거주하는 집시를 대표하는 단체에 의해 제기되었고, 그들은 이를 입증하기 위해 카나다에서 살아남은 세 명의 아우슈비츠 생존자를 소환했다. 그중 한 명이 루돌프 브르바였다.

하지만 루디는 지겐에 있는 법정에 도착하자마자 즉시 피고인이 죽은 자들의 물건을 보관하는 창고에서 알고 지내던 잔인한 감독관이 아님을 확신했다. 피고인 역시 "셀 수 없는 수의 집시들을 죽인 것"은 사실이나 "SS의 카나다 왕 쾨니히"는 아니었다. 피고인은 자신을 "아우슈비츠의 천사"라 부르며 한 사람도 해친 적이 없다고 맹세했지만 1991년에 세 명의 신티 수용자를 자신의 손으로 죽인 혐의와 두 건의 대량 가스 살해를 도운 혐의로 종신형을 선고받았다.

루디를 비롯한 청소 부대 소속 노예들의 삶을 잔인하게 짓밟은 카나다의 쾨니히 역시 결국 정의의 손길을 완전히 피하지는 못했다. 그의 이름을 딴 것으로 보이는 사람의 재판이 그를 놀라운 방식으로 덫에 걸리게 했다.

어느 날 법정에서 검찰은 에른스트 아우구스트 쾨니히를 심문하기 위해 증인을 불렀다. 증인은 에센에서 존경받는 오페라 가수가 된 사람이었다. 그의 이름은 하인리히 요하네스 퀴네만Heinrich-Johannes Kühnemann이었다. 루디는 선서를 하는 모습만 봐도 피고를 손가락질하는 퀴네만이 사실 진짜 쾨니히임을 알아보았다. 퀴네만은 정의가 자신을 결코 찾지 못할 것이라고 확신했기 때문에 감히 전범 재판에 들어가서 증언할 준비까지 되어 있었던 것이다. 그는 법정에서 자신이 아우슈비츠에서 경비원으로 일했지만 살인과는 아무 관련이 없다고 말했다. 반대로 그는 수감자들에게 인기가 있었다고 주장했다. 판사는 그에게 증언할 필요가 없다고 경고했지만 퀴네만은 단호했다.* 그는 숨길 것이 없었다. 하지만 그는 아우슈비츠에서 본 모든 건물, 모든 이송, 모든 얼굴을 기억하는 비범한 기억력을 가진 루돌프 브르바의 존재를 예상하지 못했다.

퀴네만은 1991년부터 1993년까지 뒤스부르크 지방법원에서 재판을 받았으며, 루디는 다시 한 번 증언대에 불려갔다. 그러나 퀴네만은 감옥에 가지 않았고, 심지어 선고를 받지도 않았다. 재판은 1993년 의학적 이유로 중단되었다. 카나다의 왕이 병들었던 것이다.

---

\* 루디는 당시 재판을 회상하며 이렇게 인터뷰했다. "판사가 굳이 증언할 필요 없다고 권고했는데 그래도 그 사람은 숨길 게 하나도 없다고 꿋꿋이 말하더군요."

루디는 아우슈비츠 세계 반대편에 있었다. 지루하다며 아우슈비츠 이야기를 숨긴 젊은 아내와 함께 있었다. 그러나 아우슈비츠는 그를 놓아주지 않았다. 세월이 지나면서 그의 과학적 성과가 부진했다. 프라하와 카셜턴에서는 15년 동안 스물세 개의 정식 논문을 학술지에 발표할 만큼 다작을 했다. 밴쿠버에서는 30년 동안 단지 여덟 개의 논문을 더 썼다. 1967년에 부교수로 임명된 그는 은퇴할 때까지 승진하지 못했다.

그러나 옛 원수와의 전쟁은 결코 꺾이지 않았다. 이제는 브리티시컬럼비아의 사무실에서 그 전쟁을 벌였다. 그는 빈의 나치 사냥꾼 시몬 비젠탈Simon Wiesenthal과 연락을 주고받았으며, 특히 캐나다로 간 전쟁 범죄자들에 대해 논의했다. 그들 중에는 유대인을 아우슈비츠로 추방하고 슬로바키아 민간인을 학살한 부대 흘린카 의용군의 전 지휘관 요제프 넴실라Josef Nemsila가 있었다. 그는 재판을 받기도 전에 사망했다. 루디와 비젠탈은 또한 루디의 첫 구금 장소였던 노바키 수용소의 지휘관이었던 것으로 추정되는 미쿨라스 폴호라 폼피Mikulás Polhora-Pomfy에 대해서도 논의했다.

루디가 특히 집중해서 추적한 표적 중 하나는 요제프 키르슈바움Joseph Kirschbaum이었다. 키르슈바움은 흘린카당의 사무총장으로 활동했던 이력에도 불구하고 1960년대 캐나다에 입국했다. 그는 토론토에서 역사가로 활동했으며, 캐나다의 슬로바키아 연맹에서 중요한 역할을 맡고 있었다. 하지만 키르슈바움은 1938년 11월 브라티슬라바에서 아돌프 아이히만과 만나 슬로바키아의 "유대인 문제"를 해결하는 방안을 논의했던 관리들 중 한 명이었다. 루디는 유럽에서의 전시 기록과 북미에서의 새 삶을 추적하며 두꺼운 파일 네 개를 채울 만큼의 자료를 수집했다.

아우슈비츠에서 루디는 다른 사람들보다 훨씬 빨리 나치 억압의 핵심을 이해한 듯했다. 그것은 대량 학살 과정을 가능하게 한 활동을 전부 부인하는 것이었다. 속임수는 작전의 필수 요소였다. 유대인이 재정착 중이라는 거짓말이 학살 과정을 지속하게 만들었다. 범죄의 핵심에는 처음부터 끝까지 자신 넘치는 속임수가 있었다.

전쟁 후 수십 년 동안 루디는 그러한 거짓말이 멈추지 않았음을 깨달았다. 그것은 다른 형태로 나타났을 뿐이었다. 공산주의 체코슬로바키아에서는 나치가 유대인을 제거 대상으로 지목했다는 것을 언급하는 것이 금기였으며, 심지어 체코 유대인 어린이들이 가스실에서 살해당했다는 것을 말하는 것조차 불가능했다. 그러나 이제 밴쿠버에서 루디는 거짓말이 더욱 명확하고 뻔뻔한 방식으로 나타나는 것을 보았다.

1970년대에는 알렉산더 솔제니친Alexander Solzhenitsyn부터 미국 법무부의 특별수사국에 이르기까지 루디는 온갖 인물 및 기관과 접촉하여 홀로코스트 부인 현상이 급증하는 것에 대해 논의했다. 그는 프랑스의 로베르 포히송Robert Faurisson, 독일의 빌헬름 슈태글리히Wilhelm Stäglich, 미국의 아서 부츠Arthur Butz 등을 주시했지만 직접 만난 이는 토론토에 거주 중인 독일인 에른스트 쥰델Ernst Zündel이었다. 1985년에 쥰델은 『정말 600만 명이 죽었는가?』라는 책자를 출판하여 거짓 뉴스를 유포한 혐의로 형법에 따라 재판을 받았다. 피고석에 앉은 것은 쥰델이었으나 실제로는 홀로코스트의 진실이 재판받고 있었다. 루돌프 브르바는 주요 증인 중 한 명이었다.

루디는 몇 시간 동안 심문을 받았다. 전에 쓴 회고록을 제외하면 토론토 법정에 선 며칠간은 루디가 자신이 본 것과 한 것을 증언할 수 있는 가장 완벽한 기회였다. 그는 부나에서의 생활, 장티푸스 발병, 카나다와 하차장에서 생긴 일, 선별 절차, 막사와 점호, 아우슈비츠 탈출기, 공동 저술한 보고서까지 상세히 이야기할 수 있었다. 루디는 "저는 탈출해서 세상에 경고했습니다"라고 말했다.

다시 한 번 분위기는 긴장되었다. 이번에는 판사가 아닌 피고의 변호사 더그 크리스티Doug Christie가 루디의 적수였다. 크리스티는 자서전부터 시작해 루디의 이야기를 꼬치꼬치 집요하게 파고들었다. 그는 이 목소리 큰 아우슈비츠 생존자가 저술한 글이 신뢰할 수 없다는 것을 증명할 수만 있다면 홀로코스트 자체도 진실로 여겨질 수 없을 것이라고 생각했다. 그래서 이야기의 모순점이라고 생각되는 부분을 계속 물고 늘어졌다. 특히 그는 탈출에 대해 회의적이었다. 과연 나뭇더미를 벗어나자마자 프레드와 루디가 그렇게 쉽게 빠져나갈 길을 찾을 수 있었을까?

루디가 답했다. "네, 그렇습니다."

"나침반도 없이요?"

"네, 맞습니다."

"어두컴컴한데?"

"네."

"한 번도 가 본 적도 없는 곳을요?"

"네, 그렇습니다."

재판정에서든 다른 곳에서든 압박을 받을 때 루디는 종종 냉소적인 태도로 대응했다. 크리스티가 수천 명이 가스실로 들어가는 것을 보았다는 이유로 그들이 모두 죽었다고 단정하는 이유를 도전적으로 묻자 루디는 이렇게 답했다. "25만 명이 들어갔는데 저는 한 명의 민간인도 나오는 걸 본 적이 없네요. 그럼 그 많은 사람이 아직 거기 들어 있거나 어디 터널이 있어서 중국으로 빠져나가기라도 한 걸까요. 그런 게 아닌 이상 당연히 가스로 죽은 거겠죠." 크리스티가 아우슈비츠의 구조나 일정을 잘못 이해할 때면 루디는 그를 강하게 몰아붙였다. "숙제를 제대로 해 오시면 도움이 되겠는데요"라며 교수가 둔한 학생을 꾸짖는 것처럼 일갈했다.

물론 루디도 완벽하지는 않았다. 그는 1963년 회고록이 일부 "기술적" 도움을 받았음을 인정해야 했다. 그 책은 사진보다는 법정 기자의 스케치에 가까웠으며, 각주가 달린 학술 서적이라기보다는 부드러운 회고록의 성격이 강했다. 하지만 그는 글을 읽는 누구에게나 명백한 사실을 인정하기에는 자존심이 강했다. 이야기 자체는 온전히 루디의 것이었지만 문체는 언론사 잔뼈가 굵은 기자 앨런 베스틱의 솜씨였다.

그럼에도 루디는 놀라울 정도로 침착하게 대응했다. 그는 법정에서 강력한 존재감을 발휘했으며, 아예 증인석에서 나와 프로젝터 앞에 서서 손에 포인터를 들고 자신이 만든 죽음 수용소의 도표와 스케치를 배심원단에게 설명하기까지 했다. 그의 기억력은 뛰어나고 일관적이었다. 판사가 주제에 집중할 것을 권유할 때면 그는 언제나 공손하고 매력적인 태도로 대응했다. 루디는 자신이 10대부터 갈망했던 일을 해냈다. 그는 세상에 아우슈비츠의 진실을 밝혔다.

재판이 끝난 후 쥰델은 유죄 판결을 받았다.[*]

---

[*] 1985년 판결은 사소한 법적 절차 문제 때문에 번복되었으나 1988년 재심에서도 쥰델은 유죄 판결을 받았다. 그러나 1992년 캐나다 대법원에서는 최종적으로 무죄를 선고했다. 가짜뉴스 법이 표현의 자유를 비합리적으로 제한한다는 근거였다.

## 28장
# 빠져나갈 길을 알아요

저명한 홀로코스트 연대기 작가 중 일부가 루디를 찾아왔는데, 그가 아우슈비츠-비르케나우의 운영 방식에 대해 독특한 증언을 제공할 수 있는 위치에 있었기 때문이다. 루디는 윈스턴 처칠의 공식 전기 작가인 마틴 길버트Martin Gilbert에게 소중한 정보원이 되었으며, 1981년에 출간된 길버트의 저서 『아우슈비츠와 연합국Auschewitz and the Allies』에서는 브르바-베츨러 보고서가 워싱턴과 런던에 마침내 아우슈비츠의 실제 기능을 밝혀 수용소로 이어지는 철도 노선을 폭격하는 것의 옳고 그름 논쟁을 촉발하는 역할을 했음을 명시했다. 지난 10년 동안 루디는 두 편의 다큐멘터리 인터뷰에 참여했으며, 두 다큐멘터리는 모두 찬사를 받았다. 우선 영국에서 제작된 텔레비전 시리즈 〈전쟁 속의 세계The World at War〉가 있었는데, 그중 나치의 유대인 말살 시도에 대해 다룬 에피소드가 있었다. 거기서 루디는 음울하면서도 영화배우 같은 카리스마를 발산했다. 다음은 클로드 란츠만Claude Lanzmann의 아홉 시간 반에 달하는 대작 다큐멘터리 〈쇼아〉였다. 감독은 1978년 11월에 루디를 만나 거의 네 시간 동안 인터뷰했는데, 영화가 개봉된 것은 7년 후였다. 대부분의 인터뷰는 뉴욕 거리에서 진행되었고, 루디는 황갈색 가죽 외투 차림이었다. 여기서도 브르바는 눈에 띄는 존재감을 발산했다. 진한 흑발과 짙은 눈썹은 영화 〈스카페이스〉의 알 파치노를 떠올리게 했다. 한 대목에서 란츠만은 브르바에게 아우슈비츠 살인 기계의 작동 방식, 즉 유대인들이 기차에서 내려 가스실로 이동하는 트럭에 오르는 과정에 대해 물었다. 북미에서 10년을 지내도 변하지 않은 중유럽 억양으로 루디는 자세하고 생생한 답변을 제공했다. 하지만 그러는 와중에도 늘 핵심을 강조했다. "살인 기계는 모두 한 가지 원칙에 따라 작동할 수 있었습니다. 사람들이 아우슈비츠에 도착했을 때 자신들이 어디로 가는지, 무엇을 위해서 가는지 몰랐다는 것이죠. 새로 도착한 사람들은 질서를 유지해야 했고, 패닉에 빠지지 않은 채 가스실로 행진해야 했습니다."

〈쇼아〉가 개봉한 지 몇 년 후 캐나다방송협회는 새로운 다큐멘터리 제작을 위해 루디에게 아우슈비츠로 돌아가 촬영할 것을 요청했다. 1990년에 베를린 장벽이 무너지고 폴란드가 개방되었지만 아우슈비츠는 아직 잘 관리된 박물관이나 유적이 아니었다. 특히 비르케나우는 거의 무방비 상태였고 버려진 황무지처럼 보였다.

루디와 로빈, 감독과 폴란드 촬영팀은 비르케나우에서 하루 동안 무단 촬영을 마친 뒤 누군가가 정문을 닫았다는 사실을 깨달았다. 그들은 비르케나우에 갇혔다. 다들 생각만으로도 공포에 질렸지만 한 사람은 침착함을 유지했다. 어떤 아이러니도 없이 루디가 말했다. "걱정 마세요. 빠져나갈 길을 알아요."

여러 해에 걸쳐 역사가들과 서신을 주고받거나 다큐멘터리 제작자들과 이야기할 때면 브르바는 늘 탈출 파트너인 알프레드 베츨러를 언급하려 애썼다. 하지만 프레드가 아우슈비츠 생존자와 결혼한 이후 두 사람 사이의 거리는 점점 더 멀어졌다.

정치적 상황도 한몫했다. 루디는 프레드가 여전히 전체주의 체제하에 살고 있다는 사실을 믿을 수 없었다. 그는 프레드가 체코슬로바키아에 계속 머무르는 것을 억압적인 공산주의에 대한 암묵적인 승인이라고 받아들였다. 그는 프레드를 도와주고 싶었고 돈도 보냈다.* 하지만 루디 생각에 프레드가 그곳 삶을 진정으로 혐오했다면 그에게는 분명 선택권이 있었다. 프레드는 탈출할 수 있었다. 이미 이전에도 해냈다.

철의 장막이 그들을 갈라놓은 것처럼 그들이 함께 해낸 놀라운 일에 대한 기억도 점차 금이 갔다. 프레드는 자신의 이야기를 직접적으로 기술하는 대신 발터가 루돌프가 되었을 때 자신에게도 주어졌던 가명을 사용해 소설 형식으로 집필했다. 그 결과

---

\* 공산주의 국가인 체코슬로바키아로 돈을 보내는 것은 쉬운 일이 아니었다. 스위스를 거쳐서 보내야 했으며, 특별 상점에서 쓸 수 있는 쿠폰 형식으로 바꿔서 보내야 했다.

물이 요제프 라닉의 『단테가 보지 못한 것Čo Dante Nevidel』이었다. 이 소설에서 루디는 용감하지만 다혈질이고 자신의 행동의 결과를 무시하는 젊은이 발Val로 재탄생했다. 프레드는 학자들과 인터뷰를 몇 차례 했는데, 이런 인터뷰에서 둘의 이야기의 가장 큰 차이점이 드러났다.

두 사람은 크고 작은 세부 사항에서 의견이 달랐지만* 짐작 가듯이 가장 중요한 논점은 계획을 고안한 공이 누구에게 돌아가야 하는가였다.** 프레드는 자신이 정당한 평가를 받지 못했다

---

* 브르바와 베츨러가 보인 논쟁 중 가장 현격한 입장 차이를 보인 지점 하나는 아우슈비츠를 탈출할 때 증거품을 챙겼는가의 문제였다. 베츨러의 소설 겸 회고록에 따르면 둘은 다른 수용자들의 도움을 받아 기다란 통 두 개에 이송 자료와 스케치는 물론 치클론B 통에 붙어 있던 라벨까지 집어넣은 다음 챙겨서 나왔다. 통 하나는 포롬카에서 습격을 받았을 때 잃어버렸다. 하지만 브르바는 그런 일은 일어난 적도 일어날 수도 없었다고 단호하게 반박한다. 수용자는 연필이나 종이만 소지하고 있어도 음모를 꾸민다고 처벌을 받았기 때문이다.

  양쪽 주장에 대해 다 옹호자들이 있지만 한 가지 중요한 사실이 브르바의 주장에 큰 힘을 실어 준다. 전쟁 후에 오스카르 크라스냔스키는 브르바-베츨러 보고서를 작성하는 데 자신이 맡은 역할을 이야기하다가 탈출한 수용자들의 "놀라운 기억력"을 여러 차례 극찬했다. 실물 증거가 있었다는 언급은 없다. 만약 브르바와 베츨러가 실물 증거를 제시했다면 크라스냔스키는 분명 그 점을 언급했을 것이며, 최소한 아우슈비츠 보고서 서문에서라도 지적했을 것이다. 하지만 그러지 않았다. 저자의 후기에 등장하는 뉴욕 웨이터와의 일화를 보면 알겠지만 크라스냔스키는 절대 브르바의 기억력을 과대평가한 게 아니었다.

** 베츨러의 증언에 따르면 수용소를 탈출해 세계에 경고를 하겠다는 발상은 아우슈비츠 내의 공산주의 비밀 조직이 처음 제시했다. 프레드는 최대한 많은 정보를 모아서 대부분 공산주의자였던 슬로바키아의 저항 세력에게 넘겨주는 임무를 맡았다. 탈출 동료를 선택하는 과정에 대해서도 베츨러는 비밀 조직 지도부의 판단이 주효했다고 말한다. 베츨러가 잘 알고 믿을 만한 용감한 슬로바키아인 동료가 필요하다는 판단하에 발터를 선정해 줬다는 것이다.

  루디는 이 이야기를 전면 반박한다. 수용소를 탈출해 세상에 진실을 알리겠다는 결정

고 느꼈고, 이러한 감정은 오늘날까지도 슬로바키아 유대인 공동체의 잔존자들, 즉 프레드와 같이 슬로바키아에 남아 있던 사람들 사이에서도 공감을 받고 있다. 그들 중 일부는 프레드에게 선임으로서의 지위를 부여하기 위해 "베츨러-브르바 보고서"라고 부르는 것을 선호한다. 프레드는 1984년 한 역사학자에게 보

을 내린 것은 다른 누군가가 아니라 최후의 트르나바 출신 생존자인 루디와 프레드였다. 물론 루디도 회고록에서 이렇게 인정한다. "내가 그런 생각을 품기 오래전부터 저항 세력은 아우슈비츠를 까발리는 것에 대해, 아우슈비츠의 비밀을 밝혀 유럽의 유대인들에게 추방이 진정으로 의미하는 것이 무엇인지 경고하는 것에 대해 고민해 왔다." 단지 그들은 "적절한 계획, 적절한 순간, 적절한 사람"이 나타나기만을 기다렸을 뿐이다.

하지만 정작 발터가 탈출 계획을 들고 저항 세력을 찾아가자 지도부는 당시 슈물레브스키가 제시한 이유를 들면서 거절했다고 한다. 발터가 너무 성급하고 미숙하고 어려서 신뢰하기 어렵다는 것이었다. 이런 맥락 때문에 루디는 가스실이 어떻게 돌아가는지 자세히 알려 준 존더코만도의 필립 뮐러나 은신처에 들어가 숨는 것을 도와준 아다멕과 볼렉 등 여러 개개인의 도움을 받기는 했지만, 탈출 계획이 순전히 자신과 프레드에게서 비롯된 것임을 강조한다. 헝가리의 유대인들에게 경고를 해야겠다는 구체적인 사명도 마찬가지다. 루디는 자신이 그런 사명을 따른 이유가 "순전히 개인적인 양심" 때문이지 "아우슈비츠 안팎의 비밀 위원회"가 시켰기 때문이 아님을 강조한다. 프레드와 루디가 자신들이 가진 정보를 슬로바키아의 공산당 파르티잔에게 넘길 의도가 없었다는 사실은 실제로 그런 일을 한 적이 없었다는 사실에 의해 뒷받침된다.

그러면 대체 왜 프레드가 루디랑은 다른 이야기를 펼친 것인지에 대해서는 한 가지 설명이 자연스럽게 떠오른다. 루디는 회고록을 영국에서 집필했다. 역사가나 기자와의 인터뷰 역시 캐나다에 정착한 후에 진행했다. 말의 자유가 있었다는 뜻이다. 반면 프레드 베츨러는 표현의 자유가 극히 제한되는 소련의 위성국가에 거주했다. 루디는 체코슬로바키아 사회주의공화국에서 나치의 주된 희생자가 유대인이라는 발언을 하는 게 정치적으로 받아들여지지 않는다는 사실을 몸소 체험했다. 게다가 루디는 서방으로 변절해 떠났기에 고국에서는 없는 사람이나 마찬가지였다. 따라서 프레드 입장에서는 반파시스트 영웅담을 이야기하는 데 루디를 동무로 치켜세우는 게 위험부담이 컸을 것이다. 체코슬로바키아에서는 공산주의 수용자 무리를 이야기의 주인공으로 내세우는 게 더 안전하지는 않았을까?

낸 편지에서 "사람들이 저희의 탈출에 관한 중요한 내용은 물론 사소한 내용까지도 브르바에게만 묻는다는 사실이 슬프네요"라고 썼다. 그는 "저는 탈출이나 저항을 통해 이익을 얻으려고 한 적이 없어요. 하지만 그들은 서방에서 살고 있죠"라고 덧붙이며 루디를 비롯한 전 아우슈비츠 수용자들을 꼬집었다. "그들은 과거에 이익을 얻었고, 지금도 과거로부터 이익을 얻고 있으며, 가능한 한 많은 것을 종이에 옮겨 적으려 하죠. 브르바의 책은 자신이 탈출의 주도자인 것처럼 포장했기 때문에 많은 수감자들에게 분노를 일으켰어요. 글쎄요. 서방에서는 그걸 믿을지도 모르죠." 둘의 동료 탈출자인 아르노스트 로신도 루디를 향한 프레드의 분노에 일부 공감했다. 그는 "브르바는 마치 자기가 베츨러를 파트너로서가 아니라 짐짝으로서 데려간 것처럼 책을 썼어"라고 어느 생존자에게 말했다.

하지만 프레드와 루디는 정말 보잘것없는 조각을 놓고 싸우는 꼴이었다. 사실 그들 중 누구도 유명하지 않았다. 물론 루디는 몇몇 다큐멘터리에 출연했지만 그들이 함께 이루어 낸 업적에 비하면 충분히 널리 알려지지 못했다. 심지어 매년 한 번씩 침묵 속에서 〈쇼아〉를 기억하는 이스라엘에서도 브르바와 베츨러는 거의 기억하지 못했다. 그들의 이야기는 학교에서 가르치지 않았고, 루디의 회고록은 1998년에야 히브리어로 번역되었으며, 그것마저도 하이파 학자인 루스 린Ruth Linn의 끈질긴 캠페인 덕분이었다. 심지어 예루살렘의 공식 홀로코스트 박물관 및 기념관인 야드바셈Yad Vashem에서도 아우슈비츠 보고서는 저자들의 이름 없이 파일에 보관되어 있다. 역사가들은 보고서를 언급할 때면 보통 "두 명의 젊은 탈출자" 또는 "두 명의 슬로바키아 탈출자"라고 언급하는 경향이 있었는데, 마치 이 괄목할 만한 업적을 수행한 사람들의 정체가 중요하지 않은 것처럼 비추어졌다.

이렇게 인식 부족이 나타난 이유는 무엇일까? 프레드가 서방 작가와 역사학자의 시야에서 벗어나 있었다는 점은 확실히 사람들이 그를 잊어버리는 데 일조한 듯했다. 루디는 접근성이 좋고 모델 같은 인터뷰 대상이었지만 역시 이스라엘이나 주류 유대인 디아스포라에서 쉽게 받아들여지지 않았다. 청중이 듣고 싶은 것은 루디의 탈출 이야기나 아우슈비츠의 진실을 밝히려는 모험 이야기였겠지만 루디는 절대 거기서 만족하지 않았기 때문이다. 루디는 늘 카스트너, 헝가리 유대인 지도부, 슬로바키아 유대인평의회를 겨냥해 그들이 보고서를 전달하지 않은 것과 동포를 강제수용소로 보내는 명단을 작성한 것을 비난했다.

특히 루디가 더 껄끄럽게 느껴진 것은 자신이 비난하는 유대인을 "시온주의자"라고 뭉뚱그리는 경향이 있었기 때문이었다. 하지만 실제로는 루디는 이스라엘을 지지했고 이스라엘의 존재가 유대인은 물론 세상에도 좋은 것이라 믿었다. 그럼에도 그는 카스트너와 초기 이스라엘 지도자처럼 유대인을 배신한 것으로 보이는 시온주의자들에 대한 분노를 참지 못했다.

물론 카스트너를 비롯해 작업위원회의 일부 구성원이 시온주의자였음은 틀림없었다. 하지만 이야기의 영웅들 중 여러 명도 시온주의자였다. 예컨대 엘살바도르의 특사로 아우슈비츠 보고서를 세계 언론에 전달하는 데 도움을 준 조지 만텔로는 시온주의자였다. 보고서 사본을 만텔로에게 전달했으며 나중에 라울 발렌베리Raoul Wallenberg와 함께 "보호 여권" 작전을 통해 부다페스트 유대인 수만 명을 구하는 데 핵심적인 역할을 한 팔레스타인 사무소장 모셰 크라우츠Moshe Krausz도 시온주의자였다. 루디의 동료 탈출자인 아르노스트 로신도,* 보고서를 자체 출판할 때 사본 만드는 것을 도와준 친구 요제프 바이스도 시온주의자였다. 카스트너에게 속았거나 잘못된 정보를 받았거나 배신당한 헝가리 지도자 중에도 시온주의자들이 여럿 있었다. 반대로 루디가 평가하기에 이기적이거나 비도덕적인 선택을 한 유대인들 중 일부는 비시온주의자나 반시온주의자였다. 예를 들어 카스트너가 그랬듯 헝가리에서 탈출하기 위해 나치와 협상한 유대인 지도자 필리프 프로이디거Fülöp Freudiger는 시온주의와 아무런 관련이 없는 정통파 유대인이었다. 요컨대 시온주의 이념은 다른 여느 이념처럼 나치의 압제하에서 성인과 죄인을 둘 다 배출했다. 제3제국이 조성하는 공포에 대한 인간의 반응은 다양했고, 그게 반드시 이념적 선에 따라 움직이는 경우는 거의 없었다.

그럼에도 루디는 "시온주의"라는 단어를 자신 같은 유대인에게 잘못을 저질렀다고 생각하는 권위 있는 유대인들을 지칭하는 용어로 사용했다. 하지만 카스트너 같은 사람들의 선택에 시

---

* 로신은 시온주의 청년 운동 단체인 하쇼메르하차이르의 일원이었다.

온주의 이념이 어떤 영향을 미쳤는지 구체적인 주장을 제기한 적은 없었으며, 다만 시온주의자들이 팔레스타인에 유대인 국가를 세우기 위해 유럽 유대인의 대다수를 희생시키려 했다는 암시 정도만 남겼을 뿐이다. 사실 그런 주장을 할 수도 없었다. 많은 시온주의자들이 나치를 저지하고 유대인의 생명을 구하기 위해 온 힘을 다했기 때문이다. 가장 두드러진 예로는 바르샤바 게토나 빌나 게토 등지에서 무장 저항을 이끌었던 젊은 시온주의자들이 있다. 그럼에도 카스트너 사건이 불러일으키는 거부감이 너무 강해지는 바람에 유럽과 미국의 완고한 반시온주의자들이 유대 민족주의가 본질적으로 악하다는 증거로 툭하면 카스트너 사건을 이용하다 보니* 굳이 루돌프 브르바에게 비슷한 판을 깔아 주는 게 위험해 보였을지도 모른다.

루디는 메시지를 듣기 좋게 다듬을 의향이 거의 없었다. 오히려 종종 독설을 사용했다. 개인 서신에서 그는 슬로바키아 작업위원회의 존경받는 지도자 중 한 명이 "불운한 유대인 희생자들에 대한 반역과 음모에 가담"했다고 비난했다. 하지만 그녀는 아우슈비츠에서 살해당했다. 그럼에도 루디는 그녀가 "나치의 통제를 받는 시온주의 및 랍비 집단과 협력하여 나치의 악행에 참여"했다고 주장했다. 또한 그는 카스트너가 히틀러처럼 "우생학"을 믿었다고 추측했다. 결국 『하버드 크림슨Harvard Crimson』이

---

* 카스트너를 반시온주의자로 취급하는 대표적인 사례가 짐 알렌의 희곡 「퍼디션 Perdition」(1987)이다.

1974년에 어느 학생을 상대로 진행한 인터뷰에서 학생은 루디가 깊은 분노를 품고 있으며, "반시온주의자, 반공주의자, 심지어 미국 유대인에 한해 반유대주의자"라고 결론지었다.

이 문제는 특히 이스라엘에서 심각했다. 루스 린이 루디의 하이파대학 명예박사 학위 수여를 기념하기 위해 루디의 회고록을 히브리어로 출판하려 했을 때 그녀는 강력한 반대에 직면했다. 수여식 전 회의에서 어느 학자는 루디가 참석한 가운데 항의 서신을 낭독하기도 했다. 여러 역사가들은 1944년에 이루어진 영웅적 탈출을 칭송하면서도 브르바에 대한 불만 역시 밝히며 프레드 베츨러의 공헌도 인정해야 한다고 주장하는 서신을 이스라엘 언론에 보냈다. 루디의 적대자들 중 일부는 카스트너가 스스로를 변호하기 위해 던진 주장이 여전히 유효하다고 믿었다. 특히 슬로바키아 유대인 출신의 이스라엘 역사학자들은 루디가 브라티슬라바의 유대인 지도부를 비난하는 것에 의문을 표했으며, 그들이 도덕적으로 끔찍한 상황에서 최선을 다했다고 믿었다.

루디에 대한 가장 잘 알려진 비평가는 이스라엘 홀로코스트 역사학의 원로 예후다 바우어Yehuda Bauer였다. 그는 나중에 브르바를 "홀로코스트의 진정한 영웅"이라고 묘사했지만 어쨌든 브르바를 "오만"하다고 생각했고,* "유대인 지도부와 시온주의를

---

\* 게르타 브르보바는 바우어가 자신의 전 남편을 묘사하는 데 "오만"이라는 단어를 사용하는 것을 보고는 깜짝 놀랐다.

향한 깊은 증오"가 루디의 판단력에 영향을 미쳤다고 믿었다. 그는 부다페스트의 지도부가 헝가리 지방의 유대인들에게 그들이 알고 있는 것을 전달했다면 상황이 달라졌을 것이라는 루디의 주장에 강하게 반대했다. 바우어의 견해는 헝가리 지방의 유대인들이 정보가 부족하지 않았다는 것이었다. 브르바-베츨러 보고서를 보지 못했더라도 전선에서 돌아온 군인들을 통해 충분한 정보의 파편을 수집할 수 있었기 때문에 그들은 추방이 죽음을 의미한다는 것을 충분히 알 수 있었을 것이다. 문제는 정보의 부족이 아니라 정보를 충분히 흡수하지 못한 것이었다. 헝가리 유대인들은 습득한 정보를 행동을 불러일으킬 만한 확신으로 내면화하는 데 실패했다.

루디는 이론적으로는 지식의 본질에 대한 유사철학적 논쟁을 거부하지 않았다. 단지 이 경우만큼은 그런 전제가 잘못됐다고 생각할 뿐이었다. 그의 견해로 헝가리 유대인들은 충분한 정보를 가지지 못했다. 그들은 진실을 빼앗겼다.

루디는 명예박사 학위를 받았고, 회고록의 때늦은 번역본을 얻었다. 하지만 이스라엘의 저명한 학자들이 오래도록 루디에게 거리를 둔 것은 그에게 큰 타격을 입혔다. 그것은 그가 홀로코스트의 존경받는 생존자 중 한 사람으로 들어가는 것을 방해하는 역할을 했다. 루디는 노벨상 수상자 엘리 비젤Elie Wiesel과 서신을 주고받았으며 텔레비전 다큐멘터리 〈전쟁 속의 세계〉에서 루디가 공헌한 일은 프리모 레비의 영상 바로 뒤에 나왔다. 그럼에도 루디는 그들만큼의 명성을 얻지는 못했다. 그들이 작가인 반면 루디는 작가가 아니기 때문일 수도 있다. 하지만 미묘한 이유도 있다. 루돌프 브르바는 세계가 홀로코스트 생존자에게 기대하는 것에 순응하기를 거부했다.

이는 란츠만의 영화 〈쇼아〉에서도 확인할 수 있다. 다른 화자들은 나이 들어 보이고 경험에 굴복당한 듯 보인다. 그들은 부드러운 목소리로 말하며 자신들이 목격한 것에 경외심을 품은 듯하다. 그러나 루디는 건강하고 활기차다. 그의 목소리는 크고 자신감 넘친다. 그는 다른 모든 사람들보다 한 세대 젊어 보인다. 그가 35년 전 같은 사건을 겪었다는 것을 믿기 어렵다. 그는 냉소적이고 신랄한 유머를 사용한다. 그리고 그는 미소를 짓는다. 심지어 차마 말하기 힘든 것을 이야기할 때도 웃는다. 마치 그 정신 나간 터무니없음에 웃는 듯하다. 란츠만도 그 점을 지적한다. "왜 그렇게 자주 웃으면서 이야기하나요?" 그러자 루디가 답한다. "그럼 어떻게 해야 하죠? 울어야 하나요?"

루디 본인도 자신이 "특정 유형의 대중을 위한 생존자의 전형"에 맞추기를 거부하고 있음을 알았다. 그는 궁극적으로 인간이 선하다는 위안의 말이나 교훈적인 경구를 제공하지 않았다. 그는 용서할 수 없었기에 분노했다. 결과적으로 루돌프 브르바는 거의 30년 동안 밴쿠버의 작은 홀로코스트 공동체에서도 주변적인 인물이 되었다.

루디의 메시지는 불편했고 전달하는 방식도 불편했다. 루디는 자신이 사는 도시의 유대인 공동체와 아무런 접점을 가지지 않았다. 종교 관습을 아예 관뒀고 회당에도 발을 들이지 않았기 때문만은 아니었다. 루디는 조직의 지도자들에 대해서도 반사적인 의심을 품고 있었다. 바르샤바 게토 봉기를 기념하는 행사에서도 루디가 밴쿠버 유대인 공동체를 어찌나 맹렬히 비난하던지 참석자들은 루디가 자신들에 대해 이야기하는 것인지, 아니면 자신을 배신했다고 느낀 부다페스트의 전시 지도자들에 대해 이야기하는 것인지 궁금해했다.

루디가 다니던 대학에서 고등학생을 대상으로 홀로코스트 심포지엄이 열렸을 때도 주최자들은 생존자 위원단 중에 루디를 포함시키지 않았다. 루디가 16~17세 학생들 500명에게 "비난과 분노"를 뒤섞지 않고 이야기를 전하리라고 생각하지 않았기 때문이다. 주최자들이 보기에 다른 생존자들은 정치적 견해 없이 자신의 이야기를 할 수 있었지만 루돌프 브르바는 그러지 못했다.

그럼에도 루디는 심포지엄에 나타나곤 했다. 그는 강의실 밖에서 가죽 코트를 멋지게 걸친 채 깃털이 꽂힌 페도라를 쓰고 멀리 서서 강의를 지켜보았다. 그는 잠시 머물다 조용히 떠났다. 매년 그렇게 했다.

결과적으로 루돌프 브르바와 가까이 일하는 많은 사람들은 그의 삶에서 일어난 중심 사건을 알지도 못했다. 한 동료는 캐나다 텔레비전에서 〈쇼아〉가 방영될 때 우연히 루디를 발견하고 매우 놀랐다. 그는 루디에게 영화에서 묘사한 모든 끔찍한 일들이 사실인지 물었다. 그러면 루디는 신랄하게 말했다. "글쎄요. 저는 단지 주어진 대사를 암송하는 배우였을 뿐인걸요."

그는 자신의 과거에 대해 이야기하는 것을 경계했고, 이야기할 만한 사람을 심도 깊게 선별했다. 한번 대화가 시작되면 그것이 쉬울 것이라는 보장은 없었다. 홀로코스트에 대해 이야기할 때면 루디는 종종 끊임없이 말을 쏟아내며 계속 같은 주제로 돌아왔다. 카스트너를 비롯한 지도부의 배신 말이다. 동료들은 루디가 거칠고 공격적이며 때로는 오만하고 자기 이야기에 지나치게 진지하게 임한다고 느꼈다. 루디는 말할 때 상대방의 팔을 잡아당기는 식으로 자신의 요지를 강조하기도 했다. 일부 사람들은 루돌프 브르바가 부교수 이상의 직급으로 승진하지 못한 이유가 그의 연구 분야가 최첨단이 아니기 때문이 아니라 그의 행동이 견디기 힘들 만큼 괴팍했기 때문이라고 추측했다. 또 어떤 사람들은 루디가 내성적이거나 혹은 불안증을 앓는 것은 아닌지 궁금해했다. 그들이 보기에 루디는 큰 모임을 피하는 등 사교 활동을 많이 하지 않는 것처럼 보였으며 동료는 있어도 가까운 친구는 거의 없는 것 같았다.

그러나 또 어떤 사람들은 그와는 전혀 다른 사람을 보았다. 루돌프 브르바는 자신이 보고 듣고 겪은 모든 일에도 불구하고 어린 10대 시절의 열정, 삶과 모험을 향한 열정을 잃지 않는 인물이었다. 돈이 거의 없을 때도 루디는 삶을 즐기는 게 중요하다고 생각했다. 1967년에 런던에서 밴쿠버로 떠날 때 그는 비행기를 타는 대신 배를 타고 대서양을 건너 몬트리올까지 간 다음 캐나다를 동서로 횡단하는 기차를 탔다. 단지 재미를 위해서였다.

그는 여행을 즐겼고 새로운 도시의 레스토랑, 카페, 호텔을

탐험하기를 좋아했다. 교수회관에서 세 시간 동안 느긋하게 점심을 먹곤 했으며, 다른 사람들이 당연하게 여길 수 있는 국제전화, 라디오, 텔레비전, 항생제, 진통제, 프랑스 와인, 스카치위스키 같은 것에서도* 어린아이처럼 즐거움을 발견했다. 영국에 사는 손주 하나를 무릎에 앉히고 손에 담배를 든 채 캠 강에서 보트를 타고 거닐 때면 인자한 미소를 지었다. 밖에 비가 오면 창밖을 바라보며 자신의 행운에 감사했다. "아, 정말 아름답지 않나요? 게다가 이렇게 안에서 볼 수 있잖아요." 폴란드의 혹독한 겨울에 벌거벗은 채로 있어 본 사람의 목소리였다.

자신의 외모에도 자신감이 넘쳤다. 루디는 항상 최상의 모습을 보이기를 원했기 때문에 하루에도 여러 번 옷을 갈아입곤 했다. 심지어 가족 외에 감탄할 사람이 없어도 그렇게 했다.

루디는 얼빠진 농담을 즐겼다. 짓궂은 장난도 좋아했다. 억양과 외모 덕분에 루디는 낯선 사람이 자신을 믿고 싶은 대로 믿도록 속일 수 있었다. 한번은 크루즈에서 매력적인 여성들에게 자신이 이란 출신이며 페르시아 왕자의 사촌이라고 속였다. 그들은 흥미로워했다. 빈에서는 어느 독일인에게 캐나다에서 왔다고 말했더니 원주민으로 착각하기에 그 장단에 맞춘 적도 있었다. 어떻게 독일어를 그렇게 잘하는지 물을 때에는 자신이 추장의 첫째 아들이라 항상 괴테의 언어를 배운다고 설명했다. 그

---

\* 루디는 딸에게 보내는 편지에서 이와 같은 현대 문명의 이기를 나열하면서 아직도 경이로움을 느낀다고 말한다.

독일인은 참 훌륭한 전통이라고 감탄했다.

이러한 모습을 본 사람들은 루돌프 브르바가 삶에 패배하지 않았음을 알 수 있었다. 오히려 루디는 삶을 즐겼다. 하지만 그의 회복력이 다시 시험을 받게 되었다. 루디가 경험한 것 중 가장 끔찍한 일이라고 생각한 사건 때문이었다. 그것은 아우슈비츠에서 일어난 것도 1940년대에 발생한 것도 아니었다. 그 일은 세계 반대편에서 일어났다.

# 29장
# 공허에 핀 꽃

 

루돌프 브르바는 인생 대부분을 두 딸 헬레나, 주자와 멀리 떨어져 살았다. 루디가 딸들을 보러 영국으로 가거나 딸들이 밴쿠버를 찾아와 만난 적도 있었지만 대부분은 엽서와 편지, 가끔의 전화를 통해 소통했다. 딸들은 아빠에게 편지를 쓰곤 했다. **아빠에게. 최고오오오! 아빠가 오신다니 너무 기뻐요.** 그러면 루디는 답장을 보내 학업을 격려하거나 아버지로서 조언을 해 주었다. 하지만 헬레나가 20대 중반에 접어들면서 루디와의 관계에 금이 갔다. 편지 왕래가 점점 줄더니 3년 동안은 아예 없었다. 루디는 차츰 불만이 쌓였다. 헬레나는 생일 선물을 받아도 감사 인사를 하지 않았고 수표를 보내도 말없이 쓰기만 하니 루디 입장에서는 본인이 "마치 돈만 보내 주는 덜떨어진 미국 삼촌"이 된 것만 같았다. 헬레나는 루디보다 오히려 루디의 전 여자 친구인 질리안과 더 자주 연락을 했다. 루디는 헬레나가 의사가 되었다는 소식도 마지막으로 전해 듣자 자신이 "알 만한 가치가 없는 사람"이라서 그렇게 되었다고 생각했다. 게다가 강성 페미니스트가 된 헬레나는 자신의 아버지를 남성우월주의자로 여겼다. 루디는 아직도 자신에게 적대감을 가지고 있는 애들 엄마 때문에 큰딸이 나쁜 영향을 받은 것 같다고 의심했다.

1979년에는 겉모습은 닮았어도 관계는 더 멀어졌는데 열대지방 사람들의 건강 문제에 관심이 많던 헬레나가 말라리아를 연구하기 위해 파푸아뉴기니로 이주할 의사를 밝혔기 때문이다. 루디는 그 결정에 강하게 반대했다. 자신의 "직감"을 근거로 제시하면서 딸에게 직접적이고도 적나라하게 걱정을 전달했다. 약간 취한 상태에서 편지에 이렇게 쓰기도 했다. "그것은 좋은 생각이 아니야. 넌 그렇게 강한 사람이 아니란 말이야. 결국 관에 실려서 돌아올 거야."

헬레나는 조언을 무시하고 태평양으로 떠났다. 그녀는 야가움이라는 작은 마을의 진료소에서 일했고, 곧 동료인 짐과 사랑에 빠졌다. 문제는 짐이 호주에 아내가 있었다는 것이다. 1982년 5월 초, 헬레나는 동생 주자에게 편지를 써서 짐이 집으로 돌아가려 한다고 말했다. "요새 나는 극도로 우울하다가도 엄청 황홀감을 느끼기를 반복하고 있어. 왜인지는 모르겠네. 일요일 오후까지는 쭉 바닥을 칠 것 같아." 실제로 1982년 5월 9일 일요일 오후 2시, 헬레나 브르바는 서른 살 생일을 불과 2주 앞두고 사망했다.

사망 증명서에는 사인이 "약물로 인한 자살 의심"이라고 나왔다. 헬레나는 항말라리아 약물인 클로로퀸을 과다 복용했다. 시신 근처에는 와인 병이 발견되었고, 그중 3분의 1이 비어 있었으며, 옆에 노트 한 장이 있었다. 연한 파란색 잉크로 줄이 그어진 A4 용지에 글이 시처럼 띄어 쓰여 있었다. 짐에게 보내는 편지였다. "강한 것도 결국 부서지나 봐. 나는 오랫동안 그것이랑 싸워 왔어. 두려움과 절망에 찬 외침을 들어줘. 이제는 두렵지 않아, 실패할까 봐 두려울 뿐이지." 헬레나의 옆에는 『공허에 핀 꽃Flowers of Emptiness』이라는 책이 놓여 있었다.

루디는 주진카라 부를 남은 딸에게 편지로 분명히 밝혔다. "헬레나의 죽음은 내 인생 최악의 경험이었어." 루디는 아우슈비츠에서 죽음, 굶주림, 고문을 견뎠고 100만 명 이상의 사람들이 학살당하는 광경을 목격했지만 첫째 아이의 자살이 그에게 더 큰 충격을 안겼다. 왜냐하면 이번에는 "맞받아칠 수 없는 끔찍한 재앙에 직면"했기 때문이었다. 나치에 맞서 싸울 때보다도 더 큰 무력감이 느껴졌다.

그는 지독한 절망감에 빠졌다. 매일 "울음 발작"이 있었다고 말했다. 일을 할 수 없었고 잠만 잤다. 때로는 주자에게 길고 산만한 내용이 담긴 편지를 보냈다(한번은 42페이지에 달하는 편지를 보냈다). 그때마다 루디는 같은 질문을 스스로 던졌다. 헬레나는 왜 그랬을까? 나에게도 어느 정도 책임이 있을까? 헬레나는 왜 지난 3년 동안 거의 연락을 끊었던 것일까? 루디는 이렇게 썼다. "아빠가 뭘 잘못했을까? 내가 가진 힘, 회복력, 삶에 대한 애정을 헬레나에게 더 많이 나누어 줘야 했을까? 그런 의문이 나를 괴롭힌단다."

루디는 헬레나가 3년 전에 태평양으로 떠나기로 했을 때 자신의 두려움을 표출하지 않았어야 했는지 궁금했다. 하지만 스스로 제어할 수 없었다. 주자에게 보낸 편지에서 루디는 이렇게 말했다. "아우슈비츠에 있을 때는 내가 그곳을 살아서 나올 것이고 인류 최악의 적인 나치에게 한 방 먹일 특권을 가질 것이라고, 비논리적이지만 뚜렷이 직감하고 있었거든. 헬레나 때도 녀석의 운명이 파푸아뉴기니에서 죽는 것이라는 예감이 느껴졌어. 그래서 그때는 큰소리를 칠 수밖에 없었지."

그는 사방으로 분노를 표출했다. 때로는 파푸아뉴기니 당국을 비난했다. 때로는 전처 게르타를 비난했다. 그녀가 헬레나의 편지를 훔치는 "수작"을 부린다고 생각했기 때문이다. 때로는 주자를 비난했다. 주자가 헬레나의 물건을 간직하는 "병적인 감상주의"를 보인다고 생각했기 때문이다. 때로는 헬레나 본인을 제 엄마만큼이나 "무자비"하다고 탓하며 자신을 "낡은 헝겊"처럼 버렸다고 비난했다.

그는 과거에 자신에게 잘 맞았던 도구, 즉 이성과 과학적 사고를 사용하여 감정을 통제하려 했다. 한때 그가 탈출학 전문가가 되었던 것처럼, 이제 그는 자살학 전문가가 되기로 결심했다. 그는 주자에게 학술지에서 나온 연구 논문을 폭격하듯 보냈고 헬레나의 사례를 학술적 관점에서 조사했다. 이는 결국 그의 전공 분야와 동일한 요점으로 귀결되었다. 사람이 자신의 생명을 스스로 끝내는 것은 자유의지에 의한 것인가, 아니면 뇌의 생화학에 의한 것인가? 루디는 딸의 유서를 한 줄 한 줄 분석했고, 언젠가는 오스트리아-헝가리 뿌리를 가진 사람들과 의술 자격을 가진 사람들 사이에서 자살률이 더 높다는 연구도 발견했다. 프라하에서 태어난 헬레나는 양쪽 모두에 속했기에 루디는 딸이 두 배로 불운을 타고났다고 생각했다.

때로는 과연 자살이었을지 의심하기도 했다. 검시관은 미결 판정을 내렸고, 루디와 게르타는 몇 가지 의문점이 있다고 생각했다. 루디는 헬레나의 시신 옆에서 발견된 유서를 필적 감정에 제출하여 정말 헬레나의 필체인지 확인하고 싶어 했다. 부검 샘플이 유실된 것도 안타까운 일이었다. 런던의 병리학자가 사인을 규명할 기회를 잃게 된 것이었다. 루디는 주자에게 헬레나의 편지를 다시 살펴보고 "숨겨진 단서"가 없는지 찾으라고 부탁했다. 또한 헬레나의 은행 거래 내역에서 "불규칙적"이라고 여겨지는 점들을 찾아냈다. 파푸아뉴기니에 있는 헬레나의 전 동료들에게 "거기서 헬레나한테 특별히 적대적인 사람이 있었나요?"라고 묻기도 했다.

아마 다른 사람들은 자살을 덜 의심했을 것이다. 특히 루디가 여태까지 몰랐던 사실이 있었다. 헬레나는 10여 년 전에 이미 자살 시도를 한 적이 있었다. 열여섯 살에 그녀는 손목을 그었다. 한 나이 많은 남자가 관련되어 있었고 일이 일어난 곳은 독일이었다. 하지만 아무도 루디에게 말해 주지 않았고, 이는 그의 분노를 더욱 증폭시켰다.

그럼에도 루돌프 브르바는 다른 사람들이 분명하다고 여기는 것을 사실로 받아들이기 어려웠다. 그의 과거의 두 가지 측면이 딸이 스스로 목숨을 끊었다고 결론짓는 것을 한층 더 두렵게 만들었다. 명백한 요인 하나는 아우슈비츠였다.

루디는 아내에게 말했다. "이제 무슨 일이 일어날까? 사람들이 '아빠가 홀로코스트 생존자니까 딸이 자살을 하지'라고 말할 거야." 루디는 헬레나가 나치의 뒤늦은 희생양으로 보이기를 원치 않았다. 히틀러가 다음 세대까지 손을 뻗는 것처럼 보이기를 원치 않았다. 말도 안 되는 일이었다.

하지만 어쩌면 더 일찍부터 작용했던 두려움의 요인이 있었을지도 모른다. 적어도 두 명의 친척이 로빈에게 말하길 루디의 아버지가 사실 바이러스 감염으로 죽지 않았다는 것이다. 그들은 엘리아스 로젠베르크가 경제 대공황으로 제재소를 잃고 절망에 빠져 자살했다고 말했다. 이는 바로 그 운명의 날 집으로 향하던 어린 발터에게 마을 사람들이 외쳤던 말이 어떤 잔인한 의미를 품고 있었는지 설명해 줬다. "야, 유대인! 너희 아버지가 죽었다가 살아났대." 어쩌면 엘리아스는 자살 시도에서 살아남아 이웃들이 아들을 조롱하는 가운데 다시 죽었을지도 모른다. 물론 루디는 이를 믿으려 하지 않았다.

루디는 아마 두 설명을 전부 부정했을 것이다. 경험을 통해서든 유전을 통해서든 자신이 딸의 운명에 어느 정도 책임이 있다는 뜻이었기 때문이다. 그는 자살이 상징하는 허무주의가 삶을 온전히 살려는 자신의 결단과 충돌하기 때문에 자살과 아무런 관련을 맺고 싶지 않았다. 그는 자살을 "튕기는 총알"이라고 묘사했다. 단 한 사람의 생명만을 빼앗는 것이 아니라 가까이 있는 모든 사람을 맞추기 때문이다.

몇 달이 지나고 몇 년이 지나면서 루디는 이 일을 계속 곱씹었다. 루디는 이 일에 사로잡혔다. 동료들이 자신의 상태를 전혀 모를 것이라고 확신했지만 사실 루디의 상태를 추측하는 데는 그리 많은 것이 필요하지 않았다. 브리티시컬럼비아대학에 입학하려는 의대생을 인터뷰할 때도 루디가 선택한 주제는 자살이었다. 그때 한 지원자는 눈물을 흘리기까지 했다.

딸의 죽음은 그의 핵심 신념을 흔들었다. 루디는 어린 시절 이미 종교에서 멀어졌지만 이제는 다시 신을 찾았다. "나의 창조주시여. 저보다 나은 이들이 끔찍한 죽음을 맞이한 지옥에서 저를 구출해 주신 큰 자비의 하느님이시여"라고 말했다. 헬레나가 "하늘의 부르심"을 받았다는 "전언"을 받았다고 주장하기도 했다. 루디는 주자에게 자신이 계속 기도하고 있으며 우리의 고통과 슬픔이 헬레나의 "영혼"을 괴롭히고 있으니 다시 평소대로 돌아가야 한다고 말했다.

객관적인 사실만 다루던 과학자, 냉철한 수치로 대량 학살을 기록하던 서기가 이제는 "죽음"이라는 단어조차 입에 올릴 수 없었다. 루디는 죽음 대신 헬레나의 새로운 "출발"을 이야기했다. 60대에 접어들면서 한때 견고해 보였던 모든 것이 녹아내리고 있었다.

그럼에도 루돌프는 쓰러지지 않았다. 헬레나가 세상을 떠난

지 8년 후인 1990년, 공산주의가 붕괴된 후 루디는 마침내 고향으로 돌아갔다. 그곳이 얼마나 안전한지 확신할 수는 없었지만 (만일의 사태에 대비해 아우슈비츠 문신을 가렸다) 한때 집이었던 거리와 동네를 걸어 다닐 수 있었다. 그곳을 걷는 동안 갑자기 머리가 맑아졌다. 원래는 자살이니 타살이니 같은 논쟁을 또 도돌이표처럼 되풀이하려 했다. 그런데 돌연 그 쳇바퀴에서 루디가 벗어났다. 그냥 그렇게 루디는 논쟁을 더 파고들려 하지 않았다. 그리고 마침내 로빈은 생각했다. 치유가 시작되었다고.

루돌프 브르바는 인생 내내 대부분의 사람들이 무너졌을 만한 타격을 한 번도 아니고 여러 번 받았음에도 다시 일어설 힘을 찾았다. 그는 살아남았다. 살아남고 싶었다.

## 30장
# 셀 수 없을 만큼 많은 사람

1980년대와 1990년대에 루디는 이전보다 약간 더 나은 인정을 받았다. 〈쇼아〉에 출연하고 쥰델 재판에서 증언하고 이전에 냉담했던 사람들과의 관계가 서서히 녹아 가면서부터였다. 1998년 하이파대학교는 루디에게 명예박사 학위를 수여했고, 전년도인 1997년에는 밴쿠버 유대인 공동체가 크리스탈나흐트Kristallnacht, 즉 "유리의 밤"(1938년 11월 나치와 협력자들이 유대인 소유 상점의 유리창을 깨고 수백 개의 회당에 불을 지른 사건)을 기리는 행사에 루디를 주요 연설자로 초청하기도 했다. 그곳에서 루디는 나치가 유대인을 박해한 방식 중 안타깝게도 자주 간과되는 측면인 금전적 약탈에 관해 이야기했다. 나치는 유대인에게서 현금, 부동산, 머리카락, 금니까지 모든 것을 빼앗았다.

이런저런 초청에서 만족감을 얻을 수는 있었지만 루디와 프레드가 이루어 낸 놀라운 업적은 여전히 희미하게만 인식되었다. 1988년 프레드 베츨러는, 루디의 이스라엘 변호인인 루스 린의 표현을 빌리자면 브라티슬라바에서 "쓰라리고 취하고 잊힌" 채로 죽었다. 프레드는 말년을 도서관에서 일하며 보냈다. 때때로 독자가 요제프 라닉이라는 필명으로 출판된 『단테가 보지 못한 것』을 집어 들고 그 안의 영웅담에 감탄할 때 프레드는 그 이야기가 자신의 것임을 밝히지 않았다.

이제 루디 혼자 둘의 임무에 대한 기억을 간직하게 되었다. 그들의 탈출은 세 가지 가정에 기초하고 있었다. 첫째는 외부 세계가 최종 해결책의 무서움에 대해 아무것도 모른다는 믿음, 즉 아우슈비츠 행성은 영구적인 암흑 상태에 있기에 누구도 안을 들여다볼 수 없다는 믿음이었다. 둘째는 연합국이 살육을 막지 않는 유일한 이유는 그것을 몰랐기 때문이며 학살을 알게 되는 순간 분명히 그를 멈추기 위해 움직일 것이라는 확신이었다. 루디에게 가장 중요한 셋째는 유대인들이 아우슈비츠의 의미를 이해하면 이송 열차에 타기를 거부할 것이며 그 거부로 인해 속임수와 비밀이라는 윤활유로 돌아가던 나치의 죽음 기계가 멈출 것이라는 신념이었다.

그의 생애 마지막 몇십 년 동안 이 세 가지 확신은 모두 흔들리게 되었다.

물론 루디는 유대인들이 아우슈비츠에 대해 아무것도 몰랐다는 견해를 흔들 이유를 찾지 못했다. 두 눈으로 직접 목격한 일이었으니까. 임시 수용소에서 노역자로 선발된 신입과 대화를 나눠 보면 기차가 도착하기 전 아우슈비츠의 가스실에 대해 알고 있었던 이는 하나도 없었다. 이러한 입장은 전쟁이 끝나고도 여러 번 확증되었다. 예후다 바우어는 "대다수의 헝가리 유대인들이 폴란드에서 벌어지는 대량 학살을 알고 있었다"라고 주장할지 모르지만 엘리 비젤Elie Wiesel은 많은 생존자들과 그보다 훨씬 더 많은 희생자들을 대변해 이렇게 일갈했다. "저희는 아우슈비츠에서 무엇이 기다리고 있는지 전혀 몰랐습니다. 아우슈비츠라는 이름을 들어도 어떤 기억도 떠오르지 않았고 어떤 두려움도 느껴지지 않았어요." 비젤은 헝가리 유대인 중 하나였으며, 프레드와 루디가 수용소를 탈출해 보고서를 작성한 후에도 진실을 영영 알지 못했다. 비젤은 "아무도 우리에게 가지 말라고 말해 주지 않았어요"라고 덧붙였다.

그러니 루디는 유럽의 유대인들이 나치가 무엇을 준비하고 있는지 몰랐다는 확신을 바꿀 이유가 없었다. 그러나 시간이 지남에 따라 루디는 프레드랑 땅속 구덩이에 숨어 있을 때 가정했던 것처럼 나머지 세계가 그리 무지하지 않을 가능성을 알게 되었다.

당연하게도 유대인을 세상에서 없애려는 나치의 야망은 비밀이 아니었다. 1938년 11월 23일, 유리의 밤 2주 후에 「로스앤젤레스이그재미너Los Angeles Examiner」 1면 헤드라인은 이렇게 전했다. "나치가 경고한다. 민주주의 국가들이 유대인을 피난시키지 않으면 유대인은 전멸할 것이다." 아돌프 히틀러 본인도 1942년 1월 30일 대놓고 "이 전쟁의 결과는 유대인의 완전한 말살이 될 것"이라고 선언했다. 정확히 3년에 걸쳐 거의 동일한 용어로 위협을 반복한 셈이다. 게다가 연합국은 1942년 내내 그것이 단순한 포부가 아님을 이해하기에 충분한 증거를 보고 들었다. 그해 12월, 루디를 비롯한 수용자들이 SS 대원들에게 〈고요한 밤〉을 외워서 부르도록 강요당했을 때 폴란드 망명 정부는 막 태동한 국제연합에 「독일이 점령한 폴란드에서 벌어지는 유대인 대량 학살」이라는 성명문을 게재했다.

    연합국의 지도자들은 나치의 유대인 학살에 대한 직접적인 목격자 증언도 받았다. 1943년에 앤서니 이든과 프랭클린 루스벨트 곁에는 귀족적 자태를 지닌 비유대계 폴란드인 얀 카르스키Jan Karski가 합석해 있었다. 카르스키는 바르샤바 게토와 이즈비차 수용소에 두 번 잠입한 적이 있으며, 그의 보고서는 UN에 보내는 성명문의 기초가 되었다. 카르스키는 대규모 총살 행위는 물론 유대인을 "트레블링카, 벨제츠, 소비보르의 특수 수용소"로 보내기 위해 화물 트럭에 태웠다고도 설명했다. 1942년 12월, 이든은 하원 연단에 올라 12개 연합국이 동의한 선언문을 읽으며 나치가 추구하는 "잔인하고 냉혹한 학살 정책"을 비난했다. 이는 "수많은 보고서"로 확인되었다. 국회의원들은 그들의 지지를 표명하기 위해 침묵을 지켰다. 곧이어 1943년, 바티칸은 나치 희생자의 수가 수백만에 달한다는 사실을 알게 되었다. 로마는 이스탄불의 교황청 대사이자 미래에 교황 요한 23세가 될 몽시뇰 안젤로 론칼리Monsignor Angelo Roncalli로부터 계속 정보를 받았기 때문이다.

이 모든 사실들을 루디는 전후 수십 년에 걸쳐 발견하게 되었다. 대부분의 내용은 루디가 주요 응답자로 참여한 마틴 길버트의 『아우슈비츠와 연합국』에 상세히 기록되어 있었다. 길버트는 런던과 워싱턴 등이 유럽의 유대인을 제거하려는 나치의 시도를 알고 있었다는 사실을 적나라하게 드러냈다. 비록 아우슈비츠라는 "동쪽의 알려지지 않은 목적지"에 대한 지식은 희미했지만 말이다. 길버트는 여기서 더 나아가 연합국이 나치의 유대인 학살을 알게 되면 행동할 것이라는 믿음도 잘못되었음을 밝혔다.

루디 역시 보고서를 밀반출한 후에도 연합국이 아우슈비츠나 그로 향하는 철도 노선을 폭격하지 않은 사실을 완전히 인지하고 있었다. 그러나 길버트 덕분에 루디는 그런 방관 뒤에 무슨 이유가 깔려 있는지 이해하게 되었고, 정보 부족만이 연합국의 손을 묶은 것이 아님을 깨달았다. 길버트는 물론 정치적, 군사적 고려 사항도 있었겠지만 "회의와 불신, 그리고 편견"이 크게 작용했음을 지적했다. 특히 편견은 의심을 부채질했다. 1942년 12월 7일 런던에서 어느 식민지 사무국이 대량 학살 보고에 응답해 쓴 기록을 보면 "유대인은 지난 몇 년 동안 지나치게 과장해서 말하는 바람에 주장 자체를 망쳤다"라고 말한다. 브르바-베츨러 보고서 원문 역시 외무부에서 비슷한 반응을 불러일으켰다. 이안 헨더슨Ian Henderson은 1944년 8월 26일에 "유대인 특유의 과장은 감안해야 하지만 그래도 이 진술은 끔찍하다"라고 썼다. 불과 2주도 채 지나지 않아 같은 부서의 동료는 "내 의견으로는 사무소의 업무 시간 중 지나치게 많은 시간이 울부짖는 유대인을 처리하는 데 낭비되고 있다"라고 불평했다. 열아홉 살의 발터 로젠베르크는 이런 상황을 예상하지 못했다.

21세기가 시작되고 각지의 기록 보관소가 개방되면서 프레드와 루디의 주된 신념에 또 다른 타격이 가해졌다. 길버트의 설명에 따르면 넓은 의미의 최종 해결책은 차치하더라도 아우슈비츠 자체는 여전히 "알려지지 않은 목적지" 또는 "동쪽 어딘가"로 남아 있었으며 그곳 지식은 물 샐 틈 없이 봉인되어 있었다. 이는 분명 수용소로 끌려간 유대인들이 아무것도 몰랐다는 점에서 사실이었고 1944년 6월 말에 아우슈비츠 보고서가 신문에 등장하기 전까지 전 세계의 대중이 "아우슈비츠"라는 단어조차 거의 들어보지 못했다는 점에서도 사실이었다.

그러나 길버트의 책이 출판된 지 약 20년 후에 발표된 새로운 연구는 런던과 워싱턴에 깔린 무지의 베일이 생각보다 훨씬 얇았음을 보여 주었다. 아우슈비츠와 그 기능에 대한 소식은 1942년부터 이미 폴란드 지하 조직의 구성원들이나 수용소에서 탈출한 비유대인 수용자들을 통해 폴란드 망명 집단으로 들어오기 시작했다. 예컨대 스타니스와프 야스테르Stanisław Jaster는 1942년 6월에 아우슈비츠에서 유대인 학살이 언급된 보고서를 밀반출했고, 저항 투사 비톨드 필레츠키Witold Pilecki는 1943년 4월에 아우슈비츠를 탈출하기 전 유대인 학살에 관한 정보를 상부로 보냈다. 더욱이 그러한 정보는 결정을 내릴 권한이 있는 윗사람들에게 도달했다.

폴란드 망명 정부는 런던에 본부를 두고 있었음에도 알고 있는 사실을 널리 알리지 않았다. 이는 유대인들의 고통을 경시하는 강경 민족주의자들의 영향과 폴란드 망명자들이 유대인의 생명을 구하기 위해서가 아니라 자국민을 위해 싸우고 있음을 강조하기 위해 나치의 유대인 학살을 선전 활동의 중심에서 배제하고자 한 영국 정부의 영향 때문이었다. 물론 폴란드에서 공개적으로 드러난 정보는 지엽적이고 파편적이었다. 비공개 상태의 보고서들조차도 브르바-베츨러 보고서의 범위, 밀도, 깊이에는 필적하지 못했다. 무게감이 전혀 달랐고 비슷한 급의 영향을 끼칠 힘이 없었다. 그럼에도 어쨌든 그러한 보고서들이 존재했으며, 그중 약 35개가 프레드와 루디가 증언을 하기도 전에 서방 세계에 도달했다. 일부는 때때로 신문에 실리기도 했다. 그러나 아우슈비츠에 대해 정보를 받은 공무원이나 지도자들은 대개 길버트가 지적한 이유, 즉 다른 전쟁 목표에 대한 집중, 유대인에 대한 편견에 의해 형성된 불신, 그런 참상이 실제로 일어날 리 없다는 회의주의 등으로 인해 자신들이 알고 있는 내용을 실행에 옮기지 않았다. 처칠이 부하에게 "무엇을 할 수 있겠는가? 뭐라 말해야 하는가?"라고 했을 때도 처칠은 두려워서 말문이 막혔던 게 아니라 비밀이었던 지식이 드러났을 때 정치가로서 어떤 실질적인 태도를 보여야 하는지 궁금함을 나타낸 것일 수도 있다.

따라서 루디는 연합국이 몰랐다고 믿었던 것이 잘못되었음을, 그들이 유대인을 구출하러 올 것이라고 믿었던 것이 잘못되었음을 인정해야 했다. 그럼에도 루디는 마지막 확신 하나에 매달릴 수 있었다. 만약 헝가리의 유대인들이 자신과 프레드가 알고 있는 지식, 즉 보고서에 적힌 내용을 알았더라면 죽음의 길을 거부했을 것이라는 믿음 말이다.

루디는 이 믿음에 굳게 고착했지만 나중에는 이조차 도전을 받았다. 몇몇 역사가들은 레죄 카스트너를 비롯한 헝가리 유대인 지도부가 브르바-베츨러 보고서를 숨기지 않았더라도 그것이 큰 차이를 만들지는 않았을 것이라고 주장했다. 어차피 전투가 가능한 연령대의 유대인 남성이 부재했고, 무기가 부족했으며, 숨을 곳이 거의 없는 평지였고, 현지 주민들이 유대인에게 무관심하거나 오히려 적대적이었기 때문에 저항은 불가능했을 것이라는 말이다. 루디는 이에 반론을 제기했다. 유대인들이 나치의 작전을 저지하거나 지연시키기 위해 굳이 공식적인 저항 운동 형태를 띨 필요는 없었다. 사실 공황 상태에 의한 혼란과 그 틈을 탄 도망만으로도 충분했다. 그러한 상황에서 나치는 양이 아닌 사슴을 사냥해야만 했을 것이다.

그런데 더 강력한 반박이 나타났다. 특히 그 출처 때문이었다. 〈쇼아〉의 공개 이후 얼마 지나지 않아 루디는 다큐멘터리를 보고 밴쿠버까지 찾아와 개인적으로 감사의 인사를 전하려는 남자를 만났다. 그는 루돌프 브르바가 자신의 목숨을 구했다고 믿었다. 그의 이름은 게오르크 클라인Georg Klein이었다. 40여 년 전에는 듀르지 클라인이었던 그는 부다페스트의 유대인평의회에서 신입 비서로 일하고 있었다.

전환점은 1944년 5월 말에서 6월 초 사이에 찾아왔다. 듀르지의 상사인 유대인평의회 랍비가 그에게 "매우 비밀스러운 문서"를 보여 주었다. 그것은 폴란드의 어느 절멸 수용소에서 탈출한 젊은 슬로바키아 유대인들이 작성한 보고서였다. 랍비는 듀르지에게 가장 가까운 친구와 가족에게만 내용을 알려 주는 조건으로 보고서를 보여 주겠다고 했다. 그런 다음 듀르지에게 헝가리어로 쓰인 브르바-베츨러 보고서를 건네주었다.

듀르지는 보고서를 읽으며 메스꺼움과 지적 만족감을 동시에 느꼈다. 메스꺼움은 그의 할머니와 삼촌들이 강제 이송된 이후의 운명을 이제야 알게 되었기 때문이고, 지적 만족감은 자신이 읽고 있는 내용이 진실이라는 것을 알았기 때문이었다. 듀르지는 나중에 보고서에 관해 이렇게 썼다. "담백하고 사실적이며 과학적인 언어로 쓰여서 날짜, 숫자, 지도는 물론 이야기의 논리까지 전부 이해되었다. 이렇게나 논리적인 글은 없을 것이다."

듀르지는 즉시 길 건너에서 진료를 하는 류머티즘 전문의 삼촌을 찾아갔다. 아직 10대였던 듀르지는 삼촌에게 자신이 읽은 내용을 전했다. 삼촌의 반응은 그를 놀라게 했다. 격분해서 거의 조카를 때리려 했기 때문이다. "삼촌의 얼굴이 붉어졌고 고개를 저으며 언성을 높였다." 어떻게 그렇게 말도 안 되는 이야기를 믿을 수 있느냐는 것이었다. 그것은 생각조차 할 수 없는 일이었다.

듀르지는 다른 친척들과 친구들을 찾아가 아우슈비츠 보고서에서 읽은 내용을 전했다. 곧 패턴이 나타났다. 젊은 사람들은 보고서를 믿고 이송을 피할 계획을 세우기 시작했다. 그러나 중

년층, 즉 삼촌처럼 가족, 경력, 재산을 가진 사람들은 자신들이 듣고 있는 것을 믿지 않았다. 가진 모든 것을 버리고 지하 생활을 하며 위조 서류로 살아가거나 한밤중에 국경을 넘는다는 생각 자체가 그들로 하여금 믿지 못하게 했다. 듀르지 자신도 기차역까지 가서야 비로소 탈출을 결심했다. 그는 가축용 화물칸을 보고는 보고서에 적힌 내용을 떠올리며 총에 맞을 위험을 무릅쓰고 도망쳤다.

40여 년 후 게오르크는 자신의 구세주였던 사람과 브리티시 컬럼비아대학 교수회관에 앉아 있었다. 게오르크는 루디에게 자신이야말로 브르바-베츨러 보고서가 널리 배포되었더라도 루디가 바란 결과는 오지 않았을 것임을 입증하는 증거라고 말했다. 게오르크가 경고한 중년층 사람 중 단 한 명도 그를 믿지 않았다.

두 사람은 이 문제로 논쟁을 벌였다. 루디는 게오르크가 젊었기 때문에 사람들이 그를 믿지 않았다고 주장했다. 만약 아우슈비츠 보고서가 신뢰받는 유대인 지도층에 의해 배포되었다면 상황이 달라졌을 것이라고 말했다. 반면 게오르크는 나이 든 사람들은 누가 경고를 하든 절대 행동하지 않았을 것이라고 반박했다. 그들은 법을 따르는 데 익숙해져 있었다. 불복종은 자녀를 기차역에서 총에 맞아 죽을 위험에 처하게 만드는 것을 의미했다. 부모라면 죽음이 기다리고 있다는 소식을 듣더라도 그런 위험을 감수하지 않았을 것이라고 말했다. "부인이 가장 자연스러운 도피였다."

둘은 계속해서 논쟁을 벌였다. 루디는 기차에 오르는 유대인에게 최소한의 정보를 기반으로 결정을 내릴 권리가 있었고, 자신이 모든 것을 바쳐서 밝혀낸 증거를 숨긴 사람들 때문에 그 권리가 부정되었다고 주장했다. 게오르크는 그 권리가 존중되었더라도 거의 아무도 다르게 행동하지 않았을 것이라고 주장했다.

사실 게오르크 클라인의 주장은 루디에게 전혀 새로운 것이 아니었다. 그는 인간이란 제 죽음을 상상하는 것이 거의 불가능하다는 것을 이미 여러 번 생각해 본 적 있었다.

루디의 동료 탈출자 중 한 명 역시 탈출한 지 몇 달 만에 이 현상을 직접 경험했다. 1944년 말, 모르도비츠는 게슈타포에게 붙잡혀 다시 아우슈비츠로 보내지는 이송 열차에 실렸다. 가축용 화물칸 안에서 그는 강제 이송을 당하는 다른 유대인들에게 그들을 기다리는 운명에 대해 알렸다. 그가 애원하듯 말했다. "제 말 좀 들어 보세요. 여러분은 지금 죽으러 가는 거예요." 모르도비츠는 사람들에게 자신과 함께 움직이는 열차에서 뛰어내리자고 촉구했다. 그러나 그들은 거부했다. 대신 그들은 소리를 지르며 문을 두드려 독일 경비들을 불렀다. 그들은 모르도비츠를 공격하여 거의 무력해질 때까지 구타했다. 그는 결국 열차에서 뛰어내리지 못한 채 다시 비르케나우로 돌아갔다. 경고를 받은 사람들이 믿지 못할 경고, 듣고 싶어 하지 않을 경고를 했기에 벌어진 일이었다.

심지어 아우슈비츠 수용소 내에서도 인간의 살이 타는 연기로 가득 찬 공기를 보고 마시면서도 진실을 믿지 않는 사람들이 있었다. 요제프 멩겔레의 노예로 일했던 어느 수용자는 가스실에서 무슨 일이 일어나는지 잘 알고 있는 수용자들이 자신의 처형 시간이 다가올 때 어떤 식으로 진실을 억누르는지 설명했다. 사실 어린 발터조차도 처음으로 카나다에서 죽은 자들의 가방과 옷을 마주했을 때 그들의 운명에 대한 "막연한 의심"을 억지로 머릿속에서 밀어내려고 했다.

누구도 본 적 없는 공포를 이해하기는 특히 어렵다. 비밀요원 얀 카르스키는 나치의 유대인 학살을 보고하기 위해 워싱턴을 방문했을 때 대법관 펠릭스 프랑크푸르터Felix Frankfurter도 만났다. 카르스키는 판사에게 폴란드에서 본 것을 이야기했다. 프랑크푸르터는 20분 동안 듣다가 결국 이렇게 말했다. "저는 당신 말을 믿지 않습니다." 방에 있던 외교관이 카르스키의 믿을 만한 인물임을 변호하기 시작하자 판사는 이렇게 응했다. "저는 그가 거짓말을 하고 있다고 말한 게 아닙니다. 저는 그를 믿지 않는다고 말한 것입니다. 이 둘은 다릅니다. 제 마음과 제 가슴은 믿을 수 없는 사실을 받아들이지 못하게 만들어져 있습니다. 절대 못 받아들이죠."

전쟁 후에 한나 아렌트는 브르바-베츨러 보고서의 핵심 내용을 밝히는 「뉴욕타임스」 기사를 읽었을 때 자신과 남편이 그것을 "믿지 않았다"라고 인정했다. 그녀의 남편은 "민간인을 죽이는 것은 군사적으로 의미가 없기 때문에 사실일 리가 없다"라고 생각했다.

발터가 탈출할 수 있었던 것은 진실이 생명을 구할 수 있다는 확신에 기반을 두고 있었다. 정보가 유대인을 말살하려는 나치의 계획을 저지할 무기가 될 것이라 믿었다. 가족 수용소의 체코 유대인들이 맞이한 운명을 목격하면서, 그리고 그 모든 증거에도 자신들이 어떻게든 살아남을 것이라는 확신을 가진 잔존 주민들을 바라보면서 그는 더 복잡한 진실을 이해하게 되었다. 정보는 확실히 필요하지만 그것만으로는 충분하지 않다는 것이다. 정보는, 특히 생명이 걸린 정보는 믿어야 의미가 있다. 이 점에서는 루디든 바우어든 결국 의견이 일치했다. 정보가 믿음과 결합될 때에만 지식이 되고, 지식만이 행동을 이끈다는 것이다.

프랑스계 유대인 철학자 레몽 아롱Raymond Aron은 홀로코스트에 대해 질문을 받았을 때 이렇게 말했다. "저는 알았지만 믿지 않았습니다. 그리고 제가 믿지 않았기 때문에 저는 알지 못했습니다."

루돌프 브르바는 이 모든 사실을 이해했음에도 좌절하지 않았다. 그는 밴쿠버에서 게오르크 클라인과 며칠 시간을 보내면서 이 주제에 대해 논의했다. 두 사람은 스탠리공원에서 길게 산책을 하며 시간을 보냈고, 클라인은 로빈과 루디의 집에 머물며 부부를 놀라게 했다. 그들의 대화는 계속되었다. 얼마 후 파리에서도 그들은 두 명의 다른 과학자와 함께 점심이 저녁으로 이어지는 긴 식사를 나누었다. 클라인이 말한 어떤 것도 루디의 정신을 꺾지 못했다.

클라인은 루디가 이제껏 겪은 모든 고난에도 불구하고 삶을 살아가고 학생들을 격려하며 웨이터와 가벼운 대화를 나누는 모습에 놀랐다. 동포와 딸을 잃은 사람이라면 현실 부정이나 우울증에 빠지리라 예상하기 쉬웠지만 루디는 그렇지 않았다. 오히려 루디는 훨씬 더 어려우면서도 존경스러운 일을 하고 있었다. 그는 자신이 겪은 상실을 안고도 여전히 삶을 살아가고 있었다.

실제로 루디는 삶을 사랑했고 더 많은 삶을 갈망했다. 2005년 5월, 루디는 밴쿠버 유대인 공동체의 지도자이자 의대 교수인 로버트 크렐Robert Krell에게 전화를 걸었다. 처음 크렐을 만났을 때는 그를 경계했지만 점차 벽이 허물어졌다. 크렐은 1940년에 태어난 네덜란드계 유대인으로, 처음 몇 년을 숨겨진 채 컸다고 했다. 결국 그때 숨겨진 아이와 아우슈비츠를 탈출한 남자가 친구가 되었다. 그런 그에게 루디가 전화를 걸어 "로버트, 자네랑 할 말이 있어"라고 말한 것이다.

루디는 크렐에게 자신이 약 10년 동안 방광암을 앓아 왔으며 지금까지 아무에게도 말하지 않았다고 밝혔다. 아내를 제외하고는 거의 아무에게도 알리지 않았으며, 딸 주자도 몰랐다. 마지막 검진에서는 암이 더 깊은 층까지 침투했다는 결과가 나왔다.

하지만 루디는 암울한 끝에 대한 이야기를 하려고 전화를 건 게 아니었다. 오히려 자기 진료를 보는 비뇨기과 의사의 태도가 마음에 들지 않아 로버트에게 따끔하게 한마디를 해 줄 수 있는지 물었다. 크렐은 즉시 의사에게 전화를 걸어 환자의 이력을 설명해 줬다. 루돌프 브르바가 겪은 일들을 고려할 때 의료진을 쉽게 믿지 못하는 것도 당연했다.

그 후 수술이 진행되어 루디의 방광과 일부 조직이 제거되었고 예후도 좋았다. 종양은 사라진 것처럼 보였고, 루디는 여든둘에 가까운 나이에도 일흔 살로 보였다. 그는 여태껏 모든 것을 연구했듯 방광암 생존율에 대해 연구했으며, 이 병에 대해서도 농담을 하며 아흔두 살까지 살 수 있다면 만족할 것이라 말했다. 그의 어머니는 1991년에 아흔여섯의 나이로 사망했지만 그 기록에 못 미쳐도 괜찮다고 했다. 그는 아직 삶을 놓을 준비가 되지 않았고 계속 살고 싶어 했다.

그러나 암세포는 주인의 특기를 배웠다. 탈출한 것이다. 암세포는 방광을 빠져나와 다리까지 전이된 상태였다. 이제 의료진은 치료보다는 통증 완화에 초점을 맞추었다. 루디는 이미 평생토록 충분한 고통을 겪었다. 크렐은 그가 더는 고통을 견딜 필요는 없다고 말했다.

친구들은 상황이 이렇게 될 필요는 없었다고 주장했다. 루디가 자신의 방식대로 치료법을 연구하고 계획하는 대신 좀 더 일찍 의사에게 맡겼다면 암을 치료할 수 있었을 것이라고 믿었다. 그러나 루디는 절대 약한 모습을 보이지 않겠다고 늘 다짐했다. **니가 무젤만이냐?** 그는 로빈에게, 자신에게, 세상에게 결코 취약해 보이고 싶지 않았다. 하지만 바로 그 다짐이 오히려 그의 가장 큰 취약점이 되었다.

건강은 서서히 악화됐다. 하지만 이 시기에 루디는 수십 년 동안 느끼지 못했던 위안을 얻었다. 1950년대 이후 처음으로 그는 매일 딸을 만났다. 당시 런던에서 아동 도서 편집자로 일하던 주자는 모든 것을 내려놓고 마지막 몇 달 동안 아버지의 곁에 있기 위해 밴쿠버로 왔다. 그들은 때로는 철학에 대해 이야기했고, 때로는 첫째 딸이자 언니 헬레나에 대해 이야기했다. 관계가 항상 순탄하지는 않았지만 마지막 몇 달은 그들 사이에 다정한 시간이 되었다. 뼛속까지 과학자였던 루디는 자신이 주자를 "세포 수준"까지 사랑한다고 말했다. 딸을 향한 사랑이 그만큼 깊었다. 주자는 살아 있는 유일한 자녀였고, 루디는 주자의 아빠였다.

루돌프 브르바는 2006년 3월 27일 오후 7시 25분에 사망했다. 죽기 몇 주 전까지 루디는 장례 절차에 대해 이야기하기를 꺼려했다. 나중에 아내는 이렇게 회상했다. "그이는 현실을 부정하고 있었고 저도 계속 그러고 있었죠." 루디는 죽음을 알고 싶지 않았다.

브르바는 캐나다-미국 국경의 작은 마을 츠와센에 있는 바운더리베이 묘지에 묻혔다. 추도사는 몬트리올에 사는 루디의 조카 스테판 호니Stephan Horny 박사만 읊었다. 유대인 남성의 수도 충분하지 않았고, 안식일인 토요일에 의식을 치르는 것이기에 정통 유대인 관습에서 벗어난 식이었다. 하지만 로빈의 아버지가 애도의 기도인 **카디시**를 낭송했다. 9개월 후에는 밴쿠버에서 추모 행사가 열렸고, 약 40명이 참석했다.

생전에 루디는 아우슈비츠의 현실을 세상에 알리려는 시도가 인정받을 때마다 기뻐했지만 그렇다고 자신을 영웅으로 보지는 않았다. 영웅이 성공한 사람으로 정의된다면 자신은 영웅이 될 수 없었다. 어쩌면 루돌프 브르바는 경고를 전하는 유대인 예언자의 전형 예레미야에게서 자신의 모습을 보았을지도 모르겠다. 그 예언자가 할 수 있는 것이라고는 경고가 무시될 때 구슬피 우는 것뿐이었다.

처음 만났을 때 열 시간 동안 길게 대화를 나누면서 게오르크 클라인은 루디에게 어째서 헝가리에서 일어나지 않은 일 때문에 아직도 그렇게 화가 나 있는지, 어째서 자신이 탈출한 덕분에 일어난 일에 대해 자랑스럽게 생각하지 않는지 물었다. "20만 명을 살린 게 만족스럽지 않으세요?"

아니, 브르바는 만족하지 못했다. 당시의 유명한 구세주들이 다 그랬듯 루디 역시 자신이 구한 사람들보다 구하지 못한 사람들에 대해 더 많이 생각했다.

하지만 게오르크 클라인의 생각은 달랐다. 그는 프레드와 루디가 수십 년 전에 했던 일 덕분에 자신이 목숨을 구했다고 믿었다. 클라인은 암 면역요법 연구에서 중요한 돌파구를 마련한 저명한 학자가 되었으며, 이는 이내 수백만 명을 도울 수 있는 발전을 가져왔다. 그 모든 것이 루디가 없었다면 불가능했을 것이다. 클라인은 세 자녀와 일곱 손주를 두었다. 나중에 그 손주 세대가 또 열두 명의 아이들을 낳게 된다. 그들의 생명은 루디 없이는 불가능했을 것이다. 그 아이들이 오늘날 살아 있는 것은 루디 덕분이었다.

유대 전통에 따르면 한 생명을 구하는 것이 곧 온 세상을 구하는 것이라고 한다. 프레드와 루디의 보고서 덕분에 부다페스트 유대인 20만 명이 아우슈비츠로 즉각 추방될 운명에서 살아남았다. 일부는 몇 달 후 화살십자당의 손에 죽임을 당했지만 살아남은 이들이 훨씬 더 많았다. 그 모든 생명과 그들의 후손들의 생명은 루돌프 브르바 없이는 불가능했을 것이다.

발터 로젠베르크가 태어나기 50년 전에 100마일도 안 되는 거리에서 에릭 바이츠Erik Weisz라는 이름의 소년이 세상에 태어났다. 그는 헝가리 출신 유대인이었고, 랍비의 아들이었다. 몇 년 후 그는 미국으로 이주하여 무대에 서기 시작했다. 처음에는 공중그네를 타다가 뒤이어 마술 공연을 시작했고, 마침내 탈출 마술사가 되었다. 그는 자신을 해리 후디니Harry Houdini라 불렀다.

로젠베르크 역시 탈출의 마술사였다. 그는 아우슈비츠에서 탈출했고 과거에서 탈출했으며 심지어 자신의 이름에서도 탈출했다. 그는 고향에서 탈출했고 입양된 나라에서 탈출했으며 그 후의 여러 나라에서도 탈출했다. 그는 계속해서 탈출했고 또 탈출했지만 자신이 목격하여 세상에 명명백백히 드러낸 공포로부터는 온전히 벗어날 수 없었다.

1960년대에 영국에 살 때 서튼에 있는 집에서 런던 시내로 운전해 갈 때마다 루디는 배터시발전소 굴뚝에서 나오는 연기를 보며 비르케나우의 화장터를 떠올렸다. 밴쿠버에서 의사가 엑스레이 촬영을 하느라 몸을 거칠게 다룰 때면 루디는 그 의사가 SS랑 비슷하다고 생각했다. 암이 치료할 수 없을 정도로 퍼졌을 때도 루디는 친구에게 한숨을 쉬며 말했다. "게슈타포가 결국 나를 붙잡았네."

루돌프 브르바의 삶은 그가 10대 때 겪었던 일들로 정의되었다. 하지만 루디는 거기에 짓눌리지 않았다. 그의 딸 주자가 마흔네 살이 되었을 때 루디는 생일 축하 메시지와 함께 "44"가 자신에게는 "행운의 숫자"임을 상기시켰다. 무슨 말인지 설명하기 위해 괄호 안에 아우슈비츠에서 그의 팔에 새겨진 번호 "44070"을 적었다. 루디는 그 숫자를 저주로 여기지 않았다. 오히려 큰 행운을 가져다주었다고 믿었다. 결국 그는 살아남았고 탈출했다. 루디가 주자에게 덧붙였다. "이게 너에게도 행운을 가져다주길 바란다."

루돌프 브르바는 20세기 가장 위대한 탈출의 마술사 중 하나였다. 아우슈비츠에서 탈출함으로써 이전에 어떤 유대인도 해내지 못한 일을 해냈고 그가 본 것을 세상에 알렸다. 그리고 비록 아우슈비츠의 그림자에서 완전히 벗어나지는 못했지만 충만한 삶을 살았다. 그는 공학자이자 과학자였고 남편이자 아빠였으며 결국에는 할아버지이기도 했다. 브르바는 세상과 역사에 홀로코스트의 진실을 알리는 데 기여했다. 브르바 덕분에 수십만 명의 사람들이 기나긴 삶을 살았고 그들의 자녀, 손자, 증손자가 세상에 나왔다. 도저히 다 셀 수 없을 만큼 많은 사람 말이다.

# 후기

이 책을 쓰는 동안 거의 한 세기 전의 문서들을 조사하고 오래전에 죽은 사람들을 둘러싼 사건들을 재구성하다 보면 마치 깊은 역사 속으로 뛰어드는 느낌이 들 때가 많았다. 그러나 책이 출판되고 몇 주와 몇 달이 지나면서 드디어 이야기가 살아 숨 쉬고 있다는 익숙한 느낌이 찾아왔다. 살아 있는 사람들의 기억 속에서 살아 숨 쉬었다.

책이 어느 서점이나 서가에 놓이기도 전에 사전 홍보를 본 독자로부터 이메일이 하나 도착했다. 그의 이름은 크리스 아든Chris Arden이었다.

1961~1962년에 저는 카셜턴비치스 신경정신과 연구소에서 신입 기술자로 일하게 되었습니다. 제가 A레벨을 마치고 난 후 첫 부

임지였어요. 바로 그 연구소에서 루디 브르바를 만났습니다. 루디는 다른 부서에서 일했습니다. 그래도 이 조용한 남자가 엄청난 기억력을 가지고 있었다는 것은 증언할 수 있어요. 언젠가 제가 루디에게 생화학 문제에 대해 이야기를 꺼냈는데, 루디는 해당 주제랑 관련된 참고 문헌을 특정 저널에서 찾을 수 있다고 말했습니다. 그런데 출판 날짜랑 페이지 번호랑 단락까지 다 읊더라고요. 순전히 기억만 가지고 말이에요.

나중에 나는 크리스를 만나 이야기를 들었고, 물론 루디의 인용이 완벽하게 정확했다는 사실도 확인했다. 크리스의 이메일이 특히나 반가웠던 이유는 크리스가 떠올린 기억이 나조차도 전혀 예상하지 못한 것이었기 때문이다. 책을 사전 홍보하던 시점에는 브르바의 뛰어난 기억력에 대해 언급한 적이 없었다. 예를 들자면 1942년과 1944년 사이 아우슈비츠에 도착한 유대인의 이송 정보를 펜이나 종이 없이 기억해 낸 루디의 정신적 업적에 대해 언급한 바가 없었다. 일부 역사학자들은 그런 기억이 가능한 일인지 의심했다. 그런데 브르바가 기이할 정도로 뛰어난 기억력을 가졌다는 증거 하나가 제 발로 찾아온 셈이었다. 브르바의 기억력은 1942년에서 1944년 사이에 수집한 죽음의 데이터에 국한되지 않았다. 오히려 영국의 어느 10대 과학자가 그의 재능에 깊은 인상을 받아 60년이 지난 후에도 잊어버리지 않고 있을 정도였다.

크리스 아든은 카셜턴에서 만난 브르바에 대해 두 가지 정보를 더 들려주었다. 둘 다 내가 이미 알고 있거나 추측했던 사실을 확증해 주었다. 크리스가 일단 한 가지를 이렇게 설명했다. "루디가 아우슈비츠에 있었던 것은 몰랐어요. 절대 수용소 이야기를 하지 않았거든요." 뒤이어 나머지 하나를 이렇게 언급했다. "외국인이셔서 그런지 1960년대 초반 과학계에서는 루디를 잘 받아들여 주지 않았던 것 같아요."

이것은 시작에 불과했다. 거의 영국 전역에서 청중을 만나 이야기하고 북미나 그 밖의 지역까지 출장을 떠나면서 나는 루디를 알고 지낸 사람들, 심지어 매우 친밀하게 알고 지낸 사람들을 마주쳤다. 마치 루돌프 브르바와 알프레드 프레처가 이룬 거대한 업적을 더 넓은 세상이 알아줄 때만을 기다린 것처럼 다들 이 잊을 수 없는 남자와의 만남을 소중히 간직하고 있었다. 이제 『아우슈비츠는 멀리 있지 않다』의 출간과 함께 루디와 프레드는 세상을 향해 한 발 앞으로 나온 셈이다.

한 번은 제인 베넷Jane Bennett이라는 사람에게 연락이 왔다. 제인은 시드니 힐튼이 게르타 브르보바를 만나기 전까지 힐튼의 아내였던 베스의 딸이었다. 믿기 어렵겠지만 바로 그 베스가 루디와 데이트를 했던 사람이다.

제인은 루디를 "사랑스럽고 수수한 남자"로 기억했다. 아돌프 아이히만의 재판이 있기 전날 주방 식탁에 앉아 「데일리헤럴드」에서 루디의 아우슈비츠 이야기를 읽다 매료되었던 기억도 가지고 있었다. 사실 그때 식탁 맞은편에는 루디가 앉아 있었다고 한다.

제인의 말대로라면 베스는 루디가 영국에 이주해서 처음으로 알고 지낸 사람 중 한 명이었다. 루디가 영국에 온 것은 딸들과 재회하려는 목적이 주였지만 사실 그는 헬레나, 주자, 게르타가 어디에 사는지 전혀 몰랐다. 유일한 단서는 전 부인 게르타가 시드니 힐튼과 결혼했다는 사실이었다. 이것만 가지고 어떻게 찾을 수 있었을까? 루디는 시드니가 버린 여자가 시드니처럼 생리학자라는 정보를 알고 있었다. 그래서 학계의 인맥을 통해 결국 베스 힐튼을 찾고야 말았다. 둘은 아마 빅토리아역에서 만난 것으로 보인다. 베스의 외모에 감탄한 루디의 첫 마디는 "그 사람이 **이런 당신**을 두고 **그런 여자**한테 갔다고요?"였다.

둘은 곧 연인이 되었고, 루디는 베스가 두 딸과 함께 사는 집에도 자주 찾아갔다. 그때 접한 루디의 가정사는 순전히 루디 쪽 이야기였다. 제인은 루디가 두 딸에게 선물을 보냈는데, 선물이 포장도 뜯지 않은 채로 되돌아왔을 때 고통스러워했던 것을 기억했다. 그러다 보니 베스와 제인 입장에서는 좋은 아빠가 아이들조차 만나지 못하게 하는 게르타가 문제의 주범으로 보였다.

베스가 루디를 연민 어린 시선으로 바라보기는 했지만 루디가 원하는 모든 것을 줄 수는 없었다. 루디는 아내를 원했기에 베스에게 청혼을 했다. 하지만 그랬다가는 양쪽 집안이 특이한 대칭 구조를 이루는 복잡한 가족일 될 게 뻔했다. 사실상 힐튼과 브르바가 배우자를 바꾸는 셈이었다. 그래서 베스는 거절했다. 베스의 딸들은 단지 엄마가 세 번째 결혼을 감당할 준비가 되어 있지 않아서 거절했다고 믿었다. 루디는 상처를 받았을 텐데도 베스에게 마음의 문을 닫지 않았다. 오히려 둘은 베스가 2003년에 사망할 때까지 "가까운 친구"로 지냈다.

사진만 봐도 알겠지만 루디는 1960년대 런던에서 눈에 띄게 멋진 남자였을 것이다. 그러다 보니 책 강연 후에 여성 청중이 다가와서 자신이나 자신의 지인이 루디와 로맨틱한 추억을 쌓은 적이 있다고 고백한 일이 여러 차례 있어도 그리 놀랍지는 않았다. 언젠가 이른 저녁에 헨리온템즈에서는 영국 표준 억양을 쓰는 우아한 숙녀 한 분이 싸인 대기 줄에 합류해 자기 언니가 체코슬로바키아에서 온 매력적인 남자랑 데이트를 한 적이 있는데 자기가 보기에도 매력적인 남자였다고 일러 주었다. 어느 비 오는 오후에 골더스그린에서는 훨씬 밀착된 관계 이야기까지 들을 수 있었다.

한번은 홀로코스트생존자센터에서 강연을 했다. 이 책에 언급된 사건들을 직접 겪은 이들이 안전하게 머물 수 있는 귀중한 장소였다. 생존자들에게 〈쇼아〉 이야기를 하는 것은 꽤나 벅찬 일이었지만 다행히 청중이 따뜻하게 맞아 주었다. 다들 열심히 들었지만 특히 한 여성이 눈에 띄었다.

나중에 그녀는 자신의 이름이 올가 스튜어드Olga Steward이며 주변 사람들은 올린카라고 부른다고 소개했다. 올린카는 당시 여든일곱 살이었고 런던에 살고 있었지만 루디처럼 슬로바키아에서 태어났으며 1964년에 영국으로 이주했다. 올린카는 헝가리 이민자 출신 기자이자 유머 작가인 조지 마이크스Geroge Mikes와 친구였으며, 퍼트니에 있는 그의 집에서 루디를 만난 적이 있다고 한다. 그때 루디는 이미 밴쿠버로 이주한 상태였지만 학년 말이 되면 긴 방학 동안 딸들 가까이서 시간을 보내기 위해 다시 런던으로 돌아오곤 했다. 그래서 올린카와 루디는 어느 여름 동안, 그리고 그 다음 여름 동안 서로 만남을 가졌다.

올린카는 루디가 어떤 세상에서 빠져나왔는지 조금은 알고 있었다. 심지어 슬로바키아 시절 루디의 어머니 일론카도 알고 있었다. 올린카는 슬로바키아에서 "얕은 은거" 생활과 "깊은 은거" 생활을 번갈아 반복하며 전쟁 시절을 버텼다. 지하에 있는 감자 저장고에서 지낸 적도 있었다. 그러나 올린카와 루디는 서로 과거에 대해 아무 말도 하지 않았다. "아우슈비츠라는 단어는 한 번도 입 밖으로 꺼낸 적 없는 것 같네요." 수십 년 전 일이라 루디가 줬는지 다른 사람이 줬는지 확실치는 않은데 올린카는 루디의 회고록도 가지고 있었다. 당시 기준으로는 비교적 최신 서적이었다. 하지만 마음이 너무 아파서 도저히 읽을 수 없었다.

둘은 스스럼없이 지냈고 슬로바키아어로 책, 커리어, 고향에 대해 이야기를 나누기도 했다. 루디가 캐나다로 돌아가면 가끔 편지를 주고받았다. 그러던 어느 날 루디에게 편지가 왔는데 안에 청혼한다는 내용이 적혀 있었다.

55년이 지난 지금 올린카는 이렇게 말한다. "루디를 루디가 사는 환경에서 직접 보고 싶다는 생각이 들더라고요. 매번 휴가철에만 봤으니까요." 그래서 올린카는 밴쿠버로 향했다.

"이건 아니라는 생각이 든 게 딱 24시간 만이었어요. 사람이 재미가 없더라고요. 너무 진지했어요. 당시의 저는 조금 더 가벼운 만남을 찾고 있었거든요. 밖에 놀러도 다니고 춤도 추고." 게다가 루디는 생각 이상으로 애주가였다. 자러 갈 때도 와인 한 병을 챙겨 갔다. 그리고 루디는 전 부인 게르타를 "매우 모질게" 대했다. 한번은 루디가 프라하를 다녀왔다가 게르타와 아이들이 떠나 버린 것을 발견했다고 한다. 그는 "절망"했다. 아이들을 따라 영국으로 갔지만 영국은 루디에게 썩 맞지 않았다. 게다가 루디 본인도 영국을 원망했다. 베츨러와 함께 쓴 보고서를 보고도 행동하지 않았기 때문이다.

이 모든 일들이 올린카의 결정에 도움이 됐다. 올린카는 루디의 결혼 제안에 거절 의사를 보였다. 이번에도 루디는 자신의 제안을 거절한 여인에게 화를 내지 않았다. 첫 비행기로 런던으로 돌려보내지도 않았다. 오히려 두 사람은 교수회관에서 점심을 먹고 바다에서 수영을 하면서 밴쿠버에서 끝내주는 2주를 보냈다. "루디는 저를 즐겁게 해 주려고 최선을 다했어요."

어느 폴란드 커플과 같이 놀러 다닌 적은 있지만 루디의 대학 동료들과도 많이 어울리지 않았다. 올린카는 루디가 캐나다에 온 지 얼마 되지 않았다 보니 아직도 유럽인들이랑 어울리는 게 더 행복하구나 싶었다. 그녀는 2주가 지난 뒤 루디를 떠났고, 지금까지도 루디를 "까만 머리와 까만 눈동자"가 돋보이는 특이하게 잘생긴 남자로 기억했다.

내게 루디를 만난 적 있다고 이야기하는 사람들은 당연하게도 거의 매번 나이가 많았다. 딱 한 번 예외가 있었다. 그녀가 들려주는 이야기도 특이했다. 그녀는 게르타는 물론 루돌프 브르바와 알프레드 베츨러를 모두 직접 만난 유일한 사람이었다. 나랑 나이 차이가 크지 않은 그녀의 이름은 베아 르우코비츠Bea Lewkowicz 박사였다. 베아는 구술역사학자이자 사회인류학자였다. 베아는 유대인난민협회에서 유대인 난민의 이야기를 본인들의 말로 직접 기록하는 아카이브를 구축한 바 있었다. 그렇다고 프레드와 루디와의 인연이 직업적인 이유로 생긴 것은 아니었다. 순전히 개인적인 이유였다.

베아는 홀로코스트 생존자 부모 밑에서 태어나 독일에서 자랐다. 어머니 게르트루트Gertrud는 슬로바키아 피에슈탸니 출신이었지만 유대인 소녀이다 보니 전쟁 중 대부분의 시간을 질리나에서 숨어 지냈다. 1944년 4월의 역사적인 몇 주가 지나는 동안에도 질리나에 있었다.

게르트루트는 막 열다섯이 되었지만 더 어려 보였다. 키도 작고 소년 같았으며, 미모로 주목을 받는 열여덟 언니랑은 대조적이었다. 가족은 언니가 이목을 끌기 더 쉬우니 게르트루트에게 심부름과 비밀 운반책 역할을 맡겼다. 어느 날 삼촌 아르민이 특히 중요한 일을 맡겼다.

요양원 지하실에 두 명의 남자가 있는데 그들에게 먹을 음식을 가져다주어야 한다는 것이었다. 게르트루트는 인도식 찬합처럼 차곡차곡 쌓인 금속 용기를 건네받은 다음 홀레호 거리로 향했다. 요양원 계단을 내려가 문을 여니 프레드와 루디가 보였다. 당시 그녀는 이들이 누구인지, 어디서 왔는지, 무엇을 보았는지 전혀 알지 못했다. 하지만 자신을 보고 놀라는 반응은 똑똑히 확인했다. 베아가 내게 말했다. "둘은 정말 믿을 수 없다는 듯이 서로를 쳐다보더군요. 그러고는 '와! 아직도 살아 있는 아이들이 있구나. 여기 아이가 살아 있잖아'라고 말했죠."

프레드와 루디는 아우슈비츠에서 지난 2년 가까이 아이들이 도착하자마자 살해되고 새 생명은 시작되자마자 소멸되는 세상에 살았다. 유대인 어린이가 존재할 수 없는 세계에서 살았으며, 가족 수용소에 있던 체코 아이들도 결국 기한이 다 되어 사라졌다. 그러나 거기, 아우슈비츠에서 90마일도 채 떨어지지 않은 곳에서 살아 숨 쉬는 유대인 아이가 있었다.

게르트루트는 프레드와 루디에게 음식을 딱 한 번 가져다주었지만 그게 그들을 마지막으로 본 것은 아니었다. 슬로바키아 유대인 공동체는 원래도 작았지만 전쟁 후로는 더 작아졌기 때문이다. 모두가 서로를 알고 지냈기 때문에 1950년대 프라하에서 이제 갓 성인이 된 게르트루트는 루디와 루디의 아내 게르타를 마주칠 수 있었다. 게르트루트는 의학과 치의학을 공부하고 있었고 그들도 각자의 학문 커리어를 시작하고 있었다. 그때 게르트루드와 루디는 아우슈비츠에서 탈출한 지 고작 2주 지났을 때의 지하실 만남에 대해 이야기를 나눴을까? 아마 그러지 않았을 것이다. 베아는 이렇게 말했다. "그분들은 과거를 되돌아보지 않았어요. 미래를 생각하고 있었죠."

게르트루트는 체코슬로바키아를 떠나 독일로 이주한 후에도 몇십 년 동안 루디와 연락을 유지했다. 둘은 프랑스에서 한 번, 밴쿠버로 가족을 보러 갔을 때 한 번 만났다. 이때 베아는 겨우 아홉 살 내지는 열 살이었지만 루디는 그녀에게도 강렬한 인상을 남긴 듯했다. 루디는 매력적이었고, 옆에 있는 젊은 아내도 매력적이었다. 루디는 말을 잘했고 "잘빠진 흰색 린넨 정장"과 모자를 썼다. 베아는 특히 루디의 **삶을 향한 열정**에 감탄했다. 수많은 죽음을 목격한 사람이 삶에 대해 그토록 순수한 열정을 가질 수 있다니. "제가 기억하는 건 그거예요."

프레드 베츨러와의 인연은 더 가깝고 오래 지속되었다. 사실 그들은 가족이 되었다. 아우슈비츠에서 살아남아 프레드와 결혼한 에텔라가 게르트루트의 사촌이었기 때문이다. 베츨러 부부가 아기를 낳았을 때도 게르트루트가 보모 역할을 도맡았다. 게르트루드가 1964년 피에슈타니에서 결혼할 때 프레드는 결혼식의 증인으로 참석했다.

1988년 1월, 당시 스물셋이었던 베아는 브라티슬라바를 방문해 베츨러 부부랑 일주일을 보냈다. 그 현격한 대조가 아직도 기억에 남았다. 루디는 프랑스의 멋진 카페나 밴쿠버의 해변에서 만났지만 프레드는 혹독한 겨울의 브라티슬라바에서 만났다. 브라티슬라바에는 스탈린 체제하의 고층 콘크리트 건물이 가득했고, 모든 곳이 춥고 "모든 것이 잿빛"이었다.

그래도 베아는 집주인 부부가 마음에 들었다. 에텔라는 "재밌고 말이 많은 사람"이었다. 그 덕분에 집이 늘 왁자지껄했다. 게다가 에텔라는 언어 교사여서 학생들이 계속 아파트를 들락날락했다. 한편 아파트에는 담배 연기도 자욱했다. 베츨러 부부는 둘 다 담배를 입에 달고 살았다. 프레드는 "에타"보다 말이 차분하고 나긋나긋한 사람이었다. 어린 베아가 보기에 프레드는 "부드러운 영혼"과 "멋지고 사랑스러운 얼굴"을 가진 남자였다.

베아는 일주일 동안 많은 것을 배웠다. 우선 프레드는 집권 공산당에 의해 "배척"당하는 상태였다. 놀랍게도 당은 프레드가 바티칸을 위해 스파이 활동을 했다고 비난했다. 이는 아마 브르바-베츨러 보고서가 교황 비오 12세의 대표자들에게 전달된 사건과 관련이 있던 것 같다. 프레드를 가톨릭교회의 비밀 요원으로 의심한 당국은 프레드가 저항군 참전 용사로서 받던 연금을 삭감했고 그를 기자직에서 해고했다. 그래서 그는 지역 도서관에서 일할 수밖에 없었다.

그 아파트에는 담배 연기만큼이나 과거의 기억이 무겁게 드리워 있었다. 베아는 일기에 이렇게 적었다. "두 분은 여전히 아우슈비츠 세계에 살고 계신다. 강제수용소는 일상생활의 일부가 되어 버렸다. 텔레비전이 켜져 있지만 프레드는 탈출 이야기만 늘어놓으실 뿐이다. 옆에서 에타는 아우슈비츠의 카포들에 대해 말씀하시는 중이다." 설령 지인들 잡담을 하려고 해도 이야기는 결국 수용소 이야기로 다시 돌아왔다. "이 사람이 수용소에 있었느니 없었느니 이야기하셨다. 그곳은 지금도 너무나 생생하게 두 분의 삶에 존재했다."

2월 8일, 집으로 돌아온 지 몇 주 후, 베아의 일기에는 프레드 베츨러가 사망했다는 기록이 쓰였다. 베아는 프레드와 함께 시간을 보낼 기회가 있었음에 감사했다. 나랑 이야기를 나눌 때 베아는 프레드가 "쓰라리고 취하고 잊힌" 채 죽었다는 설명에 이의를 제기했다. 브라티슬라바에서 일주일 동안 함께 시간을 보내면서 프레드가 알코올 중독이라는 증거는 전혀 확인하지 못했다. 물론 그의 삶에 쓰라림이 있었고 당시 그가 거의 잊힌 존재였음은 부인할 수 없었다.

종종 이 책의 이야기를 꺼낼 때면 사람들은 루디와 프레드의 자녀들이 내게 도움을 주었다고 생각한다. 하지만 두 남자가 공유한 비극 하나는 자녀들이 오래 살지 못했다는 점이다. 헬레나 주자를 직접 보지는 못했지만 지인들을 만난 결과 그들이 인상적인 여성들임은 분명했다. 두 자매의 친구인 로빈 댄스Robin Dance는 1970년대 후반의 헬레나를 추억하며 내게 편지를 보냈다. 그는 여전히 헬레나를 "정말 지적이고 교양이 넘치며 활달하고 강인한 여성, 두꺼운 곱슬머리에 초롱초롱한 눈과 꾸밈없는 미소가 돋보이는 너무나도 아름다운 여성"으로 기억했다.

로빈은 두 친구의 모습을 그림으로 그렸다. 그림 속에서 헬레나는 낡은 힐먼임프를 몰고 영국 시골을 쌩쌩 다닌다. 또한 처음 만난 날의 주자는 "무릎 바로 위까지 오는 가벼운 여름 드레스에 가죽 등산화" 차림으로 주말 파티가 열리는 오두막에 등장했다. 당시에 웬 부츠인가 의아했는데 로빈처럼 주자도 열성적인 등산가였다. 알프스에서 집에 돌아오는 길에 파티에 들른 것이었다.

헬레나의 턴테이블에서 흘러나오던 조앤 아마트레이딩이나 플리트우드 맥의 음악과 근처 강에서 여름에 즐기던 물놀이, 집에서 직접 구워 주던 빵, 오토바이를 몰고 브라이트까지 다녀왔던 짜릿한 기억도 떠올랐다. 로빈은 헬레나가 파푸아뉴기니로 이주하겠다고 선언했을 때도 자신보다 운이 좋지 않은 사람들을 돕고자 하는 이타적인 열망에 감탄했던 기억도 있었다. 로빈은 헬레나의 용기와 대담함이 혹시 아버지에게 물려받은 건 아닐까 궁금해했다.

로빈은 1982년 5월 친구의 부고를 듣고 차마 믿지 못했던 일, 런던에서 열린 장례식에서 "침통하고도 담담한" 루디의 모습을 목격한 일도 말해 주었다. 주자는 언니가 스스로 목숨을 끊었다는 사실을 도저히 받아들이지 못했으며, 특히 부검 서류가 사라진 사건 때문에 마음속에 "영원한 의문"을 품었다. 헬레나가 죽기 보름 전에 로빈에게 보낸 편지에는 자신의 외로움에 대해 이야기하면서도 미래를 고대하고 있다고 이야기했다. "9월에 봐." 그게 마지막 인사말이었다. 그러다 보니 헬레나의 죽음은 로빈 입장에서도 "불가사의하고 비극적"이었다.

사실 그 표현은 헬레나의 죽음뿐만 아니라 아버지 루디의 인생에도 어울리는 것 같아 계속 곱씹게 되었다. 루디는 그를 잘 안다고 생각한 사람들에게조차 불가사의한 존재였다. 캐나다에 사는 어떤 여성은 1970년대에 루디의 생화학 연구 동료였던 아버지가 이 책에 나오는 이야기를 보고는 깜짝 놀라셨다고 말했다. "아빠는 하나도 모르셨더라고요. 당시에 캐나다에서 생화학자 모임이 큰 것도 아니었는데……. 아빠는 이 이야기를 건너서라도 듣지 못했다는 사실에 꽤 충격을 받으셨어요."

루돌프 브르바는 강렬한 비극을 목격하고 견뎌 냈지만 그 비극을 이야기하는 대상과 방식에 있어서는 지극히 제한적이었다. 이제 이 책을 계기로 루디의 경험이 더 많은 사람의 입에 오르내리고 새로운 세대에게도 발견되면 그 이야기가 과거로 끝이 나는 게 아니라 현재에도 유효하다는 사실이 드러날 것이다. 루돌프 브르바라는 한 사람의 인생에서 시대를 초월한 교훈을 몇 개나 끌어낼 수 있는지 모른다. 진실은 꼭 필요하다. 정보만으로는 충분하지 않다. 단순 사실을 아는 것만으로는 부족하며 아는 것을 믿어야 한다. 제 파멸 가능성에 침잠하기보다는 가드를 단단히 올리고 갈 수 있는 데까지 가야 한다. 저명한 역사가 마틴 길버트의 아내 에스더는 이 책이 처음 나온 지 두세 달 뒤에 내게 이렇게 편지를 썼다. "루디는 지금까지도 우리 모두에게 가르침을 주고 있어요."

2023년 2월 런던에서
조너선 프리드랜드

## 감사의 말

이 책은 다른 사람들의 친절 없이는 불가능했을 것입니다.

첫 번째 감사는 루디와 함께한 삶을 저에게 공유해 주고 누렇게 변한 서류와 빛바랜 사진을 꺼내 보여주며 끝없는 질문에도 풍부한 기억을 되살려 답을 해준 로빈 브르바에게 돌립니다. 루돌프 브르바의 첫 아내이자 어린 시절의 연인인 게르타 브르보바도 마찬가지로 관대했습니다. 그녀는 자신의 인생 마지막 몇 주 동안 제 곁에 앉아 잊어버린 세계를 회상했으며 결국 여행 가방을 들고와 상상할 수 없을 만큼 고통스러운 경험이 담긴 전 남편의 편지를 가득 보여 주었습니다. 또한 게르타의 딸 캐롤라인, 그녀의 아들 피터와 손자 잭, 그리고 루디의 친구이자 동료인 밴쿠버의 크리스 프리드리히스, 로버트 크렐, 조셉 라가즈에게도 이 특별한 사람에 대한 기억을 나눠 준 점에 감사드립니다.

여러 학자들도 전문적인 지식을 가지고 관대하게 도와주셨습니다. 니콜라 짐링은 브르바와 베츨러 이야기에서 가장 이해하기 어려운 점들을 이해하게 도와주었고 예후다 바우어, 폴 보그다노르, 루스 린, 데보라 립스타트, 니콜라우스 바흐스만은 물론 전 헝가리 지하 조직 회원인 다비드 구르까지 모두 엄청난 도움을 주셨습니다. 또한 게오르크 클라인의 아들 피터 클라인과 앨런 베스틱의 아들 리처드 베스틱에게도 감사드립니다. 팀 래드포드는 루디의 과학 논문을 해석하는 역할을 맡아 명쾌하게 해냈습니다. 홀로코스트교육재단의 카렌 폴록에게도 특별히 감사를 드리고 싶습니다. 그녀와 그녀가 이끄는 조직은 매우 귀중한 일을 하고 있으며 그녀는 제가 이 여정을 시작할 때 꼭 필요했던 단서를 제공해 주었습니다. 이 책의 수익금 일부는 바로 그 재단에 기부될 것입니다.

역사가들과의 대화와 루디의 가족과 동료들의 지침 외에도 이 책은 홀로코스트 생존자들의 증언, 그 시기 사건을 기록한 문서, 그리고 무엇보다도 루돌프 브르바 자신이 남긴 말들을 바탕으로 히고 있습니다. 그는 회고록뿐만 아니라 뉴욕의 루스벨트 대통령도서관에 보관된 수많은 편지와 글을 남겼습니다. 특히나 팬데믹 중에 그 기록들에 접근할 수 있도록 도와준 커스틴 카터와 그 동료들에게 감사드립니다.

수많은 질문에 답해준 아우슈비츠비르케나우국립박물관의 시몬 코발스키와 테레사 원토르-치히치에게 감사드리며 예루살렘 야드바셈의 운영진과 케임브리지 처칠아카이브센터의 앨런 팩우드에게도 감사드립니다. 앨런 팩우드와 인연을 만들어주고 프로젝트를 격려해준 고든 브라운에게도 감사드립니다.

폴란드에서 가이드와 통역을 맡아준 마르셀리나 톰자-미칼스카와 슬로바키아에서 같은 역할을 해주신 야르카 시모노바에게 감사드립니다. 저와 브르바-베츨러 행진을 함께하며 질문에 응답해 주신 피터 스베츠에게도 감사드립니다. 그 행진은 고인이 된 루디의 딸 주자가 영감을 주었습니다.

존 머레이 팀에게도 감사드립니다. 조 지그몬드만큼 뛰어난 편집자는 본 적이 없습니다. 그는 조카스타 해밀턴과 함께 열정적이면서도 지혜롭게 작업해 주었고 캐롤라인 웨스트모어의 꼼꼼한 관리와 피터 제임스의 세심한 교열도 힘이 되었습니다. 미국에 계신 분 중에는 너무나도 의지가 되었던 사라 넬슨과 크리스 달에게 감사드립니다. 런던이든 뉴욕이든 모두에게 이 이야기가 전해져야 한다는 제 확신 말고는 믿을 구석이 없었는데도 그 중요성을 이해해 주셨습니다.

커티스브라운 팀은 필요 이상으로 도움을 주었습니다. 비올라 헤이든은 비범한 독자임에 분명했고 케이트 쿠퍼와 나디아 모크다드는 이 이야기를 더 넓은 세계로 퍼뜨리는 기적을 일으켰습니다. 그리고 조니 갤러, 지난 40년간 그는 늘 최고의 에이전트이자 충실한 친구였습니다. 그와 숲속 산책을 하던 중에 이 책이 싹을 틔웠고 그런 점에서 이 책은 그 덕분에 가능했습니다.

이 프로젝트를 연구하며 마지막 세부 사항까지 진이 빠질 만큼 철저히 추적한 조너선 커밍스의 노고에 감사를 드립니다. 제가 역사를 깊이 파고들고 아카이브를 탐구하며 슬로바키아 숲을 헤매고 아우슈비츠에서 유령들 사이를 걷는 동안 그가 제 곁에 있었습니다. 정말 깊이 감사드립니다.

마지막으로 제 아내 사라와 아들 제이콥과 샘에게 고맙습니다. 이 책의 주제는 가볍게 다루기에는 너무나도 무거운 주제입니다. 그럼에도 제가 이 일을 해낼 수 있었던 것은 가족의 인내, 유머, 사랑 덕분입니다. 시간이 지날수록 고마움이 더 커집니다.

2022년 3월 런던에서
조너선 프리드랜드

## 옮긴이의 말

    2024년 초여름, 이 책을 옮기느라 한창 바쁠 때였다. 내 발걸음은 영화관으로 향했다. 스크린 속에서는 아우슈비츠 수용소 소장 루돌프 회스의 부인이 다른 간부 부인들과 차를 마시며 수다를 떨었다. 그들은 캐나다에서 구한 옷이며 다이아몬드 이야기로 농담을 던지며 웃음꽃을 피웠다. 하지만 나는 역함을 억누를 수 없었다. 바로 그 '캐나다'가 이 책의 주인공 루돌프 브르바가 수용소에 끌려가 강제 노역을 했던 여러 장소 중 하나였기 때문이다. 어쩌면 회스의 부인이 거울 앞에서 입어 보고 뿌듯해하던 털 코트도 브르바가 하차장에서 옮긴 어느 유대인의 가방에서 나왔을지 모르는 일이다.

    여러 평론가가 조너선 글레이저 감독의 〈존 오브 인터레스트The Zone of Interest〉를 호평했기에 언젠가 봐야겠다고는 막연히 생각했다. 그럼에도 하필 그 바쁜 시기에 보기로 결심했던 이유는 마침 번역 작업을 하던 대목에서 "존 오브 인터레스트"(이익 지대)라는 표현이 등장했기 때문이다(나치에게 아우슈비츠 같은 수용소는 표현 그대로 이익을 거두어들이는 지역에 불과했다). 배경지식을 얻으면 번역에 도움이 될까 싶어 영화관에 발걸음을 내디뎠는데, 사실 그 반대의 효과가 더 컸다. 내가 루돌프 브르바의 이야기를 읽지 않았더라면 보지 못했을 진실, 즉 영화 속 회스 가족의 단란해 보이는 모습 이면에 놓인 진실이 스크린에 생생히 겹쳐 보였던 것이다.

이 책의 저자 조너선 프리드랜드는 브르바의 일대기를 빌려 진실을 알리는 일이 얼마나 중요한 일인지 강조한다. 영화를 보는 내내 브르바가 목숨을 걸고 알리려 했던 진실이 프리드랜드의 목소리를 거쳐 어쩌면 지금 내 마음속에도 자리를 잡아 힘을 발휘하고 있는 것 같다는 느낌이 들었다. 저자는 브르바의 폭로 덕에 목숨을 구한 사람이 언뜻 소수처럼 보일지라도 그들이 낳게 될 후손의 후손까지 고려한다면 실질적으로는 셀 수 없이 많은 사람들의 목숨을 구한 것이라며 브르바의 혼을 위로한다. 하지만 그날 영화관에 앉아 있던 내 마음에 미친 영향, 그런 종류의 영향까지 계산한다면 브르바의 삶을 기릴 이유가 훨씬 더 많을 터이다.

이 책을 옮기면서 인상 깊었던 점 하나는 저자 프리드랜드가 담담한 어조와 객관적인 시각을 유지하려고 애썼다는 것이다.

책 속에서 브르바는 진실을 고발하겠다는 일념으로 나치의 억압을 벗어나려 한 탈출의 장인이기도 했지만 그 과정에서 얻은 트라우마를 평생 벗어나지 못한 채(누가 그런 경험을 극복할 수 있겠나?) 때때로 남편, 아버지, 친구로서 부족한 모습을 보이는 평범한 남성이기도 했다. 그처럼 균형 잡힌 묘사는 내게 묘한 위로를 가져다주었다. 브르바도 나 같은 인간이라는 생각, 그러므로 브르바가 나타낸 어떤 자질들이 내 속에도 일부 존재한다는 생각이 들었기 때문이다.

많은 사람들은 누군가가 사회적으로 심각한 '악'으로 여겨지는 일을 저지르면 인간이 어떻게 그럴 수 있느냐고 일갈한다. 반대로 누군가가 '선'을 행하면 그 사람의 천성이 뛰어난 양 포장하면서 숭고하고 영웅적이라 치켜세운다. 그런데 이는 누군가를 제대로 인식하기를 포기하는 무책임한 태도일지 모른다. 그가 처한 배경과 그가 겪은 상황을 있는 그대로 면밀히 살펴보면 사실 우리가 이해하지 못할 행동과 판단은 없다. 같은 인간인 이상 누구든, 결국 우리 자신조차 비슷한 환경에서 그런 '악'을 행할 수도 '선'을 행할 수도 있는 존재다.

영화 〈존 오브 인터레스트〉가 묘사하는 회스 가족의 모습이 상황이 좋을 때는 교양도 인간미도 풍부하지만 자기 이익 앞에서는 한없이 추악하고 천박해지는 우리 모습과 크게 다르지 않은 것처럼 이 책이 그려 내는 브르바의 모습도 때로는 옴짝달싹 못할 것 같은 고난에서 기어코 탈출하지만 때로는 스스로를 자기만의 수용소에 가두기도 하는 평범하고 불완전한 우리 모습을 닮았다. 한쪽은 인간의 탈을 쓴 악마이고 한쪽은 기적을 이루는 초인인 것이 아니라, 양쪽 다 우리 안에 똑같이 존재하는 인간이다. 프리드랜드의 서술을 따라가다 보면 독자들도 비슷한 깨달음을 얻을 수 있을 것이다.

브르바가 겪은 일을 머나먼 시공간에서 벌어진 사건으로 치부하기에는 강한 기시감을 지울 수 없다. 무지와 야만의 시대를 지나 자유와 평등의 시대에 이른 것만 같았던 인류 역사의 흐름이 모두를 '우리' 아니면 '그들'로 나누는 풍조로 역행하는 듯한 분위기가 느껴지기 때문이다. 이런 분위기 속에서 인간이 다른 인간을 한낱 부품으로 취급해 자유를 억제하고 심지어 생명을 빼앗을 수 있다는 진실, 수십 년 전 유럽에서 벌어진 과오를 오늘날 인간도 반복할 수 있다는 진실은 우리에게 어떤 영향을 미쳐야 할까?

브르바는 유대인 지도자들이 진실을 알고도 행동하지 않았다는 사실에 의구심을, 더 나아가 분노를 표했다. 그의 직감대로 진실은 아는 것만으로 충분하지 않을지 모른다. 심지어 죽음을 눈앞에 두고도 인간은 진실을 망각하고 합리화하는 데 탁월하기 때문이다. 따라서 우리는 진실에 발맞추어 경계하고 준비하고 반응해야 한다. 작게는 이익 지대의 안락함에 속아 이면의 진실에 눈감지 않도록 조심해야 하고, 크게는 진실을 더 많은 사람에게 알려야 하며, 더 크게는 우리 지도자들이 합리적인 의사 결정을 하도록 시민의 권리를 행사해야 한다.

진실을 인식하기는 쉬울지라도 그에 따라 행동하기는 어렵고 부담스럽게 느껴질지 모른다. 이번에도 브르바가 우리와 다를 바 없는 인간이었다는 사실은 위안이 된다. 재능과 장점도 많았지만 결함과 약점도 많았던 브르바가 기꺼이 행동해 진실을 알릴 수 있었다면 같은 인간인 우리도(스스로가 아무리 하찮아 보일지라도) 얼마든지 행동할 수 있을 것이다. 작든 크든 우리 각자의 자리에서 맡은 바 역할을 다하다 보면 우리는 하나의 사회로서 분열과 이념과 탈진실의 시대를 '탈출'할 수 있을 것이다. 모쪼록 브르바의 이야기가 그에 보탬이 되기를 바란다.

# 참고 문헌

Aderet, Ofer, 'The Mystery of the Jewish Boy Who Was Forced to Be Mengele's "Dog"', *Haaretz*, 8 April 2021

Arendt, Hannah, *Eichmann in Jerusalem: A Report on the Banality of Evil*, revised and enlarged edition (London and New York: Penguin, 1994)

Bacon, Ewa K., *Saving Lives in Auschwitz: The Prisoners' Hospital in Buna-Monowitz* (West Lafayette, IN: Purdue University Press, 2017)

Baron, Frank, 'The "Myth" and Reality of Rescue from the Holocaust: The Karski-Koestler and Vrba-Wetzler Reports', *Yearbook of the Research Centre for German and Austrian Exile Studies* 2 (2000): 171-208

_____, *Stopping the Trains to Auschwitz*, Budapest, 1944 (Lawrence, KS: University of Kansas, 2020)

Bauer, Yehuda, *Rethinking the Holocaust* (New Haven, CT, and London: Yale University Press, 2001)

Bogdanor, Paul, *Kasztner's Crime* (London and New York: Routledge, 2017)

Borkin, Joseph, *The Crime and Punishment of I.G. Farben* (New York: Free Press, 1978)

Braham, Randolph L., *The Politics of Genocide: The Holocaust in Hungary*, 2 vols (New York: Columbia University Press, 1981)

_____, 'Hungary: The Controversial Chapter of the Holocaust', in Randolph L. Braham and William J. Vanden Heuvel (eds), *The Auschwitz Reports and the Holocaust in Hungary* (New York: Rosenthal Institute for Holocaust Studies Graduate Center/City University of New York, 2011)

_____, and Attila Pók (eds), *The Holocaust in Hungary: Fifty Years Later* (New York: Rosenthal Institute for Holocaust Studies, Graduate Center of the City University of New York/Columbia University Press, 1997)

_____, and Bela Vago (eds), *The Holocaust in Hungary Forty Years Later* (Boulder, CO: Social Science Monographs, 1985)

_____, and William J. Vanden Heuvel (eds), *The Auschwitz Reports and the Holocaust in Hungary* (New York: Rosenthal Institute for Holocaust Studies Graduate Center/City University of New York, 2011)

Brigham, Daniel T., 'Inquiry Confirms Nazi Death Camps', *New York Times*, 3 July 1944

Cesarani, David, *Final Solution: The Fate of the Jews, 1933-1949* (London: Macmillan, 2015)

Chandrinos, Iason, and Anna Maria Droumpouki, 'The German Occupation and the Holocaust in Greece: A Survey', in Giorgos Antoniou and A. Dirk Moses (eds), *The Holocaust in Greece* (Cambridge, Cambridge University Press, 2018)

Czech, Danuta, *Auschwitz Chronicle 1939-1945* (New York: Henry Holt, 1990)

'Death Trains in 1944: The Kassa List', http://degob.org/tables/kassa.html

'Did German Firm Schaeffler Process Hair from Auschwitz?', *Der Spiegel*, 2 March 2009, https://www.spiegel.de/international/germany/claim-by-polish-researcher-did-german-firm-schaeffler-process-hair-from-auschwitz-a-610786.html

Długoborski, Wacław, and Franciszek Piper (eds), *Auschwitz, 1940-1945: Central Issues in the History of the Camp*, trans. William R. Brand, 5 vols (Oświęcim: Auschwitz-Birkenau State Museum, 2000)

Doležal, Miloš, *Cesty Božím (Ne)Časem* (Prague: Karmelitánské nakladatel-ství, 2003)

Fackler, Guido, 'Music in Concentration Camps 1933-1945', *Music & Politics* I, no. 1 (Winter 2007)

Fatran, Gila, 'The "Working Group"', *Holocaust and Genocide Studies* 8, no. 2 (Fall 1994): 164-201

Flaws, Jacob, 'Bystanders, Blackmailers, and Perpetrators: Polish Complicity During the Holocaust' (MA thesis, Iowa State University, 2011)

Fleming, Michael, *Auschwitz, the Allies and Censorship of the Holocaust* (Cambridge and New York: Cambridge University Press, 2014)

_____, 'The Reassertion of the Elusiveness Narrative: Auschwitz and Holocaust Knowledge', *Holocaust Studies* 26, no. 10 (2020): 1–21

Freedland, Jonathan, '"Every One of Us Had His or Her Own Story of Survival. But We Never Talked About It"', *Guardian*, 7 March 2014

Frieder, Emanuel, *To Deliver Their Souls: The Struggle of a Young Rabbi During the Holocaust* (New York: Holocaust Library, 1990)

Fulbrook, Mary, *Reckonings: Legacies of Nazi Persecution and the Quest for Justice* (Oxford: Oxford University Press, 2018)

Gilbert, Martin, *Auschwitz and the Allies* (London: Michael Joseph, 1981)

_____, 'Churchill and the Holocaust: The Possible and Impossible', Lecture at US Holocaust Memorial Museum, Washington, 8 November 1993, https://winstonchurchill.org/the-life-of-churchill/war-leader/churchill-and-the-holocaust-the-possible-and-impossible/

Greif, Gideon, *We Wept Without Tears: Testimonies of the Jewish Sonderkommando from Auschwitz* (New Haven, CT, and London: Yale University Press, 2005)

Hart, Kitty, *I Am Alive*, revised edition (London: Corgi, 1974)

Holocaust Education & Archive Research Team, 'The Holocaust: Economic Exploitation', http://www.holocaustresearchproject.org/economics/index.html

Itzkowitz, Sam, Interview, United States Holocaust Memorial Museum, RG-50.050.0006, 3 March 1991

Karmil/Krasňanský, Interview by Erich Kulka, Oral History Division, Institute of Contemporary Jewry, Hebrew University of Jerusalem, no. 65 (1), 1964

Kárný, Miroslav, 'The Vrba and Wetzler Report', in Israel Gutman and Michael Berenbaum (eds), *Anatomy of the Auschwitz Death Camp* (Bloomington and Indianapolis, IN: Indiana University Press. Published in association with the United States Holocaust Memorial Museum, Washington, DC, 1994)

Karski, Jan, Interview by Claude Lanzmann for *Shoah*, United States Holocaust Memorial Museum, no. RG-60.5006, 1978

Kasztner, Rezső, *The Kasztner Report: The Report of the Budapest Jewish Rescue Committee, 1942–1945*, ed. László Karsai and Judit Molnár (Jerusalem:

Yad Vashem, International Institute for Holocaust Research, 2013)

Klein, Georg, 'Confronting the Holocaust: An Eyewitness Account', in Randolph L. Braham and William J. Vanden Heuvel (eds), *The Auschwitz Reports and the Holocaust in Hungary* (New York: Rosenthal Institute for Holocaust Studies Graduate Center/City University of New York, 2011)

_____, Pietà, trans. Theodore and Ingrid Friedmann (Cambridge, MA, and London: MIT Press, 1992)

Kranzler, David, *The Man Who Stopped the Trains to Auschwitz: George Mantello, El Salvador, and Switzerland's Finest Hour* (Syracuse, NY: Syracuse University Press, 2000)

Krasňanský, Oskar, 'Declaration Made Under Oath by Oscar Karmiel, Formerly Krasňanský, at the Israeli Consulate in Cologne, February 15, 1961': FDRPL, Vrba collection, box 16

Krell, Robert, *Sounds from Silence: Reflections of a Child Holocaust Survivor, Psychiatrist and Teacher* (Amsterdam: Amsterdam Publishers, 2021)

Kubátová, Hana, and Jan Láníček, *The Jew in Czech and Slovak Imagination, 1938-89: Antisemitism, the Holocaust, and Zionism* (Leiden and Boston, MA: Brill, 2018)

Kulka, Erich, 'Five Escapes from Auschwitz', in Yuri Suhl (ed.), *They Fought Back: The Story of the Jewish Resistance in Nazi Europe* (New York: Crown, 1967)

_____, 'Attempts by Jewish Escapees to Stop Mass Extermination', Jewish Social Studies 47, no. 3/4 (Summer/Fall 1985): 295-306

Kulka, Otto Dov, *Landscapes of the Metropolis of Death: Reflections on Memory and Imagination*, trans. Ralph Mandel (London: Allen Lane, 2013)

Kuretsidis-Haider, Claudia 'Österreichische KZ-Prozesse: Eine Übersicht', *Juztiz und Erinnerung* 12, December 2006: 14-21

Langbein, Hermann, *People in Auschwitz* (Chapel Hill, NC, and London: University of North Carolina Press, 2004)

Lanzmann, Claude, *Shoah: An Oral History of the Holocaust: The Complete Text of the Film* (New York: Pantheon, 1985)

Lévai, Jenö (ed.), *Eichmann in Hungary: Documents* (Budapest: Pannonia Press, 1961)

Levi, Primo, *If This Is a Man*, trans. Stuart Woolf (London: Orion Press, 1959)

Linn, Ruth, 'Naked Victims, Dressed-up Memory: The Escape from Auschwitz and the Israeli Historiography', *Israel Studies Bulletin* 16, no. 2 (Spring 2001): 21–5

_____, *Escaping Auschwitz: A Culture of Forgetting* (Ithaca, NY, and London: Cornell University Press, 2004)

_____, 'Rudolf Vrba and the Auschwitz Reports: Conflicting Historical Interpretations', in Randolph L. Braham and William J. Vanden Heuvel (eds), *The Auschwitz Reports and the Holocaust in Hungary* (New York: Rosenthal Institute for Holocaust Studies Graduate Center/City University of New York, 2011)

Mordowicz, Czesław, Interview, United States Holocaust Memorial Museum, no. RG-50.030.0354, 1995–6

Müller, Filip, *Eyewitness Auschwitz: Three Years in the Gas Chambers* (New York: Stein & Day, 1979)

Neumann, Oskar, *Im Schatten des Todes: Ein Tatsachenbericht vom Schicksalskampf des slovakischen Judentums* (Tel Aviv: Olamenu, 1956)

Nicholls, William, *Christian Anti-Semitism: History of Hate*, new edition (Lanham, MD: Aronson, 1995)

Nick, I. M., *Personal Names, Hitler, and the Holocaust: A Socio-Onomastic Study of Genocide and Nazi Germany* (Lanham, MD: Lexington Books, 2019)

Nyiszli, Miklos, *Auschwitz: A Doctor's Eyewitness Account*, trans. Tibére Kremer and Richard Seaver (New York: Arcade, 2001)

Office of United States Chief of Counsel for Prosecution of Axis Criminality, *Nazi Conspiracy and Aggression* (a Collection of Documentary Evidence Prepared by the American and British Prosecuting Staffs), Supplement A (Washington, DC: United States Government Printing Office, 1947)

_____, *Nazi Conspiracy and Aggression: Opinion and Judgment* (Washington, DC: United States Government Printing Office, 1947)

Porter, Anna, *Kasztner's Train: The True Story of an Unknown Hero of the Holocaust* (London: Constable, 2008)

Purves, Grant, *War Criminals: The Deschênes Commission* (Ottawa: Library of Parliament, Research Branch, 1998

Reichenthal, Eli, 'The Kasztner Affair: A Reappraisal', in Randolph L. Braham and William J. Vanden Heuvel (eds), *The Auschwitz Reports and the Holocaust in Hungary* (New York: Rosenthal Institute for Holocaust Studies Graduate Center/City University of New York, 2011)

Report of a prisoner who escaped from Auschwitz, 28 July 1944, CZA A314/18

Rings, Werner, *Advokaten des Feindes: Das Abenteuer der politischen Neutralität* (Vienna and Düsseldorf: Econ-Verlag, 1966)

Rosin, Arnošt, Interview with Erich Kulka, YVA P.25/22, 1965-6

Rothman, Marty, Interview, United States Holocaust Memorial Museum, no. RG-50.477.1255, 30 January 1986

Ryback, Timothy W., 'Evidence of Evil', *New Yorker*, 15 November 1993

Segev, Tom, *The Seventh Million: The Israelis and the Holocaust* (New York: Hill & Wang, 1993)

Spira, Karen, 'Memories of Youth: Slovak Jewish Holocaust Survivors and the Nováky Labor Camp' (MA thesis, Brandeis University, 2011)

Stark, Tamás, *Hungarian Jews During the Holocaust and After the Second World War, 1939-1949* (New York: Eastern European Monographs, Columbia University Press, 2000)

State Museum at Majdanek, https://www.majdanek.eu/en

Steiner, Andre, Interview by Claude Lanzmann for *Shoah*, United States Holocaust Memorial Museum, no. RG-60.5010, 1978

Strzelecki, Andrzej, 'The Plunder of Victims and Their Corpses', in Yisrael Gutman and Michael Berenbaum (eds), *Anatomy of the Auschwitz Death Camp* (Bloomington and Indianapolis, IN: Indiana University Press. Published in association with the United States Holocaust Memorial Museum, Washington, DC, 1994)

Świebocki, Henryk, *London Has Been Informed: Reports by Auschwitz Escapees* (Oświęcim: Auschwitz-Birkenau State Museum, 1997)

Tibori Szabó, Zoltán, 'The Auschwitz Reports: Who Got Them and When?' in Randolph L. Braham and William J. Vanden Heuvel (eds), *The Auschwitz Reports and the Holocaust in Hungary* (New York: Rosenthal Institute for Holocaust Studies Graduate Center/City University of New York, 2011)

Trencsényi, Balázs, Maciej Janowski, Monika Baár, Maria Falina and Michal Kopeček, *A History of Modern Political Thought in East Central Europe* (Oxford: Oxford University Press, 2016)

Tschuy, Theo, *Dangerous Diplomacy: The Story of Carl Lutz, Rescuer of 62,000 Hungarian Jews* (Grand Rapids, MI, and Cambridge: William B. Eerdmans, 2000)

Van Pelt, Robert Jan, 'When the Veil Was Rent in Twain: Auschwitz, the

Auschwitz Protocols, and the Shoah Testimony of Rudolf Vrba', in Randolph L. Braham and William J. Vanden Heuvel (eds), *The Auschwitz Reports and the Holocaust in Hungary* (New York: Rosenthal Institute for Holocaust Studies Graduate Center/City University of New York, 2011)

Vogel, Michael, Interview, United States Holocaust Memorial Museum, no. RG-50.030.0240, 14 July 1989

Vrba, Rudolf, 'A Source of Ammonia and Changes of Protein Structure in the Rat Brain During Physical Exertion', *Nature* 176 (1955): 117–18

———, 'Utilization of Glucose Carbon in Vivo in the Mouse', *Nature* 202 (1964): 247–9

———, 'Affidavit in Application for Naturalisation as a British Citizen, 10 January 1967', 1967

———, Interview for *The World at War*, United States Holocaust Memorial Museum, no. RG-50.148.0013, 1972

———, Interview by Claude Lanzmann for *Shoah*, United States Holocaust Memorial Museum, no. RG-60.5016, 1978

———, Testimony in Ontario District Court, Between Her Majesty the Queen and Ernst Zündel; before the Honourable Judge H. R. Locke and a Jury; Appearances, P. Griffiths for the Crown, D. Christie for the Accused; (in) the Courthouse, 361 University Ave., Toronto, Ontario, 7 January 1985

———, 'The Preparations for the Holocaust in Hungary: An Eyewitness Account', in Randolph L. Braham and Attila Pók (eds), The Holocaust in Hungary: *Fifty Years Later* (New York: Rosenthal Institute for Holocaust Studies, Graduate Center of the City University of New York/Columbia University Press, 1997)

———, *Flugten fra Auschwitz* (Copenhagen: People'sPress, 2016)

———, H. S. Bachelard and J. Krawczynski, 'Interrelationship between Glucose Utilization of Brain and Heart', Nature 197 (1963): 869–70

———, with Alan Bestic, *I Escaped from Auschwitz: The Shocking True Story of the World War II Hero Who Escaped the Nazis and Helped Save Over 200,000 Jews*, ed. Nikola Zimring and Robin Vrba (New York: Racehorse, 2020)

Vrba-Wetzler Report, FDRPL, Records of the War Refugee Board, box 7, folder: 'German Extermination Camps', http://www.fdrlibrary.marist.edu/_resources/images/hol/hol00522.pdf

Vrbová, Gerta, *Trust and Deceit: A Tale of Survival in Slovakia and Hungary, 1939-1945* (London: Vallentine Mitchell, 2006)

_____, *Betrayed Generation: Shattered Hopes and Disillusion in Post-War Czechoslovakia* (Cambridge: Zuza Books, 2010)

_____, Caroline Hilton and Peter Hilton, 'Zuza Jackson (née Vrbová), Born Prague 3 May 1954, Died Cambridge 17 September 2013', AJR Journal, 14, no. 4 (April 2014): 15

Wachsmann, Nikolaus, *KL: A History of the Nazi Concentration Camps* (London: Little, Brown, 2015)

Waller, Douglas C., *Disciples* (New York: Simon & Schuster, 2015)

Wetzler, Alfréd, 'Testimony of Alfréd Wetzler, 30 November 1963', APMAB, Collection of Testimonies, vol. 40, 1963, 24-49

_____, *Escape from Hell: The True Story of the Auschwitz Protocol*, trans. Péter Várnai (New York: Berghahn Books, 2007)

Winik, Jay, *1944: FDR and the Year That Changed History* (New York: Simon & Schuster, 2015)

_____, 'Darkness at Noon: FDR and the Holocaust', *World Affairs* 178, no. 4 (Winter 2016): 61-77

Wyman, David S. (ed.), *America and the Holocaust: A Thirteen-Volume Set Documenting the Editor's Book, The Abandonment of the Jews* (New York: Garland, 1991)

Zimring, Nikola, 'The Men Who Knew Too Much: Reflections on the Historiography of Rudolf Vrba and Alfréd Wetzler's Escape from Auschwitz-Birkenau and Their Attempt to Warn the World' (MA thesis, Tel Aviv University, 2018)

_____, 'A Tale of Darkness: The Story of the Mordowicz-Rosin Report', in Rudolf Vrba, with Alan Bestic, *I Escaped from Auschwitz: The Shocking True Story of the World War II Hero Who Escaped the Nazis and Helped Save Over 200,000 Jews*, ed. Nikola Zimring and Robin Vrba (New York: Racehorse, 2020)

# 아우슈비츠는 멀리 있지 않다

1판 1쇄 찍음  2025년 7월 20일
1판 1쇄 펴냄  2025년 7월 30일

지은이   조너선 프리드랜드
옮긴이   김재경
펴낸이   김정호

책임편집  임정우
디자인    박대성, 박애영

펴 낸 곳  아카넷
출판등록  2000년 1월 24일 (제406-2000-000012호)
주    소  10881 경기도 파주시 회동길 445-3
전    화  031-955-9510 (편집) · 031-955-9514 (주문)
팩시밀리  031-955-9519

Printed in Paju, Korea.

ISBN 978-89-5733-996-1  03920

값은 뒤표지에 있습니다.